KARL MAY

KLASSISCHE MEISTERWERKE

Diese Sammlung umfaßt alle Bücher, die Karl Mays Weltruhm
begründeten: die Reiseerzählungen und die eigens für die
Jugend verfaßten Bände.

KARL MAY

ALLAH IL ALLAH!

REISEERZÄHLUNG

KARL-MAY-VERLAG · BAMBERG
in Zusammenarbeit mit dem
VERLAG CARL UEBERREUTER · WIEN

INHALT

Herausgegeben von Dr. E. A. Schmid

Diese Ausgabe erscheint in enger Zusammenarbeit
mit dem Verlag Carl Ueberreuter, Wien.
Der Inhalt dieses Buches entspricht dem Band 60
der grünen Originalausgabe „Karl Mays Gesammelte Werke".
© 1953 Karl-May-Verlag, Bamberg / Alle Urheber-
und Verlagsrechte vorbehalten.

ISBN 3-7802 0560-2
Gesamtherstellung: Ebner Ulm

Einleitung

Manchem Leser der ersten sechs Bände meiner Reiseerzählungen ist vielleicht aufgefallen, daß sich in der Kette der Erlebnisse, die in Tunesien beginnen und bei den Bewohnern der „Schwarzen Berge" enden, eine räumliche und zeitliche Lücke befindet. Und er wird sich gefragt haben, ob sich auf dem langen Ritt von Tunis über Tripolis und die Oase Kufarah bis nach Ägypten gar nichts Erzählenswertes ereignet habe.

Mehr als genug! Aber diese Ereignisse stehn mit den früheren und späteren Erlebnissen in keinem inneren Zusammenhang, so daß ich es für besser hielt, darüber hinwegzugeln und lieber in einem besondern Band davon zu berichten.

Die vorliegende Erzählung füllt diese merkbare Lücke aus und versetzt uns zurück in die Zeit, da ich meinen Hadschi Halef Omar noch nicht lange kannte. Und ich denke, die Leser, deren Teilnahme und Freundschaft Halef gewonnen hat, werden gern mit mir zurückkehren in diese Zeit unseres Beisammenseins und uns willig auf den Pfaden folgen, auf denen es uns bestimmt war, ins Geschick so mancher lieber Menschen helfend einzugreifen.

1. Krüger-Bei

„Sihdi, nun muß es endlich heraus, wenn du nicht willst, daß ich ersticken soll. Ich habe es in mir all die Zeit herumgetragen wie die Henne, die ein Ei legen will und nicht weiß wohin. Aber jetzt ist meine Geduld zu Ende."

Also sprach — nun, wer kann es, seiner Ausdrucksweise nach zu schließen, gewesen sein, wenn nicht mein Diener Halef, mit dem ich durch Algerien und durch die Schluchten des Auresgebirges gewandert war und vor einigen Tagen das fürchterliche Abenteuer auf dem Schott el Dscherid erlebt hatte, das wohl auch meinen Lesern noch in Erinnerung sein wird[1].

Ich hatte den türkischen Wekil in Kbilli aufgesucht, um von ihm Gerechtigkeit für das Verbrechen zu fordern, das von Hamd el Amasat auf dem Schott begangen worden war, und um mich zugleich an ihm schadlos zu halten für den Verlust unsrer Tiere, die in dem unergründlichen Salzsumpf verschwunden waren.

Der Leser weiß, wie der Wekil Gerechtigkeit übte. Aber ich war nicht gewillt, mich auf diese Weise abfertigen zu lassen. Mein Auftreten und die kräftige Befürwortung der holdseligen Gattin des Wekils veranlaßten den Beherrscher des Nifzaua, mir für die verlorengegangenen Tiere einen Ersatz zu schaffen, mit dem wir durchaus zufrieden sein konnten. So waren wir vorzüglich beritten, als wir Kbilli verließen, um die Reise durch die Regentschaft Tripolis und über die Oase Kufarah nach Ägypten fortzusetzen.

Südlich des Schotts, im Gebiet des Uëlad Merasig, hatte ich einen Khabir[2] gemietet, der uns zu den Homrabeduinen brin-

---

[1] Karl May, „Durch die Wüste"   [2] Führer

7

gen sollte, die diesseits und jenseits der Grenze zwischen den beiden Regentschaften Tunis und Tripolis, soweit man zu den damaligen Zeiten von einer Grenze reden konnte, ihre Weidegründe besaßen.

Hier, in der Nähe der Grenze — oder hatten wir sie schon hinter uns? — war es, wo mich Halef nach langem Schweigen, das sonst nicht seine Art war, ebenso plötzlich wie eindringlich anredete. Der wortkarge Führer, der nur dann ein Wort sprach, wenn es notwendig war, ritt einige Pferdelängen voraus.

„Nun, so schieß los!" erwiderte ich auf den Herzenserguß Halefs.

„Sihdi, du weißt, daß ich dir ein treuer Diener gewesen bin und auch in Zukunft sein will."

„Ich bin davon überzeugt, lieber Halef."

„Und darum schmerzt es mich, daß ich dir in so manchen Punkten überlegen bin. Ich möchte so gern, daß mein Gebieter, den ich liebe, nicht nur in meinem Herzen, sondern auch in meiner Wertschätzung die Stelle einnimmt, die ihm gebührt."

Ich blickte ihn erstaunt an. Worauf wollte er hinaus? Daß er sich mir überlegen fühlte, wußte ich wohl, nur hatte er mir das noch nie so unverblümt ins Gesicht gesagt. Wollte er vielleicht wieder mit seinen Bekehrungsversuchen anfangen? So schwieg ich denn lieber, als daß ich mir in seinen Augen eine Blöße gab. Aber mein Schweigen war nicht geeignet, den Wasserfall seiner Rede aufzuhalten.

Er schüttelte mitleidig den Kopf.

„Sihdi, du bist ein Mann, wie ich noch keinem begegnete. So mild und gut und doch auch so kraftvoll und kühn. Dennoch fehlt dir etwas, was zu einem Mann so notwendig gehört wie der Schlegel zur Darabukka[1], mit der der Soldat Lärm macht."

„Und das wäre?" fragte ich, jetzt wirklich neugierig geworden.

„Du hast keinen Namen."

„Was du nicht sagst! Ich dächte doch!"

„Nein, Sihdi, du hast keinen Namen, wenigstens nicht das, was ich unter einem Namen verstehe."

„Und was verstehst du darunter?"

„Schau, Sihdi, wir kommen in Gegenden, wo nicht nur der

[1] Trommel

8

Mann etwas gilt, sondern wo es fast ebensoviel auf den Glanz seines Namens ankommt, Was wirst du nun sagen, wenn dich jemand nach deinem Namen fragt?"

„Ich werde ihn nennen: Kara Ben Nemsi."

„Allah il Allah! Was ist Kara Ben Nemsi? Du hast mir erzählt, daß in den Oasen deiner Heimat Hunderttausende, ja Millionen wohnen. Ben Nemsi können also alle diese Ungezählten heißen. Was ist das Besondres? Ein Hauch, der im Wind verweht! Die Spur eines Vogels, die im Sand verrinnt!"

„Aber du hast mir doch selber diesen Namen —"

„Uskut — schweig!" unterbrach er mich zornig. „Das war am Anfang, als ich dich noch nicht so kannte wie jetzt. Das ist aber seitdem anders geworden. Ich habe deinen Wert erkannt und fühle, daß du einen Namen verdienst, wie ihn nur wenige besitzen."

„Das ist doch mit meinem Namen der Fall. Ich bin noch keinem Menschen begegnet, der außer mir diesen Namen führt."

„Sihdi, mach mich nicht zornig! Du verstehst mich gar wohl; du tust nur so, als ob du mit Blindheit geschlagen wärst. Ich wiederhole meine Frage: Was ist Kara Ben Nemsi? Sieh dir dagegen meinen Namen an! Kann sich Kara Ben Nemsi vergleichen mit Hadschi Halef Omar Ben Hadschi Abul Abbas Ibn Hadschi Dawuhd al Gossarah?"

„Nein", lächelte ich, „das kann er nicht. Aber dafür darfst du doch nicht mich verantwortlich machen!"

„Allah kerihm! Hast du keinen Vater, keinen Vatersvater und keinen Vatersgroßvater, deren erleuchtete Namen du dem deinigen anfügen könntest, damit alle, die dir begegnen, sich in Demut vor dir verbeugen?"

„Wenn es nur das ist! Ich kann dir sogar mit dem Namen meines Urvatergroßvaters dienen", lachte ich.

„Elhamdulillah — Allah sei Dank! Endlich wirst du vernünftig! Ich hatte schon alle Hoffnung aufgegeben. Aber nun werden wir mit vereinten Kräften einen herrlichen, unvergleichlichen Namen bilden, so wie man die Glieder einer kostbaren Kette zusammenfügt."

Nach diesen Worten setzte er sich im Sattel zurecht, zog die Brauen erwartungsvoll in die Höhe und zupfte unternehmend an den wenigen Schnurrfäden des nur in seiner Einbildung vorhandenen Bartes.

„Den einen Namen kenne ich bereits. Er ist für die Lippen eines Bedawi schwer auszusprechen und ich habe daraus Kara gemacht. Bist du damit einverstanden?"

„Ich habe nichts dagegen."

„Jeder rechte Mann hat aber mindestens zwei Namen. Mit welchem bist du also bei Beginn deiner irdischen Pilgerfahrt in die Bücher des Kadi eingetragen worden?"

„Mein Familienname lautet May."

Da gab sich Halef einen Ruck, daß sein Pferd verwundert die Ohren spitzte.

„Maschallah! Ich habe nicht recht gehört. Sag deinen Namen noch einmal!"

„May."

„Allah akbar! Meine Ohren haben mich also nicht betrogen. Du sagtest wirklich und wahrhaftig Majj. Aber Sihdi, so kann doch kein Mann heißen, so nennen sich bei uns viele Frauen und Töchter der Beni Arab!"

„Dafür kann aber doch ich nichts. Nicht ich habe mir diesen Namen gegeben."

„Haida ma bisir, ma bisir abadan — das geht nicht, das geht unter keinen Umständen. Weißt du nicht, daß das Weib kein Mann ist? Und weißt du nicht, daß unter den wahren Söhnen des Propheten vermieden wird, auch nur den Namen einer Bent el Amm[1] zu nennen? Und du, ein Mann, wie ich noch keinen kennengelernt habe, willst den Namen eines Weibes führen?"

„Warum nicht? In meiner Heimat hat dieser Name nicht die Bedeutung, von der du sprichst."

„Haida ma bichnussi — das geht mich nichts an. Sihdi, du bist jetzt nicht in den Wadis und Oasen von Dschermanistan, sondern in den Weidegründen und den Duars der Beni Arab. Und man wird dich nicht nach den Gebräuchen deiner Heimat, sondern nach den Gewohnheiten dieses Landes behandeln."

„Aber was ist da zu tun?"

„Warte! — Welches ist der Name deines Vaters?"

„Auch May."

---

[1] „Tochter der Mutter", Umschreibung der Frau

10

„O Allah! Schon wieder Majj! Und der Name deines Vaters-vaters?"

„Ebenfalls May. Auch mein Vatersgroßvater hat so geheißen und alle seine Vorvatersväter."

Da warf er die Linke bedauernd in die Luft und stieß einen kläglichen Laut aus:

„Ja mussihbe, ia za'al — o Unglück! O Verdruß! Mein Herz ist erfüllt mit Traurigkeit, und meine Seele möchte in Bitter-keit zerfließen. Sihdi, ich wollte dich durch deinen Namen berühmt machen, in allen Duars und Oasen, soweit die Erde reicht und darüber hinaus, aber die Widerspenstigkeit deines Namens hat den Faden meiner vortrefflichen Absicht zerrissen und die unerschöpflichen Tiefen meines Herzens zugeschüttet. Allah bjarif — Allah weiß es!"

Die Enttäuschung Halefs machte mir heimlich Spaß. Ich ließ mir indes nichts merken, sondern tat, als ob ich sein Gebaren nicht verstünde.

„Aber was ist denn weiter dabei? Name ist doch Name!"

Jetzt wurde er ernstlich böse.

„Allah jisallim aklak — Allah bewahre dir deinen Verstand, damit er dir nicht ganz abhanden kommt! Du fragst, was das weiter bedeutet? Ja, verstehst du denn nicht, daß du dich durch deinen Namen lächerlich machen würdest?"

„Nein, das versteh ich nicht. Ich bin der Meinung, daß der Wert und nicht der Name den Mann ausmacht."

Er warf den Kopf in den Nacken und stieß ein lautes Lachen aus.

„Schweig still! Schweig ja still! Was verstehst du vom Wert eines Mannes? Nichts, gar nichts!"

Das war mir denn doch zuviel, das durfte ich mir nicht bie-ten lassen. Wenn ich auch wußte, wie es gemeint war, so mußte ich doch tun, als ob ich gekränkt sei.

„Halef, was fällt dir ein? Vergiß nicht, daß ich der Herr und du der Diener bist!"

Das wirkte. Er sank in sich zusammen und meinte in gemä-ßigtem Ton:

„Sihdi, verzeih! Ich sehe ein, daß ich zu weit gegangen bin. Bedenke indes, daß mich nur meine Hochachtung für dich soweit trieb, dein Mißfallen hervorzurufen! Aber so stell dir doch einmal vor: du kommst in ein Duar. Die Krieger des

Stammes reiten dir entgegen und feiern dich mit der Baruhda, mit dem Pulverspiel des Willkomms. In festlichem Zug wirst du ins Duar begleitet. Vor dem Zelt des Scheiks steigst du ab und trittst ein. Eine Sklavin kommt mit Salz und Brot, dem Zeichen der Gastfreundschaft. Doch bevor du davon nimmst, fragt dich der Scheik nach deinem Namen. Und aus deinem Mund kommen die Worte: Ich bin Kara Ben Majj Ibn Majj Ibn el Ibn Majj. Kannst du dir vorstellen, was die Folge ist? Die Männer werden vor dir ausspucken, und die Weiber und die Kinder werden mit Fingern auf dich zeigen. Das ist der Mann, werden sie sagen, dessen Väter ohne Namen sind und dessen Stammbaum sich von lauter Tanten und Muhmen der Ruhmlosigkeit herleitet. Und die Töchter der Beni Arab werden ihr Haupt verhüllen und werden vor dir entfliehen wie vor einem räudigen Hund, vor dir, der doch leuchten konnte wie Abd el Kader, der Held der Beduinen, oder wie der große Feldherr der Franken, der von den Beni Arab Sultan el Kebihr[1] genannt wird."

Damit schwieg er betrübt. Um dem Leser den Schmerz Halefs begreiflich zu machen, ist es allerdings notwendig, den Namen ins Deutsche zu übertragen, der ihm solchen Kummer verursachte. Im Deutschen würde dieser Name ungefähr folgendermaßen klingen: Karl, Sohn der Maja, Enkel der Maja und Urenkel der Maja. Nach beduinischen Begriffen allerdings ein unmöglicher Name!

Ich ließ seinen Schmerz sich einige Zeit austoben, ohne ihn weiter mit den Namen meiner Ahnen und Urahnen zu reizen.

„Du willst es ja nicht anders", sagte ich nach einer ganzen Weile mit aller Sanftheit, die ich aufzubringen vermochte, „als daß ich zum Spott aller uns Begegnenden werde."

Da ließ er die Zügel fallen und spreizte abwehrend die Finger beider Hände aus: „Rhemallah — das verhüte Allah! Wie kommst du auf diese mir unbegreifliche Zumutung?"

„Weil du mir unbedingt und unter allen Umständen einen Namen geben willst."

„Das wollte ich, damit der Mann, der unter meinem Schutz steht und mit mir schon ungezählte Taten des Ruhms verrichtet hat, auch durch die Länge seines Namens berühmt werde."

[1] Napoleon Bonaparte

„Willst du mir nicht einige dieser ‚ungezählten' Heldentaten nennen?"

„Sind wir nicht mit einer beispiellosen Kühnheit über den Schott des Verderbens geritten und —"

„— und dabei eingebrochen", unterbrach ich ihn.

„Laß mich doch ausreden, Sihdi. Ich wollte sagen, daß wir uns mit einer geradezu unvergleichlichen Geistesgegenwart gerettet haben."

„Ja, ich habe dich am Lauf meiner Flinte aus dem Schlamm gezogen, so wie man einen Krebs aus dem Wasser zieht."

„Bitte, verkleinere doch nicht die unbezahlbaren Vorzüge unsrer Eigenschaften! Dann haben wir den widerspenstigen Wekil von Kbilli gezähmt und unsern Wünschen dienstbar gemacht."

„Du vergißt hinzuzufügen, daß uns dabei unser Gefangner entwichen ist."

„Dafür trifft doch uns nicht die Schuld. Es kann also auch nicht unsern Ruhm beeinträchtigen. Dann haben wir —"

„Halt ein!" unterbrach ich ihn lachend, um zu verhindern, daß er die Litanei unsrer angeblichen Ruhmestaten bis ins Endlose fortsetzte; „reden wir lieber von etwas anderm! Du hast vorhin Abd el Kader genannt, den Helden von Algier. Nun ist es ja sicher, daß dieser Mann in seinem vollständigen Namen eine Reihe von berühmten Männern zählt, aber bei uns in Dschermanistan ist er nur als Abd el Kader bekannt und berühmt. Seinen ganzen Namen kennen höchstens einige wenige Talibs[1]."

„Meinst du?" fragte er zweifelnd.

„Ganz gewiß. Und dann, der Sultan el Kebihr hat überhaupt nur zwei Namen gehabt, nämlich Napoleon und Bonaparte. Hat ihn dieser bedauerliche Mangel aber nur im geringsten in seiner Laufbahn gehindert oder beeinträchtigt?"

„Stimmt das von den zwei Namen aber auch wirklich?"

„Ich werde dich doch nicht belügen. — Du siehst also, daß es nicht auf den Namen ankommt, den ein Mann führt, sondern auf die Taten, die er vollbringt."

„So meinst du, daß es bei deinem bisherigen Namen Kara Ben Nemsi bleiben soll?"

[1] Gelehrte

„Grad das meine ich."

Halef gab eine Weile keine Antwort. Nur hörte ich neben mir einen tiefen Seufzer. Dann war es wieder still. Erst nach einer langen Pause bequemte er sich, den Faden des Gesprächs weiterzuspinnen.

„Du hast recht, ich gebe es zu. Ich sehe also davon ab, dich durch das Geschenk eines klingenden Namens berühmt zu machen. Aber glaube nur ja nicht, daß ich deinem Beispiel folgen und nun ebenfalls auf meine sämtlichen Väter und Urahnenväter verzichten werde. Ich bin und bleibe Hadschi Halef Omar Ben Hadschi Abul Abbas Ibn Hadschi Dawuhd al Gossarah."

Und als ich nichts erwiderte, fügte er hinzu:

„Aber zur Lehre des Propheten werde ich dich doch bekehren, du magst wollen oder nicht."

Aha, da hatte ich's wieder! Die ganze Namengeberei zielte also nur darauf ab, mich, wie man sagt, einzuseifen. Zuerst der Name, alles übrige würde sich dann schon mit der Zeit von selber ergeben.

Vielleicht hätte ich ihm, wie schon so oft, wenn er mit seinen Bekehrungsversuchen begann, eine Abfuhr erteilt, aber ich wurde daran gehindert. Der Khabir hielt an und deutete mit der ausgestreckten Rechten nach Osten. Die anfangs nur spärlich mit Gras bewachsene Steppe hatte sich zuletzt mehr und mehr mit Grün belebt. Die einzelnen Büsche traten zu größeren Gruppen zusammen, ein sicheres Zeichen, daß es hier Wasser gab. Wir hielten auf einer kleinen Bodenerhöhung, von der wir einen weiten Ausblick über die vor uns liegende Ebene hatten. Ganz hinten, nah am Himmelsrand, waren mehrere Punkte aufgetaucht, die sich rasch vergrößerten. Sie hatte der Führer gemeint, als er durch sein Halten unsre Aufmerksamkeit auf sich lenkte.

Die nahenden Reiter mußten uns ebensobald wahrgenommen haben wie wir sie; denn wir bemerkten, daß sie eine lange Linie bildeten, deren Enden sich scheinbar von uns zu entfernen strebten. Ich erriet ihr Vorhaben gar wohl; sie wollten uns von allen Seiten fassen. Da es indes nicht in meiner Absicht stand, einer Begegnung mit den Beduinen auszuweichen, so blickten wir den Ankömmlingen mit den Waffen in der Hand ruhig entgegen.

14

Sie brausten wie der Sturm heran. In ihrer Mitte ritt ein starker sehniger Araber. Sein Gewand zeichnete sich durch nichts Besondres aus. Um seine Hüfte lag ein einfacher Kamelstrick, und ebenso einfache Schnuren, aus Dattelfasern gedreht, waren auch um seinen riesigen Turban gewunden. Aber die Schimmelstute, die er ritt, war von der reinsten Rasse. Sie war von jener eigentümlichen grauen Färbung, die man nur unter den Nachkommen des Pferdes findet, das Mohammed, der Prophet, am liebsten ritt.

Man erzählt sich, daß der Prophet, als er noch sehr wenig Anhänger hatte, in ein arabisches Zeltdorf kam, um sich ein Pferd zu kaufen. Er wurde nach dem Weideplatz geführt, und als er dort anlangte, scheuten alle Tiere, als ob sie von seiner Herrlichkeit geblendet wären. Nur das einzige graue unter ihnen kam herbei und beugte seine Knie vor dem Gesandten Allahs, um ihm zu huldigen. Der aber stieg sofort auf und sagte:

„Gesegnet sei dieses Roß! Es soll den ersten Diener Allahs tragen und verflucht sei, wer an seinen Nachkommen einen Fehler findet!"

Seit jenen längstvergangenen Tagen tragen alle Abkömmlinge dieses Pferdes die graue Farbe. Sie werden heilig gehalten, nur selten, und dann zu unglaublich hohen Preisen, verkauft, und auf ihre Zucht verwendet man solche Sorgfalt und Mühe, daß ihr Stammbaum niemals einen Makel zeigt.

Also solch eine Stute ritt der Mann in der Mitte, wohl der Scheik. Der Reiter an seiner rechten Seite war von kurzer, starker Gestalt. Auch er war vorzüglich beritten. Er saß auf einem Vollblutrappen und hatte den weißen Beduinenmantel überhängen; aber unter diesem, da, wo er geöffnet war, glänzten dicke, goldne Uniformschnüre hervor, die ich deutlich bemerkte, als die Reiter auf ungefähr hundert Pferdelängen herangekommen waren.

Beim Anblick des Waffenrockes stieg eine Vermutung in mir auf. Schnell zog ich den Zipfel meines Haïks so über das Gesicht, daß der obere Teil verdeckt war. Es war nicht notwendig, daß der Mann im Militärrock mich auf den ersten Blick erkannte. Denn wenn ich mich nicht täuschte, so gehörte zu dieser gedrungenen, beleibten Gestalt ein hochrotes Gesicht mit einem gewaltigen Schnurrbart, ein Gesicht, das trotz aller zur Schau getragnen Derbheit den Eindruck der Gutmütigkeit machte. Und dieses Gesicht war Eigentum meines Freundes Krüger-Bei, des „Herrn der Heerscharen" Mohammed es Sadok Paschas, den ich zum erstenmal vor ein paar Jahren weiter nördlich getroffen hatte[1], als mich die Verfolgung des Krumir weit in das Innere Tunesiens führte.

Ich mußte allerdings staunen, ihn in dieser südlichen Gegend wiederzusehen. Denn bis hierher erstreckte sich der Machtbereich des Beis von Tunis sicherlich nicht. Was hatte Krüger-Bei, wenn er es wirklich war, bei seinem Stamm zu suchen, der keinen Herrn über sich anerkannte und dessen räuberischer Übergriffe sich Mohammed es Sadok Pascha nur durch eine jährliche Abgabe — er nannte sie allerdings „Geschenk" — von Ehrenburnussen erwehren konnte?

Ich hatte keine Zeit, diese Erwägungen fortzusetzen, denn jetzt waren die Reiter da. Im vollen Lauf kamen sie herangestürmt; und erst, als uns die Spitzen ihrer Lanzen hätten berühren können, rissen sie die Pferde mit einem Ruck, der sie beinah in die Hechsen warf, zur Seite und stürmten an uns vorüber. Wir waren an derlei Reiterkünste schon gewöhnt und zuckten nicht mit der Wimper. Die Reiter zügelten ihre Tiere und schlossen dann einen engen Kreis um uns.

Der, in dem ich den Scheik vermutete, betrachtete uns mit finstern Augen und wandte sich dann an mich, wohl weil er mich für den vornehmeren von uns dreien hielt.

„Wer bist du?"

„Ein Fremder."

„Das sehe ich. Wärst du nicht ein Fremder, so würde ich dich kennen. Wie lautet dein Name?"

Ich hatte keine Lust, mich in dieser Weise von ihm ausfragen zu lassen. Schon die erste Begegnung entscheidet darüber, ob man zu diesen Halbwilden geachtet wird oder nicht.

„Noch kenne ich den deinigen nicht!" sagte ich ruhig.

„Allah hat dir den Verstand genommen! Du meinst, daß ich dir meinen Namen sagen muß, um den deinigen zu erfahren?"

„Ja, das meine ich."

„Wer bist du, daß du das zu sagen wagst? Wisse, daß ich der

---

[1] Karl May, „Sand des Verderbens", Erzählung: Der Krumir

16

Herr und Gebieter dieses Bodens bin, Herr über Tod und Leben; auch über das deinige!"

„Du irrst. Mein Leben gehört Allah und mir. Er hat es mir gegeben, und ich werde es mir zu erhalten wissen, bis er es von mir fordert."

Ich sah gar wohl, wie die Beduinen, gespannt, wie diese Unterredung enden würde, ihre Augen mit Begierde auf meine Waffen richteten. Der Wüstenbewohner ist ein geborener Räuber, und nur der ist bei ihm sicher, der es verstanden hat, seine Gastfreundschaft zu erlangen.

„Du bist sehr stolz", fuhr der Araber zornig fort. „Ich habe es nicht nötig, mich mit dir zu streiten. Hier ist einer, den ich kenne. Er wird mir antworten müssen." Dann wandte er sich an unsern Khabir. „Wer ist dieser Mann?"

„Ich weiß es nicht. Er bezahlt mich und ich führe ihn. Was geht mich sein Name an? Fragt ihn selbst!"

„Wohin sollst du ihn bringen?"

„Zu dir."

„Wie? Er will zu mir? Zu dem Scheik der Krieger vom Stamm der El Homra?"

„Ja."

Ah, also dieser Mann war wirklich der Scheik dieses Gebiets. Dann durfte ich allerdings den Bogen nicht zu straff spannen.

„Wenn du wirklich der Scheik der El Homra bist, wie ich von meinem Khabir höre", sagte ich, „so bin ich bereit, dir zu antworten."

„Du hattest mir schon vorher Rede zu stehn!"

„Nein, ich befand mich vor dir an diesem Platz, und wer an einen Ort kommt, an dem sich bereits andre befinden, der hat den Gruß zu sprechen. Du aber grüßest nicht. Wie konnte ich dir da antworten?"

„Du redest so stolz, als wärest du ein Scheik. Aber du wirst jetzt begreifen, daß ich als Gebieter dieser Gegend das Recht habe, nach deinem Namen zu fragen."

„Ich begreife es. Und darum will ich dir antworten. Mein Name ist . . ."

„Halt, Sihdi!" wurde ich da von Halef unterbrochen. „Erlaube, daß ich es übernehme, uns vorzustellen." Und zum Scheik gewandt fuhr er fort: „Dieser Held aus dem Abendland, der dich bittet, sein Haupt in deinen Zelten zur Ruhe legen zu dürfen, könnte einen Namen führen, der von der Erde bis zu den Sternen reicht. Aber er zieht es vor, sich einfach Kara Ben Nemsi zu nennen. Unsern Khabir vom Stamm Merasig kennst du schon. Ich aber, der Freund und Beschützer dieses Mannes, nenne mich Hadschi Halef Omar Ben Hadschi Abul Abbas Ibn Hadschi Dawuhd al Gossarah!"

Wenn Halef glaubte, mit seiner Vorstellung auf den Scheik einen gewaltigen Eindruck gemacht zu haben, so täuschte er sich allerdings sehr. Der Scheik warf einen finstern Blick auf mich.

„Dieser Mann behauptet, du seist aus dem Abendland. Ist es so?" — „Ja."

„Dann bist du wohl gar kein Anhänger des Propheten, sondern ein verfluchter Giaur?"

„Wenn du damit sagen willst, daß ich ein Christ bin, so gebe ich dir recht. Den Ausdruck ‚verfluchter Giaur‘ weise ich jedoch zurück."

Der Scheik lächelte verächtlich: „Wie wolltest du es verhindern, daß ich dich auch fernerhin so nenne?"

Mit einer sprechenden Bewegung legte ich die Hand an meine Gewehre. „Das würdest du erfahren."

„Willst du mich lachen machen? Was vermag ein schwacher Franke gegen zehn tapfre Söhne der Wüste? Doch um es kurz zu machen: Für einen Giaur ist kein Platz in den Zelten des El Homra."

Mein erstes Augenmerk bei der Ankunft des Bedawi war, wie gesagt, auf den Mann in Militärkleidung gerichtet gewesen, der abseits vom Scheik hielt.

Ja, er war es wirklich, mein Freund von früher her, der ehemalige Fremdenlegionär und jetzige Oberst der tunesischen Leibwache, der alte Sprachverderber aus dem Brandenburgischen.

Ich freute mich auf die Überraschung, die das Wiedererkennen bringen würde, und war überzeugt, daß es der Angelegenheit eine neue Wendung geben werde.

Deshalb ließ ich mein sorglosestes Lächeln sehen.

„Und ich sage dir, du wirst mir das ‚Marhaba‘[1] nicht verweigern."

[1] Willkommen

Der Scheik blickte mich groß an.

„Maschallah! Du wagst es, Fremdling, mir zu widersprechen? Ich schwöre dir beim Bart des Propheten, daß ich dich . . .“

„Halt, schwöre nicht, o Scheik, denn du könntest deinen Schwur nicht halten! Oder würdest du die Wangen deines Gastes, den meine Augen an deiner Seite erblicken, schamrot machen?“

„Wahre deine Zunge, Fremder! Was hat der Bei mit dir zu tun?“

„Er wird dir sagen, daß es für ihn eine unverzeihliche Schande bedeuten würde, wenn du mich, seinen Freund, durch Verweigerung des Gastrechts kränktest.“

Der Oberst war der Unterredung aufmerksam gefolgt. Jetzt zuckte es über sein rotes Gesicht in höchster Überraschung. Er richtete seine Augen forschend auf meine halb verborgenen Züge.

„Du nennst dich meinen Freund? Ich kenne dich nicht.“

„Sollte ich mich so verändert haben, daß Sie mich wirklich nicht mehr kennen?“ fragte ich in deutscher Sprache, indem ich mit einer Kopfbewegung den Haïk zurückwarf und ihm die Rechte entgegenstreckte. „Grüß Gott, Herr Oberst! Es freut mich, Sie so gesund und frisch wiederzutreffen.“

Krüger-Bei riß die Augen auf, als ob er ein Gespenst vor sich hätte. Dann haschte er nach meiner Hand und quetschte sie in seinen Fäusten, daß sie mich schmerzte.

„Dunderwetter! Sie! Also Sie! Allah ist jroß! Das sehe ich ein in Allmählichkeit! Wat das vor eene Überrumplung ist! Wer hätte das jedacht! Ich jebe Sie hier meine Hände und heiße Ihnen ein Willkommen mit lauter Pauken und Trompeten. Jesegnet soll sind Ihr Anjesicht unter allen Anjesichtern der hiesigen Umjebung!“

Nach dieser glänzenden Sprachprobe wandte er sich an den Scheik und stellte mich als einen Mann vor, den er zu seinen besten Freunden zähle.

Das veränderte die ganze Lage. Die Mienen der Beduinen wurden freundlicher, und der Scheik streckte mir die Hand entgegen.

„Verzeih! Das konnte ich nicht wissen. Habakek — sei mir willkommen! Wenn wir im Lager angelangt sind, wirst du Salz

19

und Brot mit mir essen und den Becher mit mir teilen. Deine Freunde sollen die meinigen sein, und deine Feinde auch die meinigen!"

Auf einen Wink des Scheiks öffnete sich der Kreis um uns, und der Zug trat die Rückkehr an.

Wie ich erst jetzt bemerkte, hatte man sich auf der Jagd befunden. Ein Beduine trug einen Falken, dem die lederne Kappe über den Kopf gezogen war, und hinter dem Sattel von zwei andern sah ich je einen erlegten Strauß angeschnallt.

Die Beduinen jagten dem Lager in stürmischem Galopp entgegen, dem sich auch mein Führer anschloß. Ich selber ritt mit Krüger-Bei langsam hinterdrein. Halef hielt sich, obgleich er nichts von der folgenden Unterhaltung verstand, an meiner Seite.

„So!" sagte der Oberst. „Jetzt sind wir allein, und wir können mit uns reden, ohne daß uns jestört zu werden dürfen. Also Sie wieder hier! Wat suchen Sie in diese jefährliche Jejend?"

„Was ich überall suche. Sie wissen doch, daß ich reise, um Land und Leute kennenzulernen."

„Jut jebrüllt, alter Löwenonkel! Also immer noch derselbige! Mich dajejen hat eine schwierige Aufgabe zu erfüllen. Können Sie sich vorzustellen, wat ich zu besorjen müssen muß?"

„Oh, ich denke, daß Sie hier irgendeine politische Mission zu erfüllen haben!"

„Politisch? — Sind Sie des Teufels?"

„Meinen Sie, daß die Diplomaten zum Teufel gehören?"

„Diplomat? Ah, dat ist etwas anderm!"

„Ach so! Sie unterscheiden zwischen Diplomaten und demjenigen, der Politik treibt?"

„Janz natürlich!"

„Dürfte ich Sie um den Unterschied bitten?"

„Diesem Unterschied jibt es sehr einfach. Wer Politik mit Glück anzufangen jewußt, dem heiße ick ein Diplomat. Wer die Politik aber nicht jeraten tut, der bleibt Politiker."

„Sehr geistreich! Ich gestehe aufrichtig, daß ich auf diese feine Unterscheidung nie gekommen wäre."

„Ja, hier hat es ihm!" Der brave Oberst deutete dabei nach seiner Stirn.

„Haben Sie Glück gehabt in Ihren Absichten?"

„Ausjezeichnet! Mir haben eene Menge Pferde jekauft für den Marstall des Bei."

„Nicht doch! So meine ich es nicht. Oder sind Sie bloß deswegen so weit südlich gekommen, um Pferde zu kaufen? Das hätten Sie viel einfacher bei den nördlichen Stämmen besorgen können."

Krüger-Bei lächelte verschmitzt.

„Wenn Sie eine schwere Aufjabe zu erfüllen haben werden, obendrum mit Menschen, die Ihnen vorsichtig behandelt zu werden scheinen, werden Sie dann sofort mit die Tür in dem Haus fallen, wie uns Deutsche zu sagen belieben haben?"

„Allerdings nicht", lachte ich.

„Na eben insofern! Dem Schein nach Pferde jekauft für dem Marstall, der Wirklichkeit aber Erfüllung allen Wünschen, deren Mohammed es Sadok Pascha zu haben jeruht."

„Dann ist Ihr Aufenthalt hier wahrscheinlich nur noch von kurzer Dauer?"

„Versteht sich! Ick reise morjen ab, wenn auch übermorjen, im Falle mir ein Jeschäft jemacht zu haben werden. Ick kaufe mich nämlich eine Frau."

Ich sah ihn überrascht an.

„Verstehe ich Sie recht? Sie wollen sich eine Frau kaufen?"

„Ja und immerhin."

„Hier bei diesen Leuten?"

„Versteht sich!"

„Ich denke, daß ein Beduinenmädchen niemals verkauft werden kann."

„Eijentlich nie nicht. Aber es ist ein Gast hier vom Stamm der Tuareg. Die Tuareg verkaufen zuweilen ihre Frauen und Mädchen. Der Kerl hat zwei Mädchen, von denen die eine das Anjesicht eines Engels hat."

„Ach so! Sie haben hier ein schönes Mädchen gesehn und sind dabei auf den Gedanken gekommen, es zu kaufen?"

„Ja, für meinen Harem."

„Was? Sie haben sogar einen Harem? Ist er stark?"

„Stark? Sogar sehr stark! Wiegt beinahe drei Zentner."

„So sind Sie also auch verheiratet? Das wußte ich nicht.

Meinen Glückwunsch, Herr Oberst! Und nun wollen Sie sich noch eine zweite Frau anschaffen? Sie sind also ein richtiger Mohammedaner geworden?"

„O bitte! Diese Anjelejenheit ist nicht so, wie Sie zu denken scheinen. Werde die Sache später erklären. Jetzt keine Zeit dazu. Schau! Hier sieht man das Lager."

Der Oberst hatte recht.

Von da, wo wir hielten, hatten wir einen vollen Überblick auf das Lager des Beduinenstammes. Es bildete eine lange Doppelreihe von Zelten. Außerhalb dieser Zelte weideten die Herden, auf der einen Seite Pferde und wenige Rinder, und auf der anderen Kamele und zahlreiche Schafe.

Als wir uns den Zelten näherten, quoll zwischen ihnen eine dichtgedrängte Menge Reiter hervor. Sämtliche männlichen Bewohner des Lagers schienen sich auf die Pferde geworfen zu haben und sprengten uns schießend und schreiend entgegen, um die neuen Gäste zu begrüßen. Und als wir dann die Gasse hinauffritten, um uns nach dem Zelt des Scheiks zu begeben, standen zahlreiche Frauen und Mädchen vor den Zelten, um die neuen Ankömmlinge zu betrachten.

Es waren aber dennoch einige männliche Bewohner des Duars zurückgeblieben; denn vor einem der Zelte bemerkte ich einen Mann, der uns beobachtete. Sein Gesicht zeigte das Gepräge des Arabers, vermischt mit dem des Negers. Die Nase war fast kaukasisch, aber die stark aufgeworfenen Lippen und die hervortretenden Backenknochen gaben den sicheren Beweis, daß das Blut der schwarzen Rasse in seinen Adern rollte.

Dieser Mann war unbedingt ein Targi. Die Tuareg wohnen in der eigentlichen Wüste, zwischen den Arabern und Negern, und tragen häufig die Eigentümlichkeiten beider zur Schau.

Er war nur mit einem tief herabreichenden, sehr schmutzigen Hemd bekleidet, aus dessen weiten Ärmeln seine dunklen, sehnigen Arme hervorschauten.

An jedem seiner Handgelenke war mittels einer Kette ein scharfes, zweischneidiges Messer befestigt. Die Tuareg umarmen nämlich im Kampf ihren Feind und stoßen ihm dann die beiden Messer von hinten in die Lunge.

Eben als wir in seine unmittelbare Nähe gekommen waren, öffnete sich der Vorhang des Zeltes, und ein Mädchen trat heraus, anscheinend um die Gäste zu betrachten. Bei dem Geräusch, das sie dabei verursachte, drehte sich der Targi schnell um.

„Was fällt dir ein?" brüllte er sie zornig an. „Schnell hinein! Bei allen Scheitans der Dschehennah! Oder ich steche dir das Messer in den Leib!"

Wie der Targi, die Zähne grimmig zusammengebissen, vor ihr stand, sah er ganz so aus, als wollte er dem kleinen Vergehn eine so schwere Strafe folgen lassen.

Das Mädchen fuhr erschrocken zurück und verschwand.

Trotz der Kürze des Augenblicks hatte ich die eigenartig schöne Gestalt vollständig gesehn. Sie war unverschleiert gewesen.

Während die in den Städten wohnenden Maurinnen ihr Gesicht stets verhüllen, nehmen es die Töchter der freien Beduinen damit nicht so genau. Sie wissen, daß sie sich blicken lassen können, und sind auch zu stolz, um durch das Verschleiern mittelbar einzugestehn, daß irgendeine Herzensgefahr ihnen drohen könnte, wenn sie ihre Züge zeigen.

Diese junge Wüstenbewohnerin, die so rasch wieder hatte verschwinden müssen, war von hoher Gestalt und vollen Formen, während sonst die Beduinenmädchen einen schlanken, zierlichen Gliederbau besitzen. Wären ihre Züge nicht echt orientalisch gewesen, so hätte man sie wegen der blendenden Weiße ihrer Haut für eine nordische Europäerin halten können. Jedenfalls hatte diese bezaubernde Araberin es niemals nötig gehabt, sich wegen irgendeiner Beschäftigung den Strahlen der Sonne auszusetzen. Ihre Hautfarbe ließ auf eine hohe, vornehme Abkunft schließen.

Ihre dunklen Augen waren samtweich, und mir kam es vor, als ob sie einen kurzen Augenblick wie in inniger Bitte auf mir geruht hätten. Doch war das wohl eine Täuschung; denn was sollte das Mädchen von mir, dem Fremdling, wünschen, was ihr ihre Stammesgenossen nicht ebensogut gewähren konnten?

Die Zöpfe ihres nachtdunklen Haares hingen lang und stark fast bis zur Erde herab und waren mit eingeflochtenen Korallen und glattgeschliffnen Löwenzähnen geschmückt. Die Art des Schmuckes ließ erraten, daß die männlichen Angehörigen ihrer Familie tapfre und unerschrockne Krieger und Jäger waren und ihre Tochter oder Schwester sehr lieb hatten, da sie ihr sonst die Siegeszeichen der gefährlichen Löwenkämpfe gewiß nicht zu einem so wenig kriegerischen Zweck geschenkt hätten.

Als wir am Zelt vorüber waren, stieß mich Krüger-Bei mit dem Griff der Reitpeitsche an.

„Haben Sie ihr jesehn?"

„Wen?"

„Nun, dieses Mädchen. Wie jefällt es Ihnen?"

„Es ist sehr schön."

„Nicht wahr? Das ist die, von der ick vorhin zu Ihnen jesprochen jehabt habe."

„Ich beglückwünsche Sie."

„O bitte! Det Ding ist anders, als Sie meinen. Eijentlich darf ich ihr nicht kaufen, sondern ick bin jezwungen, ihr zu heiraten."

„Um Ihren Harem zu vergrößern?"

„Nicht und niemals."

„Dann begreife ich doch nicht, aus welchem Grund Sie sie kaufen oder gar heiraten wollen."

„Det will ich Ihnen zu erklären beabsichtigen. Ick will ihr nämlich nicht für mich, sondern für dem Mohammed es Sadok Bei von Tunis haben. Weil ihr keine Schwarze ist, darf ihr auch nicht verkauft sein, sondern wer ihr haben will, muß ihr heiraten. Dadrum heirate ick ihr und lasse mich dann gleich dem Scheidebrief ausfertigen."

„Ah so! Wann wird die Heirat vor sich gehn?"

„Heut abend noch oder folglichen Tag bei frühem Morgen. Der Bote ist bereits fort, um dem Mullah zu holen, dem mohammedanischen Pfarrer, wie Sie vielleicht zu wissen jeneigt sind. Wenn diesem Mullah noch heute kommt, sodann wird sie mich anjetraut werden, und dann wird er mir auch gleich wieder von sie scheiden. Sie ist dann mein Eijentum, aber nicht mehr meine Frau, und ick werde ihr den Bei als Anjebinde verehren."

Dieses eigentümliche Gespräch konnte nicht fortgesetzt werden, da wir an einem großen Zelt angelangt waren, wo der Scheik uns erwartete.

Es war kostbarer ausgestattet als die andern. Mehrere Speere steckten vor dem Eingang in der Erde, und daran hingen

24

Bogen, Pfeile und Schilde als Zeichen, daß hier der Herr des Lagers seinen Wohnsitz aufgeschlagen hatte. Der Scheik trat jetzt an mein Tier heran und ergriff es am Zügel.

„Steig ab, Effendi, und tritt in meine arme Hütte! Sie ist dein Eigentum und das deines Dieners."

Ich sprang vom Pferd.

Da wurde ein Teppich, der den Eingang zum Zelt bildete, zurückgeschlagen. Ein halbverschleiertes Weib trat heraus, das auf einem runden Holzteller Salz, eine Dattel und ein Stück ungesäuertes Brot nebst einer Schale Wasser trug.

„Trink mit mir!"

Bei diesen Worten tat der Scheik einen Schluck, und ich trank das übrige Wasser. Dann erhielt ich die halbe Dattel und die Hälfte des Brotes, das in Salz getaucht wurde. Der Scheik selber genoß das übrige.

So war ich der Gast des Arabers, der von jetzt an nach der Sitte des Landes verpflichtet war, alles für mich zu tun, was in seinen Kräften stand. Natürlich war Halef in die Gastfreundschaft eingeschlossen.

Der Oberst verabschiedete sich nun von uns, er wohnte in einem eignen Zelt.

Wir traten in das Zelt des Scheiks. Es bildete einen einzigen Raum. Das pflegt sonst nicht der Fall zu sein. Gewöhnlich ist eine Abteilung für die weiblichen Bewohner abgesondert. Doch war der Scheik reich genug, um für seine Frau ein besonderes Haremszelt zu besitzen.

Auf dem Boden waren Teppiche, Matten und Kissen ausgebreitet. Wir ließen uns nieder und wurden von der erwähnten Frau bedient.

Es gab einstweilen nur soviel, um den Hunger zu stillen. Später sollte ein Schaf geschlachtet und am Spieß gebraten werden. Dann erst, wenn dieser Braten fertig war, konnte die eigentliche Mahlzeit gehalten werden.

Der Wirt erhob sich bald wieder und bat, uns verlassen zu dürfen, da er die Anordnungen für das Nachtmahl zu treffen habe. Wir blieben allein. Halef war, seit Krüger-Bei mich erkannt hatte, nicht mehr zu Wort gekommen. Jetzt holte er das Versäumte gründlich nach und erging sich in Ausdrücken des Staunens und der Genugtuung, daß wir es so gut getroffen und eine so freundliche Aufnahme gefunden hätten. Dann forschte er mich über Krüger-Bei aus, und ich mußte ihm von unsrem damaligen Zusammentreffen erzählen.

„Du sagtest doch, daß dieser Bei aus dem Land stamme, das auch deine Heimat ist?"

„Ja, er ist ein Deutscher."

„Ich wundre mich, daß ein Nemsi, ein Ungläubiger, eine so hohe Stellung einnimmt in einem Land, das den wahren Gläubigen gehört."

„Er ist kein Ungläubiger mehr nach deinem Sinn."

„Wie meinst du das?"

„Er hat die Lehre deines Propheten angenommen."

„Maschallah — Wunder Gottes! Was höre ich! Er ist ein rechtgläubiger Sohn des Propheten geworden! Und ich habe ihn für einen Giaur gehalten, schon wegen seiner Nase."

„Wegen seiner Nase?"

„Ja, Sihdi! Sie ist so rot, daß ich auf den Gedanken kam, er liebe die Getränke, die der Prophet verboten hat. Und das tut doch kein gläubiger Bekenner des Koran."

Nun, was diesen Punkt betraf, so konnte ich selber nicht an die „Rechtgläubigkeit" meines biedern Landsmanns glauben. Ich hütete mich freilich wohlweislich, Halef meinen Zweifel zu gestehn.

„Willst du nicht dem Beispiel dieses Mannes folgen, Sihdi, und dich ebenfalls zum Propheten bekehren?" fügte er mahnend hinzu. „Du siehst an diesem jetzigen Bei und frühern Diener des Hopfens und der Gerste, was der Koran aus seinen Anhängern zu machen imstand ist."

Aha! Nun hatte Halef wieder sein Steckenpferd bestiegen, und es war vorauszusehn, daß er diesen Gesprächsstoff nicht sobald wieder aufgeben würde.

Dieser Gefahr wollte ich mich indes lieber nicht aussetzen; ich erhob mich, um vor dem Abendessen noch einen Rundgang durch das Duar zu machen. Doch bevor ich das Zelt verließ, rief mir Halef noch siegesgewiß nach:

„Und ich werde dich trotzdem zur Lehre des Propheten bekehren, du magst wollen oder nicht!"

2. Eine merkwürdige Trauung

Langsam schritt ich durch die Zeltgasse in der Richtung, aus der wir gekommen waren.

Ich mußte dabei an den Targi und das schöne Mädchen denken, das ich einen Augenblick lang gesehn hatte. Unwillkürlich lenkte ich meine Schritte nach dem Zelt, das der Targi bewohnte.

Ich hatte es indes noch nicht erreicht, so sah ich seitlich eine Frauengestalt zwischen den Zelten hervortreten und winken. Galt das mir oder einem andern?

Ich blickte mich um. Es war kein Mensch in der Nähe. Also mußte ich das Winken auf mich beziehn.

Unauffällig ging ich der Frau nach. Ich sah sie die Richtung hinter das Duar einschlagen und dann zwischen den Büschen verschwinden, die hart ans Lager grenzten. Vorsichtig schaute ich nach rechts und links und strebte ebenfalls den Büschen zu.

Dort wartete die Frau. Sie hatte den Schleier entfernt, so daß ich ihr Gesicht sehn konnte. Es war alt und von unzähligen Falten durchzogen; doch hatte es keinen abstoßenden Ausdruck. Die Frau war in jungen Jahren jedenfalls schön und begehrenswert gewesen. Jetzt lag der Ausdruck von Angst und Sorge in ihren Zügen.

„Winktest du mir?" fragte ich, als ich sie erreicht hatte.

„Ja, Sihdi! Zürne mir nicht!"

„Was wünschest du?"

„Ich bitte dich um Allahs und des Propheten willen, meine Herrin und mich zu retten."

Mir kam eine Ahnung.

„Wer ist deine Herrin?"

„Sie ist die Tochter des berühmten Scheiks der Beni Abbas."

„Wie kommt sie dann hierher?"

„Wir reisten durch die Wüste und wurden von den Tuareg überfallen. Sie töteten unsre Begleiter und nahmen uns gefangen. Der eine von ihnen will uns ans Meer bringen, um uns zu verkaufen."

„Wie kommt es, daß ihr eine solche Reise wagtet?"

„Wir wollten bis nach Masr[1]."

---

[1] Ägypten

„Allah! Welch eine weite Reise für zwei Frauen!"

„Das Herz rief uns, und das Herz trieb uns. Hast du vielleicht einmal von der Khanum[1] der Wüste gehört?"

„Nein."

„Sie ist die Schwester meiner Herrin und wohnt an der Grenze von Masr. Wir wollten sie besuchen."

„Wie heißt deine Herrin?"

„Hiluja."

Das bedeutet „die Süße" und paßte gewiß mehr als jeder andre Name auf die schöne Tochter der Beni Abbas.

„Ist deine Herrin vermählt?"

„Nein, Herr!"

„Ist sie vielleicht einem eurer Jünglinge versprochen?"

„Nein. Ihr Herz hat noch nicht gewählt. O Herr, wenn du sie retten wolltest!"

„Warum wendet sie sich grade an mich?"

„Sie hat dich bei deiner Ankunft erblickt und Vertrauen zu dir gefaßt. Auch bist du ihr heute Nacht im Traum erschienen, um sie zu retten."

Das war ja recht schmeichelhaft für mich! Jedenfalls hatten sich das die beiden Schlauen ausgedacht, um meiner Hilfe desto sicherer zu sein. Ich mußte innerlich lachen, doch bewahrte ich äußerlich meinen Ernst.

„So wäre das ja ein Befehl von Allah für mich."

„So ist es, Herr. Rette uns!"

„Sag deiner Herrin, daß ich ihr dienen will und daß der Targi allein das Lager verlassen wird. Er wird euch hier verkaufen."

„Das darf er nicht. Wir sind keine Sklavinnen, sondern freie Töchter der Beni Abbas."

„So wird es dich beruhigen, wenn ich dir sage, daß der Kauf eigentlich eine Heirat sein wird."

„Eine Heirat? Um Allahs willen! Das ist noch schlimmer!"

„Warum?"

„Hiluja will nur dem gehören, dem sie auch ihr Herz zu schenken vermag." Sie zauderte und blickte mich überlegend an. „Oder soll sie dein Weib sein?"

„Nein." Sofort warf sie entschlossen den Kopf zurück.

---

[1] Gebieterin

„Dann willigt sie sicherlich nicht ein. Dich hätte sie lieb haben können, Herr!"

Das wurde ja immer besser! Das war ja nicht mehr und nicht weniger als ein verkappter Heiratsantrag!

„Vielleicht schenkt sie auch dem, für den sie bestimmt ist, ihr Herz. Sie soll das Weib des Bei Mohammed es Sadok Pascha werden, des Beherrschers von Tunis", gab ich ihr zu bedenken.

„Der ist alt und hat schon viele Frauen. Sie wird ihn nicht lieben können."

„Nun, vielleicht läßt sich das noch ändern. Der Oberst der Leibwache ist hier, Krüger-Bei. Er will Hiluja von dem Targi kaufen; das heißt, er will sie zum Weib nehmen, sich aber sofort wieder scheiden lassen. Hiluja ist dann nicht an ihn gebunden, und ich werde mit ihm sprechen. Vielleicht läßt er sie ziehn, wohin ihr Herz sie treibt."

„Wenn du das tun wolltest, Sihdi!"

„Ich werde es; es ist das beste. Auf diese Weise kommt sie ohne Kampf von dem Targi fort. Der Oberst hat schon nach dem Mullah gesandt. Sobald er erscheint, wird die Verbindung geschlossen. Ich rate euch zu tun, was euer Herr von euch fordert. Wenn ihr ihm scheinbar den Willen erfüllt, werdet ihr bald frei sein."

„Wir werden deinen Rat gern befolgen. Ich danke dir! Nun aber muß ich fort; denn der Targi darf nicht ahnen, daß ich mit dir gesprochen habe. Leb wohl und — rette uns!"

Sie huschte davon. Ich machte einen Umweg, um etwaige unbemerkte Beobachter zu täuschen.

Am Eingang der Zeltreihen kam mir der Scheik entgegen.

„Ich habe dich gesucht, Herr. Komm, das Mahl ist bereit."

Mittlerweile war es ziemlich dunkel geworden.

Wir schritten die Lagergasse hinunter und betraten das Zelt des Scheiks. Krüger-Bei und Halef warteten schon.

Nach der Mahlzeit erhoben wir uns und gesellten uns zu den andern Beduinen. Inmitten des Duars verzehrten sie ihre Abendmahlzeit an einem mächtigen Feuer.

Es war ein seltsames Bild. Die Flammen warfen im Dunkel der Nacht gespensterhafte Lichter auf die Zeltleinwand; riesige Schatten huschten hin und her; für den, der daran gewöhnt war, allerdings nichts Schreckhaftes.

29

Die braunen, bärtigen Gesichter sahen ernst vor sich hin und kauten ihre Mahlzeit mit der Bedächtigkeit des in der Natur lebenden Menschen, ohne Hast und Unruhe.

Da erklang Pferdegetrappel. Zwei Reiter kamen die Zeltgasse herauf. Der eine von ihnen warf sich gewandt vom Pferd und trat zum Scheik heran.

„Hier ist der Mullah! Ich habe ihn in Sinaun gefunden."

Der andre stieg gemächlich von seinem Tier, trat in würdevoller Haltung an das Feuer und grüßte, die Hände zum Segen erhoben:

„Sallam aleikum — Friede sei mit euch!"

„Aleik sallam!" erwiderten die andern und erhoben sich eherbietig.

Ohne ein Wort weiter zu sagen, setzte sich der würdige Mullah zu dem Braten nieder, griff mit allen zehn Fingern zu und stopfte so eifrig, als hätte er seit Tagen nichts gegessen. Erst als ihm die Kinnbacken weh zu tun schienen, forderte er uns gnädig auf:

„Setzt euch wieder und eßt weiter!"

Dann wischte er die fetttriefenden Finger an seinem Kaftan ab, wandte sich an den Scheik, musterte ihn eingehend vom Kopf bis zu den Füßen und tat dann seinen großen Mund wichtig auf.

„Ich höre, daß einer deiner Gäste ein Weib nehmen will. Wo ist der Mann?"

„Hier." Der Scheik deutete auf den Oberst.

Der Mullah war ein alter Mann; der weiße Bart reichte ihm bis zum Gürtel, und ein Turban, dessen Durchmesser fast eine Elle betrug, erhöhte die Würde seiner Erscheinung.

Er betrachtete den Oberst eine Weile, dachte nach, legte den Finger an die Nase und nickte vor sich hin.

„Mein Auge muß dich schon einmal gesehn haben. Bist du nicht Krüger-Bei, der Beherrscher der Leibscharen?"

„Ich bin es."

„Allah gebe dir Wohlgefallen an dem Weib, das du begehrst. Wo ist dessen Vater?"

„Der Vater ist nicht hier, nur der Herr."

„So hole man ihn! Wo soll die Trauung stattfinden?"

„Gleich hier."

„Dann schafft den Herrn und die Braut hierher! Aber man

verschleiere sie tief, denn kein Auge darf auf das Gesicht eines Mädchens fallen, das ein Weib werden soll."

Es dauerte eine Weile, bis der Targi mit der Braut erschien. Sie war in den gebräuchlichen, weiten Kapuzenmantel gekleidet, der nur eine einzige Öffnung für ein Auge besaß.

Der Mullah strich sich den Bart.

„Wie heißt du?" fragte er den Targi.

„Ben Hamalek."

„Und wie nennst du diese Braut?"

„Hiluja."

Oder sagte er Haluja?

Der Targi sprach die erste Silbe dieses Namens etwas undeutlich aus, so daß man ganz gut Haluja verstehn konnte. Doch schien dies niemand aufzufallen.

„So laßt uns beginnen!"

„Mit der Trauung?" fragte Ben Hamalek schnell.

Mit großen erstaunten Augen sah ihn der Mullah an.

„Ja. Deshalb bin ich ja gekommen."

„Warte noch! Erst müssen wir über den Kalam sprechen; noch niemand hat davon geredet."

Kalam heißt Aussteuer oder das, was man den Verwandten eines Mädchens gibt, um es zur Frau zu erhalten.

„Machen wir es kurz!" sagte Krüger-Bei.

„Wieviel willst du?"

Der Oberst sprach jetzt geläufiges Arabisch; das klang viel herrenhafter als sein lückenhaft gewordenes Deutsch.

„Wie willst du zahlen, in Ware oder in Geld?"

„Was ist dir lieber?"

„Geld."

„Das hab ich nicht. Oder hältst du mich für so unvorsichtig, mit einem so großen Betrag in der Wüste umherzureiten?

„Aber ich hab Geld", fiel der Scheik ein. „Ich denke, es wird reichen. Ich leihe es dir, und du wirst es mir wiedergeben, wenn die Pferde bezahlt werden."

Der Oberst nickte ihm anerkennend zu.

„Gut! Du bist freundlich und gefällig gegen deinen Gast. Wenn du mich in Tunis besuchst, werde ich dir dankbar sein können. Also, Ben Hamalek, wieviel verlangst du?"

„Fünfhundert Theresientaler."

„Du bist fünfhundertmal ver — — — Allah! Jetzt hätte

ich fast etwas gesagt, was nicht unbedingt nötig ist. Für fünfhundert Marientheresientaler bekomme ich sechs junge Sklavinnen, schöner als alle Huris des Paradieses. Ich gebe dir zweihundert."

„Gib vierhundertfünfzig! Du hast sie gesehn. Sie ist schön
wie die Sonne des Tags."

„Viel zu teuer."

„So gib wenigstens dreihundertfünfzig!"

„Zweihundertfünfzig! Ich schwöre dir bei meinen Bart, daß
ich nicht mehr gebe."

Der Targi wußte, woran er war. Krüger-Bei war dafür
bekannt, daß er zu seinem Wort stand und dann unerbittlich
war. Darum weigerte sich Ben Hamalek nicht länger.

„Da du der Oberst des Beherrschers von Tunis bist, den
meine Seele ehrt, so will ich auf dein Gebot eingehn."

Sie legten die Hände ineinander; der Handel war abgeschlossen.

„Darf ich euch nun vermählen?" fragte der Mullah.

„Ja", nickte der Oberst.

Der Geistliche faltete die Hände und begann.

„Bismillah errachmahn errachihm — im Namen Gottes
des Allbarmherzigen! Lob sei Gott, der uns die Gabe verliehen
hat, zu sprechen, der uns gewürdigt hat der Schönheit der
Sprache und des Glanzes der Worte! Er, der Höchste, hat alles zum Nutzen der Menschheit erschaffen. Er hat alles, was
unnötig ist, verhindert, und alles das bereitet, was nötig ist. Er
hat uns die Ehe geboten, aber verboten, anders zu leben. Er,
der Höchste, spricht: Nehmt Euch zur Ehe solche Weiber, die
euch gefallen, eine, zwei, drei oder auch vier! O ewiger Wohltäter! Wir müssen dir Dank sagen zur Vergeltung deiner Liebe. O allmächtiger Führer! Uns liegt die Dankbarkeit ob für
das Geschenk der Ehe. O Allah, leite uns zur Genügsamkeit
und Vollkommenheit, und besiegle alle unsre Handlungen,
auch die der Ehe! Wir bezeugen es, daß es keinen Gott gibt
außer Allah, dem einzig Ewigen, und daß Mohammed, sein
Gesandter, begnadigt ist vor allen Menschen. Ja, möge die
Gnade Gottes ruhen auf dem Erstling seiner Schöpfung, Mohammed, dem von Gott mit Wundern Gesegneten, und auf seiner
Familie! Ich segne das Paar und flehe die Barmherzigkeit des Höchsten herab und danke Allah, denn er ist barmherzig und

voller Liebe, wie er euch jetzt durch die Verbindung eurer Herzen bewiesen hat."

Hierauf wandte sich der Mullah an den Targi.

„Du, der du dich Ben Hamalek nennst, willst du dieses Weib dem Oberst der Heerscharen zur Frau geben?"

„Ja", erwiderte der Targi.

„Und du, Krüger-Bei, der Oberste der Helden des Beherrschers von Tunis, willst du sie als dein Weib nehmen, sie lieben und ernähren bis an das Ende deines Lebens, solang es dir beliebt und solang sie dir gefällt?"

„Ja", antwortete der Oberst.

Damit war die heilige Handlung abgeschlossen, die erste mohammedanische Trauung, deren Zeuge ich wurde. Die „Braut" hatte die ganze Zeit über bewegungslos wie eine Bildsäule dagestanden und kein Wort gesprochen.

Jetzt aber kratzte sich Krüger-Bei hinter dem Turban. Es fiel ihm soeben etwas ein, woran er vorher nicht gedacht hatte.

„Sag mir, o Mullah, muß dieses Weib jetzt bei mir wohnen?"

„Ja, denn du bist ihr Herr und ihr Mann."

„Aber ich bin hier fremd. Sie kann doch nicht —"

Da unterbrach ihn Ben Hamalek:

„Sie ist eine Tochter der Beni Abbas. In ihrem Stamm ist es Gebot, daß jede Verheiratete während der ersten Nacht ihrer Ehe mit keinem Menschen spricht und in einem Zelt betend allein bleibt. Ich erwarte, daß du diese Sitte ihres Stammes ehren wirst."

„Das möchte ich wohl. Aber ich habe kein Zelt."

„Ich habe eins", sagte der Scheik. „Dort steht das Zelt, worin sich meine Vorräte befinden. Da wird sie ungestört beten können. Geleite sie dorthin, o Mullah, da du es bist, der sie in die Ehe geführt hat."

Der Geistliche tat dies in seiner würdevollen Weise. Als er dann zurückgekehrt war und sich wieder gesetzt hatte, zog er ein Papier hervor und eine alte Flasche, worin sich Tinte befand.

„Nun müssen wir aufschreiben, was geschehn ist", sagte er, „und diese beiden werden es unterzeichnen."

Die Abfassung des Schriftstücks dauerte ziemlich lange, da der Alte sich keineswegs als gewandter Schreiber erwies.

Dann setzten der Targi und der Oberst ihre Namen darunter. Krüger-Bei erhielt als Besitzer des Weibes die Urkunde. Er steckte sie ein.

„So, jetzt ist sie meine Frau", meinte er zufrieden. Dann holte er tief Atem und blinzelte den Geistlichen an. „Wann aber, o Mullah, kann ich mich von ihr scheiden lassen?"

„Das habe ich dir vorhin gesagt."

„Ich habe es nicht gehört."

„Ich erklärte sehr deutlich: Du sollst sie lieben und ernähren bis an das Ende deines Lebens, solang es dir beliebt und solang sie dir gefällt."

„Wenn es mir aber jetzt nicht mehr beliebt?"

Der Mullah riß die Augen auf, daß sein Turban bis ganz auf die Augenbrauen rutschte. Dann hob er flach die Hände und sagte kaltblütig:

„So laß dich scheiden!"

„Willst du das tun?"

„Wenn du es willst, ja!"

„Ich bitte dich darum."

„So höre die Worte der fünfundsechzigsten Sure!"

Der Mullah faltete die Hände und betete:

„Im Namen des allbarmherzigen Gottes! O Prophet, wenn ihr euch von einer Frau scheidet, so bedenkt wohl, was ihr tut! Vertreibt sie nicht aus euern Wohnungen, wenn sie sonst kein Obdach haben. Vielleicht erneuert Allah eure Liebe, so daß ihr beisammen bleibt. Soll sie aber wirklich fort, nach reiflicher Überlegung, so tut es bald, und beratet euch untereinander in Billigkeit."

Darauf wandte er sich wieder an den Oberst.

„Sag mir, o Krüger Pascha, du Oberster der Leibwache des Beherrschers, willst du von Haluja, deinem angetrauten Weibe, geschieden sein?"

„Ich will."

Noch einmal sah ihn der Mullah wie etwas Unbegreifliches voller Zweifel an. So etwas war ihm noch nicht vorgekommen — in einem Augenblick heiraten und scheiden! Jedoch Krüger-Bei blieb ernst, und so hob der Mullah entschlossen die Hände.

„So sag dreimal die drei Worte: Du kannst gehn!"

„Du kannst gehn — du kannst gehn — du kannst gehn!" fuchtelte Krüger-Bei seiner Frau den Abschied mit beiden Armen.

„So bist du geschieden. Ich bezeuge es."

Maschallah! hätte ich am liebsten ausgerufen.

Während ich die ganze Zeit über das Lachen verbeißen mußte, zeigten die Araber einen Ernst, der überaus drollig wirkte.

Man bedenke: es handelte sich um eine verbotne Handlung, um den Verkauf einer Araberin. Jeder der Anwesenden wußte es oder konnte es sich wenigstens denken. Aber man hängte der Sache ein scheinbar gesetzliches und religiöses Mäntelchen um, und kein Mensch nahm daran Anstoß.

Das Köstlichste indes war das Stutzen, der Zweifel und der tödliche Ernst, mit dem der Mullah die „Trauung" und nachfolgende „Scheidung" vornahm.

Also war der gute Krüger-Bei in kürzester Zeit Bräutigam und Ehemann gewesen und jetzt schon ein geschiedner Ehegatte. Er nahm das aber in bester Laune hin und fragte den Scheik: „Ist dein Dattelvorrat gut?"

„Ja."

„Hast du Lagmi?"

„Vier große Krüge voll."

„So gib deinen Männern Datteln zu essen und Lagni zu trinken, vier große Krüge voll, zwei zur Feier der Hochzeit und zwei zur Feier der Scheidung!"

Lagmi ist gegorener Dattelsaft; er schmeckt fast wie Wein und hat eine leise berauschende Wirkung, wenn man auch nicht sagen kann, daß er betrunken macht.

Die Botschaft, daß es Datteln mit Lagmi gebe, löste im Lager große Freude aus. Die Männer rückten zusammen und ließen es sich wohl sein.

Der Targi aß und trank nicht mit. Sobald er vom Scheik das Geld erhalten hatte, entfernte er sich.

Ich hatte noch nie eine solche Eheurkunde in der Hand gehabt wie die vom Mullah angefertigte. Deshalb bat ich sie mir vom Oberst aus und betrachtete sie beim Schein des Feuers aufmerksam.

Dabei machte ich eine Beobachtung und stutzte.

„Da steht Haluja. Heißt sie nicht Hiluja?"

„Ja", gab der Oberst zur Antwort.

„Es ist mir schon vorher aufgefallen. Auch Ben Hamalek sagte nicht Hiluja, sondern Haluja."

„Er wird sich versprochen haben, und der Mullah hat es so nachjeschrieben."

„Ich traue diesem Ben Hamalek nicht."

„Ich auch nicht; aber was könnte diese Verwechslung zur Folge haben? Nichts! Ihm hat sich einfach versprochen."

„Er wird doch nicht etwa auf den Gedanken kommen, während der Nacht Hiluja aus dem Zelt zu holen und mit ihr samt dem Geld zu entfliehen?"

„Sie sind zu argwöhnlich", meinte der Oberst sorglos. „Aus dem einfachsten Tatsache, daß einem Buchstaben falsch sind, ziehn Sie gleich den verwejensten Schlüsse. Der Targi wird sich nicht trauen, dem Gastfreundschaft dieses Duar zu verletzen jesonnen zu sein."

Da kam mir blitzartig ein Gedanke. Wie, wenn — —?

Aber das war so ungeheuerlich, daß ich es kaum auszudenken, viel weniger auszusprechen wagte. Doch der Einfall war zugleich von so überwältigender Spaßhaftigkeit, daß ich, hätte er sich bewahrheitet, beinah geneigt gewesen wäre, den Targi straflos ausgehn zu lassen.

Im übrigen, wenn jemand betrogen werden sollte, so war es jedenfalls nicht ich. Folglich schwieg ich von meinem Verdacht und erhob mich nach einiger Zeit, um mich zur Ruhe zu begeben.

Halef folgte mir sogleich nach.

Ich war grad am Einschlafen, da hörte ich den Hadschi neben mir:

„Sihdi, schläfst du schon?"

„Nein; was willst du?"

„Sihdi, die wäre etwas für dich."

„Wer?"

„Hiluja. Du hast doch gesehn, daß ihr der ‚Herr der Heerscharen' den Scheidebrief gegeben hat."

„Nun? Und?"

„Du brauchst nur ein Wort zu ihm zu sagen, so schenkt er sie dir."

„Darin täuscht du dich aber gründlich. Er will sie freilich verschenken, aber nicht an mich, sondern an Mohammed es Sadok Bei, den Beherrscher von Tunis."

„Hazreta — jammerschade!"

„Und übrigens danke ich bestens für ein solches Geschenk."

„Wieso?"

„Erstens will ich mir die zukünftige Erwählte meines Herzens nicht schenken lassen, und zweitens muß sie, wenn ich je an die Gründung eines Harems denken sollte, wenigstens jung sein."

„Maschallah! Hiluja ist doch jung. Du hast sie ja gesehn, als wir am Zelt des Targi vorbeiritten, gradeso gut wie ich."

„Wer sagt dir denn, daß die Frau, die heute der Oberst geheiratet und wieder verabschiedet hat, Hiluja ist?"

„Aber Sihdi, wer sollte sie denn sonst sein?"

„Eine andre! Wenigstens vermute ich das. Aber laß mich jetzt schlafen! Ich bin müde. Leiletak saa'ide — deine Nacht sei glücklich!"

Damit drehte ich mich auf die Seite.

Halef brummte eine Weile unverständliches Zeug vor sich hin. Er schien sich mit meiner Ablehnung seines Heiratsvorschlags nicht gleich abfinden zu können. Offenbar glaubte er, daß er mir damit einen glänzenden Beweis seines Wohlwollens geliefert habe. Endlich schien er mit seinen Gedanken doch ins reine gekommen zu sein. Das Ergebnis gipfelte in der schon so oft gehörten Versicherung:

„Und ich werde dich doch noch bekehren, du magst wollen oder nicht."

Das waren die letzten Worte, die ich hörte. Dann schlief ich ein.

Wie lange ich geschlafen habe, weiß ich nicht. Aber als ich erwachte, geschah es nicht von selbst, sondern durch ein unsanftes Rütteln an meiner Schulter.

Ich richtete mich auf.

„Wer ist da?"

„Ich bins; Halef. Steh geschwind auf, Sihdi, der Scheitan ist los!"

Das machte mich sofort munter.

Ich sprang auf und trat vors Zelt. Nach dem Stand der Sterne mußte es ungefähr zwei Stunden vor dem Morgengrauen sein. Im Duar herrschte Stille. Nichts schien die beunruhigenden Worte Halefs zu bestätigen.

„Laß dir geschwind erzählen, Sihdi!" sagte er an meiner Seite. „Ich hatte schlechten Schlaf. Deine geheimnisvolle Andeutung von Hiluja, die in Wirklichkeit gar nicht Hiluja, sondern eine andre sei, schlich mir in den Traum nach. Ich wachte wiederholt auf und konnte schließlich nicht mehr einschlafen. Deshalb erhob ich mich und machte einen Spaziergang durchs Duar. Beim Zelt des Targi wandelte mich die Lust an, mich zu vergewissern, ob er noch da sei; denn ich erinnerte mich an deine Worte, daß er vielleicht mit Hiluja und dem Geld die Flucht ergreifen könnte. Ich lauschte und überzeugte mich schnell, daß das Zelt leer war. Das war verdächtig. Deshalb eilte ich zu den Herden. Dabei mußte ich durch die Büsche dringen, die den Rand des Duar bilden."

Er schöpfte einen Augenblick Atem; denn er sprudelte seine Erzählung mit unglaublicher Schnelligkeit heraus. Dann begann er mit erhöhter Lebhaftigkeit:

„Eben wollte ich um eine Gruppe Tamarisken biegen, da sah ich im Schein der Sterne von der andern Seite zwei Männer kommen, die ein längliches Bündel trugen. In dem einen glaubte ich den Targi zu erkennen. Als sie an dem Strauch vorbeikamen, hinter dem ich stehngeblieben war, sagte eben der eine der Männer: ‚Dein Pferd ist gut, das meinige aber schlecht. Ich nehme dafür die Prophetenstute des Scheiks und für Hiluja den Rappenhengst des ‚Herrn der Heerscharen'. Dann waren sie hinter den Büschen verschwunden. Ich überlegte rasch, was zu tun sei. Am besten schien es mir, ins Duar zurückzukehren und dich zu wecken."

„Das klügste wäre es gewesen, den Dieben vorauszueilen und die Wächter der Herden zu warnen", fiel ich ein. „Doch jetzt ist keine Zeit mehr zu langen Auseinandersetzungen. Eile zum Zelt des Scheiks und teile ihm das Vorgefallene mit! Auch den Oberst kannst du benachrichtigen. Das übrige ist meine Sache."

Ich ließ ihn stehn und sprang ins Zelt zurück, um meine Revolver zu holen. Dann eilte ich wieder ins Freie und gab zwei Schüsse ab.

Im Nu war das ganze Lager auf den Beinen. Die Männer stürzten aus den Zelten, um nach der Ursache der nächtlichen Ruhestörung zu fragen.

„Zu den Herden!" brüllte ich in den Wirrwarr von fragenden Stimmen hinein. „Es sind Diebe da!"

Alles rannte zu den Tieren. Im Begriff, ihnen zu folgen, sah ich von der einen Seite den Scheik, von der andern den Oberst auf mich losstürmen.

„Was ist vorgefallen?" rief der Scheik. „Dein Diener rief, daß der Targi fliehn wolle, und rannte sogleich weiter."

„Ja, er will fort, aber mit deiner Schimmelstute, Scheik, und mit deinem Rapphengst, o Herr der Heerscharen."

Jetzt erhob sich draußen, außerhalb des Lagers, ein wahrer Heidenlärm. Laute Hilferufe schallten, Schüsse krachten.

„Ja musihbe, ia faza — o Unglück, o Verhängnis! Meine Lieblingsstute, mein Schatz, mein Himmel, meine Seligkeit!" jammerte der Scheik und eilte davon,

„Daß der verdammte Dieb dem Teufel hole!" fluchte der Oberst in seinem schönen Deutsch und sprang ihm nach.

Nun war ich allein.

Bevor ich ebenfalls zu den Herden lief, ging ich zu dem Vorratszelt, worin Hiluja sein sollte, und öffnete es.

„Hiluja?" fragte ich hinein.

„Nein, ich bin es, Herr, Haluja."

„Haluja? Was bedeutet das? Heute sagte deine Dienerin, dein Name sei Hiluja."

„Die Dienerin, das war doch ich. Ich heiße Haluja. Was ist geschehn? Warum ruft und schießt man?"

Die Sprecherin trat heraus. Sie trug jetzt den Schleier nicht mehr. Ich beugte mich zu ihr nieder und erkannte trotz der Dunkelheit die alte Beduinin, mit der ich gestern gesprochen hatte.

„Alle Teufel, also doch! Ein Betrug! Tritt sofort wieder hinein! Da bleibst du, bis ich wiederkomme."

Damit schob ich sie ins Zelt hinein und rannte vor das Lager. Dort waren aus Palmenfasern gefertigte Fackeln angebrannt worden. Die Flammen beleuchteten eine wirre, ziellose Bewegung.

„Ruh! Imschi — Fort! Weg!" rief der Scheik in Verzweiflung, als er mich erblickte.

„Wer? Der Targi?"

„Nein, mein Schimmel! Allah verdamme den Dieb in die tiefsten Tiefen der Dschehennah!"

„Mein Rappe hat sich gleichwohl verduftet", fauchte Krüger-Bei auf Deutsch. „Der Teufel soll dem Schurken reiten!"

„Yallah! Yallah! Wir müssen den Räubern nach. Auf die Pferde, ihr Männer! Schnell ihnen nach!" Der Scheik wollte sich auf das nächste beste Pferd werfen, ich hielt ihn jedoch am Arm fest.

„Wakkif — halt! Warte noch! Man muß den Dieben nicht nur mit den Pferden, sondern auch mit dem Verstand nachreiten. —Wer hat die Leute gesehn?"

„Ich", meldete sich einer. „Ich war der erste vor dem Lager, Eben, als ich zwischen den Zelten hervorsprang, jagten sie an mir vorüber."

„Wie viele?"

„Zwei Reiter und drei Pferde. Auf dem dritten, das sie in der Mitte hatten, war etwas festgebunden."

„Jedenfalls Hiluja. Wohin ritten sie?"

„Grad nach Osten hinaus."

„So müssen wir ihnen augenblicklich nach, sonst entkommen sie uns!" rief der Scheik.

„Du wirst deinen Schimmel niemals wieder erhalten, wenn du die Diebe jetzt verfolgst", warf ich ein.

„Willst du sie entrinnen lassen?"

„Nein. Aber kannst du sie in dieser Finsternis wahrnehmen? Ich bitte dich, meinen Rat zu hören. Wir warten, bis der Tag angebrochen ist." — „Dann sind sie über alle Berge."

„Ich schwöre dir zu, daß sie uns nicht entgehn werden. Reitest du ihnen aber jetzt in der Dunkelheit nach, so wirst du nur die Fährte so verderben, daß ich sie nicht zu finden vermag."

„Aber wie willst du sie einholen? Sie haben ja unsre schnellsten Pferde!"

„Ich sah heut auf eurer Weide einige der besten Hedschihn. Die sind schneller als die schnellsten Pferde. Kannst du mir sagen, wohin die Flüchtlinge wollen?"

„Wie kann ich das wissen?"

„Ich weiß es. Es versteht sich von selber, daß sie Hiluja geschwind verkaufen wollen. Weißt du vielleicht, wo das am besten möglich ist und wo die Diebe zugleich am sichersten sind?"

„In der Stadt Tarabulus[1] am Meer."

---

[1] Tripolis

„Und in welcher Himmelsrichtung liegt diese Stadt?"

„Genau im Osten."

„Und wohin haben sich die Flüchtlinge gewandt? Ebenfalls in diese Richtung. Du siehst also, daß es unter Umständen vorteilhafter ist, den Feinden mit dem Verstand als mit den Pferden nachzureiten. Für mich besteht kein Zweifel, daß sie nach Tarabulus an der Meeresküste wollen."

„Maschallah! Du hast recht. Sie können nur in dieser Stadt ihre Rettung finden."

„Gibt es unter euch einen, der den Weg dorthin genau kennt?"

Mein Khabir, den ich seit unsrer Begegnung mit den El Homra nicht mehr zu Gesicht bekommen hatte, trat vor.

„Ich weiß den Weg. Es führen mehrere dorthin; ich kenne sie alle. Die Räuber haben ganz gewiß den kürzesten gewählt."

„Das ist auch meine Meinung. Am besten wäre es, wenn wir einen Umweg einschlagen könnten, um ihnen voranzukommen und sie zu erwarten."

„Das können wir. Die Hudschuhn[1] sind ja schneller."

„Wer reitet mit?" — „Ich!" antwortete der Scheik.

„Ich!" sagte auch der Oberst.

„Ich!" rief Halef.

„Ich, ich — — —" klang es in lautem Durcheinander.

„Das ist unmöglich!" widersprach ich. „Wir dürfen uns nur der besten und schnellsten Reitkamele bedienen. Wieviel sind hier?"

„Echte, gute Bischarihnkamele habe ich nur fünf Stück", erwiderte der Scheik.

„So können auch nur fünf Männer reiten. Also wer? Der Khabir und ich, das sind zwei."

„Und ich!" rief der Scheik.

„Und ich!" meldete sich Halef.

„Und ich natürlich auch!" meinte der Oberst.

Ich erlaubte mir, gegen Krüger-Bei eine Einwendung zu machen. Ihm traute ich die Fähigkeit zu einem so anstrengenden Ritt nicht zu, aber Krüger ließ meinen Einspruch nicht gelten. So bat ich denn, die Kamele zu satteln und für Wasser und Lebensmittel zu sorgen.

---

[1] Mehrzahl von Hedschihn = Kamel

Dann fiel mir die Dienerin ein. Ich nahm den Oberst abseits; er ahnte noch nicht, wie sich diese Angelegenheit in Wirklichkeit verhielt. Einem der Männer nahm ich die Fackel aus der Hand und begab mich mit Krüger-Bei zum Zelt Halujas.

„Eijentlich bin ich Sie böse", begann er, „weil Sie mir nicht mitzunehmen jesinnt jewesen."

„Ich hatte die beste Absicht. Der Ritt ist anstrengend."

„Soll ich mir nicht anstrengen, wenn es gilt, meiner jeschiedenen Ehefrau wiederzufinden?"

„Die finden Sie da draußen nicht."

„Na, Sie sagten doch, daß uns sie einzuholen würde sicher sein."

„Aber Ihre gestrige Frau Gemahlin ist nicht dabei."

„Hiluja?"

„Die ist allerdings dabei, aber die war nicht Ihre Frau. Erinnern Sie sich noch, daß der Targi Haluja sagte?"

„Ja. Diesem Mullah hat auch so jeschrieben."

„Nun, Haluja heißt die Dienerin; die haben Sie geheiratet." Krüger-Bei spreizte die Hände und blickte mich ungläubig an.

„Dienerin?"

„Ja."

„Jott steh mich bei! Ist sie alt?"

„Sehr."

„Häßlich?"

„Wenigstens nicht hübsch."

„Dann hole ihr dem Teufel!" wetterte der Herr der Heerscharen. „Sie ist noch da?"

„Ja. Sie steckt dort im Zelt. Kommen Sie!"

„Aber ick begreife noch jar nicht, wie es möglich sein kann, daß es möglich zu werden möglich jewesen ist."

„Sie werden es bald begreifen. Ben Hamalek hat Ihnen die Dienerin verkauft, die junge Herrin aber für sich behalten, um sie in Tripolis zu verschachern."

„Na, denn man rin in diesem Zelt! Wo ist ihr?"

Ich öffnete jetzt das Zelt und leuchtete der Dienerin ins Gesicht.

„O Allah! Das ist sie?"

„Ja, das ist Haluja."

„Meine abjeschiedne Jeliebte?"

„Ja, Ihre gestrige Gattin."

„Alle juten Jeister und Jespenster! Und dafür hat mich diesem Schwindelmeister das viele Jeld abzuverlangen die Kühnheit jewesen!"

„Ja, Sie haben zweihundertfünfzig Mariatheresientaler für sie bezahlt", meinte ich so ernsthaft, wie es mir möglich war.

„Allah ist jroß, und diesem Kerl verdient, jehängt zu werden jewesen. Na, wenn dieses Mensch in meiner Hand jelaufen kommt, so zerbreche ich ihn dem Hals wie ein holländischer Tabakspfeife. Aber dieses alte Reff hier ist doch eine Betrügerin!"

„Wieso?"

„Weil sie ihr für jung ausjejeben hat."

„Nein. Sie hat sich nicht für jung ausgegeben, sie hat überhaupt gar nichts gesagt."

„Sie konnte aber sagen, daß sie Haluja heißt und nicht Hiluja."

„Nicht sie ist gefragt worden, sondern der Targi. Und der sagte Haluja, wie Sie sich besinnen werden. Sie hat also keine Ahnung gehabt, daß Sie getäuscht werden sollten."

Daß es in Wirklichkeit so war, stellte sich heraus, als wir nicht länger deutsch sprachen und nun von der Dienerin verstanden wurden.

Haluja war dem Tagi nur deshalb gehorsam gewesen, weil ich ihr den Rat gegeben hatte, alles zu tun, was jener von ihr verlangen würde. Als sie jetzt erfuhr, daß Ben Hamalek mit ihrer Herrin entflohn war, brach sie in lautes Jammern aus und beruhigte sich erst bei meiner Versicherung, daß sie Hiluja wiedersehn werde.

Als der Morgen anbrach, standen die Reitkamele bereit, wohlgenährte Tiere, die seit langer Zeit keiner Anstrengung unterworfen worden waren. Es war also zu erwarten, daß der Verfolgungsritt ungewöhnlich schnell sein würde.

Seit den Weckschüssen mochten zwei Stunden vergangen sein, als wir fünf Reiter auf unsern hohen Sätteln das Duar verließen und eilig nach Osten hin davonritten.

Wir hielten uns absichtlich weiter nördlich, als die Verfolgten vermutlich geritten waren. Wir wollten sie nicht nur einholen, sondern überholen, und was konnte nur dann geschehn, wenn sie uns nicht vorzeitig bemerkten.

Die Hudschuhn griffen mit ihren langen Beinen wacker aus. Mit diesen Kamelen kann auch der schnellste Renner nicht Schritt halten. Wir hatten nach Verlauf einer Viertelstunde ganz gewiß eine volle deutsche Meile zurückgelegt.

So verging eine Viertelstunde nach der andern — daraus wurden vier ganze Stunden. Es war ein mühsamer, anstrengender Ritt; aber wir hielten durch. Da legte der voranreitende Führer die Hand beschattend über das Auge und rief:

„Wakkif — halt! Mir ist, als ob sich da draußen in der Steppe mehrere Reiter bewegten."

Wir hielten unsre Tiere an. Ich zog das Fernrohr hervor und richtete es auf die erwähnten Punkte. Dann gab ich das Glas dem Oberst.

„Es sind die Gesuchten."

„Maschallah! Sie sind es", gab mir Krüger-Bei recht.

„Sie haben also doch nicht genau die Linie eingehalten, wie wir annahmen. Auf diese Weise bekommen wir sie noch eher und leichter in die Hand."

„Leichter?" meinte ich zweifelnd. „Das glaube ich nicht."

„Warum nicht? Wir haben sie ja vor Augen."

„Sobald sie sich einmal umdrehn, werden sie uns bemerken. Wir auf unsern hohen Tieren sind viel eher sichtbar als sie. Dann werden sie uns die Sache wohl erschweren."

„Was wollen sie tun?" meinte der Scheik sorglos. „Sie befinden sich mitten in der Ebene und können uns nicht entkommen."

„Warten wir es ab! Angenommen, wir holen sie ein und wollen sie festnehmen, wie fangen wir das an?"

Der Scheik blickte mich mit großen Augen an. Er konnte mich nicht begreifen.

„Wie wir das anfangen? Sobald ich sie erreiche, schieße ich sie nieder."

„Und triffst dabei vielleicht deine kostbare, unersetzliche Stute."

„Allah il Allah! Du hast recht. Wir dürfen nicht schießen."

„Das eben meine ich. Sie aber werden nicht so rücksichtsvoll sein und nach unsern Tieren zielen. Denn wenn das Kamel fällt, kann ihnen der Reiter nicht mehr gefährlich werden."

„Was rätst du uns?"

44

„Wir müssen den offnen Kampf vermeiden und sie zu überrumpeln suchen. Ganz, ganz weit da draußen ist der Himmelsrand dunkel. Liegen dort vielleicht Berge?"

„Ja", erwiderte der Khabir. „Es sind die Ausläufer des Dschebel Dahar."

„Es scheint, daß die Flüchtlinge da hinauf wollen."

„Ganz sicher."

„Nun, so schlagen wir einen weiten Bogen, damit wir noch vor ihnen ankommen. Wenn ich die Entfernung schätze, so werden sie ungefähr mittags dort sein und wahrscheinlich Rast machen. Dabei überraschen wir sie."

Dieser Vorschlag wurde annehmbar gefunden. Die Hudschuhn bekamen eine andre Richtung, und bald war es uns nicht mehr möglich, die Verfolgten zu sehn.

Jetzt wurden die Tiere angespornt. Allmählich erschien die dunkle Linie am Gesichtskreis deutlicher. Sie nahm Gestalt und Form an. Dann traten Höhen hervor, und bald waren bewaldete Berge zu erkennen.

Es war kurz vor Mittag, als wir den ersten der Vorberge erreichten.

Ich zog das Fernrohr wieder hervor und suchte das Gelände ab. Dann deutete ich in die Ebene hinaus.

„Den Bogen haben wir richtig hinter uns. Ich glaube, daß wir uns ungefähr da befinden, wohin die beiden Tuareg kommen werden", meinte ich.

„Ganz gewiß!" gab mir der Khabir recht. Drüben führt ein Bach in die Berge. Ihm hat man zu folgen, um nach jenseits zu kommen. Dorthin also werden sie sich sicherlich wenden."

„So wollen wir ihnen zuvorkommen. Vorwärts!"

Bald hatten wir das Gewässer erreicht und ritten nun langsam an ihm aufwärts, um einen Ort zu finden, an dem die Flüchtlinge vermutlich Rast halten würden.

Solcher Orte gab es aber so viele, daß es unmöglich war, vorher zu bestimmen, welchen sie wählen würden. Darum riet ich, noch weiter zu reiten, dort die Tiere zurückzulassen und wieder umzukehren, da man zu Fuß die Erwarteten besser belauschen könnte. Dieser Vorschlag wurde angenommen. So ritten wir noch eine Strecke weiter bachaufwärts und bogen in die Büsche ein, wo wir die Tiere unter der Aufsicht Halefs zurückließen. Dann gingen wir wieder zurück und nahmen auf einer Höhe Stellung, von der aus wir die weite Ebene überblicken konnten.

Ich hatte mich in meinen Vermutungen nicht getäuscht. Nach kurzer Zeit traf mein durch das Rohr gerichteter Blick auf drei Punkte, die sich näherten und nach und nach größer wurden, so daß sie bald mit dem unbewaffneten Auge zu erkennen waren.

„Da kommen sie!" raunte der Scheik erregt. „Ich hoffe, daß sie unten am Wasser absteigen."

Die Flüchtlinge befanden sich bereits so nah, daß ihre Gesichtszüge zu erkennen waren. Ben Hamalek ritt rechts auf der Stute des Scheiks, sein Begleiter links, und Hiluja saß auf dem Rapphengst des Obersten in der Mitte zwischen beiden. Sie ritt nach Männerart; die Töchter der Beduinen sind daran gewöhnt.

Wir hatten gerade den geeignetsten Punkt gewählt. Beinah unmittelbar unter uns stiegen sie von den Pferden, die sofort zu saufen begannen und sich an dem saftigen Gras labten.

Hiluja ließ sich matt auf den Rasen fallen. Ihr Gesicht war nicht zu sehen, da sie den Schleier dicht vorgezogen hatte. Der Targi setzte sich neben sie, der Gefährte aber hatte sein Augenmerk auf die Spuren gerichtet, die unsre Kamele zurückgelassen hatten.

Die drei befanden sich so nahe, daß wir jedes Wort verstehn konnten.

Der Spießgeselle des Targi deutete auf die umgetretenen Halme. „Es sind Leute hier gewesen."

„Was geht das uns an? Je näher wir der Küste kommen, desto weniger haben wir zu fürchten. Es kann uns sehr gleichgültig sein, wer hier geritten ist."

„Meinst du? Du wirst dir doch denken, daß wir verfolgt werden. Ich will vorsichtig sein und einmal nachsehn, wohin man sich von hier aus gewendet hat."

Er ging den Spuren nach, langsam und vorsichtig, weiter und immer weiter.

Wenn er diese Richtung einhielt, mußte er auf Halef und die Tiere stoßen. Dann schlug er Lärm, und unsere Anwesenheit war verraten. Das mußte ich unter allen Umständen verhindern.

Ich wies meine Gefährten an, ruhig hier liegenzubleiben und auf mich zu warten. Nun pirschte ich mich rasch und unhörbar den Abhang hinunter und duckte mich hinter einem Strauch, an dem der Mann voraussichtlich vorüberkommen würde.

Ich hatte richtig vermutet.

Nach wenigen Augenblicken hörte ich seine leisen Schritte. Ich ließ ihn vorbei, tät zwei rasche Sprünge und legte dem Räuber plötzlich die Hände so fest um den Hals, daß er keinen Laut ausstoßen konnte. Er knickte in meinen Armen zusammen und verlor die Besinnung.

Der war erledigt.

Ich warf ihn mir über die Schulter und trug ihn zu meinen Begleitern zurück. Er wurde gebunden und erhielt einen Knebel in den Mund. Dann bat ich die Gefährten, sich still zu verhalten. Ich wollte mich im Rücken des zweiten Banditen anschleichen, der wegen seiner Messer gefährlicher war als der andre. Wenn ich mit ihm fertig war, sollten sie mir nachkommen und bis dahin den Targi mit ihren Gewehren in Schach halten.

Zum zweitenmal schlich ich mich die kleine Anhöhe hinunter. Die Büsche gewährten mir so vortrefflichen Schutz, daß ich in den Rücken des Ahnungslosen kam, ohne besondre Vorsicht walten lassen zu müssen.

Der Mann hatte unterdessen schweigend einige Datteln verzehrt und sich mit der Hand Wasser aus dem Bach geschöpft. Jetzt lauschte er aufmerksam nach der Seite hin, nach der sein Gefährte verschwunden war. Die Zeit bis zu dessen Rückkehr schien ihm zu lang zu werden. Darum wandte er sich, eben als ich mich dem letzten Busch niederduckte, an Hiluja:

„Hier sind Datteln. Iß!"

Sie erwiderte nichts und bewegte sich nicht.

„Hast du gehört? Weshalb sprichst du nicht? Warum trotzt du?"

„Wo ist Haluja?" fragte sie endlich.

„Oh, die hat es sehr gut. Die ist verheiratet. Bald wirst auch du es sein. In Tripolis verkaufe ich dich an einen reichen Pascha, bei dem du ein Leben wie im Paradies führen wirst."

„Noch sind wir nicht in Tripolis."

„Aber wir werden hinkommen, schon in zwei Tagen. Kein Mensch wird es hindern können."

„Oh, ich könnte dir einen nennen, der es hindern wird!"

„Hast du Fieber? Welcher Mensch könnte das sein?"

„Er folgt dir gewiß. Allah hat ihn zu meiner Rettung gesandt. Ich weiß es ganz genau."

Dieses Vertrauen Hilujas zu mir war rührend, wenn man bedenkt, daß sie mich nur für einen Augenblick zu Gesicht bekommen hatte.

„Ist Allah zu dir herabgestiegen, um dir das zu verkünden?" spottete er.

„Ich weiß es. Er rettet mich. Er hat es versprochen."

„Wem?"

„Haluja."

„Allah vernichte die alte Hexe! Hat sie denn mit jemand geredet?"

„Ja, mit dem Fremden. Er hat mir Rettung zugesagt, und er ist ein Mann, der sein Wort hält!"

Der Targi stieß ein lautes Lachen aus.

„Ja, er ist ein Mann", höhnte er. „Er ist ein solcher Mann, daß ich stolz hier liegenbleibe, wenn er käme, dir zu helfen. Ich würde keine Hand regen diesem Menschen gegenüber, ein einziger Blick würde ihn verscheuchen. Ja, ich wollte sogar, daß er käme. Ich schwöre bei Allah, daß ich mich nicht bewegen würde, ihn auch nur anzusehn."

„Schwöre nicht!"

Mit diesen Worten trat ich hinter dem Busch hervor.

Ben Hamalek fuhr blitzschnell herum. Das Mädchen aber sprang auf und schlug jubelnd die Hände ineinander.

„O Allah, da ist der Retter!"

Auch der Targi schnellte hoch. Sein Gewehr hing am Sattel, doch schon hatte er die Griffe seiner Messer erfaßt und zückte sie.

„Ja kelb — Hund! Du hier?"

„Du hast mich ja gerufen."

„So mußt du sterben."

Rasch entschlossen steckte er zwei Finger in den Mund und stieß einen gellenden Pfiff aus. Ich behielt jede seiner Bewegungen im Auge.

„Du rufst deinen Genossen um Hilfe? Ich denke, du willst

hier liegenbleiben und dich nicht bewegen. Du hast es sogar bei Allah geschworen."

„Fahr zur Dschehennah!"

Blitzschnell hob er den Arm, ließ ihn aber unter einem lauten Schrei wieder sinken, denn ich hatte sofort meinen Revolver gezogen und abgedrückt. Die Kugel drang ihm in die Hand. Im gleichen Augenblick hatte ich ihn auch bei den Hüften gefaßt, hob ihn auf und schmetterte ihn zur Erde, daß er bewußtlos liegenblieb.

Erst jetzt hatte ich Zeit für das schöne Mädchen. Ich reichte Hiluja die Hand.

„Dein Vertrauen hat dich nicht getäuscht. Du bist frei."

Ihr Schleier hatte sich verschoben. Sie blickte mich bewundernd an.

„Frei", wiederholte sie, als ob sie die Bedeutung dieses Wortes nicht fassen könnte.

„Ja frei, vollständig frei."

Da glänzten ihre Augen auf, füllten sich aber sofort wieder mit Tränen.

„Ich kann hingehen, wohin ich will?"

„Überall hin, zu deinem Vater, und auch zu deiner Schwester ‚Gebieterin der Wüste'."

Jetzt ergriff sie meine Hand und drückte sie, bevor ich es noch zu hindern vermochte, an ihre Lippen.

„Oh, du bist der Engel Allahs, den er vom Himmel sendet!" flüsterte sie schwärmerisch. „So wie du bist, sind seine Boten."

Ich schüttelte lächelnd den Kopf.

„Ich bin nur ein Mensch, gradso wie meine Freunde hinter dir, die du noch gar nicht bemerkt hast."

Da drehte sie sich um; als sie meine drei Gefährten bemerkte, die neben dem Targi knieten, um nach seiner Verletzung zu sehn, war ihre Freude groß. Sie reichte dem Scheik und dem Oberst die Hände.

Krüger-Bei schmunzelte.

„Nun kann ick ihr wieder zu heiraten ermöglichen?"

„Wohl nicht, mein verehrter Herr Oberst", antwortete ich lächelnd.

„Wodrum denn wohl nicht?"

„Sie gehört nun sich selber, und ich glaube nicht, daß sie sich verkaufen wird."

„Dunderwetter! Dann kann ich ihr auch nicht Mohammed es Sadok Pascha schenken. Aber ick werde einmal nachzusehn beschleunigen, ob diesem Targi noch der Mariatheresientalersack bei sich haben wird."

Das Geld fand sich bald in einer der Satteltaschen.

Der Oberst gab es natürlich dem Scheik zurück, der es schnell zu sich steckte.

Schaden genommen hatte Ben Hamalek nicht. Als er wieder zu sich kam, war er gefesselt, und sein Begleiter lag ebenso gebunden neben ihm. Der Scheik spie ihm nach Art der Beduinen ins Gesicht.

„Du bist ein Hund und der Sohn und Enkel eines Hundes!" schimpfte er dabei. „Du hast die Gastfreundschaft gebrochen und die bestohlen, deren Brot und Salz du gegessen hast. Über dich werden zu Gericht sitzen die Ältesten des Stammes und auch Hiluja und Haluja, deren Krieger du ermordet hast."

„Und auch ich", fügte Krüger-Bei hinzu, diesmal aber auf Arabisch, das er bekanntlich vorzüglich sprach. „Du hast mich betrogen und mir anstatt einer Huri ein altes Weib gegeben. Deine Seele soll braten, solang in der Dschehennah Feuer brennt. Allah inhalak, ia kelb — Allah vernichte dich, du Hund!"

Nun schickte ich den Khabir fort, um Halef mit den Tieren herbeizuholen. Sodann wurde eine längere Rast gemacht, damit Hiluja sich erholen konnte; am Abend kehrten wir mit dem geretteten Mädchen in das Duar der El Homra zurück und trafen dort um Mitternacht ein.

In dieser Nacht fanden wir keine Ruhe.

Der Scheik war außer sich vor Freude über die Wiedererlangung seines kostbaren Besitztums. Natürlich ging diese Freude auf den ganzen Stamm über, und eine neue Auflage von Datteln und Lagmi brachte die Bewohner des Lagers in die richtige Feststimmung. Er konnte sich nicht genug tun in Versicherungen seiner freundschaftlichen Gefühle mir gegenüber und lud mich ein, so lange bei ihm als Gast zu bleiben, wie ich wolle. Ich hatte Mühe, ihm begreiflich zu machen, daß meine Zeit beschränkt ist, und daß ich bald wieder weiter müßte.

Nicht so gut wie Halef und ich hatten es die beiden gefangnen Tuareg. Sie wurden, an Händen und Füßen gebunden, in einem Zelt von zwei Wächtern bewacht und sahen einer schweren Bestrafung entgegen.

Und Hiluja?

Ihretwegen kam ich am nächsten Tag in eine arge Klemme. Das schöne Beduinenmädchen hatte herausgebracht, daß ich über Kufarah nach Ägypten wollte. Das war auch ungefähr der Weg, den Hiluja ursprünglich mit ihren Begleitern hatte einschlagen wollen, um zu ihrer Schwester, der „Gebieterin der Wüste", zu gelangen.

Durch den Überfall der Tuareg, bei dem alle Beni Abbas ums Leben kamen, war ihre Absicht vereitelt worden. Nun stand sie hilflos und beinah ohne Mittel da, und ich konnte es an und für sich ganz gut begreifen, daß sie sich uns anschließen wollte.

Doch das paßte keineswegs in meine Absichten. Die Reise in Begleitung der beiden Frauen konnte naturgemäß nicht so rasch vor sich gehn, wie ich wünschte, und außerdem hatten wir verschiedne Rücksichten zu nehmen, die ebenfalls als ein Hindernis anzusehn waren.

Darum lehnte ich kurzerhand ab.

Jetzt bekamen indes die Frauen einen Anwalt, an den ich nicht gedacht hatte: meinen Halef.

„Sihdi", warf er mir vor, „willst du die zwei Töchter der Beni Abbas in ihrer Not verlassen? Das hätte ich nicht von dir gedacht."

„Aber du mußt doch einsehen, daß uns die zwei nur hindern werden."

„Ich gebe dir recht. Aber anderseits wird ihre Gegenwart auch zu unserm Vorteil sein."

„Das will mir nicht einleuchten!"

„Bitte, strenge deinen Verstand nur ein wenig an! Die Tochter des Scheiks wird uns nicht sehr lästig fallen, denn sie hat ihre Dienerin. Wir werden nur etwas kürzere Tagereisen machen müssen. Aber außerdem ist ihre Anwesenheit wieder von unschätzbarem Vorteil für uns. Sie werden mir bei der Herstellung des Lagers und bei der Zubereitung der Speisen einen großen Teil der Arbeit abnehmen."

„Es ist mir neu, Halef, daß du so sehr auf deine Bequemlichkeit bedacht bist. Wozu habe ich dann eigentlich dich, meinen Beschützer, bei mir?"

„Versteh mich nicht falsch, Sihdi!" erwiderte Halef eifrig. „Du weißt, daß ich gern alles für dich tue."

„Um wen ist dir eigentlich am meisten zu tun, um die Tochter des Scheiks oder um ihre Dienerin? Halef, Halef, mir scheint, das Kismet deines Vaters und Vatersvaters hat auch dich erfaßt und läßt dich nicht mehr frei!"

„Wieso? Ich verstehe dich nicht."

„Nun, denk doch an das Ergebnis ihrer Pilgerfahrt nach Mekka! Sie beide wollten Hadschi werden, kamen aber nicht weit, denn sie nahmen jeder ein Weib und mußten zurückbleiben. Und du bist auf dem besten Weg, in dieser Hinsicht ihr Erbe anzutreten."

„O Sihdi", lachte Halef, „das brauchst du nicht zu befürchten! Du solltest deinen Halef als klüger kennen. Ich weiß genau, daß ein armer Ben Arab, wie ich, sein Auge niemals zu der Tochter des berühmten Scheiks der Beni Abbas erheben darf."

„Nun also! Warum bist du dann so sehr darauf bedacht, die beiden mitzunehmen? Daß du es nur aus Mitleid tust, glaube ich nicht. Dafür kenne ich dich zu gut."

„O Sihdi, wie groß ist die Voreingenommenheit deiner Gedanken gegen deinen Halef, daß du mir so wenig Selbstlosigkeit zutraust! Aber ich gestehe dir ganz offen, daß du nicht ganz unrecht hat und — und — —" — „Nun? Und — —?"

„Sihdi, ich weiß sehr wohl, daß Hiluja eine Rose ist, deren Duft nicht für mich bestimmt ist. Sie blüht in einem verschlossenen Garten. Aber gleichwohl kann es mir niemand verbieten, mein Auge von der Ferne auf sie zu richten und mich an ihrem Anblick zu erfreuen; so herzlos kann kein Mensch sein, auch du nicht, lieber Sihdi! Also nimm sie mit!"

Der Schlauberger! Er hatte mich bei den letzten Worten so merkwürdig von der Seite angesehn, daß ich ganz genau wußte, was ihm durch seinen pfiffigen Kopf ging.

Erst gestern nacht hatte er davon gesprochen, daß Hiluja als Weib für mich passen würde. Er hatte eine wahre Sucht, mich berühmt, reich und geehrt zu machen; den größten Eifer aber entwickelte er, wenn sich in unsrer Nähe ein hübsches weibliches Wesen befand. Aber diese seine Art störte mich längst nicht mehr. Im Gegenteil! Setzte mir Halef auch manchmal mit seinen Bekehrungsversuchen arg zu, so belustigten sie mich doch mehr, als sie mich ärgerten; und ich versprach mir, falls ich auf seine Absicht einging, manches heimliche Vergnügen, wenn ich an seine vergeblichen Bemühungen dachte, Hiluja und mich zusammenzubringen und damit der Erfüllung seines Lieblingswunsches, mich zum Moslem zu machen, einen bedeutenden Schritt näherzukommen.

Die Unannehmlichkeiten, die das Mitnehmen der beiden Frauen mit sich brachte, wurden aufgehoben durch die zu erwartenden spaßhaften Szenen auf der langen, eintönigen Reise, aber auch durch die Vorteile, von denen Halef gesprochen hatte und die ich schließlich, wenn ich an meine eigene Bequemlichkeit dachte, nicht zu gering in Anschlag bringen durfte.

Trotzdem tat ich, als wenn ich noch Einwendungen zu machen hätte.

„Aber Halef, die zwei Frauen mitzunehmen kostet viel Geld, mehr als ich besitze. Denk doch daran, daß wir ihnen zwei Dschemmels mit Tachtirwans zu kaufen hätten! Solche Ausgaben verträgt meine Reisekasse nicht."

„Sihdi, wie bedaure ich die Kürze deines Verstandes! Ist nicht der Scheik der El Homra dein Freund geworden, weil er es nur dir zu verdanken hat, daß er seine Stute unverletzt zurückgewann? Und brauchst du mehr als ein Wort zum Agha el haraß[1] zu sagen, um von ihm alles zu erhalten, was du wünschest?"

„Übertreibe nicht, Halef!"

„Ich übertreibe gar nicht. Aber ich habe beobachtet, mit welcher Ehrerbietung dich der Scheik behandelt, und ich habe die Achtung gesehn, die dir der ‚Herr der Heerscharen' zollt. Und gehört nicht alles Eigentum der beiden gefangnen Tuareg den Töchtern der Beni Abbas, die durch sie alles verloren haben? Es ist zwar nicht viel, was sie besitzen, aber es genügt, um zwei Dschemmel mit den dazu gehörenden Tachtirwanat zu kaufen. Du siehst also, daß es dich keinen einzigen Mariatheresientaler kosten wird."

„Aber die Lebensmittel?"

„Die bekommst du von den El Homra geschenkt, wenn du willst. Ich kenne dich und weiß, daß du zu stolz bist, um eine

[1] Oberst der Leibwache

53

Bitte in dieser Hinsicht zu tun. Aber laß mich nur machen! Und du wirst sehn, daß unsre Tiere die Last der Dattelvorräte, die wir von hier mitnehmen, kaum zu tragen imstand sein werden. — Also willigst du ein, die beiden Benat el Abbas mit dir zu nehmen?"

„Nachdem du die Sache so vorteilhaft dargestellt hast, habe ich nichts mehr dagegen. Ich hoffe, daß wir die Zusage nicht zu bereuen haben."

Mit dieser Einwilligung rief ich nicht nur bei Halef, sondern noch mehr bei der Scheiktochter und ihrer Dienerin große Freude hervor.

Hiluja schien mich überhaupt als ihren Schutzengel zu betrachten, dessen selbstverständliche Pflicht es sei, für sie zu sorgen und sie aus allen Fährlichkeiten zu befreien.

So kam es, daß wir, als wir nach zwei Tagen das Duar der El Homra verließen, im ganzen fünf Personen zählten, eingeschlossen den Führer, den uns der Scheik mitgab.

Unsern bisherigen Khabir hatten wir abgelohnt, und außerdem hatte er von dem überglücklichen Scheik ein reiches Geschenk erhalten.

Nach dem Asr, dem Nachmittagsgebet, brachen wir auf. Der Scheik und Krüger-Bei gaben uns eine Strecke Wegs das Geleit.

Nach zwei Stunden hielten wir an.

Unsre Begleiter mußten umkehren, wenn sie noch vor der Dunkelheit das Duar erreichen wollten. Der Scheik nahm in wenigen, aber wohlgemeinten Worten Abschied. Er hatte mir manches, aber auch ich hatte ihm viel zu verdanken.

Wie Halef vorausgesagt, hatte er Hiluja und ihre Dienerin tatsächlich so ausgestattet, daß sie uns voraussichtlich bei unserm Wüstenritt nicht hinderlich sein würden. Beide Frauen besaßen vortreffliche Kamele, denen man es ansah, daß sie den Anstrengungen einer langen Reise gewachsen sein würden; ihre Augen blickten hell und ihre Höcker waren gerundet von dem angesammelten Fett.

Halefs und mein Pferd hatten Mühe, mit ihnen Schritt zu halten.

Ein Lastkamel trug unsre Vorräte und Habseligkeiten.

Krüger-Bei brauchte zum Abschied etwas länger als der Scheik. Er nahm meine beiden Hände zwischen die seinen, drückte und quetschte sie, als hätte er Teig zwischen den Fingern, und meinte endlich:

„Sie nehmen meiner falschen Jemahlin und meiner eijentlichen Jeliebten mit sich, und ick sollte Ihnen von rechtswejen böse sind. Aberst det fällt mich jar nicht in. Behalten Sie ihr! Ick jebe Ihnen indes einen juten Rat: Wenn Sie heiraten, so nehmen Sie nicht dem alten Reff, sondern gucken Sie sie zuerst richtig in det Jesicht! Und nun, Jott befohlen! Ick freue mir, wenn ick und Ihnen wieder einmal zusammenstolpern jewesen werden. Alláh erhalte Ihnen jesund, jetzt und in alle Ewigkeit!"

3. Die begrabene Karawane

„Als nun Sara den Sohn der Ägypterin Hagar mit ihrem Sohn Isaak spielen sah, sprach sie zu Abraham: Treibe diese Magd fort mit ihrem Sohn; denn der Sohn der Magd soll nicht mit meinem Sohn Erbe sein.

Am andern Morgen stand Abraham früh auf, nahm Brot und einen Schlauch mit Wasser und legte es ihr auf die Schulter, gab ihr den Knaben und sandte sie fort. Da ging sie hinweg und irrte in der Wüste Bersabee umher.

Als nun das Wasser im Schlauch ausgegangen war, legte sie den Knaben unter einen der Bäume, die dort waren, und ging hin und setzte sich gegenüber, abseits, einen Bogenschuß weit; denn sie sprach: Ich kann den Knaben nicht sterben sehn. Und so saß sie gegenüber und erhob ihre Stimme und weinte.

Da erhörte Gott die Stimme des Knaben; und der Engel Gottes rief der Hagar vom Himmel herab zu und sprach: Was ist dir, Hagar? Fürchte dich nicht! Denn Gott hat die Stimme des Knaben erhört. Steh auf, nimm den Knaben und fasse ihn bei der Hand; denn ich will ihn zu einem großen Volk machen.

Und Gott tat ihre Augen auf; da sah sie einen Wasserbrunnen, und ging hin und füllte den Schlauch und gab dem Knaben zu trinken.

Und Gott war mit ihm; und er wuchs heran und wohnte in der Wüste und ward ein guter Bogenschütze."

Diese Worte aus dem ersten Buch Mosis kamen mir in den letzten Tagen mehr als einmal in den Sinn, während wir durch die trostlose Wüste einsam unsres Wegs zogen.

Nichts regt ja die Seele mehr zur Besinnlichkeit an als ein Ritt durch die unermeßliche weite Wüste. Da gibt es keinen Anfang und kein Ende, keine Grenze. Dein Auge findet keinen Punkt, auf dem es ruhn könnte; deine äußere Aufmerksamkeit wird durch nichts angezogen; und deine Seele, durch nichts abgelenkt, zieht sich in sich selbst zurück. Es ist, als ob sie freier geworden und in ihrer Tätigkeit weniger gehemmt wäre als sonst; du lebst mehr innerlich als äußerlich; und Gedanken werden in dieser Einsamkeit geboren, die dir sonst ganz fremd sind und dir Tore zu einer Welt eröffnen, die zu betreten dich unzählige Äußerlichkeiten jahrelang abgehalten haben.

Hart war das Schicksal, das eine herrschsüchtige und in ihren mütterlichen Empfindungen verletzte Frau über Ismael, den Sohn der Magd, heraufbeschwor.

Und hart war auch das Los seiner zwölf Söhne und ihrer Nachkommen, der Beduinen. Im Glücksspiel des Lebens haben sie eine der niedrigsten Nummern gezogen.

Die Heimat des Beduinen ist die Wüste. Streng und unerbittlich ist sie gegen ihren Sohn, und rücksichtslos und grausam ist er dafür gegen die andern Menschen, die ihm nicht nahestehn.

Nie kann er es dem „Sohn der Verheißung" vergessen, daß sein Stammvater Ismael seinetwegen verstoßen und in die Wüste gejagt wurde, und seine Abneigung gegen den Juden ist vielleicht noch größer als sein Haß gegen die Christen.

Die Lehre Mohammeds hat in ihm ihren eifrigsten und unduldsamsten Bekenner gefunden; leicht und mühelos ist sie eingezogen in sein Herz, das infolge der Entbehrungen, denen er sein ganzes Leben lang unterworfen ist, nur zu empfänglich ist für die sinnlichen Genüsse und Freuden des Dschennet[1], die ihm der Islam in glühenden Farben zu malen versteht. Allah il Allah we Mohammed rassuhl Allah — das ist sein Glaubensbekenntnis. In dieser unzählige Male wiederholten Formel erschöpft sich so ziemlich sein ganzes religiöses Wissen, das nur

[1] Paradies

56

noch im ermüdenden Formelwesen des mohammedanischen Gebetslebens eine spärliche Nahrung findet.

Darüber hinaus wird seine Gedankenwelt wenig von religiösen Vorstellungen belebt, obgleich dem Wüstensohn die Fähigkeit für eine tiefere Religiosität nicht abzusprechen ist. Aber der Kampf ums Dasein und die Härte der Lebensbedingungen, denen er unterworfen ist, machen ihn streng und unempfindlich und verschütten die edleren Regungen seines Herzens.

Nächstenliebe, die große Forderung des Christentums, ist ihm fremd, wie ihm ja auch die Wüste wenig oder keine Liebe bietet. Sie gibt ihm nichts, sie fordert nur Opfer von ihm, und daher ist auch er ein ausgemachter Selbstling und nur zu leicht geneigt, alles als sein rechtmäßiges Eigentum zu betrachten, was in den Bereich seiner Hände kommt, und um dessen Erwerb mit dem bisherigen Besitzer auf Tod und Leben zu kämpfen.

„Er wird ein wilder Mensch sein, seine Hand wird gegen alle und aller Hand wird gegen ihn sein", diese Vorhersage an die Mutter Ismaels ist wortwörtlich in Erfüllung gegangen. Die Söhne der Wüste sind in ihrem wilden, zügellosen und räuberischen Umherschweifen ihrem Ahnherrn bis auf den heutigen Tag gleich geblieben.

Wir hatten die Oasenlandschaft Kufarah bereits seit vier Tagen hinter uns und befanden uns in jenem Teil der Libyschen Wüste, der wegen seiner Öde und Pflanzenarmut von den Karawanen und sogar von den Wüstenbewohnern gemieden wird und deshalb ziemlich unbekannt ist.

Um die Beni Sallah zu erreichen, die westlich der Oase Farafrah ihre Weidegründe besitzen, hätten wir von Kufarah aus eigentlich den gewöhnlichen Karawanenweg über die Oasen Dschalo und Siwah einschlagen müssen. Das hätte indes einen gewaltigen Umweg und Zeitverlust bedeutet.

Wir zogen also die gerade Richtung quer durch die Wüste vor, wenn auch im vollen Bewußtsein der Beschwerden und Gefahren, denen wir entgegengingen.

Natürlich faßte ich diesen Entschluß erst, nachdem ich die beiden Frauen, für die ich die Verantwortung übernommen hatte, um ihre Meinung gefragt hatte. Hiluja war mit ihrer Entscheidung schnell bei der Hand.

57

„Sihdi", fragte sie, „wie lange, glaubst du, werden wir auf dem kürzern Weg brauchen, um zu den Beni Sallah zu kommen?"

„Wenn alles gut geht, fünf, höchstens sechs Tage."

„Und wie viele Tage würde der gewöhnliche Karawanenweg in Anspruch nehmen?"

„Vierzehn Tage."

„Dann wählen wir den kürzern Weg, wenn es dir recht ist, Sihdi. Ich sehne mich nach meiner Schwester."

„Aber die Gefahren und Schrecken der Wüste, Hiluja?"

Das Mädchen sah mich mit einem Blick an, aus dem unbegrenztes Vertrauen sprach.

„Die Gefahren und Schrecken der Wüste fürchte ich nicht, Sihdi! An deiner Seite nicht!"

Dabei blieb sie.

Haluja, ihre Dienerin, hatte natürlich keinen andern Willen als den ihrer Herrin, und so war die Reise quer durch die Wüste beschlossen. Wir machten uns darauf gefaßt, daß wir fünf oder sechs Tage keine menschliche Seele erblicken würden, ohne eine Ahnung von der bedeutsamen Begegnung zu haben, die wir gerade hier, im verlassensten Teil der Libyschen Wüste, erleben sollten.

Die Reise war bisher ohne einen erwähnenswerten Zwischenfall verlaufen. Meine ursprüngliche Besorgnis, die Frauen könnten uns hinderlich werden, hatte sich zu meiner Freude nicht bewahrheitet. Freilich waren wir durch sie gezwungen, kürzere Tagerritte zu machen, aber das schadete nichts. Wir hatten ja Zeit, und nichts und niemand drängte uns, an einem bestimmten Tag an einem bestimmten Ort einzutreffen.

Anderseits trug die Gegenwart der Frauen viel zu unsrer Bequemlichkeit bei, namentlich am Abend, wo unter ihren kundigen Händen im Handumdrehn eine schmackhafte, wenn auch bescheidne Mahlzeit entstand.

Mit Lebensmitteln hatten uns die El Homra reichlich versehn, so daß wir nie zu hungern, ja nicht einmal zu sparen brauchten.

Noch einen Vorteil besaß die Anwesenheit der Frauen für mich. Hiluja sprach eine andre Mundart als Halef, der aus einer westlicheren Gegend stammte. Da ich mich damals erst seit kurzer Zeit im Orient befand, waren meine Sprachkenntnisse noch recht mangelhaft; und die Gelegenheit, diesen Nachteil zu beseitigen, war mir deshalb sehr willkommen.

Während Halef mit dem Führer voranritt, hielt ich mich meist neben dem Hedschihn Hilujas und führte mit ihr eine lebhafte Unterhaltung, sehr zur Genugtuung meines guten Halef.

Ich bemerkte gar wohl die Blicke voll heimlicher Befriedigung, die dann und wann zu uns zurückflogen. Er war natürlich überzeugt, daß meine Teilnahme für Hiluja auf andre als auf sprachwissenschaftliche Gründe zurückzuführen sei, und glaubte sich nahe der Erfüllung des ersten seiner Wünsche, die sich auf meine Person erstreckten. Ich widersprach diesem Glauben nicht, und die zahlreichen versteckten Anspielungen, die ich über mich ergehn lassen mußte, verursachten mir oft heimlichen Spaß.

In Mursuk, dem Hauptort der Provinz Fezzan, hatten wir unsern bisherigen Führer entlassen, da seine Kenntnis der Gegend nicht weiter reichte; wir hatten uns nach einem andern Khabir umsehn müssen.

Bald fanden wir, was wir suchten, in einem jungen Tedetu, der uns als sehr zuverlässig empfohlen worden war.

Wir hatten die Wahl auch nicht zu bereuen gehabt, denn nach drei Wochen waren wir gesund und wohlbehalten in die erste der Kufarah-Oasen eingezogen.

Schon auf dem Weg nach Mursuk hatte sich gezeigt, daß es unsre Pferde trotz den kurzen Tagemärschen den Hudschuhn gegenüber an Ausdauer fehlen ließen. Wir hatten deshalb in Mursuk gegen ein geringes Aufgeld dafür zwei Reitkamele eingetauscht. Mursuk ist ein wichtiger Karawanenknotenpunkt, so daß es für uns nicht schwer gewesen war, geeignete Tiere zu bekommen.

Wir hatten also seit vier Tagen Kebabo, die östlichste der Oasen der Landschaft Kufarah, hinter uns. Wenn ich sage ‚wir‘, so meine ich damit die beiden Frauen, Halef und mich. Unsre Tiere hatten sich in Kufarah, wo wir einige Tage geblieben waren, gut erholt, so daß wir hoffen durften, sie würden bis zu den Beni Sallah aushalten.

Einen Khabir hatten wir diesmal nicht bei uns, denn — wir hatten keinen bekommen. Ja, wenn wir den gewöhnlichen Karawanenweg gereist wären! Aber durch die wilde, wasserlose und von Schrecken aller Art erfüllte Wüste? Nein, kein Mensch wollte sich dazu hergeben.

Nun, dann mußten wir eben ohne Führer unser Glück versuchen. Es war ein großes Wagnis, das wußte ich, und ich bezweifle, ob ich heute, wo ich dies schreibe, noch einmal die Verwegenheit aufbringen würde, mich ihm zu unterziehn.

Aber wozu besaß ich denn meinen Kompaß?

Er würde mir den Führer reichlich ersetzen, der uns ohnehin in dem unbekannten und unerforschten Gebiet so gut wie gar keinen Nutzen hätte bringen können.

Und wir hatten Glück.

Indem wir während der Stunden der größten Tageshitze rasteten und nur den Morgen und den späten Nachmittag, ja sogar einen Teil der Nacht zur Reise benutzten, machten wir einen guten Weg.

Wasser freilich fanden wir nicht. Aber unsre Schläuche waren beim Verlassen Kufarahs zum Platzen voll gewesen, und weder Mensch noch Tier hatten bis jetzt unter den Qualen des Durstes zu leiden gehabt. Ja, wir besaßen sogar noch eine hinreichende Menge dieses kostbaren, lebenspendenden Stoffes für den nächsten und übernächsten Tag, also mehr, als wir aller Voraussicht nach brauchen würden.

Denn als wir am Abend des vierten Reisetags unser Lager bereiteten, hatten wir die angenehme Überzeugung, dies zum letztenmal tun zu müssen. Am nächsten Abend hofften wir unsre reisemüden Glieder unter den Zelten der Beni Sallah strecken zu können.

Der letzte Teil war sehr anstrengend gewesen; wir hatten ein Warr[1] von verwitterten, wild durcheinandergeworfenen Felsen durchritten. Es war unmöglich gewesen, die genaue Weisung der Kompaßnadel einzuhalten. Die hoch aufeinandergetürmten Steinblöcke hinderten obendrein jeden Ausblick, und wir durften froh sein, daß wir in dem Irrsal, in dem wir fortwährend die Richtung ändern mußten, überhaupt vorwärts kamen.

Wir legten trotz allem eine ansehnliche Strecke zurück, und als wir uns am Abend zur Ruhe begaben, sagte mir die Berechnung mit Kompaß und Karte, daß wir am nächsten Abend unser Ziel erreicht haben müßten.

[1] Felsenwüste, Steinmeer

Keiner von uns ahnte, wie nah die Fittiche des Todes in dieser Nacht an uns vorüberrauschen würden.

Nach Mitternacht erwachte ich von einem merkwürdigen pfeifenden Ton in der Luft ...

Er wiederholte sich noch mehrere Male, und zugleich fühlte ich einen glühend heißen Windhauch über mein Gesicht streichen. Die Luft war von einer so bleiernen Schwüle, daß mein Körper in Schweiß gebadet war. Nach einiger Zeit hörte die Schallerscheinung auf, und damit sank auch die Backofenhitze um ein merkliches. Die Lungen konnten wieder freier atmen.

Damals besaß ich noch nicht genügend Erfahrung, um die richtige Deutung dieser merkwürdigen Luftvorgänge zu finden. Auch Halef und die beiden Frauen, die ebenfalls wachgeworden waren, konnten mir keine Auskunft geben. Sie waren als Bewohner der Steppe mit den Erscheinungen der Wüste nicht vertraut.

Am nächsten Morgen brachten wir nach zweistündiger Wanderung das Warr endlich hinter uns.

Die in flachen Dünen gewellte Sandwüste umfing uns. Zwar war es für unsre Tiere keine Kleinigkeit, durch den fußtiefen Sand zu waten, aber wir alle atmeten doch erleichtert auf. Halef konnte es nicht unterlassen, seinem Herzen Luft zu machen.

„Hamdulillah! Allah sei Dank, daß wir diesen Vorhof der Dschehennah hinter uns gebracht haben! Ist es nicht, als ob der Scheitan eine ganze Welt in Trümmer geschlagen und dann mit den einzelnen Brocken Fangball gespielt hätte? Allah beschütze und bewahre uns vor dem neunmal geschwänzten Teufel und verbanne ihn in die tiefste Tiefe der Dschehennah, meinetwegen auch in dieses von allen guten Dschinns[1] verlassene Warr!"

Wir gaben ihm recht, wenn wir auch keine so kernigen Ausdrücke gebrauchten wie er.

Wir Toren!

Wir sollten bald die Erfahrung machen, daß dieses verwünschte Warr uns zum Segen und zum Lebensretter geworden war. Denn wäre dieses „Teufelswarr" nicht gewesen, so wären wir am vorhergehenden Tag rascher vorwärtsgekom-

[1] Geister

61

men; wir hätten die Nacht in der offenen Wüste zugebracht, und unsre Gebeine würden heut im Sand der Wüste bleichen.

Zu unsrer nicht geringen Besorgnis wurde von Schritt zu Schritt der Sand tiefer und das Fortkommen schwieriger. Am besten war es noch, wenn wir uns so gut wie möglich auf den Kämmen der niedrigen Dünen bewegten. Wenn die Sache so weiter ging, dann war es mit unserm Traum vorbei, heut schon an das Ziel unsrer Anstrengungen zu gelangen.

Wir hielten soeben auf einem niedrigen Wellenkamm, um unsre Tiere einige Augenblicke verschnaufen zu lassen. Da unterbrach Halef mit einem Ruf die Stille.

„El Büdsch — der Bartgeier!"

Ich blickte erstaunt in die Richtung seines ausgestreckten Arms: wirklich, in der Entfernung eines Büchsenschusses nach Norden schwebte ein Geier in der Luft. Und jetzt hob sich noch ein zweiter vom Boden. Ich war erstaunt, ja betroffen. Hier, mitten in der trostlosesten Wüste, zwei Aasvögel!

Was sollte das bedeuten?

Das Aas eines Schakals oder eines andern Raubtiers konnte jedenfalls nicht in Frage kommen, denn was könnte in dieser Wüste zu holen sein?

Da mußte es sich um einen Menschen oder gar um mehrere handeln. Aber was suchten sie in dieser fürchterlichen Einsamkeit? Und waren sie noch am Leben?

Wahrscheinlich nicht mehr, denn sonst hätten sich die Vögel in vorsichtiger Entfernung gehalten. Sie waren aber am Boden gewesen und erst bei unsrer Annäherung aufgeflogen.

Also konnte es sich nur um Leichen handeln. Aber waren es wirklich nur Leichen? Konnte nicht, wenn es sich um mehrere Personen handelte, ein Lebender und auf unsre Hilfe Angewiesener unter ihnen sein?

Ohne ein Wort an meine Begleiter zu verlieren, lenkte ich mein Tier zu der Stelle, wo sich die Geier in die Luft erhoben hatten und um die sie jetzt weite Kreise zogen.

Halef folgte mit den beiden Frauen nach. Es ging über die Kämme und durch die Täler einiger Sanddünen. Über die Kämme ging es ziemlich rasch, durch die Täler dagegen in einem Zeitmaß, das man kein Reiten, höchstens ein Schleppen nennen konnte. Es war, als müßte sich mein Kamel bei jedem

Schritt Mühe geben, um die Beine wieder aus dem Sand zu bringen.

Endlich — die kurze Strecke schien mir eine Ewigkeit — hielt ich auf dem Kamm der letzten Düne. Vor mir lag — — ja, was war das, was meine Augen dort unten in der Bodensenkung erblickten?

Die Dünen, über die wir bis jetzt gekommen waren, hatten entweder die scharfe Linie der Kämme oder die sanft geschweifte der Täler gezeigt. Nicht die geringste Abwechslung! Aber hier! Es sah von oben aus wie ein Durcheinander von unordentlich und planlos aufgeworfnen Grabhügeln.

Grabhügel!

Ja, das war es! Jetzt wußte ich, was ich vor mir hatte und wie die Vorkommnisse der letzten Nacht zu deuten waren.

Bevor ich indes meinen Gedanken Ausdruck geben konnte, ließ sich hinter mir die Stimme Halefs hören, der eben jetzt mit den Frauen die Höhe der Düne erreicht hatte.

„Allah kerihm! Der Samum! Die Geister der Wüste haben sich heut nacht ihre Opfer geholt! Wallah! Billah! Tillah! Dort unten liegt eine ganze Karawane verschüttet! Wie gut, daß wir — daß wir — —"

Er vollendete nicht, sondern sah mir mit einem eigentümlich starren Blick ins Gesicht. Seine Wangen waren bleich geworden, und auch ich gestehe, daß mir in diesem Augenblick trotz der Sonnenglut ein eiskalter Schauder über den Rücken lief.

Das Gesicht der jungen Bent Abbas glich dem einer Leiche und ihre weit geöffneten Augen hafteten starr an den vielsagenden Erhebungen dort unten. Ihre Dienerin hatte die Augen geschlossen, als ob sie den Anblick nicht ertragen könne.

Ja, wie gut, daß wir in der letzten Nacht ‚gezwungen' waren, im Warr zu bleiben!

Wir blickten uns eine ganze Weile stumm in die bleichen Gesichter. Jeder von uns war sich der entsetzlichen Gefahr bewußt, die ihre Finger schon nach uns ausgestreckt hatte und der wir um ein Haar zum Opfer gefallen wären.

In solchen Augenblicken schweigt der Mensch, der nicht ganz und gar leicht veranlagt ist. Jede Äußerung würde als eine Entweihung und als eine Beleidigung einer Macht empfunden werden, die unser aller Geschicke nach allweisen und allgütigen Plänen lenkt.

63

Jedes Wort würde in solchen Augenblicken störend empfunden werden — außer dem Gebet.

Halef hatte dieses richtige Empfinden. Ohne sich um uns und unser Tun zu kümmern, stieg er jetzt von seinem Tier und kniete in der Richtung nach Mekka in den tiefen Sand. Und dann erklangen laut und feierlich die Worte der Fatha, der ersten Sure des Korans:

„Im Namen Gottes des Allerbarmers! Lob und Preis sei Gott, dem Weltenherrn, der da herrscht am Tag des Gerichts. Dir wollen wir dienen und zu dir wollen wir flehn, auf daß du uns führest den rechten Weg, den Weg derer, die deiner Gnade sich erfreun, und nicht den Weg derer, über die du zürnst, und nicht den Weg der Irrenden."

Diese Worte hatte Halef mit gebeugtem Oberkörper gebetet. Jetzt richtete er sich auf und fuhr mit erhobenen Armen fort:

„Alles, was im Himmel und auf Erden ist, preiset Gott; sein ist das Reich, und ihm gebührt das Lob, denn er ist aller Dinge mächtig."

Das war der Anfang der vierundsechzigsten Sure. Während er sie unter den vorgeschriebnen Verbeugungen zu Ende betete, wurde er vom Gemurmel der beiden Frauen begleitet, und auch aus meinem Herzen stieg ein inbrünstiges Dankgebet zu Gott empor, der mich zum zweitenmal in kurzer Zeit vor einem entsetzlichen Tod bewahrt hatte.

Es war eine eigentümliche Szene.

Unter uns die im Sand verschüttete Karawane, die so rasch in den Schlaf des Todes eingegangen war; neben mir die betenden Gefährten; um uns herum die Kämme und Wellen der Dünen, die, namentlich in der Entfernung, den täuschenden Eindruck eines leicht bewegten Meeres erweckten; und über uns der bleigrau gefärbte Himmel, der das alles wie ein unheimliches Leichentuch überspannte.

Wie viele Tausende von Schiffbrüchigen mochte dieses Bahr-bela ma, dieses Meer ohne Wasser, schon verschlungen haben!

Als die Sure zu Ende gebetet war, mußten wir an das Nächstliegende denken. Ich befahl Halef, mit unsern Schützlingen an Ort und Stelle zu bleiben, und stieg von meinem Tier.

Dann glitt ich vorsichtig den ziemlich steilen Abfall der Dünen hinunter. Zwar sank ich bei jedem Schritt fast bis zu den Knien ein; aber ich erreichte doch rasch die erste Erhebung, die höher gelegen war als die übrigen und etwas mehr als die Länge eines Menschen besaß.

An dem einen Ende sah die Spitze eines mit Sandalen bedeckten Fußes hervor. Zwar war ich überzeugt, daß der Mann nicht mehr am Leben war; aber vielleicht entdeckte ich irgendeinen Anhaltspunkt über die Art der Karawane und die Leute, die sie geführt hatten.

Ich grub also mit den Händen nach und fand zu meiner Verwunderung, daß die über dem Körper ruhende Sanddecke gar nicht so tief war. Ich hatte mir die Meinung gebildet, daß sowohl Mensch als auch Tier den Tod durch Erstickung gefunden hatten. Der Sand mußte in einem einzigen Augenblick wie eine schwere dicke Mauer über sie gefallen sein und ihnen die Möglichkeit zu atmen geraubt haben.

Dieser Annahme widersprach indes die verhältnismäßig dünne Sandschicht, die ich mit den Händen entfernt hatte. Ich konnte mir kaum vorstellen, daß der wenige Sand hingereicht haben sollte, um einen kräftigen Mann zu ersticken.

Der Tote war ein Beduine.

Sein noch junges, bartloses Gesicht blickte sonnenverbrannt unter dem weißen Tuch hervor, das den Kopf umhüllte. Er war in einen weißen Haïk[1] gekleidet, unter dem ein Untergewand von einfachem grauen Stoff zum Vorschein kam, nur von einem armseligen, kamelhärenen Strick um die Hüften festgehalten. Darin steckte ein Messer mit langer, doppelschneidiger Klinge.

Als der Tote vom Sand befreit war, erkannte ich sofort, daß der Mann den Tod nicht durch Erstickung, sondern durch einen Schlag auf den Hinterkopf gefunden haben mußte. Das Kopftuch war an dieser Stelle von Blut durchtränkt, das auch tief in den Sand unterhalb des Hauptes eingedrungen war.

War er einem Mord zum Opfer gefallen?

Oder war sein Tier gestürzt und er dabei mit dem Kopf auf einen harten Gegenstand gefallen, der die Hirnschale zertrümmerte?

Diese Frage würde wohl für immer unbeantwortet bleiben; denn von Spurenlesen konnte natürlich in diesem Fall keine Rede sein.

---

[1] Ein langer, fast bis zur Erde reichender Mantel

Mehr aus Gewohnheit, die ich mir im Wilden Westen angeeignet hatte, als aus Vorsicht öffnete ich das Untergewand des
Toten und legte die Hand auf seine Herzgegend.

Im nächsten Augenblick fuhr ich beinah erschrocken zurück
— ich hatte eine ganz leise, aber doch merkbare Bewegung der
Brust verspürt. Der Mann war gar nicht tot, sondern nur in
einer schweren Ohnmacht befangen. Ein Ruf brachte Halef zur
Stelle; mit vereinten Kräften schafften wir den Bewußtlosen
hinauf auf den Kamm der Düne; wir übergaben ihn den
Frauen, damit sie Wiederbelebungsversuche anstellten.

Halef folgte mir unterdes wieder hinunter, um die Untersuchung fortzusetzen; wir mußten indes bald einsehn, daß eine
weitere Hilfe für die Verunglückten nicht möglich war.

Unten auf der Sohle des Dünentals sanken wir nicht nur bis
an die Knie, sondern gleich bis an die Hüften in den feinen,
mehligen Sand. Es war klar, daß bei Mensch und Tier der
Erstickungstod schon längst eingetreten war; denn der Sand
mußte nach meiner Schätzung mindestens meterhoch über den
Verschütteten liegen.

Nur eine einzige Stelle, die etwas höher lag, machte davon
eine Ausnahme.

Ein Dschemmel hatte sich, wohl im Todeskampf, im Sand
gewälzt und war mit den Füßen durch die hier etwas dünnere
Sandschicht gebrochen. Das war auch die Stelle, von der wir
die Geier durch unser Kommen verscheucht hatten; denn wir
bemerkten an den zerfetzten und blutigen Gliedmaßen, daß die
Raubvögel mit ihrem grausigen Mahl schon begonnen hatten.

Hier war der Punkt, wo wir am ehesten Aussicht hatten,
etwas zu finden, falls wir es nicht vorzogen, auf das Erwachen
des Bewußtlosen zu warten. Da der Zeitpunkt dafür aber noch
sehr fraglich war, hielten wir es für besser, mit unsrer Untersuchung fortzufahren und das Dschemmel, so gut es ging, vom
Sand zu befreien.

Ich erwähnte schon, daß an dieser Stelle die Sandschicht
nicht so dicht war wie bei den andern Grabhügeln. Außerdem
hatte uns das Tier im Todeskampf gut vorgearbeitet. Wir legten bald die Flanken des Dschemmels bloß, und gleich darauf
stieß Halef einen Ruf der Überraschung aus.

„Maschallah, Sihdi! Gewehre! Eine ganze Menge! Und
abendländische Flinten, wie sie bei uns nicht üblich sind!"

Ich arbeitete mich durch den tiefen Sand zu Halef hin und fand seine Worte bestätigt.

Das Kamel war mit Paketen beladen gewesen, deren Umhüllungen aus Bastmatten bestanden. Eins davon war, wahrscheinlich beim Herumwälzen des geängstigten Tiers, aufgesprungen; nun guckten die Läufe mehrerer funkelnagelneuer Gewehre, wie es schien, englischer Marke, aus dem Sand hervor.

Also eine Waffenlieferung! Wahrscheinlich sogar eine verbotene! Der ungewöhnliche Weg, den die Karawane eingeschlagen hatte, legte diesen Verdacht nah.

Aber von wem stammten die Flinten und für wen waren sie bestimmt gewesen?

Die Lösung dieser Frage war nur im Sand zu finden, vorausgesetzt, daß uns der Bewußtlose keinen Aufschluß geben konnte.

Wir gruben also unentwegt weiter, auch diesmal nicht ohne Erfolg.

Nach kurzem Wühlen stieß meine Hand auf einen Gegenstand, der sich wie Leder anfühlte und sich als eine Satteltasche entpuppte. Das Dschemmel war also nicht nur zur Beförderung von Lasten, sondern zugleich auch als Reittier gebraucht worden.

Das erste Ding, das zum Vorschein kam, als ich die Tasche öffnete, war eine türkische Nargileh, eine Wasserpfeife, die für den Orientalen so unentbehrlich ist wie für manchen Europäer die Zigarrentasche.

Der übrige Raum war ausgefüllt mit einem gut verschnürten Paket. Als ich es öffnete, fand ich zu meiner Überraschung eine ganze Sammlung der verschiedensten Feuerwerkskörper darit. Raketen und Schwärmer bei den Söhnen der Wüste! Das hätte ich mir nicht träumen lassen. Der Orient begann recht neuzeitlich zu werden!

Die Tasche schien nun leer zu sein; aber zur Vorsicht griff ich noch einmal hinein. Und daran hatte ich gut getan. Ganz unten lag ein schmaler, in Leder eingewickelter Gegenstand. Es war eine Brieftasche von jener Art, wie sie als Dutzendware überall zu kaufen ist. Sie enthielt nichts als zwei Papiere, die allerdings meine höchste Aufmerksamkeit wachriefen.

Das eine war ein Lieferschein, ausgestellt von einer englischen Waffenfabrik und unterzeichnet von einem gewissen

Hulam. Daraus ging hervor, daß an den Stamm der Beni Suef dreihundert Gewehre mit je tausend Patronen geliefert werden sollten. Das zweite Papier war ein Brief von dem gleichen Hulam an Mehemmed Ibn Ali, den Scheik der Beni Suef; es diente als Beglaubigungsschreiben für den Karawanenführer. Dem Scheik wurde darin mitgeteilt, daß die Karawane aus zehn Tieren und drei Kameltreibern, außer dem Führer, bestand.

Das war alles. Für mich allerdings genug! Ich hatte wieder einmal Glück gehabt, daß wir grad auf das Tier des Karawanenführers gestoßen waren, bei dem wir den gewünschten Aufschluß fanden.

Halef hatte mir zugeschaut, während ich die Papiere durchsah. Jetzt fragte er:

„Sihdi, hast du erfahren, was die Karawane führt?"

„Ja. Dreihundert Gewehre und dreihunderttausend Patronen."

„Dreihunderttau – – – Maschallah!" Halef starrte mich in höchster Überraschung an. „Mir steht der Verstand still. Und wem soll das alles gehören?"

„Den Beni Suef."

„Das wäre ja der Stamm, der in der Nähe der Beni Sallah wohnt, nur weiter südlich. Wozu braucht der so viel Gewehre?"

„Ich habe da so meine Gedanken. Erinnerst du dich nicht mehr, was man in Kufarah von Ägypten erzählte?"

„Du meinst, daß die Wüstensöhne an der Grenze von Masr mit dem Khedive nicht zufrieden sind und darum an Empörung denken?"

„Ja, es stehn unzweifelhaft Unruhen bevor, die obendrein vom Padischah unterstützt werden, weil ihm der Vizekönig zu mächtig und unabhängig geworden ist."

„So glaubst du, daß diese Gewehre dazu dienen sollen, eine Erhebung der Beni Suef gegen den Khedive vorzubereiten?"

„Ich bin davon überzeugt."

Ich war noch von etwas anderm überzeugt.

Der Umstand, daß die Gewehre englischen Ursprungs waren, legte den Verdacht nahe, daß auch England seine Hand im Spiel hatte — wie immer, wenn es galt, über die „Wahrung der englischen Belange" zu wachen. Ist es doch ein ungeschrieb-

68

nes Gesetz auf der Erde, daß der Starke nimmt und der Schwache gibt, bis er nichts mehr zu geben hat. Und dieses Gesetz gilt überall — zwischen den Rassen und zwischen den Völkern, in der Stadt und auf dem flachen Land bis in kleinste Dorf hinein. Und das wird so bleiben bis zu dem Augenblick, da die wahre Lehre der Liebe in jedem Herzen wohnt.

Solche Gedanken gingen mir durch die Seele; aber ich schwieg wohlweislich davon Halef gegenüber.

„Sihdi, auf wessen Seite stehst du, auf der Seite des Padischah, dem Allah tausend Jahre schenken möge, oder auf der Seite des Khedive?"

„Halef, du weißt, daß ich mich in politische Angelegenheiten nicht einmische."

„Hazreta — schade! Aber wem würdest du helfen, wenn du dich mit der Angelegenheit befassen müßtest?"

„Hm! Diese Frage ist schwer zu beantworten. Der Padischah ist offenbar in seinem Recht, wenn er auf Wahrung seiner Oberherrlichkeit in Masr bedacht ist. Aber anderseits besitzt auch Ismael Pascha, der Khedive, seine Rechte. Er wird für selbstherrlich und verschwenderisch gehalten, meint es aber gut mit dem Land, jedenfalls besser als sein Vorgänger. Und anstatt offen gegen ihn vorzugehen, ihn durch Aufstand anzugreifen, ist ein Unrecht."

Halef blickte mich von der Seite an.

„So meinst du also, daß es schaden würde, wenn die Beni Suef die Gewehre zur Empörung gegen den Khedive erhielten?"

„Ich erachte jedes Blutvergießen für unvereinbar mit der Lehre Christi."

„So dürftest du dich also nicht wehren, wenn man dich angreift, Sihdi?"

„Doch, Halef. Die Notwehr ist etwas andres. Auch die Notwendigkeit, seinen Mitmenschen zu helfen oder dadurch Verbrechen zu verhüten, ist ausgenommen. Aber jedes Blutvergießen aus Willkür oder Habsucht ist ein Verbrechen."

„Nun, du brauchst nicht traurig zu sein; denn die Beni Suef bekommen die Gewehre nicht."

„Nicht? Warum?"

„Weil wir sie für uns selber beanspruchen. Wir haben sie gefunden."

„So?" lächelte ich. „Wie willst du denn diesen Anspruch geltend machen?"

„Wir nehmen sie einfach mit."

„Zehn schwere Kamellasten? Wie willst du das allein und ohne fremde Hilfe fertigbringen? Und sobald du dich einem Einheimischen anvertraust, mußt du gewärtig sein, daß er deinen Anspruch nicht anerkennt: er wird den Fund als sein Eigentum betrachten und besitzt auch nach dem Gesetz der Wüste das Recht dazu, weil er sich auf seinem Grund und Boden befindet."

Halef zeigte eine sehr enttäuschte Mine.

„O jazik — o wehe! Daran habe ich nicht gedacht. Und ich hatte mich schon so gefreut. Sihdi, wir wären mit einem Schlag reich geworden."

„Was fällt dir ein?" tat ich entrüstet. „Die Gewehre gehören nicht uns."

„So sag mir doch, wem sie gehören?"

„Das sollte dich eigentlich nicht kümmern, da es feststeht, daß sie nicht unser Eigentum sind. Um dich aber zu beruhigen, gebe ich dir die Versicherung, daß ich die Waffen lieber zugrunde gehn lassen werde, bevor ich zugebe, daß sie in die unrechten Hände kommen. Bist du nun zufrieden?"

„Sihdi, du bist der Herr und ich nur dein Beschützer; ich muß mich also fügen. Erlaube mir indes die Bemerkung, daß du mir manchmal unbegreiflich erscheinst! Aber ich werde dich trotz allem zur Lehre des Propheten bekehren, du magst wollen oder nicht."

Zwar fand ich nicht heraus, in welcher Beziehung der vorliegende Fall zu meiner „Bekehrung" stand, gab indes keine Antwort.

Von oben erklang ein Ruf Hilujas, der uns veranlaßte, uns zu ihr hinaufzuarbeiten. Droben bemerkte ich sofort, daß ich den Verwundeten keiner bessern Pflege hätte anvertraun können.

Hiluja hatte einen Wasserschlauch geöffnet und die entsetzlich aussehende Kopfwunde gewaschen. Sie war jetzt eben dabei, einen Verband anzulegen; aber ich überzeugte mich vorher, daß die Schädeldecke nicht zertrümmert war, wie ich zuerst angenommen hatte. Der Gegenstand, vielleicht ein schwerer Gewehrkolben, hatte ihn zum Glück nicht mit der vollen Kraft getroffen, sondern nur einen Teil der Kopfhaut losgeschält. Das hatte natürlich großen Blutverlust zur Folge gehabt. Im übrigen bemerkte ich nur eine stattliche Anschwellung, die jedoch durch Anwendung von feuchten Umschlägen bald gelindert werden konnte.

Eben jetzt hatte sich der Verletzte leise geregt; darum hatte Hiluja uns gerufen.

Als ich dann bei der Untersuchung der Kopfwunde eine besonders empfindliche Stelle berührte, zuckte der Bewußtlose schmerzlich zusammen. Dann kam ein einziges Wort aus seinem halbgeschlossenen Mund.

„Ma — Wasser!"

Hiluja füllte einen Becher mit dem kostbaren, wenn auch schon abgestandenen Naß und führte ihn an seine Lippen.

Der junge Mann trank in langen, durstigen Zügen, ohne die Augen zu öffnen, grad als hätte er noch nicht die Kraft dazu. Hiluja mußte den Becher viermal füllen, bis endlich eine Wendung seines Kopfes andeutete, daß er genug hatte.

Dabei öffnete er zum erstenmal die Lider, und sein Blick fiel auf das über ihn gebeugte Antlitz des Mädchens.

Es war merkwürdig, welche Veränderung in diesem Augenblick mit dem Gesicht des jungen Mannes vor sich ging. Noch eben starr und leichenähnlich, sah es jetzt auf einmal friedlich, ja glücklich aus. Und seine Lippen öffneten sich zum zweitenmal zu den stockenden, aber trotzdem deutlich wahrnehmbaren Worten:

„Badija — Hamdulillah — — ich bin — — daheim!"

Ich nächsten Augenblick hatten sich seine Lider wieder geschlossen; er war vor Ermattung eingeschlafen.

Wir blickten uns überrascht an. Was war das?

Er hatte ganz deutlich „Badija" gesagt und „ich bin daheim". Badija war aber die Schwester Hilujas, und es schien, daß er diese meinte. Hiluja hatte mir während der langen Reise gelegentlich anvertraut, daß sie ihrer verheirateten Schwester sehr ähnlich sei; so war es erklärlich, wenn der aus tiefer Bewußtlosigkeit Erwachende auf den Gedanken kam, er sei bei Badija, seiner Herrin.

In welchem Verhältnis stand dann jedoch der junge Ben Sallah zu der Karawane? War er ihr Führer? Und wie kam er zu seiner Verwundung?

Das waren indes einstweilen noch müßige Fragen, mit deren

Beantwortung vor dem Erwachen des in tiefem Erschöpfungs-
schlaf Liegenden nicht zu rechnen war.

Überhaupt durften wir des Kranken wegen an eine Weiter-
reise heut nicht denken. Selbst wenn der Verwundete kein Ben
Sallah gewesen wäre, hätte schon die Menschlichkeit verlangt,
daß wir auf ihn Rücksicht nahmen, um der Macht des Wund-
fiebers, das nicht ausbleiben konnte, vorzubeugen.

Die Vorsehung hatte uns diesen jungen Mann an der Grenze
zwischen Tod und Leben finden lassen und würde auch weiter
sorgen, daß wir unser Ziel mit heiler Haut erreichten.

Während Hiluja und ihre Dienerin um den Verwundeten
beschäftigt waren, traf ich die gewöhnlichen Anordnungen für
das Lager. Es wurde im letzten Dünental vor der Unglücksstelle hergerichtet. Unsre Tiere legten sich in den tiefen Sand
und schienen ganz einverstanden mit der von der bisherigen
Gepflogenheit abweichenden Tagesordnung.

Dann trugen wir den Verwundeten hinunter und betteten
ihn ebenfalls in den Sand, mit dem Rücken an das Kamel
Hilujas gelehnt, so daß sie nur ihre Hand aus dem Tachtirwan
zu strecken brauchte, um die feuchten Umschläge zu erneuern.

Halef und ich dagegen suchten in dem spärlichen Schatten,
den uns die Körper der Tiere boten, Schutz gegen die verzeh-
renden Sonnenstrahlen.

Drückende Glut lag auf der Wüste. Es war wie in dem
Bibelwort: „Der Himmel über dir soll sein wie Feuer und die
Erde unter dir wie glühendes Erz." Die brennenden Strahlen
fielen auf den Sand, aber er nahm sie nicht mehr an, er war
gesättigt von der tödlichen Hitze und warf sie zurück, so daß
sie wie ein flüssiges Glutmeer, dessen Oberfläche in blendenden Lichtern flimmert, auf der Erde lagen.

Woran ich dachte? An nichts!

Die unausstehliche Hitze saugte jeden Gedanken, jede Wil-
lenskraft aus dem Gehirn. Kaum, daß ich mich aufraffte,
um dann und wann nach dem Verwundeten zu sehn, der
unter der Obhut Hilujas noch immer in ruhigem Schlummer
lag.

Die Tochter der Beni Abbas war die einzige, die von der allgemeinen Ermattung nicht angesteckt zu sein schien. Ihre Sorgfalt für den Schlafenden war immer die gleiche, und ihr Auge
schaute mit einem so seltsamen, aus Mitleid und träumerischer

Bewunderung gemischten Ausdruck auf ihren jungen Pflegebefohlenen, daß ich unwillkürlich stutzte.

Dieser Ausdruck war kaum in den Dienstvorschriften einer Krankenpflegerin enthalten. Was würde Halef dazu sagen?

Aber Halef, dem die auf dem jungen Gesicht Hilujas gespiegelten Gefühle sicherlich ebenfalls aufgefallen wären, hatte seine Augen nicht offen. Er schlief, wie der junge Ben Sallah, und wie allem Anschein nach auch Haluja, die Dienerin, in ihrem Tachtirwan schlief. Ich lächelte still vor mich hin.

Weder mir noch Halef war es entgangen, daß Hiluja während des ganzes Rittes ihre Augen schwärmerisch auf mich gerichtet hatte. Da ich ihre Träumerei jedoch so gar nicht zu bemerken schien, verschloß sie ihre Empfindungen nach einem letzten Seufzer in ihrem Herzen und kam mir in den letzten Tagen zurückhaltend, aber in schwesterlicher Kameradschaft entgegen. Nun jedoch schien der junge hilflose Ben Sallah zärtliche Gefühle in ihr geweckt zu haben. Das konnte mir nur lieb sein. Er war ein Mann ihrer Art, und sein feines, nicht unedles Gesicht hatte auch mich angezogen.

Wenn hier des Weibes schönste Gaben, Mitleid und Barmherzigkeit, zur Liebe führten, so war das ein Himmelsgeschenk für die schöne Tochter der Wüste.

Einmal brachte ich es auch noch trotz der Glut über mich, den Kamm der Düne zu ersteigen.

Es war selbstverständlich, daß wir mit unsern schwachen Mitteln unmöglich die Karawane ausgraben und die Gewehre bergen konnten. Dazu waren andre Hilfskräfte nötig. Aber wer? Darüber war ich mir im Augenblick selber nicht klar.

Jedenfalls konnte ich aber die Stelle, wo die Karawane ihr Ende gefunden hatte, festhalten. Ich berechnete also nach dem Kompaß und der zurückgelegten Entfernung ungefähr die geographische Lage des Punktes, wo wir uns befanden. Dann zeichnete ich die umliegenden Dünenkämme in mein Notizbuch und hatte somit alles getan, was zur Wiederauffindung der Stelle nötig und möglich war.

Die beiden Bartgeier hatten sich längst vor uns zurückgezogen und ließen sich auch während unsrer ganzen übrigen Anwesenheit nicht mehr blicken.

Stunde um Stunde verging, aber der Verwundete schlief weiter. Es wurde Nachmittag, es wurde Abend — der Kranke rührte sich nicht, nur seine Brust hob sich in langsamen, regelmäßigen Atemzügen.

Die Nacht brach herein; wir richteten uns nach unsrer einfachen Mahlzeit zum Schlafen ein.

Vorher ging ich indes noch einmal zu unserm jungen Schutzbefohlenen; er schlief noch immer, ebenso ruhig und gleichmäßig wie bisher. Von Wundfieber war auch jetzt noch keine Spur zu merken. Überhaupt schien dieser tiefe Schlaf nicht der der Erschöpfung, sondern der der Genesung zu sein, der ja bekanntlich immer sehr lang und tief ist. Nun, desto besser für ihn! Dann war zu hoffen, daß er den morgigen langen und anstrengenden Ritt ohne besondern Nachteil für seine Gesundheit überstehn würde.

Ich empfahl Hiluja, sich gleichfalls zur Ruhe zu legen und dafür ihre Dienerin die Krankenwache halten zu lassen. Dann kehrte ich zu meinem Tier zurück.

Halef schlief bereits, und auch ich lag bald in den Armen des Traumgottes.

Ich erwachte durch eine Berührung am Arm. Zwei Menschen standen vor mir; beim Schein der Sterne erkannte ich Hiluja und — den jungen Ben Sallah. Mitternacht mußte vorbei sein.

„Sihdi verzeih, daß wir dich im Schlaf stören", begann Hiluja. „Aber dieser Ben Sallah erwachte vor kurzem und verlangte von mir Aufschluß darüber, wo er sich befände."

„Von dir? Ich dachte, du hättest deiner Dienerin die Pflege für die Nacht übergeben?"

Sie wurde ein wenig verlegen.

„Du hast mir freilich den Auftrag erteilt, mich niederzulegen, aber ich dachte — ich wollte — ich war nicht im geringsten müde."

„Wirklich?" meinte ich lächelnd. „Und da hast du deinem Pflegebefohlenen gestattet, aufzustehn? Trotzdem er noch so schwach ist?"

„Sihdi, er wollte es nicht anders haben", entschuldigte sie sich. „Er sagte, er müsse dich sofort sprechen. Und als ich dagegen einwandte, daß er der Ruhe bedürfe, beschwor er mich im Namen meiner Schwester Badija, ihn zu dir zu führen."

„Im Namen deiner Schwester? So hast du also schon geplaudert?"

Hiluja wehrte eifrig den Verdacht ab.

„Nein, ich hatte ihm keine Mitteilung gemacht. Ich versicherte ihm nur, daß er sich in Sicherheit befinde, und eröffnete ihm, daß ich die Schwester Badijas sei, deren Namen er beim ersten Erwachen genannt habe. Das ist alles."

„Na'am, jakessa — ja, so ist es", fiel jetzt der Fremde mit wohltönender Stimme ein. „Sihdi, ihr habt mich vom Tod gerettet, und ich schulde euch dafür mein Leben. Vollendet jetzt dieses Allah und dem Propheten wohlgefällige Werk, indem ihr meine Bitte erfüllt!"

„Wenn wir können, gern."

„Ihr könnt. Ich bitte euch, sofort nach den Zelten der Beni Sallah aufzubrechen."

„Sofort? Unmöglich! Du hast dir unbedingt noch Schonung aufzuerlegen."

„Schonung? Ich habe keine Zeit zur Schonung. Und ich brauche sie nicht. Ich will mich nicht rühmen, aber ich spreche die Wahrheit: an Kraft und Stärke überragt mich in meinem Stamm nur einer. Und dieses einen wegen möchte ich sofort aufbrechen. Es gilt, meinen ganzen Stamm vor einem großen Unheil zu bewahren."

Sollte ich die Unterredung nicht einfach abbrechen und den Mann lieber „ins Bett" schicken? Ich hatte gute Lust dazu.

Aber einerseits glaubte ich der Versicherung seiner Stärke, denn nur ein riesenstarker Mann vermochte dem Wundfieber zu entgehn; und andererseits beunruhigte mich seine Bemerkung, daß der Schwester Hilujas und deren Stamm ein Unheil drohe.

Halef war unterdessen auch munter geworden; er war aufgestanden und hatte sich zu uns gesellt. Ich merkte, daß auch er gradso wie ich über die schnelle Genesung unsres Schützlings nicht wenig erstaunt war.

Haluja, die Dienerin, blieb unsichtbar; ich vermutete, daß auch sie wach geworden war, sich aber bescheiden hinter den Vorhängen ihres Tachtirwans hielt.

„Erlaube, daß ich zuerst einige andre Fragen an dich richte", begann ich nach längerem Schweigen. „Aber willst du nicht neben uns Platz nehmen?"

Der junge Mann folgte der Einladung und ließ sich nieder. Auch Hiluja und Halef setzten sich in den Sand, wie wenn auch sie ein gewichtiges Wort in der Angelegenheit zu sagen hätten. Und war das nicht — wenigstens bei Hiluja — vielleicht wirklich der Fall? Sie war doch die Pflegerin und hatte darüber zu wachen, daß dem „Kranken" die nötige Rücksicht erwiesen wurde.

„Weißt du, daß deine ganze Karawane zugrunde gegangen ist?" wandte ich mich zu dem Ben Sallah.

„Maschallah! Was sagst du da? Ich gehöre zu keiner Karawane, am wenigsten zu der, die mich so zugerichtet hat."

„Aber wir haben dich doch leblos neben den Sandhügeln gefunden und mußten annehmen, daß du zu den Toten gehörtest."

„Zu den Toten? Ich verstehe dich nicht. Sind denn die Männer, die mich niedergeschlagen haben, tot? Habt vielleicht gar ihr —?"

Es war klar, der Mann hatte von dem schrecklichen Samum, dem die Karawane zum Opfer gefallen war, keine Ahnung.

Oder verstellte er sich nur? Ich mußte Gewißheit haben.

„Erzähle mir, wie du zu diesen Leuten gekommen bist."

„Gern. Ich wurde von meinem Bruder in einer Angelegenheit, über die ich noch mit dir sprechen will, nach Dscharabub geschickt. Du kennst wohl diese berühmte Oasenlandschaft?"

„Ich kenne sie", nickte ich.

„Die Angelegenheit zog sich in die Länge. Als ich endlich den gewünschten Bescheid erhalten hatte, erkannte ich, daß ich nicht auf dem Karawanenweg nach Haus zurückkehren durfte, wenn der Zweck meiner Reise nicht als verfehlt gelten sollte. Ich mußte den geraden Weg durch die Wüste nehmen, um zur rechten Zeit zu kommen. — Da fällt mir übrigens ein: Mitternacht ist vorüber, wir haben also heut Jom el Guma[1]?"

„Du irrst. Heute ist bereits Jom el Sabt[2]."

„Allah kerihm! So bin ich also einen ganzen — einen ganzen Tag — —"

„Ja, du warst einen ganzen Tag bewußtlos."

Diese Eröffnung machte ihn einen Augenblick sprachlos. Dann sprang er auf.

„Ja latif — barmherziger Gott! Und heut abend ist bereits die Dschemma, die Versammlung der Ältesten, die über die ganze Zukunft unseres Stammes entscheiden soll! Ich muß fort — ich muß augenblicklich fort."

---

[1] Freitag   [2] Samstag, Sonnabend

Er machte wirklich Miene, fortzueilen, aber ich erfaßte noch rechtzeitig seinen Haïk und zog den Widerstrebenden in den Sand nieder.

„Wakkif — halt! Wohin willst du denn so rasch?"

Der junge Mann mußte sich in einer furchtbaren Aufregung befinden, denn es währte längere Zeit, bis er antworten konnte.

„Verzeih! Ich dachte nicht daran, daß ich ohne eure Hilfe ohnmächtig bin. Aber ich bitte dich bei allem, was dir heilig ist, gib sofort den Befehl zum Aufbruch, sonst kommen wir zu spät."

„Warum?" fragte ich ruhig. „Wenn wir am Morgen aufbrechen, kommen wir noch früh genug."

„Du irrst", widersprach er eifrig. „Oder weißt du genau, wo sich das Lager der Beni Sallah befindet?"

„Nein, das weiß ich allerdings nicht. Ich befinde mich das erstemal in dieser Gegend."

„Siehst du! Aber ich kenne mich hier aus, denn hier ist meine Heimat. Und ich sage dir, daß wir nur dann rechtzeitig ankommen werden, um großes Unheil zu verhüten, wenn wir uns sofort auf den Weg machen."

„Du vergißt, daß wir noch gar nicht wissen, worum es sich handelt; wir können also unmöglich einen Entschluß fassen."

„Tamahm — du hast recht! Verzeih, ich bin zu aufgeregt."

„Das beste wird sein, du gibst mir auf meine Fragen kurz Antwort. — Was geschah, nachdem du von Dscharabub aufgebrochen warst?"

„Sihdi, ich kenne die Wüste wie nicht leicht ein andrer. Wenigstens würde sonst niemand allein das Wagnis übernehmen, sie zu durchziehn. Ich besaß ein vortreffliches Hedschihn und hatte bis dahin kein Erlebnis. Da traf ich, es war schon beinahe finster, mitten in der Wüste eine lagernde Karawane."

„Wann war das?" — „Vorgestern nacht."

„Sprich weiter!"

„Du kannst dir mein Erstaunen denken, aber auch das der Karawanenleute. Sie fragten mich nach meinem Woher und Wohin. Ich gab ihnen wahrheitsgetreu Antwort, aber sie glaubten mir nicht. Offenbar hielten sie mich für das Mitglied einer Gum[1], das gekommen war, um sie auszukundschaften, oder es

[1] Raubkarawane

waren selber Wüstenräuber. Als ich bei ihnen abgestiegen war, fielen sie plötzlich über mich her und schlugen mich mit dem Gewehr zu Boden."

„Du weißt also nicht, was die Karawane führte?"

„Nein. Ich hatte nicht einmal Zeit, danach zu fragen. Aber ihr wißt es wohl?"

Ich fand es nicht für klug, ihm gleich alles zu sagen, und entgegnete ausweichend:

„Weißt du denn, daß die ganze Karawane verschüttet wurde?"

„Maschallah! Was sagst du? Verschüttet? Redest du die Wahrheit?"

„Ich lüge nicht. Allah hat die Männer für ihr Verbrechen an dir gestraft. Während der Nacht kam ein Samum, und alle sind über die Brücke des Todes gegangen."

Der Ben Sallah saß eine Weile still da. Das Gehörte kam zu überwältigend. Erst nach längerer Zeit fragte er stockend:

„Aber — wenn alle tot sind — wie — wie kommt es denn, daß ich — daß ich allein — —?"

„Der Ort, wo sie dich niederschlugen, befand sich höher als die Stelle, auf der die Leute ihr Lager aufgeschlagen haben. Die Sandschicht, die dich bedeckte, war infolgedessen nicht allzu dicht, so daß du vor dem Erstickungstod bewahrt bliebst."

Der junge Mann atmete schwer.

„Allah il Allah! Azrael[1] hat den Todespfeil nach meinem Herzen geschickt, aber er hat es verfehlt. Allah sei Preis und auch dir, o Fremdling, für deine Hilfe! Hilal wird dir dafür danken, so lange noch ein Atemzug in ihm ist."

Also Hilal hieß dieser junge Hüne, der in einer Haltung neben uns saß, als ob ihm der große Blutverlust gar nichts geschadet hätte. Er machte auch jetzt im wachen Zustand einen recht guten Eindruck auf mich. Obgleich er sich vorhin von der Erregung hatte fortreißen lassen, schien er mir doch ein Mann zu sein, der sich in der Gewalt hat und nicht leicht etwas Unüberlegtes tut.

Der Schein der Sterne reichte hin, um zu bemerken, daß er auch noch jemand anderm gefiel: Hiluja. Sie saß bewegungslos neben mir und ließ kein Auge von ihrem Pflegebefohlenen.

[1] Der Todesengel

78

„Du sagtest vorhin, daß deinem Stamm großes Unheil drohe. Wie meintest du das?"

„Ich muß noch heut vor Dunkelheit die Zelte meines Stamms erreichen, weil die Dschemma dann entscheiden wird, ob Feindschaft oder Freundschaft zwischen den Beni Sallah und dem Pascha von Ägypten sein soll."

„Nun? Und?"

„Die Einsichtsvollen des Stamms sind der Überzeugung, daß nur die Fortdauer der guten Beziehungen zum wahren Vorteil des Stamms sein kann."

„Ich sehe darin doch keine Gefahr."

„Aber der einflußreichste Mann des Stamms ist für Kampf."

„Wer ist das?"

„Falehd, der Bruder des verstorbnen Scheiks."

Das war mir nichts Neues.

Hiluja hatte mir erzählt, daß ihre Schwester den Scheik der Beni Sallah geheiratet hatte, der dreimal so alt war wie sie. Sie war nicht lange um ihre Zustimmung gefragt worden, denn in jenen Gegenden entscheidet der Wille des Vaters. Sie hatte den Scheik noch nie gesehn, sie wußte nicht, ob sie ihn würde lieben können; aber er war berühmt, und die Freundschaft der Stämme sollte dadurch gefestigt werden, daß der Scheik der Beni Sallah die Tochter der Beni Abbas zum Weib nahm.

Hiluja hatte später nur selten Botschaft von ihrer Schwester erhalten, erfuhr aber nie, ob Badija an der Seite des Scheiks glücklich geworden war.

Dann starb dieser, und die junge Witwe beherrschte seit dieser Zeit den Stamm, der sich unter ihrer Leitung sehr wohl befand. Seine Herden mehrten sich unter ihrer friedlichen Hand, und die Zahl seiner Krieger wuchs.

Sie verstand es vorzüglich, sich bei den umliegenden Stämmen in Achtung zu setzen. Der Beiname, den man ihr gab, ,Khanum der Wüste', zeugte von dem Ansehn, in dem sie stand.

„Und die Khanum? Ist sie auch für den Kampf?" forschte ich weiter.

„Nein, sie ist für den Frieden. Aber Falehd und seine Anhänger haben die Oberhand. Sie sagen: ein Weib kann nicht ewig Scheik sein. Das allgemeine Verlangen, sie solle sich wieder vermählen, ist stürmisch geworden. Sie kann nicht länger widerstehn."

„So kommt es darauf an, daß Badija einen Mann nimmt, der dem Khedive freundlich gesinnt ist."

„Sie möchte wohl; aber der Mann ihrer Wahl ist arm."

„Wer ist es?"

„Es ist — es ist — — mein Bruder Tarik."

Das Wort kam nur zögernd heraus. Wäre es hell gewesen, so hätte ich wahrscheinlich beobachten können, daß sein Angesicht rot geworden war.

Hiluja neben mir stieß einen leisen Laut des Erstaunens aus.

„Ist das so schlimm? Um so reicher ist die Khanum", erwiderte ich.

„Wenn es nur das wäre! Aber der Bruder des Toten hat bereits um sie geworben."

„O jazik, o wehe! Falehd also! Sind eure Gesetze so, daß sie ihn nehmen muß?"

„Ja. Nur der Tod kann dazwischentreten. Es ist Gesetz, daß sie ihrem Silf[1] gehören muß. Will sie einen andern lieben, so muß dieser andre mit Falehd kämpfen, und das Gesetz fordert, daß dieser Kampf nur mit dem Tod des einen enden darf."

„So mag doch dein Bruder mit dem Schwager der Khanum kämpfen."

Hilal antwortete nicht. Erst nach einer Weile sagte er:

„Es gibt zwei Worte, die dies verbieten: — das Wort Falehd und das Wort Thar[2]." — „Falehd? Wieso?"

„Ich habe schon erwähnt, daß es in unserm Stamm nur noch einen gibt, der stärker ist als ich, und das ist Falehd. Er ist ein Riese an Gestalt. Ich habe keinen Mann gesehn, der einen Körper hat wie er. Man behauptet von seiner Kraft, er könne ohne Waffen mit einem Löwen ringen. Kein Mensch wagt sich an ihn."

„So fürchtet sich auch dein Bruder, mit ihm um den Besitz der Khanum zu streiten?"

„Tarik kennt keine Furcht; er weiß aber, daß es sein sicherer Tod sein würde. In einem Kampf mit dem Messer oder einer andern Waffe würde mein Bruder siegen. Falehd aber würde so klug sein, nur auf einen Kampf mit der Faust einzugehn, und

---

[1] Schwager   [2] Blutrache

da ist er unüberwindlich. Und selbst wenn Tarik ihn besiegte, würde er den Preis noch nicht erringen. Da ist das Wort Thar, das ich vorher nannte."

„Wie meinst du das?"

Ich verstand ihn wohl, wollte mir aber doch die Erklärung von ihm selber geben lassen.

„Nun, wenn mein Bruder Falehd besiegt, so muß er ihn nach dem Gesetz töten. Dieser Tod muß aber dann durch Falehds Verwandte gerächt werden. Wer aber ist der nächste Verwandte?" — „Badija."

„Ja. Sie ist seine Silfe[1] und zugleich die Gebieterin des Stamms. Sie müßte die Blutrache übernehmen, und sie dürfte nicht ruhn, bis auch mein Bruder getötet ist. Kann sie da sein Weib sein?"

Das war allerdings schlimm. Der Karren war, wie man bei uns sagen würde, vollständig verfahren. Trotzdem sagte ich, um ihn zu trösten:

„Allah ist groß; er kann helfen, wenn er will."

„Wenn er will! Aber ich fürchte fast, daß er es anders beschlossen hat."

„Hast du zu dieser Befürchtung noch einen Grund?"

„Ja, Sihdi. Seit ein paar Wochen weilen zwei Abgesandte der Osmanli und der Moskofi[2] bei uns, um uns zum Kampf gegen den Khedive zu bereden."

„Was sagst du? Auch ein russischer Abgesandter ist gekommen? Zugleich mit einem türkischen? Merkwürdig!"

„Das sagen wir uns auch, Tarik und ich. Ich weiß, daß die Osmanli und Moskofi sich bekämpfen, seitdem diese Völkerschaften miteinander in Berührung gekommen sind. Wenn also der Russe mit dem Türken zusammengeht, so kann das unmöglich aufrichtig gemeint sein."

„Da hast du recht."

„Beide wollen, daß Falehd Scheik wird. Ich vermute, daß dann die Stämme der Wüste unter seiner Anführung in Masr einfallen sollen. Es würde Aufruhr und Empörung entstehn; der Padischah müßte Truppen und Schiffe senden; er würde sich also schwächen, und der Russe hätte dann ein leichtes Spiel, seine Absichten zu erreichen."

---

[1] Schwägerin   [2] Türken und Russen

Ich mußte staunen. Dieser ungebildete Wüstensohn entwikkelte da einen politischen Scharfsinn, den ich ihm nicht zugetraut hätte. Freilich sah auch er die letzten Folgen nicht voraus. Nicht der Türke würde die Walstatt behaupten, wenn es ihm gelang, den Khedive zu besiegen, sondern — England.

„Haben die zwei Gesandten Erfolg gehabt?" forschte ich.

„Ja. Es ist ihnen gelungen, durch Versprechungen einen großen Teil der Krieger zu beeinflussen. Und das war der Grund, warum mein Bruder mich nach Dscharabub schickte."

„Nach Dscharabub? Warum?"

„Um dem Einfluß der Gesandten einen womöglich noch stärkeren entgegenzusetzen. Du wirst wissen, daß der Orden der Senussi, der in Dscharabub seinen Sitz hat, aber auch in vielen andern Orten Niederlassungen besitzt, den reinen Islam verkündet und in höchstem Ansehn bei den Bekennern des Propheten steht. Die Meinung des Sihdi Mahdi[1] in Dscharabub würde ohne Zweifel bei den Beratungen der Dschemma von größtem Gewicht sein. Deshalb machte ich mich vor zwei Wochen auf die Reise, um Sihdi Mahdi um seine Hilfe zu bitten." — „Wußte Falehd von deinem Vorhaben?"

„Nein. Er hätte meine Reise sonst zu verhindern gewußt. Aber die Khanum ist eingeweiht und mit unsrer Absicht einverstanden."

„Und wie lautet der Bescheid des Sihdi Mahdi?"

„Äußerst günstig. Sihdi Mahdi läßt uns im Namen des Ordens und des Islams willen sagen, wir sollten den Einflüsterungen der fremden Sufara[2] nicht folgen, sondern dem Khedive die Treue bewahren. Ich trage die Antwort des ‚Ehrwürdigen‘ schriftlich bei mir."

„Das ist gut. Meinst du, daß die Dschemma sich dadurch beeinflussen läßt?"

„Ich hoffe es. Aber nur dann, wenn ich rechtzeitig komme. Und darum wiederhole ich meine Bitte, Effendi. Laß uns jetzt sofort aufbrechen! Es ist keine Stunde zu verlieren."

Zugleich hob er bittend beide Hände.

Ich schaute nach den Sternen. Es mochte ungefähr zwei Uhr früh sein. In einer Stunde etwa hätten wir uns ohnehin auf den

---

[1] Name des Ordensoberen der Senussi; nicht zu verwechseln mit dem Fakir Mohamed, dem späteren Mahdi   [2] Mehrzahl von Safir: Gesandter

Weg gemacht, um die Hitze des Tages zu vermeiden. Folglich kam es wohl auf eine Stunde früher auch nicht an. Auch die Augen Hilujas sah ich bittend auf mich gerichtet. Sie sagte kein Wort, aber ich las aus ihrem sprechenden Blick, daß das Anliegen ihres Pfleglings auch ihr sehr am Herzen lag. Handelte es sich doch um Wohl und Wehe des Stammes, dessen Khanum ihre Schwester war.

Der junge Mann hatte durch seinen Bericht auch meine Teilnahme gewonnen. Zwar konnte es nicht meine Absicht sein, mich in die hiesigen Verhältnisse einzumischen. Grad deswegen hatte ich mir einen klaren Blick für die Bedürfnisse des Landes bewahrt, worin ich mich jeweils aufhielt.

Ich wußte, daß England den Zeitpunkt herbeisehnte, wo es seine Hand auf dieses an Hilfsquellen so reiche, wenn auch herabgewirtschaftete Land legen könnte. Dieses Ziel würde auch eines Tages erreicht werden, darüber war ich mir klar; und es lag keineswegs in meiner Macht, es abzuwenden.

Aber das mußte mir möglich sein; den Menschen, die es verdienten, soweit meine Kraft reichte, zu helfen. Dabei dachte ich nicht nur an Hilal, sondern auch an Huluja. Wir waren jetzt so lange beisammen gewesen, daß ich mich unwillkürlich als Anwalt ihrer Wünsche fühlte.

Auch die Khanum, die Schwester Hilujas, konnte mir darum nicht gleichgültig sein, ebensowenig wie Tarik, der Bruder Hilals, den ich mir in meiner Vorstellung Hilal ähnlich dachte. Im übrigen hinderte mich nichts, die Bitte Hilals zu erfüllen.

Deshalb richtete ich jetzt, nach einer Pause des Nachdenkens die Frage an den Ben Sallah:

„Wieviel kampfestüchtige Krieger zählt dein Stamm?"

„Sechstausend."

„Wenn es uns gelingen sollte, deinen Stamm von Feindseligkeiten gegen den Khedive abzuhalten, glaubst du, daß damit eine Erhebung der übrigen Wüstenstämme wirkungslos gemacht wird?"

„Ich bin davon überzeugt. Die Erhebung wird dann überhaupt nicht zustande kommen; denn die Stämme werden ohne unsre Hilfe gar nicht daran denken können, in Masr einzufallen."

„Tajjib — gut! Unter dieser Voraussetzung bin ich bereit, deine Bitte zu erfüllen, ja eure Pläne zu unterstützen. Yallah! Neruh — vorwärts! Wir wollen aufbrechen!"

4. Die „Gebieterin der Wüste"

Bevor wir weiterzogen, mußte Hilal essen; er hatte seit mehr als vierundzwanzig Stunden nichts mehr zu sich genommen.

Diese Anordnung traf ich zum Teil auch deshalb, damit er mein Weggehen nicht beobachten könne. Zuerst schärfte ich noch Halef und den beiden Frauen ein, sie sollten weder Hilal noch irgendeinem andern Menschen gegenüber eine Silbe davon erwähnen, daß die verschüttete Karawane Gewehre und Patronen geführt hatte.

Dann arbeitete ich mich im Schein der Sterne zu der Stelle hin, wo wir die Waffen und die Satteltaschen bloßgelegt hatten; ich wollte die Gegenstände wieder verbergen.

Während ich mit beiden Händen Sand über die hervorstehenden Gewehrläufe schaufelte, überlegte ich, daß wir ungewissen Verhältnissen entgegengingen. Wenn wir auch voraussichtlich bei den Beni Sallah nichts für unsre Sicherheit zu fürchten hatten, so würde es doch nicht schaden, wenn wir uns bei ihnen, schon unsrer eignen Absichten wegen, ein wenig in Achtung setzten. Ein bißchen Spiegelfechterei mit den sicherlich den Beduinen noch unbekannten Feuerwerkskörpern konnte uns nur nützlich sein.

Ich deckte also die Satteltasche erst dann mit Sand zu, nachdem ich ihr das Paket mit den Raketen und Schwärmern entnommen hatte.

Nun verließ ich die in der nächtlichen Stille und beim Schein der Sterne doppelt unheimlich wirkende verhängnisvolle Stelle und kehrte zu den Gefährten zurück.

Halef und die Frauen waren während meiner Abwesenheit und indes Hilal aß, nicht müßig gewesen. Das Lastkamel war für Hilal zum Reiten hergerichtet worden. Im Lauf der Zeit hatten sich die Vorräte bedeutend verringert, und die noch übrigen Sachen konnten daher mit leichter Mühe auf die fünf Tiere verteilt werden.

Bald setzte sich die kleine Karawane, Hilal an der Spitze, in Bewegung.

Ich blieb unter einem Vorwand noch zurück. Als die Gefährten hinter der nächsten Düne verschwunden waren, stieg ich zum erstenmal auf den Kamm, der unser Lager von der Unglücksstätte getrennt hatte, und befestigte im Sand einen

Bambusstab, den ich aus dem Gestell eines der beiden Tachtir-wanat gezogen hatte. Er sollte als Merkzeichen dienen, wenn es galt, die Stelle wiederzufinden. Daß er für Unbefugte zum Verräter werden könnte, brauchte ich nicht zu fürchten; denn einmal wollte ich die Gewehre nicht allzulang im Sand stecken lassen, und dann war kaum anzunehmen, daß in den nächsten Tagen Menschen ausgerechnet an diese Stelle kommen würden.

Nach dieser notwendigen Verzögerung bestieg auch ich mein Dschemmel und ritt den andern nach.

Der heutige Tag schien der mühseligste der ganzen Reise zu werden; wenigstens ließ er sich so an. Stundenlang hatten die Kamele tiefen Sand zu durchwaten — das Gebiet des Samum. Erst am späten Morgen wurde es ihnen leichter. Der Sand verlor an Tiefe, und sein Aussehn veränderte sich. Er wurde körniger, während er bisher fein wie Mehl gewesen war und uns große Beschwerden verursacht hatte, da er in die Augen drang und auch das Atmen behinderte.

Wir waren in den ersten Stunden so langsam vorwärtsgekommen, daß uns Hilal eröffnete, wir würden kaum vor Eintritt der Dunkelheit das Duar erreichen.

Das war unangenehm, aber nicht zu ändern. Ich konnte es also Hilal nicht verdenken, wenn er unruhig wurde und uns wiederholt zu größerer Eile aufforderte.

Zu meinem heimlichen Vergnügen beobachtete ich, daß sich Hiluja fast stets an der Seite unsres Führers hielt. Sie war eine Tochter der Wüste und brauchte nicht die Zurückhaltung zu üben, die ihren Schwestern in den Städten auferlegt ist.

Und auch Hilal schien Wohlgefallen an seiner schönen Begleiterin zu finden, wie ich zu bemerken glaubte und wie auch Halef nicht entging — sehr zu seinem Verdruß, weil er lieber mich an Stelle Hilals gesehen hätte.

Hilal und Hiluja bildeten ein prächtiges Paar. Er, das Urbild eines kraftvollen Wüstensohns, und sie, mit all den Reizen, wie sie in der Glut des Südens heranreifen — wohlgefällig folgten ihnen meine Blicke.

Eine Zeitlang ritt ich an der Seite des Führers; ich wollte über die örtlichen Verhältnisse des Duars unterrichtet sein, bevor wir es erreichten, und ließ mir von ihm berichten.

Inmitten der Oase der Beni Sallah, seitlich vom Duar, erhob

sich ein auf mächtigen Steinquadern erbautes, umfangreiches Gemäuer; es bildete jedenfalls die Überreste eines Bauwerks, das in der Zeit errichtet wurde, als die Römer Ägypten erobert hatten und sich mit ihrem Schaffenstrieb auch in die Wüste wagten. Wie man dann auch tief in der Sahara noch Überreste riesiger Wasserleitungen und wuchtiger Schlösser findet, die heute freilich halb vom Flugsand verschüttet sind, aber dennoch Zeugnis von dem Unternehmungsgeist eines Volks ablegen, das mit ungeheurer Anstrengung Leben in den Tod der Wüste zu bringen verstand.

Dieses Gemäuer, das auf einer steil aus der Ebene aufsteigenden Bodenerhebung lag, bildete die Wohnung der Khanum.

Eine breite, wie für ein Riesengeschlecht erbaute Treppe führte zu ihr empor, die Tag und Nacht von der Leibwache der „Gebieterin der Wüste" besetzt war — der Leibwache, deren Anführer Tarik, der Bruder unsres Hilal, war und über die Badija wie eine gekrönte europäische Herrscherin verfügte.

Hilal beschrieb mir die Zustände unter den Beni Sallah genau. Er schien sich vollkommen erholt zu haben. Zwar trug er den Kopf noch in der Binde, im übrigen aber nahm er im Sattel des Lastkamels, den ihm Halef aus allen möglichen und unmöglichen Gegenständen zusammengeflickt hatte, eine königliche Haltung ein. Glücklicherweise hatte er den Kopf so voller Gedanken, daß es ihm gar nicht einfiel, von der verschütteten Karawane zu sprechen. So war ich der Verlegenheit überhoben, eine Ausrede ersinnen oder gar eine Unwahrheit sagen zu müssen.

Während der größten Tageshitze wurde zwei Stunden geruht. Als die Sonne drei Vierteile ihres Bogens zurückgelegt hatte, brachen wir wieder auf.

Aber Stunde um Stunde verging, ehe sich endlich, endlich die Gegend änderte. Die Tiere witterten zuerst die Nähe der Oase; sie beschleunigten freiwillig ihren Schritt. Allmählich verschwand der Sand und machte einer immer dichter werdenden Grasfläche Platz. Und dann — konnten wir nichts mehr unterscheiden; denn die Dunkelheit hatte uns nach kurzer Dämmerung überfallen. Nur aus den Umrissen der Schatten erkannten wir, daß wir an Palmen und an weidenden Herden vorüberritten.

Plötzlich strebte vor uns ein hoher, dunkler Gegenstand empor, wohl die Ruine, die Wohnung der Khanum. Zugleich erklangen in der Nähe drei Schläge auf ein Brett.

„Was ist das?" fragte Halef.

„Der Mueddin jedenfalls", meinte ich. „Unerklärlich freilich ist mir, daß er jetzt das Zeichen gibt. Die Zeit des Gebets bei Sonnenuntergang ist vorüber. Wir wollen einmal Hilal fragen."

„Das ist nicht das Zeichen des Gebets, sondern der Aufruf zur Dschemma", erklärte der junge Ben Sallah. „Ich bin also doch noch zur rechten Zeit gekommen, Allah sei Dank! Jetzt wird man entscheiden, ob die Beni Sallah Freunde oder Feinde des Paschas von Ägypten sein sollen."

„Ah!" entfuhr es mir.

„Und ebenso wird über die Khanum entschieden. Sie wird Falehd zugesprochen werden. Der Mueddin wird das später verkündigen und dabei fragen, ob jemand mit Falehd um sie kämpfen will."

„Aber es wird sich niemand melden."

„Du irrst!" widersprach er in einem Ton, der mir auffiel. „Es wird sich jemand melden."

„Aber du sagtest doch selber, daß dein Bruder gar keine Aussicht hätte, die Khanum zu erringen, selbst wenn er den Sieg davontrüge."

„Ich meinte unter dem, der sich melden werde, nicht meinen Bruder, sondern —"

Er stockte. „Sondern —?"

„— mich selber."

„Du?" fragte ich erstaunt. Aus dem Tachtirwan Hilujas scholl ein leiser Angstlaut. „Du bist noch lange nicht hergestellt und kannst es unmöglich mit dem Riesen im Faustkampf aufnehmen."

„Ich werde zu Falehd nicht mit der Faust, sondern mit der Kugel sprechen. Und da bin ich unbesieglich. Man nennt mich Ibn es sa'ika[1]. Wenn meine Flinte blitzt, so ist der, auf den sie zielt, verloren."

„Du sagtest aber doch selber, daß Falehd die Waffe zu bestimmen hätte, mit der gekämpft werden soll."

„Ich werde es so einzurichten suchen, daß der Riese mich

[1] Sohn des Blitzes

beleidigt. Dann bin ich der Herausgeforderte und habe die Waffe zu wählen, nicht er."

„Nicht übel! Aber du wirst nicht der einzige sein, der sich zum Kampf meldet."

„Nicht? Ich wüßte niemand, der den Mut finden würde, sich mit dem Riesen in einen Kampf einzulassen."

„Ich weiß einen solchen Mann."

„Wen, Sihdi?"

„Mich selber."

„Du? Du scherzt wohl?"

„Ich scherze nicht. Ich bin doch begierig, zu erfahren, ob dieser Falehd wirklich solch ein Held ist."

„Spotte nicht! Er wird dich mit einem einzigen Hieb seiner Faust töten."

„Das laß lieber meine Sache sein! Ich bin nicht so unerfahren, wie du denkst. — Aber was ragt da drüben empor? Wohl die Ruine, von der du mir erzählt hast?"

„Ja."

„Und wer kommt da?"

„Jedenfalls ein Wächter des Lagers. Ich werde ihm ein Zeichen geben."

Hilal ließ einen halblauten Pfiff hören.

Der Wächter erkannte ihn sogleich als einen Angehörigen seines Stammes und kam herbei.

„Min antum — wer seid ihr?"

„Ich bin es: Hilal. Wie geht es im Lager?"

„Es ist alles in Ordnung. Doch befindet sich dein Bruder in großer Sorge wegen deines langen Ausbleibens. — Bringst du Gäste?"

„Ja. Die Khanum wird entzückt sein. Doch ich hörte das Zeichen des Mueddin. Ist die Dschemma versammelt?"

„Die Männer kommen eben jetzt zusammen."

„Das ist gut", meinte Hilal zu uns, „da wird die Khanum in der Versammlung erscheinen und in ihrer Wohnung nicht anwesend sein. Dorthin bringen wir Hiluja. Wenn die Khanum zurückkehrt, findet sie ihre Schwester. Das gibt eine köstliche Überraschung."

„Aber wird Hiluja unbemerkt Badijas Wohnung betreten können?"

„Es geht. Steigt nur ab, ich werde euch führen! Unsere Tiere mögen sich hier legen, bis wir sie holen. Dieser Wächter wird bei ihnen bleiben."

Wir folgten seiner Aufforderung und stiegen ab. Hilal äußerte seine Genugtuung, doch noch zur rechten Zeit eingetroffen zu sein.

„Wie freue ich mich, daß es mir möglich ist, auf die Aufforderung zum Kampf antworten zu können. Man ahnt nicht, daß ich wieder da bin, und wird sich wundern, wenn ich plötzlich von der Ruine herab antworte."

„Wie ist das möglich? Und was hat es mit der Aufforderung für eine Bewandtnis?" fragte ich.

Hilal beschrieb mir genau, wie es dabei zuzugehn pflegte. Ich brauche seine Worte nicht wiederzugeben, denn der Leser wird ihren Inhalt ohnehin erfahren. Als Hilal geendet hatte, meinte ich lächelnd:

„Noch mehr als über deine Antwort werden sie sich darüber wundern, daß sich unerwartet zwei zum Kampf melden werden."

„So bist du also wirklich entschlossen, mit Falehd zu kämpfen? Ich warne dich, Sihdi. Fasse die Angelegenheit nicht zu sorglos auf! Es wäre mir schrecklich, den Mann, dem ich mein Leben verdanke, unter den Fäusten Falehds enden zu sehn."

„Sorge dich nicht um mich! Ich bin bei einem Volk gewesen, dessen Hautfarbe rot ist, und ich habe bei ihm Kämpfe bestanden, von denen ihr euch hier nichts träumen läßt. Sorg lieber dafür, daß wir unbemerkt in die Ruine gelangen!"

Hilal hatte keine Entgegnung mehr, sondern schritt uns wortlos voraus.

Er hatte nicht bemerkt, daß ich von dem Rücken meines Tiers ein Paket losgelöst und Halef eingehändigt hatte. Er sollte eine kleine Rolle in dem kommenden Drama spielen.

Unser Führer schlug einen Bogen um das Duar, bis dorthin, wo die Zelte nicht mehr zusammenstanden, und wir gelangten unbemerkt an den Fuß der festungsartigen Erhebung.

„Hier ist der Stein, der den geheimen, nur Tarik, der Khanum und mir bekannten Eingang verbirgt", sagte der Beduine. Er deutete auf einen riesigen Quader, aus dem der untere Teil der Mauer bestand.

„Läßt er sich bewegen?"

„Nur von dem, der die Einrichtung kennt."

Hilal kniete nieder und drückte an einer Seite des Steins; dieser wich nach innen, und nun zeigte es sich, daß er nicht ein massiver Quader, sondern eine verhältnismäßig dünne Platte war, die auf unsichtbaren Rollen zurückwich.

Vor uns öffnete sich ein schmaler Gang, hoch genug, daß ein erwachsner Mann ihn aufrecht durchschreiten konnte. Die Platte wurde an ihre frühere Stelle zurückgeschoben, und wir fünf traten langsam in den Stollen ein.

Wir waren noch nicht weit vorgedrungen, als vor uns eine Treppe anstieg. Oben sahen wir beim Schein eines Wachshölzchens, daß ein Gang geradeaus, ein andrer nach links und eine Treppe weiter aufwärts führte.

„Ich bringe euch an das Lieblingsplätzchen der Khanum, wo sich aber jetzt wohl niemand befindet, weil sie die Dschemma besucht. Hier seid ihr allein und imstand, alles zu beobachten, was im Lager vorgeht."

Er geleitete uns die Treppe hinauf und nach kurzer Zeit ins Freie, wo die Steinquadern wirr durcheinanderlagen.

„So, hier seid ihr ungestört. Wirst du dich wirklich zum Kampf melden, wenn der Mueddin fragt?"

„Gewiß."

„So tu es erst nach mir! Du bist fremd und wirst mir das Vorrecht lassen. Jetzt gehe ich, um Hiluja und ihre Dienerin in die Wohnung der Khanum zu geleiten."

Er entfernte sich mit den beiden. Halef und ich wandten uns nach dem Hintergrund der Steintrümmer. Wir hatten indes noch nicht viel Schritte getan, so hörten wir Stimmen.

Wer mochte das sein?

Die Khanum befand sich doch nach der Meinung Hilals in der Dschemma, und sonst hatte wohl niemand Zutritt zu ihrem Lieblingsplätzchen.

Ich mußte wissen, wer sich dort hinten aufhielt, und befahl Halef, zu warten.

Dann schlich ich mich näher und konnte bald nicht nur die Stimmen verstehn, sondern auch die Sprechenden sehn, die auf zwei nebeneinanderliegenden Steinen saßen und sich gegen den Sternenhimmel deutlich abhoben.

Es war ein Mann und eine Frau, die einen langen, weißen Frauenmantel trug, über den die dunklen, gelösten Haare lang herabwallten. Der Mann war nur mit Hose und Jacke bekleidet. Eine lange Flinte lehnte neben ihm am Felsen.

Die beiden schienen ebenfalls erst gekommen zu sein; denn ich hörte die Frau sagen:

„Meinst du, daß man uns hier belauschen wird?"

„Nein", gab der Mann zur Antwort. „Den Weg kennt niemand als du, ich und Hilal, mein Bruder. Und hier von rechts kann keiner nahen, ohne die Treppe zu benutzen. Meine Leute würden mich rufen."

„Wenn doch Hilal bald zurückkehrte! Meinst du nicht, daß er schon da sein könnte?"

„Er müßte eigentlich längst hier sein; denn er weiß, daß heut die Dschemma zusammentritt. Wenn ihm nur kein Unglück widerfahren ist!"

„Was soll ihm widerfahren sein? Er ist doch gut beritten."

„Er hat ein vortreffliches Hedschihn, Khanum. Und grad deswegen erwartete ich ihn bereits gestern."

Die Frau seufzte tief.

„Nenne mich nicht Khanum! In kurzer Zeit werde ich vielleicht elender und ärmer sein als die niedrigste Sklavin."

„Das wolle Allah verhüten! Was hast du in der Dschemma erreicht?"

„Ich habe einen kleinen Erfolg erzielt, wenigstens für kurze Zeit; denn ich habe Falehd besiegt", antwortete sie lebhafter. „Er und die beiden Fremden sprachen gegen den Pascha von Masr. Sie drangen auf eine schnelle Entscheidung; ich habe es jedoch durchgesetzt, daß man damit wartet, bis es sich zeigt, wer der Scheik des Stamms sein wird. Dann ging ich aus der Dschemma, denn man begann, über mich zu beraten, und nun wird das Schlimme folgen: der Stamm verlangt einen Anführer, dessen Weib ich sein muß. Das wird aber niemand anders als Falehd sein."

Badija schwieg eine Weile.

Auch der Mann, der nur Tarik sein konnte, sagte nichts, sondern sah sinnend vor sich nieder.

Eine tiefe Mutlosigkeit schien sich der Liebenden bemächtigt zu haben.

„Kennst du einen Weg zur Rettung?" begann sie endlich wieder.

„Ja, nur einen: den Kampf", erwiderte er.

„Oh, ein Kampf mit Falehd wird mir keine Rettung bringen! Keiner vermag ihn zu besiegen."

Es klang wie ein halb unterdrücktes Stöhnen, doch nicht aus Feigheit, sondern aus der heißen Sehnsucht heraus, endlich zu einer Entscheidung zu kommen.

„Auch ich nicht?"

„Auch du nicht!" antwortete Badija bedrückt.

„Khanum, willst du mich beleidigen?"

„Nein, du bist der Treueste, den ich kenne. Du würdest dein Leben für mich wagen; aber ich weiß auch, daß er Sieger sein würde und daß ich ihm dann doch gehorchen müßte."

„Ich bin ihm im Schießen und Messerfechten über", brauste Tarik auf.

„Das wissen alle, und auch er weiß es. Darum wird er den Faustkampf wählen; ich bin davon überzeugt. Und da bist du verloren. Nein, es gibt noch ein andres Mittel, mich zu retten —"

„Sag es! Was es auch sei, du kannst auf mich rechnen."

„Die Flucht."

Tarik zögerte.

„Hältst du sie für unmöglich?" drängte Badija.

„Für unmöglich nicht; aber sie ist gefährlich für dich."

Badija schwieg eine Weile.

„Ich hatte auf deinen Schutz gerechnet", sagte sie langsam.

„Ich habe ihn dir schon zugesagt. Aber welchen Weg du auch wählen würdest, er brächte dich in große Gefahr. Bleib also hier und erlaube mir, mit Falehd zu kämpfen!"

„Nein, das darfst du auf keinen Fall! Ich verbiete es dir!"

Mehr hörte ich nicht; ich hatte mich lautlos zurückgezogen. Das Belauschen der beiden Liebenden kam mir beinah wie ein Unrecht vor. Ich zog auch Halef eine Strecke nach links mit mir fort, um nicht selber gehört zu werden.

Also ich hatte Badija und Tarik belauscht.

Unsre Besprechung draußen vor dem Duar und der Gang nach der Ruine hatte doch soviel Zeit in Anspruch genommen, daß die Khanum unterdessen aus der Dschemma nach der Ruine hatte zurückkehren können.

Wenn ich nun mit meinen Vorbereitungen fertig werden wollte, bis die Dschemma ihre Beratung über den nächsten Gegenstand beendete, mußte ich mich beeilen.

Ich sah mich um. Ich wollte mich bei dem bald zu erwarten-

92

den Vorgang in möglichst vorteilhafter Beleuchtung zeigen; die Füllung des Feuerwerks durfte nicht zu hoch über mir platzen. Ich konnte also nicht hier bleiben, sondern mußte höher an den Ruinen hinaufklettern, damit die Raketen ihre Wirkung nicht verfehlten.

Grad senkrecht über uns bemerkte ich eine Stelle, die für meine Zwecke geeignet erschien und zu der ich mit einiger Mühe hinaufgelangen konnte.

Dann wandte ich mich an Halef.

„Hast du noch das Paket, das ich dir draußen vor dem Duar gab?" — „Ja, Sihdi!"

„Gib her!"

Ich löste die Umschnürung und stellte mit leichter Mühe ein wirkungsvolles Feuerwerk so zusammen, daß es mit einem Zündhölzchen leicht in Brand gesteckt werden konnte.

Halef sah mir dabei wortlos zu, obgleich er meine Absicht nicht begriff.

„Halef, du hast von Hilal gehört, worum es sich handelt", wandte ich mich an ihn, als ich fertig war. „Der Mueddin wird dreimal die Frage stellen, wer sich zum Kampf mit Falehd meldet. Ich werde mich jetzt dort hinauf entfernen und übergebe dir hiermit diese Schachtel Kibritat[1]. Wenn ich dir von da oben das Wort ‚jetzt' zurufe, so hast du diese Schnur anzuzünden. Das ist alles."

„Sihdi, du willst also wirklich mit dem Riesen anbinden?" fragte er besorgt. „Laß es lieber sein. Nach allem, was wir von Falehd gehört haben, muß er schrecklich sein."

„Grad deswegen reizt es mich, meine Kraft mit ihm zu messen."

„Wakkif — halt ein, Sihdi, und versuche Allah nicht! Du mußt unfehlbar unterliegen und wirst den morgigen Tag nicht überleben."

„Nun, dann bist du der Mühe enthoben, mich zur Lehre des Propheten zu bekehren", scherzte ich. „Also mach deine Sache gut! Beim Wort ‚jetzt' zündest du die Schnur an!"

„Sihdi, meine Seele möchte vor Traurigkeit überfließen, denn ich sehe, wie du in dein sicheres Verderben rennst. Aber ich werde dich fürchterlich rächen, und wenn ich selber

[1] Zündhölzer

dabei zugrunde gehn müßte. Darauf kannst du dich verlassen, denn ich bin Hadschi Halef Omar Ben Hadschi Abul Abbas Ibn — — —"

Das übrige erreichte meine Ohren nicht mehr, ich war schon zu fern. Ich kam ohne Zwischenfall hinauf und setzte mich nieder, um dem Kommenden mit Ruhe entgegenzusehn.

Unter mir lagen die Zelte des Duars, die ich aber wegen der Dunkelheit nicht erkennen konnte.

An einer Stelle — wohl der große Zeltplatz — flammte ein riesiges Feuer; hier hatte wahrscheinlich die Dschemma ihren Sitz. Dann und wann beleuchteten die flackernden Flammen die Gestalt eines der Männer, die um das Feuer saßen.

Links seitwärts unter mir war die Stelle, wo Badija und Tarik auf die Entscheidung der Dschemma harrten, und noch weiter links hatte ich wohl die Treppe zu suchen, die in die Ruine hinaufführte.

Ich mußte ziemlich lange warten, bis ich endlich unten am Feuer eine lebhafte Bewegung bemerkte.

Nach einigen Minuten sah ich in der Richtung, wo ich die Treppe vermutete, eine Gestalt heraufkommen. Sie trug in der Hand einen länglichen Gegenstand, in dem ich, wenn es hell gewesen wäre, wohl das Gebetsbrett erkannt hätte. Es war der Mueddin, der Gebetsausrufer, der auch alle sonstigen Verkündigungen und Veröffentlichungen zu besorgen hatte. Seine Gestalt hob sich in unbestimmten Umrissen gegen den Nachthimmel ab, und ich sah ihn ziemlich hoch an den Quadern des alten Gemäuers emporklimmen; schließlich blieb er gar nicht weit von mir, jedoch noch unter mir stehn.

Dann bemerkte ich, wie er die rechte Hand hob.

Es erscholl dreimal ein Schlag auf das Brett, das einen eigentümlichen, melancholischen, aber weithin dringenden Ton von sich gab. Sofort verstummte das Stimmengemurmel, das undeutlich vom Lager hinauf an unsre Ohren drang, und es trat eine große Stille ein. Aller Augen, das wußte ich, waren jetzt zur Ruine hinaufgerichtet.

Und da erklang auch schon die Stimme des Mueddin:

„Hört meine Stimme und preiset Allah, der die Welt erleuchtet und dem Alter Verstand und Weisheit gibt! Es ist in der Dschemma der Ältesten beschlossen worden, den verwaisten Beni Sallah einen neuen Scheik zu geben. Wer wird es sein, ihr Gläubigen? Falehd wird es sein, der Bruder des Verstorbenen, Falehd oder der, der ihn im Kampf auf Leben und Tod besiegt. Darum wird die Stimme des Fragenden dreimal ertönen, ob es einen Tapfern gibt, der mit ihm kämpfen will. Ist die dritte ohne Antwort geblieben, so gehört Badija, unsre Khanum, dem Bruder des frühern Scheiks."

Der Mueddin machte eine kleine Kunstpause und fuhr dann fort:

„So ertöne denn die erste Frage: Gibt es einen, der mit Falehd kämpfen will um den Besitz der Khanum der Wüste?"

„Ana — ich", erklang es vorn in der Richtung der Treppe.

Das kam so unerwartet, daß es eine ganze Weile dauerte, bis der erstaunte Mueddin sich auf seine Pflicht besann.

„Min inte? Ismak eh — wer bist du? Wie lautet dein Name?" — „Ismi Hilal, Ibn es sa'ika — ich bin Hilal, der Sohn des Blitzes."

Das mußte alle Hörer in Erstaunen setzen; denn sie wußten, daß Hilal einen weiten Ritt unternommen hatte. Und nun ertönte seine Stimme so unvermutet von der Ruine herab. Die Erregung der Beduinen machte sich in einem lebhaften Gemurmel Luft, das undeutlich zu uns heraufklang.

Seitwärts unter mir dagegen hörte ich deutlich eine laute Stimme: „Hilal ist da! Er will mit Falehd kämpfen! Das darf nicht sein! Laß mich, laß mich fort! Ich muß zu ihm."

Das war offenbar Tarik. Nun konnte ich mir ein lebhaftes Bild des Wiedersehns dort unten ausmalen. Ich selber stand aber jetzt auf, denn nun war die Reihe wohl an mich gekommen.

Die Beduinen erholten sich allmählich von dem Erstaunen, in das sie die Nennung des Namens Hilal versetzt hatte. Der Mueddin begann zum zweitenmal:

„Hört, ihr Muaminin[1]! Ein Kämpfer hat sich gefunden, ein wackrer Behluwan[2] —"

„— den ich fressen werde, wie die Sonne das Wasser frißt!" wurde er durch eine dröhnende Stimme unterbrochen, deren Schall sogar bis zu mir deutlich heraufklang.

Wer war das? Sicherlich Falehd, der Bruder des frühern Scheiks.

---

[1] Gläubige   [2] Held

Diesmal hörte ich von den Beduinen kein Gemurmel. Lähmten Erstaunen oder Furcht ihre Zungen? Endlich fuhr der Ausrufer fort:

„So ertönt also meine Frage zum zweitenmal: gibt es noch einen, der mit Falehd kämpfen will?"

Ich wollte eben ein lautes „Ich" ausrufen, aber es kam mir jemand zuvor.

„Ja", antwortete es unter mir.

„Wer bist du?"

„Tarik, der andre Sohn des Blitzes."

Der unterdrückte Schrei einer weiblichen Stimme erscholl irgendwo in der Nähe; wohl die Khanum. Aber ihr Schrei wurde übertönt durch die Stimme Falehds:

„Er wird seinem Bruder in die Dschehennah folgen, wo sie heulen und wimmern werden in alle Ewigkeit. Frage weiter, Mueddin, ob sich ein dritter finden wird, der so wahnsinnig ist, mit mir kämpfen zu wollen!"

Einen solchen Auftritt hatte es bei den Beni Sallah wohl noch nie gegeben. Selbst der Mueddin war unterbrochen worden, ein höchst sündhaftes Beginnen in den Augen dieser urwüchsigen Menschen.

Aber er hatte Falehds Aufforderung verstanden und rief abermals:

„Es ertönt nun zum drittenmal die Frage: Gibt es noch einen, der mit ihm kämpfen will?"

Die Hörer waren wohl überzeugt, daß sich nun niemand mehr melden würde. Um so größer mußte ihre Überraschung sein.

„Na'am — ja!" gab ich mit laut schallender Stimme zur Antwort.

Lautloses Schweigen folgte. Auch der Gebetsausrufer vergaß für einen Augenblick, die zweite Frage zu stellen. Vielleicht wurde ihm unheimlich zumute, denn da ich über ihm stand, mußte es ihm vorkommen, als sei der Schall vom Himmel herabgedrungen.

„Wer bist du? Wie nennst du dich?" rief endlich der Mueddin mit einer Stimme, der ich deutlich das Zittern anmerkte.

„Ich bin Kara Ben Nemsi, den noch keiner besiegt hat."

Abermals Schweigen. Man schien sich über meine Antwort erst klar werden zu müssen.

Ich benutzte die kleine Pause, um Halef mit halblauter Stimme hinunterzurufen: „Dilwakt — jetzt!"

Der Mueddin schien sich wieder gefaßt zu haben.

„Wir kennen dich nicht, und wir sehn dich nicht. Wo bist du?"

„Hier!"

Der Augenblick war gut berechnet, und die Sache klappte vortrefflich. Denn kaum hatte ich „hier" gerufen, so zischte ein Feuerstrahl durch die Lüfte und bildete hoch über den Ruinen einen farbigen Flammenkranz, woraus schimmernde Kugeln schossen. Dadurch wurde das ganze Duar taghell erleuchtet. Ich konnte jedes einzelne der Zelte deutlich erkennen, ich sah die im Nachtwind sich leise wiegenden Kronen der Palmen und vermochte jedes der Gesichter zu unterscheiden, die da unten mit ängstlichem Erstaunen zu mir heraufstarrten.

Denn so klar ich die Gegenstände um mich herum wahrnahm, ebenso deutlich mußte auch ich auf der Höhe der Ruine zu erkennen sein. Dann verloschen die Flammen und Kugeln, und es wurde wieder finster, scheinbar noch finstrer, als es vorher gewesen war.

Der Bann, der bis jetzt die Zuschauer gefesselt hatte, begann sich zu lösen,

„O Allah! O Mohammed! O du Prophet! O ihr Kalifen alle!"

Diese und andere Laute erschallten im Ton der höchsten Bestürzung aus dem Duar herauf.

„Allah il Allah, we Mohammed rassuhl Allah!" hörte ich die Stimme Halefs unter mir.

Der Mueddin aber warf sein Brett von den Ruinen hinab und sprang dann mit solcher Eile von Stein zu Stein hinunter, als ob er mit Gewalt den Hals brechen wollte; dabei brüllte er aus Leibeskräften:

„Meded, meded — zu Hilfe! Zu Hilfe! Der böse Dschinn! Der böse Geist der Ruine ist's gewesen! Eilt, ihr Gläubigen! Flieht, ihr Helden! Bringt euch in Sicherheit, ihr Väter, euch, eure Frauen und Töchter, eure Söhne und — — —"

Das übrige ging in dem allgemeinen Wirrwarr verloren. Ich dagegen stieg, überaus zufrieden mit der Wirkung meiner „Vorstellung", langsam hinunter, wo ich von Halef erwartet wurde.

„Allah il Allah! Was war das, Sihdi?" rief er mir fassungslos zu.

„Das war ganz einfach ein europäisches Feuerwerk, nichts weiter."

„Allah akbar — Gott ist groß, aber mein Staunen ist noch größer. Was du da sagst von Feuerwerk, verstehe ich nicht. Ich aber versichere dir, in diesen so unschuldig aussehenden Rollen waren alle hunderttausend Schejatin der Dschehennah versteckt, die sich alle auf einmal unter Knall und Blitz aus ihren Fesseln befreit haben, um die Kinder Allahs zu verderben."

„Halef, rede doch keinen Unsinn! Diese entsetzlichen ‚Schejatin‘ werden bei uns zu Millionen hergestellt und sind nichts andres als Pulver und Farbe."

„Allah kerihm — Gott ist gnädig! Ich weiß, das sagst du nur, um mich zu beruhigen. Hast du gehört, was die Beni Sallah bei deinem Anblick riefen?"

„Ja, sie halten mich für den bösen Dschinn der Wüste. Das kann unserm Ansehn aber nur nützen, denn man wird es nicht wagen, uns zu kränken. Doch sieh, da kommt Hilal, um uns zu holen!"

Der junge Beduine trat hinter einem Quader hervor. Er kam ganz nahe zu mir heran und sah mir ernst ins Gesicht.

„Effendi, ich weiß nicht, soll ich mich vor dir fürchten oder vor dir niederknien."

„Keins von beiden", lachte ich. „Warum?"

„Du fragst noch? Hast du nicht beobachtet, welches Entsetzen du hervorgebracht hast? Zwar vermute ich, daß alles mit natürlichen Dingen zugegangen ist, aber trotzdem komme ich mir vor dir so klein wie ein Kind vor."

„Das hast du gar nicht nötig. Ich werde dir später alles erklären. Aber bist du bloß deshalb gekommen, mir das zu sagen?"

„Nein, ich soll euch zur Khanum führen."

„Weiß sie alles?"

„Nein, es wickelt sich alles so schnell ab, daß es zum Erklären keine Zeit gibt."

Hilal führte uns zwischen den Quadern hindurch zu derselben Treppe zurück, die wir hinaufgestiegen waren.

Unten wandte er sich geradeaus in den Gang, der in einem kleinen Gemach endete. Die ganze Ausstattung des Raumes bestand in einer brennenden Palmöllampe und zwei auf dem

98

Boden liegenden Kokosfaserdecken. Eine Tür führte gegenüber in einen andern Raum.

Hilal schritt darauf zu und schob den verhüllenden Vorhang zur Seite, um sie zu öffnen; er hielt aber in der Bewegung inne.

Von dritten waren Stimmen zu vernehmen, eine entschiedene, weibliche, und eine drohende, männliche. Beide hatte ich schon gehört: die eine hier oben in der Ruine, die andre unten im Lager. Es waren Badija und Falehd, die sich offenbar in einer scharfen Auseinandersetzung befanden.

„Und ich will wissen, wie diese Leute zu uns kommen! Ich bin der Anführer des Stamms", dröhnte die Stimme des Mannes.

„Der Scheik bin ich! Nur ich!" erklang stolz die Entgegnung Badijas. „Wenn ich weiß, wie die Gäste zu mir kommen, so genügt das."

„Maschallah! Du sprichst sehr hochfahrend. Aber du wirst höflicher reden, wenn man mit dir und deinem Anhang ins Gericht geht. Bist du erst mein Weib, dann wirst du gehorchen lernen."

„Warte, bis ich es bin!"

„Du wirst es sein! Und jetzt will ich erfahren, wer dieser Kara Ben Nemsi ist. Du mußt es wissen."

„Ich weiß es noch nicht."

„Er ist hier bei dir in der Ruine. Er ist ein Gaukler und Betrüger; er soll mir Rede stehn, wann und wie er hierhergekommen ist."

„Wann? Soeben. Wie? Durch diese Tür."

Ich war mit Hilal und Halef leise eingetreten und stand vor einem fesselnden Bild. Wir befanden uns in einem mit orientalischer Pracht ausgestatteten Gemach, dessen Gegenstände verrieten, daß es den Aufenthaltsort einer Frau bildete.

In der Mitte des Raums stand Badija, die Khanum. Sie war in feines, weißes Linnen gekleidet. Ihr Gewand bestand aus den orientalischen Beinkleidern, dem Hemd und einem Jäckchen. Die nackten Füße steckten in zierlichen Pantöffelchen.

Das Gesicht zeigte eine große Ähnlichkeit mit dem ihrer Schwester Hiluja. Es war ebenso weich, aber in den Zügen ernster und nachdenklicher. Die vollen roten Lippen waren in ihren Winkeln ein wenig nach unten gezogen, ein sichres

Zeichen, daß dieser schöne Mund in der letzten Zeit wohl oft Veranlassung zum Zürnen gehabt hatte.

Das rabenschwarze Haar hing frei fast bis auf den Boden herab. Es war mit keinem Schmuck versehn, den sonst die Beduininnen so lieben. Wozu auch? Es bildete selber die herrlichste Zier der „Khanum der Wüste".

Hinter ihr befand sich Hiluja, noch in ihrem weißen Reisegewand. Sie blickte ängstlich auf einen Mann, der in selbstbewußter, fast drohender Haltung vor der Khanum stand.

Er war von wahrhaft herkulischer Gestalt. Man wäre beinahe versucht gewesen, auf ihn das Bibelwort anzuwenden: „Er ist allein übriggeblieben von den Kindern der Riesen." Er war von oben bis unten in einen weißen Haïk gehüllt; die Kapuze war zurückgeschlagen, so daß man die große Narbe sah, die sich quer über das dunkle Gesicht von einer Wange zur andern zog und von einer fürchterlichen Verwundung herrühren mußte. Ein Zug von Grausamkeit lag in den roh gehackten Zügen des Hünen. Wenn der verstorbne Scheik auch nur eine entfernte Ähnlichkeit mit seinem Bruder besaß, so wunderte es mich nicht mehr, daß Badija an seiner Seite das Glück nicht gefunden hatte.

Falehd wandte sich bei meinen Worten um und betrachtete uns mit einem erstaunten, herausfordernden Blick, der auf mir haften blieb.

„Kull Schejatin — alle Teufel! Ist er das?"

„Ja, ich bin's!" erwiderte ich kurz.

„Wen suchst du hier?"

„Dich nicht. Du kannst gehn!"

Falehd stieß einen Fluch aus, ballte die Fäuste und trat einen Schritt auf mich zu.

„Du wagst es, mir, dem Scheik des Stamms, zu sagen, ich solle gehn?"

„Der Scheik, dem du zu gehorchen hast, steht hier."

Dabei deutete ich auf die Khanum.

Der Beduine lachte höhnisch auf.

„Du bist ein Fremder und weißt nicht, was heut über diese Frau beschlossen worden ist. Du willst zwar mit mir um sie kämpfen, doch ist dir unbekannt, daß sie von dem Augenblick, da die Dschemma diesen Kampf beschlossen hat, nicht mehr

Scheik des Stamms ist. Sie gehört dem Sieger, der dann der Anführer sein wird."

„Aber noch gibt es keinen Sieger; sie ist also einstweilen noch ihre eigne Herrin. Ich bin von ihr hierher beschieden worden, habe also ein Recht, hier zu sein. Doch ich bin nicht gewohnt, vor lästigen Zeugen zu sprechen. Deshalb wirst du jetzt diesen Ort verlassen, wenn du nichts Dringendes vorzubringen hast."

Fahled machte eine Bewegung, als ob er sich auf mich stürzen wollte, hielt jedoch an sich. Aber er maß mich verächtlich vom Kopf bis zum Fuß, schnippste mit den Fingern und lachte:

„Allah hat es gegeben, daß dir die Sonne den Verstand verbrannt hat. Du dauerst mich, sonst würde ich mit dir reden, wie es deinen Worten angemessen ist."

„Dazu wirst du ja bald Gelegenheit haben", meinte ich in einem absichtlich geringschätzigen Ton.

„Ja, und das wird dein Verderben sein", brach er, seiner Wut nun freie Bahn lassend, los. „Du bist ein Wurm, und ich werde dich zertreten, so wie ich auch die beiden andern Würmer, die sich ‚Söhne des Blitzes' nennen, unter meinen Füßen zermalmen werde! Morgen um diese Zeit bratet ihr drei in den tiefsten Tiefen der Dschehennah."

Er drehte sich um und stürmte hinaus.

· Dem Leser mag mein Verhalten an diesem fremden Ort und dem einflußreichsten Mann des Stamms gegenüber als anmaßend, ja vielleicht sogar als wahnwitzig erscheinen.

Aber ich hielt es für das allein richtige. Er war der einzige im Stamm, den wir als gefährlichen Feind zu bezeichnen hatten, die beiden fremden Sendlinge vielleicht ausgenommen. Von den übrigen Stammesangehörigen dagegen, selbst den zur Partei Falehds gehörigen, hatten wir weder etwas zu hoffen noch zu befürchten, und wir konnten annehmen, daß sie sich in dem ausbrechenden Kampf abwartend verhalten würden, vorausgesetzt, daß sie sich nicht von Falehd aufhetzen ließen. Das zu verhüten und uns bei den Beduinen in Achtung zu setzen, war nun unsre Aufgabe, und dazu gehörte, den Leuten zu zeigen, daß wir uns von ihrem gefürchteten Riesen nicht im mindesten einschüchtern ließen.

Als Falehd sich entfernt hatte, empfing mich Badija mit einem warmen Blick. Sie dankte mir mit einfachen Worten, und Hiluja und Hilal erzählten um die Wette. Es läßt sich denken, daß dabei die Zeit wie im Flug verstrich. Während der Pausen in der Erzählung wurde das Essen aufgetragen, wobei ich auch Tarik, Hilals Bruder kennenlernte. Er trug sich genauso wie jener, und wer in sein Gesicht sah, mußte sich über die Ähnlichkeit der beiden wundern.

Es war nicht meine Absicht, die abergläubischen Beduinen in ihrem Wahn zu bestärken, daß sich ihnen der Dschinn der Ruine geoffenbart habe. Darum bat ich Tarik, seine Stammesgenossen zu beruhigen, und gab zugleich eine Erklärung des Vorgangs. Tarik versprach es mir und entfernte sich dann, um seinen Pflichten als Anführer der Leibwache nachzugehn.

Mitternacht war nah, als endlich die Wißbegier Badijas befriedigt war. Sie erhob sich und lud Halef und mich ein, sie ins Duar hinunterzubegleiten.

Wir benutzten zu diesem Zweck nicht den geheimen Gang, sondern die breite Steintreppe. Hier war es ruhig geworden. Schweigend lehnten die Wachen oben am Eingang der Ruine und unten am Fuß der Treppe.

Desto lebhafter ging es im Duar zu. Die Eindrücke des heutigen Abends waren noch so lebendig, daß sich fast niemand zur Ruhe begeben hatte. Die Beduinen standen in Gruppen beisammen und besprachen die unglaubliche Tatsache, daß drei Männer die Verwegenheit besessen hatten, sich dem Riesen des Duars zum Kampf zu stellen.

Ich beobachtete wohl die Blicke, die die Männer auf mich beim Vorbeigehn richteten. Ich las keine Spur von Haß darin, nur Ehrerbietung und eine gewisse Scheu.

Die Aufklärungsarbeit Tariks hatte Früchte getragen, aber immerhin noch nicht den letzten Rest abergläubischer Furcht entfernt. Falehd ausgenommen, war vielleicht noch keiner nach Kairo gekommen, wo ja das Abbrennen eines Feuerwerks nicht grad zu den sieben Weltwundern zählt. Für die allermeisten bildete also das Geschaute trotz der natürlichen Erklärung etwas Unerhörtes. Es war verständlich, daß sie vor mir noch eine gewisse Zurückhaltung an den Tag legten.

Als wir an einer Gruppe eifrig plaudernder und mit den Armen fuchtelnder Männer vorüberkamen, hörte ich aus dem Mund eines der Ihrigen das Wort: Abu es sa'ika — Vater des Blitzes. Dies und ein bezeichnender Blick auf mich belehrten mich, daß ich schon am ersten Abend meiner Ankunft im schönsten Zug war, eine beduinische Berühmtheit zu werden.

„Vater des Blitzes!" Nicht übel! Da stand ich ja zu Tarik und Hilal, den „Söhnen des Blitzes", in einem sehr nahen verwandtschaftlichen Verhältnis. Ich war ihr Vorfahre im zweiten Grad, ihr Gidd[1]. Dann war es aber auch meine Pflicht, meinen beiden „Enkeln" die Wege zu ebnen, so gut ich konnte, und ihnen zur Erfüllung ihrer Herzenswünsche zu verhelfen.

Noch mehrmals vernahm ich aus der Menge das „Abu es sa'ika", und ich bemerkte wohl, daß Halef, der sich bescheiden etwas hinter der Khanum und mir hielt, nicht wenig stolz darüber war.

Schließlich winkte die Gebieterin einen ehrwürdig aussehenden, silberhaarigen Greis herbei und übergab uns ihm mit dem Auftrag, uns weiterzuführen. Sie wollte sich zurückziehn.

Ich verstand wohl, warum die Khanum uns selber durchs Duar geleitet hatte.

Sie ahnte, daß Falehd alle Mittel in Bewegung setzen würde, um die Beni Sallah gegen uns aufzuhetzen, und wollte dem klugerweise einen Riegel vorschieben. Durch ihre Begleitung gab sie ihren Leuten einen Wink, daß sie mich als ihren besonders bevorzugten Gast betrachte und daß es sich niemand einfallen lassen dürfe, mich zu beleidigen.

Nachdem sich die Khanum entfernt hatte, nahm uns der Alte in seine Obhut. Es dauerte nicht lange, so waren wir bei dem Gegenstand angelangt, der mir am meisten am Herzen lag: die zukünftige Stellung der Beni Sallah zum Khedive.

Zu meiner Genugtuung zeigte es sich, daß mein Begleiter zu den Einsichtsvollen zählte.

„Ich gehöre zu denen, die den Khedive lieben", sagte er. „Meiner Gesinnung ist auch die Mehrzahl der Krieger."

„Aber Falehd nicht?"

„Nein. Darum ist es mir für die Zukunft bang. Er als Scheik wird nicht auf guten Wegen wandeln."

„In dieser Beziehung kann ich dich beruhigen. Falehd wird nicht euer Scheik sein."

„Du meinst, daß er im Kampf mit dir unterliegen wird? Verzeih, ich will dich nicht beleidigen, aber ich zweifle daran.

[1] Großvater

Falehd ist Meister im Faustkampf, und er wird es nur auf einen solchen ankommen lassen."

„Mag er! Ich war in einem Land, wo der Faustkampf in noch ganz andrer Weise gepflegt wird als bei euch!"

Der Alte blieb stehn, blickte mich verwundert an und schüttelte den Kopf.

„Ich staune über das Vertrauen, das du zu dir hast. Du sprichst so, als ob es für dich keine Möglichkeit gäbe, zu unterliegen."

„Die gibt es auch nicht. Wir im Abendland kämpfen auf eine ganz andre Art als die Söhne der Wüste, auf eine Art, gegen die die eure nicht aufkommen kann."

„Allah il Allah! Habe ich recht gehört? Du bist ein Franke?"

„Ja."

„Darf ich fragen, aus welchem Land?"

„Aus Alemanja."

„Oh, das kenne ich. Ich weiß, daß die Alemani tapfre Krieger sind. Ich habe gehört von Wi-hel, eurem Padischah, und von Bis-ma, seinem Großvezier. Nun habe ich freilich weniger Sorge. Gebe Allah, daß du über Falehd Sieger bleibst."

„Willst du nicht deinen Namen nennen? Aus deinen freundlichen Worten möchte ich fast schließen, daß du Esra heißt."

„So heiße ich allerdings. Woher weißt du das?"

„Hilal hat deinen Namen rühmend genannt. Du seist der vertraute Ratgeber der Khanum und ein Freund des Khedive."

„Hilal hat die Wahrheit gesagt. Ich bin es."

„Das freut mich. Bleib dieser Gesinnung treu und tu das Deinige, daß auch die Dschemma einen Beschluß in diesem Sinn faßt! Es soll euer Schaden nicht sein."

„Wie meist du das?"

„Genauso, wie ich es sage. Es wird für den Stamm der Beni Sallah von großem Vorteil sein, wenn er sich nicht gegen den Khedive aufhetzen läßt."

„Von großem Vorteil: Wieso?"

„Sag mir zuerst, ob die beiden Sendlinge der Moskofi und Osmanli, von denen mir Hilal erzählt hat, euch Geschenke mitgebracht haben?"

„Gar nichts. Sie haben uns nur mit Versprechungen überschüttet. Sie wollen, daß Falehd Scheik wird. Dann sollen die Stämme der Wüste unter seiner Führung in Masr einbrechen.

Bezahlt sollen wir werden mit vielen Silbertalern, und außerdem soll uns der Raub gehören, den wir machen."

„Und darauf will Falehd eingehn?"

„Ja."

„Schi makruh — das ist schändlich! Also die armen ägyptischen Fellahs, die selber kaum zu leben haben, sollen ausgeraubt werden! Das ist mehr als grausam. Da mache ich euch doch einen andern Vorschlag."

„Darf ich ihn erfahren?"

„Eigentlich wollte ich ihn erst der Dschemma vorlegen. Aber ich denke mir, daß du der Erfüllung meiner Absichten vorarbeiten kannst. Also höre! Wenn der Stamm der Beni Sallah dem Khedive die Freundschaft bewahrt, so verspreche ich ihm Gewehre."

„Hamdulillah! Du hast Gewehre mitgebracht?"

„Ich sagte nicht, daß ich sie mitgebracht habe, ich behauptete nur, ihr würdet sie bekommen, Gewehre und Patronen."

„Wie viele?"

„Dreihundert Kriegsgewehre, nicht solche alte Flinten, wie ihr jetzt habt, bei denen jeder zweite Schuß versagt, und dazu dreihunderttausend Patronen."

Esra machte trotz seiner Würde und seinem Alter einen Freudensprung.

„Allah il Allah! Ich kann es nicht glauben! Wie sagtest du? Dreihundert Gewehre?"

„Ja." — „Und dreihundert — — nein, dreihunderttausend Patronen?"

„Du hast recht gehört."

„Allah kerihm — Gott ist gnädig! Deine Worte duften wie die Blumen des Paradieses. Gute Gewehre sind ja für alle Beni Arab stets das Allernotwendigste."

„Die Waffen, die ihr durch mich bekommen werdet, sind Rückwärtsflinten, wie ihr sie nennt, womit ihr zehn Schüsse in der Minute abgeben könnt."

Der Alte griff sich an den Kopf.

„Das kann ich nicht fassen. Das ist zuviel! Dreihundert Stück! Zehn Schüsse in der Minute! Wie viele Feinde könnte man damit in einer Minute erschießen! Das kann ich gar nicht ausrechnen. Da reicht mein Verstand nicht aus. Weißt du es vielleicht?"

Ich mußte innerlich über die kindliche Auffassung des Alten lächeln.

„Dreitausend — — vorausgesetzt, daß jede Kugel treffen würde."

„Dreitausend Feinde in einer Minute! O Allah! O Mohammed! O ihr Propheten! Und wann werden wir die Gewehre erhalten?"

„Wenn die Dschemma morgen bestimmt, daß die guten Beziehungen mit dem Khedive aufrechterhalten werden sollen, so werdet ihr in zwei Tagen, von morgen an gerechnet, die Gewehre in eurem Besitz haben."

„Maschallah! Maschallah! In zwei Tagen! Effendi, darf ich von deinem Vorschlag mit der Khanum reden?"

„Nein, es ist mir lieber, wenn die Sache Geheimnis unter uns bleibt. Ich möchte die Khanum und den ganzen Stamm überraschen. Also sprich zu keinem ein Wort! Hörst du?"

„Ich höre es."

„Ich bin überzeugt, daß du das Deinige tun wirst, damit die Dschemma nach unserm Wunsch entscheidet."

Der Alte legte beschwörend die Hand auf die Brust.

„Di aleje ma tiftikirsch — rechne auf mich! Ich werde für dich tun, was ich für keinen andern tun würde."

„Kattar cherak — ich danke dir! — Übrigens noch eine Frage! Zählen die Beni Suef zu euren Freunden?"

„Die Beni Suef? Allah verdamme die Hunde! Sie sind unsre größten Feinde. Wir stehn schon seit einem Menschenalter in Blutrache mit ihnen."

„Dann ist es gut! Willst du uns nicht jetzt nach unsrer Wohnung führen, die uns für die Nacht angewiesen ist? Wir sind von der langen Reise müde und müssen morgen frisch und kräftig sein."

„Ze ma terid — wie du willst! Folgt mir!"

So hatte ich also über den in der Wüste gefundnen Schatz — denn ein solcher waren die Gewehre für die Beduinen — verfügt.

Ob ich ein Recht dazu besaß?

Sicherlich.

Erstens hatte ich als Finder einen gewissen Anspruch darauf, und zweitens handelte es sich um Waffen, die zu regierungsfeindlichen Zwecken verwendet werden sollten. Diese

Zwecke lagen für jeden Einsichtsvollen nicht im wahren Wohl des Volkes und des Landes. Die Andeutung Esras, daß der Einfall der Stämme in Ägypten mit dem Eigentum der Fellahs bezahlt werden sollte, hätte mir die Augen öffnen müssen, wenn ich nicht schon vorher von der gewissenlosen Politik überzeugt gewesen wäre, die hinter all diesen Machenschaften stand.

5. Allah hu-hu-hu!

Die Sonne war am nächsten Morgen noch nicht aufgegangen, als ich mich erhob und das Gelaß verließ, das Halef und mir angewiesen worden war.

Ich trat hinaus auf den Gang und stieg die mir bekannte Treppe hinauf ins Freie.

Im Duar unten herrschte noch Ruhe. Aber nicht lange. Denn als der oberste Rand der Sonnenscheibe sich über den Gesichtskreis erhob, klangen drüben von der großen Steintreppe her drei weithin schallende Schläge ans Brett, und dann erhob sich die Stimme des Mueddin:

„Hai alas salah! Hai alal felah! Auf, ihr Gläubigen, rüstet euch zum Gebet! Denn die Sonne taucht aus dem Sandmeer empor."

Ich sah, wie die Beduinen aus ihren Zelten traten und niederknieten, das Antlitz gen Mekka gerichtet; und wenn ich sie auch der Entfernung wegen nicht hören konnte, so wußte ich doch, daß sie jetzt mehr oder weniger laut die Worte der Fatha nachbeteten, die der Mueddin mit schallender Stimme vorsprach.

Dabei tauchten die Beter die Hände in den Sand und sprachen das mohammedanische Glaubensbekenntnis:

„Allah il Allah, we Mohammed rassuhl Allah — Gott ist Gott und Mohammed ist sein Prophet!"

Dann erhoben sie sich, um an ihre täglichen Geschäfte zu gehn.

Aber da erscholl die Stimme des Mueddin von neuem:

„Hört, ihr Gläubigen, was ich euch zu verkünden habe!"

Ich sah die Leute in Gruppen zusammentreten und ihre Augen zu dem Ausrufer erheben.

„Ich stehe hier im Auftrag des mächtigen Falehd, dessen vollständiger Name lautet: Falehd Assa Ben Ali Soliman Jussuf Ibn Kalaf Omar el Azihmi, und habe euch folgendes zu verkünden: In dem Augenblick, in dem die Sonne über dem Scheitel der Gläubigen steht, wird Falehd hinausgehn vor die Herden, um zu kämpfen mit den Männern, die gestern auf seine Forderung geantwortet haben. Er wird kämpfen zuerst mit Kara Ben Nemsi Effendi, sodann mit Tarik und endlich mit Hilal. Das Ende des Zweikampfs wird sein entweder der Tod oder die Bitte um Gnade, wie es der Brauch der Wüste ist. Falehd wollte keine Gnade üben, aber er hat sich dem Gesetz des Stammes fügen müssen. Die Söhne und Töchter der Sallah werden alle erscheinen, um dem Kampf von Anbeginn bis zum Ende zuzuschaun. Dem Sieger wird Badija, die Khanum der Wüste, gehören, und mit ihr wird er die Würde des Anführers und den Titel eines Scheiks el Urdi[1] erhalten. Allah und der Prophet seien mit ihm und uns allen!"

Also grad bis zur Mittagszeit sollte ich noch leben, nicht länger.

Um der Wahrheit die Ehre zu geben, muß ich jedoch gestehn, daß ich so leichtsinnig war, an diesen traurigen Ausgang des Kampfes nicht glauben zu können. Mir war gar nicht so zumute, als ob ich den Sonnenuntergang nicht mehr bewundern würde.

Ich ließ mir also den Genuß, den die Aussicht von hier oben bot, durch den Gedanken an den bevorstehenden Kampf nicht verderben. Wahrlich, die Wüste war schön! Und hier mußte man stehn, um zur vollen Würdigung ihrer Schönheit zu gelangen.

Auf dem Rückweg in meine Behausung traf ich Tarik. Ich sagte ihm, daß ich Lust zu einem kleinen Morgenritt verspüre, und er war bereit, mich zu den Pferdeherden zu begleiten.

Vorher holte ich Halef, der mir Gesellschaft leisten sollte. Ich fand ihn wach und mit der Ausbesserung seiner Kleider beschäftigt, die während der langen Reise ziemlich gelitten hatten.

Wir stiegen die breite Treppe hinunter und wanderten hinaus zu den weidenden Pferden. Tarik wählte zwei kostbare

---

[1] Herr des Lagers

Stuten, die der Khanum gehörten. Er bemerkte unsre bewundernden Blicke und sagte:

„Ich bin der Anführer der Wache und kann euch diese Tiere anweisen. Es gibt hundert Tagereisen nicht ihresgleichen. Die Khanum hat diese Tiere mit aus der Heimat gebracht. Die Beni Abbas sind berühmt wegen ihrer Pferdezucht; sie haben Stuten, deren Stammbäume auf zehn Ellen langen Pergamentstreifen verzeichnet sind."

Die Pferde wurden leicht gesattelt; dann stiegen wir auf und ritten fort, dem Süden zu.

Bald merkten wir, daß wir auf echten Vollblutrennern saßen; denn als wir nach fünf Minuten zurückblickten, lag die Oase so weit hinter uns, daß die Ruine nicht mehr zu erkennen war.

Dennoch zügelten wir die windschnellen Tiere nicht; denn es ist ein hoher Genuß, auf solchem Roß schwalbengleich in die unbegrenzte Weite hinauszufliegen.

So ging es in schnurgerader Richtung fort. Als wir endlich nach einer Stunde anhielten, hatten wir eine Strecke von gewiß drei deutschen Meilen zurückgelegt, stets in fliegendem Galopp. Und doch zeigten die Pferde keine Spur einer Anstrengung; kein kleines Schaumflöckchen, kein Schweißtropfen war zu sehn, kein unruhiger Atemzug zu hören.

Der sonst so heitere Halef war heut anscheinend etwas mißgelaunt. Er warf einen unmutigen Blick rundum und murrte:

„Überall Wüste! Sand und nichts als Sand! Steigen wir ab, um uns in dieser von Allah vollständig verlassenen Leere niederzusetzen!"

Wir machten es uns im Sand so bequem wie möglich; die Tiere blieben ruhig stehn.

„Du sprichst von einer gottverlassenen Leere. Und doch hast du so unrecht!" sagte ich nach einer Weile zu ihm.

Er zuckte die Schultern und sah mich verständnislos an.

„Unrecht? Schau doch um dich! Gibt es hier eine Spur von Leben?"

„Nicht nur eine Spur, sondern man könnte sagen, von hier geht eine Fülle des Lebens aus."

„Ich verstehe dich nicht."

„Du wirst mich gleich verstehn. Von dieser Wüste aus, die nach Hunderttausenden von Geviertmeilen zählt, steigt eine ungeheure Glut auf, um nach den beiden Polen der Erde zu gehn und dort wieder umzukehren. Auf diesem Weg senkt sie sich allmählich nieder und erreicht als kalter Luftstrom wieder die Sahara. Dieser Luftstrom nimmt alle Feuchtigkeit in sich auf, lädt sie an den Gebirgen ab, wird durch sie in die verschiedensten Richtungen gedrängt und wandelt sich so zum Verbreiter und Erhalter des Lebens. Die von dir so gering geachtete Wüste hat also eine geradezu unschätzbare Bedeutung für die Lebewesen der Erde."

Halef blickte mich bei diesen in etwas lehrhaftem Ton vorgetragenen Worten mit offenem Mund an.

„Allah akbar, das habe ich nicht gewußt! Ihr Franken seid doch in vielen Punkten klüger als die Beni Arab. Schade, daß du dich nicht zur Lehre des Propheten bekehren lassen willst. Aber ich werde dich doch noch bekehren —"

„— ich mag wollen oder nicht", ergänzte ich lachend seinen ewigen Kehrreim. „Ich glaube, du hast es mir schon einmal versichert."

„Lache nicht", murrte er. „Es wird dir am Ende doch nichts andres übrigbleiben."

„Wieso?"

Halef gab keine Antwort. Er sah längere Zeit schweigend vor sich in den Sand. Endlich begann er scheinbar ganz unvermittelt:

„Wie gefällt dir Badija, die Khanum der Wüste?"

Natürlich wußte ich sofort, wo er hinaus wollte. Ich machte mir den Scherz, auf seine Gedanken einzugehn.

„Ich bin entzückt von ihr. Ihre Rede ist wie der Gesang der Bulbul[1], ihr Auge glänzt wie Nur esch Schems[2], und ihre Wangen leuchten wie Zahari[3]."

Halef sah mich von der Seite an. Er war sich nicht ganz klar, ob er meine Worte ernst zu nehmen habe. Aber ich setzte eine möglichst verklärte Miene auf. Das hatte zur Folge, daß auch der Schatten aus seinem Gesicht verschwand, der es bisher verdüsterte.

Wieder schwieg der Kleine eine Weile, bevor er fortfuhr:

„Bist du überzeugt, daß du den Riesen besiegen wirst?"

„Ich zweifle nicht daran."

---

[1] Nachtigall   [2] Sonnenlicht   [3] Blumen

„Weißt du aber auch, was dann die Folge ist?"

„Nun?" fragte ich und bewahrte eine gespannte Miene.

„Du hast Badija, die verwitwete Khanum, zu heiraten."

So, nun war es heraus. Halef sah mich lauernd an, wie ein Fuchs, der hinter einer Henne her ist.

„Maschallah!" tat ich erstaunt. „Daran habe ich gar nicht gedacht."

„Was wirst du tun?" drängte er.

„Was meinst du?" fragte ich dagegen.

„Natürlich mußt du sie heiraten. Du weißt doch, daß die Khanum dem Sieger zugesprochen ist."

„Hm! Wolltest du nicht haben, daß Hiluja und ich ein Paar würden?"

„Schweig mir von dieser Wazzi[1]!" schrie er mich an. „Seitdem dieser Hilal in ihrer Nähe weilt, ist sie wie ausgewechselt. Ich weiß ganz sicher, daß du früher nur ein Wort hättest zu sagen brauchen, und Hiluja hätte dir ihr Herz geschenkt."

„Hm!" machte ich zweifelnd.

„Ja, sie hätte es getan", versicherte er hartnäckig. „Ich weiß von Haluja, ihrer Dienerin, wie sehr sie für dich schwärmte vom ersten Augenblick an, da sie dich sah."

„Wer? Haluja?"

„Mach mich nicht zornig! Natürlich Hiluja! Aber hast du gestern das flatterhafte Ding beobachtet? Während des ganzen Abends wandte sie kein Auge von Hilal ab. Und ich bemerkte deutlich, daß er ihre Blicke erwiderte. Diese undankbaren Menschen, die doch uns alles zu verdanken haben! Hiluja ihre Freiheit und Hilal sein Leben!"

Aha! Also deshalb die schlechte Laune Halefs!

„Halef, betrübe dich nicht! Es ist eben ihr Kismet, sich zu lieben, und es war im Buch des Schicksals verzeichnet."

„Mit Hiluja ist es also nichts! Allah sei Dank! Aber Badija? An ihrer Seite würdest du glücklich werden: denn sie erscheint mir viel ruhiger und gesetzter als ihre Schwester. Was wirst du tun?"

„Ich werde der Stimme meines Herzens folgen", erwiderte ich zweideutig.

„Hamdulillah! Endlich!" rief Halef begeistert, der das

---

[1] Gans

Doppelsinnige meiner Antwort nicht merkte. „Dann ist es gut! Du hast ja vorhin selber gesagt, daß sie dir gefällt. Aber weißt du auch, was nach der Heirat mit Badija folgt?"

„Der Heiratsschmaus."

„Den meine ich nicht, sondern etwas ganz andres. Dein erleuchteter Verstand wird dir sagen, daß ein Stamm von sechstausend Bekennern des Propheten, die Weiber, Greise und Kinder gar nicht eingerechnet, unmöglich auf die Dauer einem Scheik gehorchen kann, der ein Christ ist. Die unumgängliche Folge deiner Heirat ist also, daß du dich zur Lehre des Propheten bekehrst. Allah akbar — Gott ist groß, aber meine Freude ist noch größer! Denn endlich geht der größte Wunsch meines Lebens in Erfüllung."

Ich tat, als machten mich seine Worte ganz betroffen.

„Müßte ich dann wirklich den Glauben wechseln?"

„Es ist gar nicht anders möglich."

„Hm, dann werde ich mir die Sache mit der Heirat doch noch einmal überlegen."

„Da gibt es nichts zu überlegen", widersprach er mir eifrig. „Endweder Falehd besiegt dich im Kampf oder du besiegst ihn. In jedem Fall hat der Sieger die Khanum zu heiraten. Du kannst doch dem Stamm nicht die unauslöschliche Schande zufügen, daß du seine Gebieterin zurückweist. Diese Schmach könnte nur mit deinem Blut gesühnt werden."

„Hm! Die Sache ist doch ganz anders, als ich sie mir dachte. Aber meinst du nicht, daß es klüger ist, wenn wir die Dinge an uns herankommen lassen, anstatt uns vorher über die Zukunft den Kopf zu zerbrechen? Es ist ja auch noch gar nicht ausgemacht, daß ich siegen werde. Ich zweifle zwar nicht daran; aber ein kleiner Umstand kann meine Überzeugung zunichte machen. Und dann ist die Frage, wer Badija bekommt, gegenstandslos — für mich wenigstens. — Aber schau doch einmal nach Süden! Siehst du nichts?"

„Ja, eine Linie."

„Du mußt schärfer hinsehn. Diese Linie besteht aus einzelnen Punkten, die sich bewegen."

„Ja, jetzt erkenne ich es auch. Was mag das sein?"

„Jedenfalls eine Karawane."

„Doch nicht etwa eine feindliche?"

„Schwerlich! Dennoch aber ist Vorsicht in allen Lagen gut.

Steigen wir wieder in den Sattel; wir wollen uns die Karawane einmal anschauen!"

Wir ritten der angegebenen Richtung entgegen.

Die Punkte, aus denen die erwähnte Linie bestand, wurden größer und größer, bis wir deutlich eine Reihe von Kamelen unterscheiden konnten, eins hinter dem andern, das Halfter des nachfolgenden immer an den Schwanz des vorhergehenden gebunden.

Voran schritt der Scheik el Kafilah, der Führer der Karawane. Dieser reitet selten; er bleibt meist zu Fuß. Seine scharfen Augen überfliegen prüfend den Gesichtskreis und spüren der feinsten Fährte im Sand nach. Bei einer Eilkarawane ist natürlich auch er beritten.

Wir zählten nicht weniger als hundertzwanzig Kamele, in der Mehrzahl Packtiere, und nur etwa zwanzig trugen Reiter. Ein Pferd sah ich nicht. Das war ein sichres Zeichen, daß die Leute von sehr weit herkamen.

Natürlich waren auch wir bemerkt worden. Der Führer hielt an. Einige Reiter lösten sich aus der Reihe und eilten uns entgegen. Es waren lange, hagere Gestalten mit scharf gezeichneten dünnbärtigen Gesichtern, echte Söhne des Sonnenbrands.

Als sie näher gekommen waren, hielt der vorderste an und stieß einen Ruf der Überraschung aus, der wie der Raubschrei eines Geiers klang. Die andern stimmten ein.

„Sallam aleikum!" grüßte er.

„Aleikum sallam!" erwiderten wir den Gruß.

„Ihr seid Beni Sallah?"

„Nein", entgegnete ich.

Der Mann stutzte, sagte seinen Begleitern einige halblaute Worte, und im nächsten Augenblick waren wir von ihnen umringt.

Das war eine offenbar feindselige Bewegung. Als man das bei der Karawane bemerkte, stürmten noch mehr als ein Dutzend andere Reiter herbei.

Das sah sehr gefährlich aus. Wir hatten unsre Waffen, die Messer ausgenommen, nicht bei uns, während die Fremden bis an die Zähne bewaffnet waren.

Dennoch bewahrten wir unsern Gleichmut.

„Was wollt ihr von uns?" fragte ich den Anführer gelassen.

„Ihr seid Räuber", fuhr er uns an.

„Warum vermutet ihr das?" lächelte ich.

„Willst du etwa leugnen? Hier meine Kamelpeitsche wird dich schnell zum Geständnis bringen!"

„Laß die Peitsche fort und sag lieber, aus welchem Grund ihr uns für Räuber haltet!"

„Ihr reitet gestohlne Pferde."

„Das glaubst du selber nicht. Es pflegt unmöglich zu sein, eine echte Kohelistute zu rauben."

„Aber diese sind geraubt. Ihr habt sie den Beni Sallah entführt. Wir werden sie ihnen wiederbringen."

„Dagegen haben wir nichts."

„Wie? Ihr wollt euch nicht verteidigen, sondern euch gutwillig gefangen geben?"

„Ja; wir sind die Gäste der Beni Sallah und werden euch begleiten."

Da flog ein Zug von Ärger über das Gesicht des Anführers. Er sah ein, daß er einen Fehler begangen hatte. Als ehrlicher Beduine zögerte er aber keinen Augenblick, ihn einzugestehen.

„Samihni — verzeih! Ihr sagt, daß ihr keine Beni Sallah seid und reitet doch ihre besten Pferde; es ist also leicht, euch für Pferdediebe zu halten."

„Kennt ihr denn diese Tiere so genau?"

„Ja; sie wurden bei uns geboren und erzogen."

„Das ist wohl ein Irrtum; ihr gehörtet denn zum Stamm der Beni Abbas, der in weiter Ferne von hier wohnt."

„Wir sind Beni Abbas und kommen, die Beni Sallah zu besuchen. Dort in der Sänfte sitzt der Scheik."

Der Anführer deutete nach einem Hedschihn, das eine kostbare Sänfte trug. Zwischen den auseinandergezogenen seidenen Vorhängen blickte ein ehrwürdiges, graubärtiges Gesicht hervor.

„Wie? Ist's möglich? Der Vater von Badija und Hiluja?" rief ich erfreut.

„Ja; der Vater von Badija ist er; der Vater von Hiluja aber war er."

„Wieso?"

„Hiluja ist tot, ermordet von den Tuareg. Wir aber haben sie gerächt."

Erst jetzt dachte ich daran, daß die Beni Abbas noch gar

nicht wissen konnten, daß Hiluja gerettet war. Schon hatte ich die Bemerkung auf der Zunge, daß sie am Leben sei; ich hielt sie aber noch zurück, denn ich fragte mich, ob der ehrwürdige Greis stark genug sein würde, eine so plötzliche Freudenbotschaft ohne Schaden zu ertragen.

Darum gab ich Halef einen warnenden Wink und sagte zum Führer:

„Wollt ihr uns erlauben, den Scheik zu begrüßen?"

„Welchem Stamm gehört ihr an?"

„Ich komme von fern her, vom Abendland, wo es keine kleinen Stämme, sondern nur mächtige Völker gibt. Dieser mein Diener dagegen stammt aus dem Moghreb."

„So bist du wohl ein Inglis?"

„Nein, ich bin ein Nemtsche."

„Ein Nemtsche bist du? Ich habe noch keinen gesehn, aber ich habe gehört, daß die Deutschen gut seien, viel besser als die Inglesi. Ich werde es dem Scheik sagen, daß ihr ihn begrüßen wollt."

Der Scheik hatte seine Worte wohl gehört und gab nun durch ein lautes „Rree, rree" seinem Tier den Befehl niederzuknien. Er stieg aus der Sänfte, um uns stehend zu erwarten. Das war eine seltne Ehre, so selten, daß sie einen besondern Grund haben mußte.

Natürlich sprangen auch wir von unsern Pferden. Der Scheik war eine hohe, achtunggebietende Gestalt. Er betrachtete mich mit wohlwollenden Blicken und streckte mir die Hand entgegen.

„Sallam! Du bist ein Nemtsche?"

„Sallam! Ja, ich bin es."

„Das ist gut! Kennst du Vogel?"

Das war eine Frage, über die ich in ein wohlberechtigtes Erstaunen geriet.

Der Scheik meinte jedenfalls den berühmten Forscher und Afrikareisenden Eduard Vogel, der sich bis nach Kanem, der Hauptstadt des Königreichs Bornu, vorgewagt hatte und während seines beschwerlichen und gefährlichen Ritts durch die Sahara mit mehreren Stämmen der Beduinen in Beziehung getreten war.

„Ich kenne ihn sehr gut; aber er ist jetzt tot. Er war einer der Unsrigen", antwortete ich.

„Er war ein guter und mutiger Mann und hat mir sehr viel von dem Land und dem Volk der Deutschen erzählt. Es ist das zwar viele Jahre her, aber ich habe es doch nicht vergessen. Darum freue ich mich, daß du ein Nemtsche bist. Wie aber kommst du aus einem so fernen Land hierher als Gast zu den Beni Sallah?"

„Ich reise, um die Sitten und Gebräuche der Völker kennenzulernen und dann später in meiner Heimat darüber berichten zu können. Dabei kam ich auch in diese Gegend."

„So kennst du die Khanum?"

„Natürlich kenne ich sie. Wir sind zwar erst gestern angekommen, aber dennoch —"

„Aber dennoch", fiel der Scheik schnell ein, „müßt ihr Badijas ganzes Vertrauen besitzen, sonst hätte sie euch nicht erlaubt, die kostbarsten ihrer Pferde zu besteigen. Sie ist meine Tochter, meine einzige Tochter. Wie geht es ihr? Befindet sie sich wohl?"

„Sie ist eine weise Anführerin des Stamms und befindet sich gut. Du nennst sie deine einzige Tochter, aber sie sprach davon, daß sie noch eine Schwester habe."

„Sprach sie von ihr?"

„Sie sprach von ihrem Vater und ihrer Schwester Hiluja, die beide ihr ganzes Herz besitzen."

„Allah hat die Trauer bis heut von ihr ferngehalten. Sie weiß noch nicht, was geschehn ist. Hiluja weilt nicht mehr unter den Lebenden. Diese böse Botschaft muß ich der Khanum bringen."

„Der Mann, den du uns entgegensandtest, sprach davon, daß Hiluja nicht mehr lebe. Er sagte, sie sei von den Tuareg ermordet worden."

„Ja. Sie machte sich auf, ihre Schwester zu besuchen. Unterwegs wurde sie überfallen. Die Feinde töteten mein Kind und alle meine Leute außer einem, der glücklich entkam und mir die traurige Kunde brachte. Wir haben uns zu einem Rachezug gerüstet und fast den ganzen Stamm, der Hiluja überfiel, von der Erde vertilgt. Aber mein Herz ist krank geworden aus Gram über die Ermordung meiner Tochter. Ich bin alt, und die Trauer zehrt an meinem Leben. Wie lange wird es währen, so gehe ich hinüber zu meinen Vätern. Vorher aber will ich das Kind, das mir geblieben ist, noch einmal mit meinen alten Augen sehn und es an meine Brust drücken. Dann mag man mich in die Erde senken und mit dem Sand der Wüste bedecken. Meine Seele wird eingehn in das Reich der Seligen und dort das Kind begrüßen, das nun im Schoß Allahs wohnt."

Der alte Scheik gab sich Mühe, das aufsteigende Naß niederzukämpfen. Es gelang ihm; dennoch aber war ihm die Tiefe seiner Trauer deutlich anzusehn.

Ich fühlte die aufrichtigste Teilnahme für ihn. Glücklicherweise besaß ich das Mittel, seinen Schmerz in Wonne zu verwandeln. Aber vorbereiten mußte ich ihn doch. Es stand mit Sicherheit zu erwarten, daß die beiden Töchter ihm bei seinem Einzug ins Lager entgegeneilen würden. Der Anblick der Totgeglaubten konnte leicht von schädlicher Wirkung auf den Vater sein.

„Diese Tuareg scheinen sehr grausame Krieger zu sein; dennoch aber kann ich kaum glauben, daß tapfre Männer ein Weib töten", begann ich.

„Der Mann, der als der einzige entkommen ist, hat es ganz genau gesehn, daß einer der Feinde meiner Tochter den Kopf spaltete."

„Dann wundert es mich, daß die Tuareg andre Frauen leben lassen. Ich komme von Tripolis. Dort hörte ich, daß sie eine Karawane überfallen hätten, bei der sich zwei Frauen befanden, eine junge und eine alte, wahrscheinlich ihre Dienerin."

Der Scheik hob aufmerksam den Kopf.

„Auch Hiluja hatte eine alte Dienerin bei sich."

„Die Begleiter wurden getötet, aber die Frauen schonte man. Einer der Tuareg hatte sich nach Tarabulus aufgemacht, um sie zu verkaufen."

„O Allah! Eine Tochter der Wüste als Sklavin verkaufen! Welch eine Schändlichkeit!"

„Der Streich ist ihm nicht geglückt; denn die beiden Gefangenen fanden einen Beschützer, der sie rettete. Das Mädchen war die Tochter eines Scheiks."

„Eines Scheiks! Was sagst du?" rief der Alte überrascht.

„Sie hatte ihre Schwester besuchen wollen."

„O Allah! Was höre ich! Sie war die Tochter eines Scheiks und hat ihre Schwester besuchen wollen! Das ist ja ganz genau wie bei meiner Tochter! Hast du nichts Weiteres von diesem Mädchen gehört?"

„Ich hörte dann, daß der Beschützer mit den beiden Geretteten abgereist sei, um sie zu der Schwester zu bringen."

„Wo wohnt diese Schwester?"

„In einer Oase nicht weit von der Grenze von Ägypten."

„O Allah! O Mohammed! O ihr Kalifen!"

Er taumelte. Ich hielt ihn besorgt im Auge und fuhr langsam fort: „Diese Schwester, zu der die Geretteten wollten, soll die Ermile[1] eines Scheiks sein."

Da schlug der Alte die Hände zusammen und wich zurück.

„Die Witwe eines Scheiks? Sollte — sollte — Badija gemeint sein? Dann wäre auch — — Hiluja gerettet! Sprich weiter! Sprich weiter! Was hast du — noch von ihr gehört?"

„Ich kann mich jetzt nicht mehr auf ein jedes Wort der Erzählung besinnen. Eins aber fällt mir ein, daß die beiden Namen des Mädchens und ihrer Dienerin sehr ähnlich klangen."

„Das war auch bei meiner Tochter und ihrer Dienerin der Fall!" jubelte der Scheik. „Hiluja und Haluja! Allah! Allah! Wenn mein Kind noch lebte! Besinne dich, Fremdling! Sag mir, ob du weiter nichts erfahren hast!"

Der Scheik streckte mir beide Arme flehend entgegen. Ich tat, als müßte ich mich besinnen.

„Ja. Man hat von dem Stamm gesprochen, zu dem die beiden wollten. Unter seinen Kriegern soll sich ein Riese befinden, stark wie Simson."

„Ein Riese! Ein Riese! Hört ihr es, o Männer! O sag mir, ob man seinen Namen genannt hat!"

„Ja; er lautete Fa — Fa — Fa — ich kann mich doch nicht genau besinnen."

„Falehd etwa?" schrie der alte Scheik.

„Falehd? Ja, so lautete dieser Name."

„Allah il Allah! Es ist mir, als ob sich mir das Dschennet öffne, um mir die Botschaft zu verkündigen, daß Allah mir meine Tochter wiedergeschenkt habe."

„Kennst du denn einen Riesen, der Falehd genannt wird?"

„Ob ich einen kenne? Er war es ja, der zu uns kam, um

---

[1] Witwe

118

meine Tochter für seinen Bruder zu begehren. Es stimmt! Es stimmt alles! Hiluja ist gerettet worden. O Kadidscha, du Freundin und Besorgerin des Propheten! Du bist die Erhabne unter den Frauen und die Beschützerin der Töchter. Du hast deine Hände gehalten über mein Kind, daß es errettet worden ist vom Tod und von der Sklaverei. Ihr Männer, ihr Freunde und Verwandten, beugt eure Knie mit mir, um Allah zu danken für die Kunde, die er mir aus dem Mund dieses Fremdlings gesandt hat!"

Er kniete nieder, und die andern folgten seinem Beispiel.

Der Scheik griff, am Boden kniend, mit beiden Händen in den Sand und ließ ihn zwischen den Fingern hindurchgleiten, die Bewegung des Waschens nachahmend. Dabei betete er die Worte, die einer jeden Sure des Korans als Überschrift dienen:

„Im Namen Gottes, des Allbarmherzigen!"

„Im Namen Gottes, des Allbarmherzigen!" wiederholten seine Begleiter im Chor, indem auch sie die Bewegung des Händewaschens machten.

„Danket Allah mit mir, an dem er so große Dinge getan hat. Er ist der Allerbarmer!"

„Der Allerbarmer!"

„Der Retter!"

„Der Retter!"

„Der Erlöser und Befreier!"

„Der Erlöser und Befreier!"

So betete der Scheik die hundert Namen Allahs der Reihe nach her, und die Beduinen sprachen sie andächtig nach. Auch Halef hatte sich ihrem Beispiel angeschlossen und war niedergesunken. Es war für mich ein ergreifender Anblick: diese halbwilden, sonnverbrannten Gestalten in der Einsamkeit der Wüste kniend und wie aus einem Mund die göttlichen Namen betend.

„Du aber herrschest über die Erde und über den Himmel. Der Sterbliche kann dich nicht sehn und nicht begreifen; aber du bist voller Gnade, Liebe und Barmherzigkeit, und alles, was du tust, ist gut. Dir allein sei Preis, Lob und Dank in Ewigkeit! Allah il Allah, we Mohammed rassuhl Allah — Gott ist Gott, und Mohammed ist sein Prophet!"

Mit diesen Worten endete das Gebet. Die Männer erhoben sich wieder.

Und nun trat der Scheik zu mir heran und sagte:

„Im Gebet habe ich Ruhe, Fassung und Stärkung erhalten. Du darfst mir alles sagen. Nicht wahr, du weißt noch mehr, als du uns mitgeteilt hast?"

„Ich will es gestehn. Ja, Hiluja ist gerettet worden und schon bei den Beni Sallah eingetroffen."

Da brach der Alte doch in sich zusammen. Er fiel vor mir auf seine Knie und hob die gefalteten Hände.

„Nur vor Allah soll man knien. Ich habe noch vor keinem Menschen mein Knie gebeugt, aber vor dir tu ich es, denn du bist Allahs Bote, der mein Herz befreit hat von der tötenden Traurigkeit. Es war mir verboten, vor Schmerz zu weinen; vor Freude aber zu weinen, dessen braucht sich auch der Tapferste nicht zu schämen. Sieh meine Tränen! Sie mögen in der Stunde deines Todes zu dir herniederträufeln, um deine Seele rein zu waschen, damit du eingehn kannst in das Land der Seligen."

Er war ganz zusammengesunken vor Erschütterung; ich beugte mich nieder, um ihn aufzuheben; da ging ein tiefer Atemzug durch ihn hin. Er stand auf, wischte sich mit dem Zipfel seines Burnus die Augen und wandte sich an seine Krieger.

„Euerm Scheik und dem Stamm ist heut große Freude widerfahren. Dieser Tag soll gesegnet und unvergessen sein! Gebt mir mein Gewehr und nehmt auch die eurigen zur Hand!"

Das ließen sich die Beduinen nicht zweimal sagen.

Ein Ben Arab läßt keine Gelegenheit, einige Gramm Pulver zu verpuffen, vorübergehn. Sie stellten sich mit ihren langen, krummkolbigen Flinten im Kreis auf, den Scheik, Halef und mich in der Mitte.

„Allah hat sich unser erbarmt in unsrer Trauer. Ihm sei Preis und Anbetung! Allah hu — hu — hu!" rief der Scheik.

„Allah hu — hu — hu!" brüllten sie jauchzend, und dabei schossen sie ihre Flinten ab und sprangen in wildem, abenteuerlichen Reigen im Kreis.

Mitten im Springen wurde wieder geladen, und auf einen Wink des Anführers blieben sie abermals halten.

„Diese beiden Fremdlinge sind uns erschienen als Boten des Trostes und der Erhörung. Allah gebe ihnen tausend Gnaden und zuletzt das Dschennet. Allah hu — hu — hu!"

120

„Allah hu — hu — hu!"

Der Tanz und das Laden der Flinten wurde auch jetzt wiederholt, bis der Scheik abermals rief:

„Es ist Hiluja, meinem Kind, der Tochter der tapfern Beni Abbas, ein Retter erschienen, der sie vom Tod und von der Sklaverei befreite. Diesem Tapfern sei Preis und Ruhm gebracht, daß sein Name genannt und von seiner Tat erzählt werde an allen Lagerfeuern der Anhänger des Propheten. Allah hu — hu — hu!"

„Allah hu — hu — hu!"

Es war ein wilder, aufregender Vorgang.

Während diese Männer vorher in tiefer Andacht gekniet hatten, die Gesichter nach Mekka gerichtet, sprangen sie jetzt wirr durcheinander. Ihre Rufe schrillten über die Ebene, ihre Schüsse krachten, die Burnusse wehten.

Die Kamele erhoben, von der Freude ihrer Herrn angesteckt, ihre häßlich brüllenden Stimmen.

Der Sand wirbelte hoch auf unter den Füßen der Tanzenden. Es war, als hätte sich eine Bande höllischer Geister zusammengetan, um den bösen Dschinns der Wüste ein Ständchen zu bringen.

Selbst der Alte tanzte, schrie und brüllte mit. Endlich aber gab er ein Zeichen, und es trat tiefe Stille ein.

„Wir haben fast das Wichtigste vergessen", wandte er sich zu mir. „Wir haben zu Ehren des Retters ein Ehrenfeuer gegeben, aber wir haben seinen Namen noch nicht erfahren. Weißt du ihn?"

Ich bemerkte, daß Halef losplatzen wollte wie eine gefüllte Bombe; aber ich kam ihm zuvor.

„Es ist ein fremder Name, man kann ihn nicht merken und aussprechen. Du wirst ihn von deinen Töchtern erfahren."

„Der Retter selber hat Hiluja zu den Beni Sallah gebracht!"

„Ja, er hat sie begleitet."

„Befindet er sich noch dort?"

„Du wirst ihn noch heut sehn und mit ihm sprechen können."

„So laßt uns eilen, das Lager zu erreichen! Steigt auf eure Tiere, ihr Männer! Unsre Kamele sollen ihre ganze Schnelligkeit zeigen."

„Halt! Warte noch einen Augenblick! Deine Töchter ahnen

von deiner Ankunft nichts. Willst du nicht vorsichtig sein und sie benachrichtigen?"

„Du magst recht haben. Ich werde also einen meiner Leute voraussenden."

„Überlaß das uns! Eure Tiere sind von der langen Wanderung angegriffen, unsre Pferde aber haben noch frische Kräfte."

„Gut! So reite du voran! Aber deinen Diener mußt du mir hier lassen, damit ich mit ihm von meiner wiedergefundenen Tochter sprechen kann."

Dagegen hatte ich nichts, um so weniger, weil ich wußte, daß ich dadurch Halef einen großen Gefallen erwies. Ich war überzeugt, daß er sofort nach meinem Weggang sämtliche Schleusen seiner Beredsamkeit öffnete, um dem Scheik all unsre vergangenen und auch zukünftigen Taten zu erzählen. Der Leser kennt ja diese Schwäche des Kleinen zur Genüge.

„Halef, mach es gnädig!" mahnte ich ihn noch.

Dann stieg ich auf. Ein leiser Druck der Schenkel, und das Pferd flog über die Ebene dahin, daß es mit dem Leib fast den Boden berührte.

6. Der Scheik der Beni Abbas

Es bereitete mir ein kleines Vergnügen, den beiden Schwestern die frohe Botschaft bringen zu können. Trotzdem mäßigte ich nach einiger Zeit die Eile des Tiers. Ich kam jedenfalls früh genug.

So brauchte ich zum Rückweg beinah die gleiche Zeit wie für den Hinweg. Als ich in die Nähe der Ruine gekommen war, sah ich hoch oben drei Menschen stehn. Es waren, wie ich allmählich erkannte, die beiden Schwestern und Tarik. Bald hatte ich die Treppe erreicht, sprang vom Sattel und warf die Zügel einem in der Nähe stehenden Ben Sallah zu. Dann eilte ich die Stufen hinauf.

„Bringst du ein Unglück?" rief mir Tarik schon von weitem entgegen.

„Nein, sondern eine frohe Botschaft."

„Allah sei Dank! Komm schnell zu uns!"

122

Ich stieg vollends hinauf.

„Wo ist dein Diener?"

„Noch weit draußen. Er wird jedoch bald erscheinen. Ich eile, um euch zu melden, daß ihr viel Gäste empfangen werdet."

„Grad heut!" sagte Tarik betroffen. „Da können sie uns nicht willkommen sein."

„Oh, ihr werdet sie im Gegenteil mit Jubel empfangen."

„Wer ist es? Sag!"

„Wir sahen von weitem eine Karawane und ritten ihr entgegen. Als wir so nah waren, daß man uns erkennen konnte, kam eine ganze Anzahl Reiter herbei, um uns zu umzingeln. Sie wollten uns gefangennehmen, denn sie hielten uns für Pferdediebe."

„Ah, sie haben die Stuten erkannt und geglaubt, daß ihr sie gestohlen hättet!"

„Ja, sie sagten, die Tiere seien bei ihnen geboren und aufgezogen worden."

Da stieß die Khanum einen lauten Freudenschrei aus.

„So sind es Beni Abbas?" fragte sie stürmisch.

„Ja."

„Hamdulillah! Boten unres Vaters! Ja, ja, du hast sehr recht. Sie werden uns willkommen sein. Sind sie noch weit von hier?"

„Sie können nicht viel hinter mir zurück sein. Schaut, da draußen am Gesichtsfeld erblicke ich einen glänzenden Punkt. Das ist der Sonnenstrahl, den ihre weißen Burnusse zurückwerfen. Sie nahen. Euer Vater hatte gehört, daß Hiluja ermordet worden sei. Er hat ihren vermeintlichen Tod an den Tuareg gerächt, und nun — —"

„Nun sendet er mir Boten, um mich von dem Tod der Schwester zu benachrichtigen?"

„Er hat solche Sehnsucht gehabt, die einzige Tochter noch einmal zu sehn, die ihm übriggeblieben ist, daß — daß — —"

„Daß — sprich doch weiter!"

Die beiden Schwestern hatten meinen Arm erfaßt, die eine hüben, die andre drüben. Ich blickte abwechselnd herüber und hinüber in ihre vor Entzücken geröteten Gesichter, nickte lächelnd und beendete den Satz.

„— daß er selber gekommen ist."

„Herrlich! Herrlich!" rief die Khanum, indem sie meinen Arm losließ, ihr Gewand zusammenraffte und schnell die steilen Stufen hinuntersprang.

„Allah! Ja Suruhr — o Gott, welch eine Freude!" rief auch Hiluja, indem sie rasch wie der Wind ihrer Schwester nacheilte.

„Kawahm! Kawahm! El Fantasie — Schnell! Schnell! Die Fantasia! Es kommen Gäste! Der Vater naht mit seinen Beni Abbas!"

Das hörte ich noch, und dann sah ich, wie die Khanum unten am Fuß der Treppe dem Beduinen, der meine Stute hielt, die Zügel aus der Hand riß und in den Sattel sprang. Hinter ihr schwang sich Hiluja auf den bloßen Rücken des Tiers. Als echte Wüstentochter war sie im Sattel zu Haus. Dann trug die Stute sie in sausender Eile durch die Zeltgasse.

Ich sah voraus, was nun eintreten würde. Kein Beduine, der im Besitz eines Pferdes oder eines Kamels war, würde im Lager bleiben. Es gab ja eine Begrüßung, eine Fantasia, und da bleibt kein Ben Arab zurück.

Fantasia wird jedes Waffen- oder Reiterspiel genannt, das bei gewissen feierlichen Begebenheiten ausgeführt wird.

So reiten gewöhnlich bei Begrüßung willkommener Gäste sämtliche verfügbaren Krieger des Stamms unter wildem Geschrei den Ankömmlingen in sausendem Galopp entgegen, umringen sie, legen ihre Gewehre auf sie an, schießen sie ab, werfen die Speere, zücken die Messer unter drohenden Gebärden und stellen sich ganz so, als ob sie die Gäste als Feind ansähen und vom Erdboden vertilgen wollten.

Das sieht gefährlich aus, und wer im Land und mit den Gebräuchen der Beduinen nicht bekannt ist, der kann eine solche Fantasia leicht für Ernst nehmen und einen Fehler begehn, der ihm das Leben kostet.

Das war nun hier bei den Beni Abbas freilich nicht der Fall. Sie wußten, daß die ihnen entgegenstürmenden Männer als ihre Freunde kamen. Darum beantworteten sie deren Geschrei in der gleichen Weise. Sie zielten, schossen die Gewehre ab, ließen sich in Scheinkämpfe ein und taten ganz so, als ob sie die Beni Sallah vernichten wollten. Es war ein Heidenlärm, als handle es sich wirklich um Tod und Leben.

Lächelnd sah ich eine Weile dem Bienenschwarm dort

unten zu. Dann schritt ich mit Tarik die Treppe hinunter und ließ mir mein Dschemmel vorführen, um zu den andern hinauszureiten. Weit hatte ich nicht, denn die Kamele der Beni Abbas hatten ihre letzten Kräfte zu einem windschnellen Ritt hergeben müssen, und die Begegnung mit den Beni Sallah war in unmittelbarer Nähe des Lagers, jenseits der Herden erfolgt.

Als ich die Gruppe erreichte, die sich um den Scheik der Beni Abbas und seine Töchter gebildet hatte, war die erste Begrüßung vorüber; Vater und Töchter hatten der Freude ihres Herzens Genüge geleistet.

Abseits von ihnen stand Falehd und blickte mit nicht grad freundlichen Augen auf die Gruppe. Der Scheik mit seinen Leuten schien dem Goliath gar nicht gelegen zu kommen, zumal heut, da er der Mann und Gebieter der Khanum werden sollte.

Eben jetzt drängte er sich durch die Beduinenschar, unter der ich auch Halef erblickte, und trat auf den Scheik zu.

„Habakek, ia Scheik — sei willkommen, o Scheik!" sagte er und bot dem Vater der Mädchen die Hand.

Der Scheik erwiderte seinen Gruß.

„Ziehst du weiter oder wirst du bei uns einkehren?"

Badijas Vater war mehr als überrascht von dieser unerwarteten Frage. Er blickte die Khanum an, sah deren zorniges Erröten und erwiderte: „Weiterziehn? Wohin meinst du, habe ich die weite Reise unternommen?"

„Allah ist allwissend, nicht aber ich."

„Selbst wenn ich weiterziehn wollte, würde doch mein Herz mich drängen, meine Töchter zu begrüßen."

„Du siehst sie hier."

Das war mehr als rücksichtslos, das verstieß gegen alle Gesetze der Gastfreundschaft. Es war, als ob er sagen wollte: Du hast deine Töchter gesehn; jetzt geh!

Die Stirne des Scheiks war unwillig gefurcht, als er entgegnete:

„Ich komme nicht in meinen alten Tagen durch die Wüste geritten, um die Töchter nur für einen Augenblick zu begrüßen und nur hier vor dem Lager mit ihr zu sprechen. Oder haben die Beni Sallah kein Zelt für den Vater ihrer Khanum?"

„Alle Zelte stehn dir offen, Vater", sagte Badija. „Höre nicht auf ihn, ein finsterer Geist bewohnt ihn! Er glaubt, hier gebieten zu können, und ist doch nicht mehr als jeder andre. Komm!"

Der Zug setzte sich, dem Lager zu, in Bewegung. Halef und ich schlossen uns an, während ich deutlich bemerkte, daß Falehd und einige andre, wohl seine Anhänger, seitlich halten blieben und mitsammen berieten. Grad als meine Stute — ich hatte mit Halef die Tiere gewechselt — an ihm vorbeischritt, hörte ich ihn zu seinen Begleitern in einem Ton sagen, dem man deutlich die Absicht anmerkte, von mir gehört zu werden:

„Es wird Zeit, daß diese ganze Sippschaft und besonders der fränkische Hund erfährt, wer ihr Herr ist."

Sofort hielt ich mein Pferd an und glitt aus dem Sattel, den Revolver in der Hand.

„Du gebrauchtest das Schimpfwort ‚Hund'. Wen meintest du?"

Dabei richtete ich den Lauf der Waffe auf seine Brust.

Der Riese schwieg, denn es gibt für einen Beduinen keine größere Beleidigung, als Hund genannt zu werden. In diesem Fall ist der Beleidigte berechtigt, den Gegner zu töten, ohne die Blutrache fürchten zu müssen. Falehd erkannte, daß er hier trotz seiner Körperstärke nichts machen konnte. Er wußte, daß ich im Fall der Bejahung meiner Frage das Recht hatte, sofort abzudrücken, doch sein Stolz bäumte sich dagegen auf, sich zu einer feigen Lüge zwingen zu lassen.

„Also, wen meintest du?" wiederholte ich drohend.

„Geht das dich etwas an?" wich er aus.

„Ja; denn ich war es, in dessen Gegenwart du das Wort aussprachst. Ich bin der einzige Franke in deiner Nähe, muß also den ‚Hund' auf mich beziehn. Ich habe nicht lange Zeit zu warten. Also antworte! Meintest du mich?"

Und als der Gefragte auch jetzt noch mit der Antwort zögerte, fügte ich hinzu:

„Antwortest du nicht, so muß ich das Schimpfwort auf mich beziehn. Also, hast du mich gemeint? Eins — zwei —"

„Wakkif — halt! Nein, dich nicht!" stieß der Riese mit vor Wut heiserer Stimme hervor.

„Das genügt mir, und die Männer hier haben es gehört. Ich kann also gehn. Im übrigen war es mir ein Vergnügen, zu sehn, wie schnell der künftige Scheik der Beni Sallah vor der

126

Mündung einer Schußwaffe seine Überzeugung ändert. Allah sei mit dir!"

Damit steckte ich die Waffe ein und bestieg mein Tier wieder. Dann ritten wir dem Lager zu.

„Er kocht vor Grimm!" lachte Halef von seinem Dschemmel zu mir herunter.

„Er hat aus Angst gelogen, er, der Stärkste des Stamms. Seine Ehre ist hin."

„Ja, seine Ehre ist hin. Noch heut werden es alle Frauen und Kinder wissen, daß Falehd die Unwahrheit sagte, weil er sich vor dem fremden Effendi fürchtete. Allah hat ihn verlassen."

Bald hatten wir das Lager erreicht und lenkten unsre Tiere nach den Weideplätzen, wo wir sie dem Wächter übergaben.

Dann schritten wir auf die Ruine zu. Im Duar begann jetzt ein fröhliches Treiben. Die Beni Sallah standen mit ihren Gästen in verschiedenen kleinen Gruppen zusammen. Einige kannten sich noch von früher her, als die Beni Sallah bei den Beni Abbas gewesen waren, um die Tochter des Scheiks von dort abzuholen. Da gab es viele Erkundigungen und Erklärungen.

Ebenso geschäftig waren die Frauen; denn es galt für die Bewirtung so vieler Gäste zu sorgen. Schafe wurden vor das Lager gebracht, um unter gewissen, genau vorgeschriebenen Verrichtungen geschlachtet zu werden. Diese Feierlichkeiten waren unumgänglich notwendig. Wer ohne ihre Befolgung ein Tier schlachtet, macht sich nach mohammedanischer Anschauung unrein und darf während einer gewissen Zeit nicht mit andern verkehren, da diese sonst von seiner Verunreinigung angesteckt würden und nun auch die Einsamkeit aufsuchen müßten.

Bald loderten viele Feuer auf, über denen die Braten schmorten. Geschäftige Gestalten bewegten sich darum.

Oben auf der Ruine dagegen fanden wir eine Ruhe vor, die von der Bewegung da unten auffallend abstach. Die Khanum hatte sich mit dem Vater und der Schwester in ihre Gemächer zurückgezogen, wo sie sich jetzt wahrscheinlich viel zu erzählen hatten.

Tarik und Hilal waren nirgends zu erblicken; sie befanden sich wohl unten bei den Gästen; sogar die Wachen hatten ihre Posten verlassen und sich unter die Menge gemischt.

In unserm „Zimmer" war ein reichliches Frühstück aufgetragen, dem wir nach dem erfrischenden Morgenritt mit Lust zusprachen.

Dann suchten und fanden wir einen schattigen Winkel an der Außenseite des Gemäuers, von wo aus wir das geschäftige Treiben im Duar ruhig beobachten konnten, und überließen uns jener Beschäftigung, die eigentlich keine Beschäftigung ist und die vom Türken Kef, vom Italiener dolce far niente, vom aufrichtigen Deutschen dagegen Faulenzen genannt wird.

Wir mochten uns ungefähr eine Stunde auf diese Weise „beschäftigt" haben, da sahen wir den Scheik der Beni Abbas aus der Tür der Ruine treten. Er blickte sich um, und da unser Winkel im Bereich seiner Augen lag, bemerkte er uns und kam auf uns zu. Er betrachtete mich mit einem langen, bewundernden Blick.

„Welch ein Mann bist du!" sagte er endlich.

„Ein Mensch wie du und wie jeder andre", erwiderte ich lächelnd, während ich mich aus meiner liegenden in sitzende Stellung erhob.

„Nein, nicht wie jeder andre! Du bist ein Liebling Allahs, an den er die besten seiner Gaben verschenkt hat. Zu diesen Vorzügen gehört die Verschwiegenheit. Zu mir aber hättest du doch sprechen können."

„Ich habe es ja getan."

„Aber nicht vollständig! Warum hast du mir verschwiegen, daß du der Mann bist, der Hiluja gerettet hat?"

„Weil ich wußte, daß du es von andern früh genug erfahren würdest."

„Du bist bescheiden und wolltest dich meinem Dank entziehn. Dein Diener hier und dann später meine Tocher haben mir alles erzählt. Du hast dein Leben gewagt, um sie zu retten, du hast sie dann hierher gebracht und dich ihretwegen den Mühen der weiten Reise unterzogen — —"

„Du irrst!" unterbrach ich ihn. „Ich beabsichtigte, nach Ägypten zu gehn, ob aber auf diesem oder einem andern Weg, war von keiner Bedeutung für mich."

„Das verringert gar nichts an der Größe dessen, was ich dir schuldig bin. Wie aber soll ich dir danken?"

„Danke mir dadurch, daß du gar nicht von diesem Dank sprichst!"

„Das ist unmöglich! Du kannst nicht verlangen, daß ich dein Schuldner bleibe, ohne wenigstens diese Schuld einzugestehn und zu bekennen. Ich muß von dir sprechen und erzählen. Und ich werde deinen Ruhm verkünden, so weit mein Ruf und meine Stimme reichen."

„Das kann mir aber doch gar keinen Nutzen bringen", lachte ich. „Ich werde diese Gegend sehr bald wieder verlassen und dann wohl niemals wiederkehren."

„Verlassen?" fragte der Scheik. „Ich denke, du willst für immer bei den Beni Sallah bleiben."

„Ma jimkinsch — das ist nicht möglich!"

„Aber Badija sagte mir, daß du für sie kämpfen willst."

„Das ist allerdings der Fall."

„Dann wirst du der Scheik des Stammes."

„Ich trete die Würde einem andern ab."

„Mustahil — das geht nicht. Nur abgerungen könnte dir beides wieder werden, das Weib und die Würde. Hast du vielleicht eine Frau?"

„Nein."

„Oder ist dir Badija nicht schön genug?"

„Sie ist die Schönste der Schönen."

„Oder nicht reich genug?"

„Ich weiß nicht, was sie besitzt. Aber grad an dem, was sie besitzen sollte, ist sie arm."

„Maschallah! Badija arm! Wie meinst du das?"

„Ihr Herz ist reich an allen guten Eigenschaften, aber für mich ist es arm. Badija hat keine Liebe für mich."

„Sie liebt dich; ich habe es aus der Art und Weise bemerkt, in der sie von dir spricht."

„Sie liebt mich als den Retter ihrer Schwester und als ihren Freund, aber nicht so, wie das Weib den Mann lieben soll."

„Das ist Schwärmerei! Das Weib hat zu gehorchen. Die Liebe kommt von selber, wenn der Kadi und der Mullah das Paar verbunden haben."

„O nein! Ist Badija mit dem Mann, der ihr starb, nicht durch den Kadi und den Mullah verbunden gewesen?"

„Ja."

„Und trotzdem hat sie ihn nie lieben können. Ein solches Weib möchte ich nicht haben."

„Warum aber sollte Badija dir nicht ihr Herz schenken?"

„Sie hat es nicht mehr."

„Allah il Allah! Wie meinst du das?"

„Sie hat ihre Liebe einem andern gewidmet."

„Allah akbar! Wem?"

„Hat sie davon nicht zu dir gesprochen?"

„Nein."

„So darf auch ich nichts sagen."

„Warum?"

„Weil das ihre eigne Sache ist."

„Aber du kennst ihn?"

„Ja."

„Wer ist es?"

„Soeben erklärte ich dir, daß ich es dir nicht mitteilen kann. Aber komm, setz dich hier neben mich! Ich habe mit dir noch einiges zu besprechen."

Der Scheik folgte dieser Aufforderung, begierig, was ich ihm zu erzählen habe.

„Warum hast du einst deine Tochter dem Scheik der Beni Sallah zum Weibe gegeben? Sie liebte ihn doch nicht."

„Sie liebte auch keinen andern; sie hat mir willig Gehorsam geleistet."

„Also nur um Gehorsam hat es sich gehandelt?"

„Ja. Der Anführer eines berühmten Stammes hat nach andern Dingen zu fragen als nach den Grillen eines Mädchenkopfes. Weißt du vielleicht, was ein Muameleti düweli aschua ist?"

„Ja", antwortete ich lächelnd.

„Gibt es in Deutschland auch solche?"

„Ja; man nennt sie dort Diplomaten."

„So ein Diplomat bin ich auch."

Der Scheik sagte das im Ton stolzen Selbstbewußtseins.

„Ah, da wünsche ich dir Glück!"

„Ich danke dir. Ein Scheik muß stets ein Diplomat sein. Die großen Könige und Sultane verheiraten ihre Töchter an solche Herrscher, von denen sie dafür Vorteile erwarten. Das ist auch bei mir der Fall. Es lag mir sehr viel an der Freundschaft der Beni Sallah, darum gab ich Badija ihrem Scheik zum Weibe."

„Wirst du an deiner andern Tochter vielleicht auch als Diplomat handeln?"

„Ja, es ist meine Pflicht."

„Du wirst sie an einen Scheik verheiraten?"

„Ja. Ich will ein Bündnis schließen mit dem Stamm der Mescheer, die im Süden von Tunesien wohnen. Der Scheik ist sehr alt, er heiratet nicht wieder; aber er hat einen Sohn, der der Mann Hilujas sein wird."

„Weiß sie es schon?"

„Wozu braucht sie es zu wissen? Sie wird mir gehorchen, so wie Badija mir gehorcht hat."

„Badija gehorchte, weil ihr Herz noch frei war."

„Willst du etwa sagen, daß Hiluja das ihre verschenkt habe?"

„Ich möchte nur wissen, was du tätest, wenn es der Fall wäre."

„Ich würde mich nicht danach richten können", antwortete er entschieden. „Sie würde mir zwar leid tun; aber die Frauen haben andre Seelen als die Männer. Heute meinen sie einen zu lieben, und wenn morgen das Gebot an sie herantritt, einen andern zu lieben, so tun sie es gern; denn es gefällt ihnen ein jeder, den sie lieben wollen."

„Du bist ein großer Menschenkenner!"

„Das bin ich", nickte er stolz. „Ich bin ja auch alt genug dazu. Ich habe viele hundert Frauen beobachtet. Sie sind arme, gutwillige Wesen. Warum sollten sie auch nicht? Sind sie schön, so betet man sie an, sind sie häßlich, so bemitleidet man sie, und beides, die Anbetung und das Mitleid, tut dem Herzen wohl. Sie fühlen sich also glücklich, mögen sie nun schön oder häßlich sein. Und in diesem Gefühl des Glücks sind sie allen Männern gut. Es hat doch ein jeder seine gute Seite. Er braucht sie ihr nur zu zeigen, so hat sie ihn sofort lieb und wird ihn heiraten."

„So hast du es allerdings bei deinen Beobachtungen zu einem sehr erfreulichen Ergebnis gebracht", sagte ich ernsthaft.

„Oh, es wird ein jeder, der die Augen und die Ohren offenhält, zu dieser Anschauung gelangen!"

„Hier bei euch vielleicht."

„Sind die deutschen Frauen und Mädchen anders?"

„Es scheint fast so. Wenn in Nemsistan ein Mädchen sein Herz verschenkt hat, so mag es keinen andern Mann."

„Wie dumm! Der andre ist doch auch ein Mann!"

„Aber nicht der Mann nach seinem Geschmack."

„Dann hat es eben einen schlechten Geschmack, und der

Vater darf sich nicht danach richten. Ich wollte, ich hätte einmal so einige eurer Töchter hier. Ich würde ihnen sehr bald den richtigen Geschmack beibringen."

„Das traue ich dir zu."

„Wenn eure Mädchen so anspruchsvoll sind, daß sie nur den Mann ihrer Wahl heiraten, so erhält doch derjenige, der unglücklicherweise wenig gute Seiten hat, gar keine Frau."

„Das sollte man meinen; es ist aber nicht so. Es kommt zuweilen vor, daß einer, der gar keine gute Seite hat, die allerbeste Frau erringt."

„Allah akbar — Gott ist groß! Bei ihm ist alles möglich!"

„Und ebenso kommt es vor, daß ein recht böses Weib einen sehr guten Mann erhält."

„Das ist die verkehrte Welt! So gibt es also bei euch wirklich böse Weiber?"

„Ja, einige wenige."

„Schickt sie nur hierher! Wir werden sie heilen."

„Womit?"

„Sie erhalten nichts als Koloquinten zu essen und werden bis an den Kopf in den Sand vergraben. Das treibt alle bösen Eigenschaften aus dem Leib. Wir können sie euch sehr bald gebessert wiederschicken."

„Das ist gut. Wir sollten ein Bündnis mit euch schließen, um euch unsre bösen Frauen in Behandlung geben zu können. Hast du keine Tochter mehr, die unser Kaiser zur Besiegelung dieses Bündnisses heiraten könnte?"

„Nein", meinte der Scheik ernsthaft. „Aber ich habe einen Sohn, der eine Tochter eures Padischah nehmen würde, wenn wir über den Preis einig werden, den er in Burnussen und Kamelen auszuzahlen hat."

„Du solltest ihm eigentlich Hiluja überlassen."

„Nein, die bekommen die Beni Mescheer."

„So hast du wohl mit ihrem Scheik diese Angelegenheit schon besprochen?"

„Besprochen und abgeschlossen. Hiluja sollte ihre Schwester besuchen, und nach ihrer Rückkehr wollten wir die Verlobung feiern."

„O jazik — o wehe!"

„Warum klagst du?"

„Weil es da wohl besser gewesen wäre, wenn sie die Tuareg

getötet hätten. Sie wird wahrscheinlich sehr unglücklich sein."

„Das glaube ich nicht. Der Sohn des Scheiks der Mescheer ist ein sehr tapfrer Mann. Sie wird ihn bald liebhaben."

„Der, den sie liebt, ist wenigstens ebenso tapfer."

„Ist er Scheik?"

„Nein."

„Aber doch reich?"

„Sehr arm."

„So mag er ja nicht daran denken, mein Sichr[1] zu werden."

„Aber sie lieben einander!"

„Oh, sie werden sehr bald nichts mehr voneinander wissen wollen! Die Liebe ist nur in der Ehe möglich. Meinst du etwa Hilal?"

„Hat sie von ihm gesprochen?"

„Ja. Ist er es?"

„Er ist es. Ich will es verraten."

„So tut er mir leid. Er mag ein tapfrer Krieger sein. Aber das ist auch alles. Er wird sich seine Liebe aus dem Kopf schlagen müssen; er ist arm."

„Bedenke, daß sein Bruder Tarik auch arm ist und aus keiner berühmten Familie stammt."

„Wie kommst du auf Tarik? Er hat doch mit dieser Angelegenheit nichts zu tun."

„Sogar sehr viel. Auch er hat sich zum Kampf gemeldet. Denke dir den Fall, daß ich unterliege und Tarik den Riesen besiegt; dann wird Badija sein Weib sein."

„Ja, sie wird es."

„Und du hast nichts dagegen?"

„Musch hage — gar nichts. Er ist dann Scheik. Du siehst, welcher Unterschied — —"

Er wurde unterbrochen, denn in diesem Augenblick erklangen drei lang anhaltende Töne weit über das Duar hin. Der Mueddin hatte die Ruine bestiegen, und wir hörten seine Stimme erschallen:

„Bismillah errachmahn errachihm — im Namen Gottes des Allbarmherzigen! Blickt empor zur Sonne, ihr Gläubigen! Sie hat beinah den Scheitelpunkt erreicht. Und schaut hinunter auf

---

[1] Schwiegersohn

eure Füße! Der Schatten eures Körpers ist kaum noch eine Spanne lang. In wenigen Augenblicken ist also die Zeit des Kampfes gekommen. Versammelt euch an dem dazu bestimmten Ort und preist Allah, der dem Mann Kraft gegeben hat, zu kämpfen und zu siegen! Allah il Allah we Mohammed rassuhl Allah!"

Ich war überrascht, daß die Zeit so schnell verstrichen war. Schnell erhob ich mich und sagte:

„Wir müssen unser Gespräch leider beenden. Ich hätte so gern länger über diesen Gegenstand gesprochen."

„So bist du wohl Hilals Freund?"

„Ich bin es und würde mich sehr freuen, ihn glücklich zu sehn."

„So mag er mit mir ziehn! Mein Stamm zählt sehr viele schöne Mädchen; er mag sich unter ihnen eine Frau wählen, und kein Vater wird ihn abweisen, dafür werde ich Sorge tragen." — „Er mag keine andre."

„Hiluja kann er nicht erhalten; ich habe dir das ja erklärt. Jetzt aber wird es Zeit, daß du deinen letzten Willen sagst. Wenn der Riese dich erschlägt, so müssen wir wissen, was deine Wünsche sind."

„Hier mein Diener kennt sie."

„Und wenn du siegst, so befindest du dich in einer sehr peinlichen Lage; du hast Badija, und willst sie doch nicht haben. Ich habe keine Ahnung, wie das enden soll."

„Ich weiß einen Ausweg und bitte, dich nicht mit sorgenvollen Gedanken zu quälen. Jetzt aber wird es hohe Zeit. Dort naht die Khanum, um sich nach dem Kampfplatz zu begeben. Dein Platz ist an ihrer Seite."

7. Ein Faustkampf

Während meiner Unterredung mit dem Scheik hatte ich wohl gemerkt, daß Halef mit meinen Worten nicht einverstanden war. Mehr als einmal räusperte er sich und zeigte nicht übel Lust, sich einzumischen, brachte es aber doch fertig, sich in den Schranken zu halten, die ihm als meinem Diener gesetzt waren.

Aber als der Scheik gegangen war, fühlte er sich nicht mehr behindert und machte mir wegen meines Verhaltens Vorwürfe.

„Sihdi, ich begreife nicht, wie man sein Glück so mit Füßen treten kann!" sagte er zornig. „Du siehst doch, daß dieser alte Ben Abbas einen Narren an dir gefressen hat und nichts lieber möchte, als dich zum Eidam zu gewinnen. Du aber verrätst ihm, daß Tarik und Hilal, die ‚Söhne des Blitzes', ihre Augen auf seine Töchter geworfen haben. Ich habe noch nie einen Mann gesehn, der so unklug war, seinen Vorteil von sich zu weisen. Ich bemitleide dich und wünsche dir die Erleuchtung deines Verstandes. Das kommt aber daher, daß du ein Christ bist und kein Anhänger des Propheten."

Er knurrte noch eine ganze Weile vor sich hin, bis ich ihm endlich Schweigen gebot.

Es ist leicht erklärlich, daß der ganze Stamm der Beni Sallah sich in einer ungeheuren Aufregung befand. Es sollte sich entscheiden, wer Scheik sein würde. Ein Fremder hatte sich mit zum Kampf gemeldet. Falehds Riesenkraft war bekannt. Es gab wohl wenige, die gezweifelt hätten, daß er Sieger bleiben würde.

Die Ankunft der Beni Abbas hatte auch die Beni Sallah so in Anspruch genommen, daß sie auf die Zeit nicht achtgegeben hatten. Jetzt eilt jeder, einen guten Platz zu erhalten. Alle, Männer und Frauen, Jünglinge und Mädchen, kamen herbei. Die Kinder waren natürlich ausgeschlossen.

Der Kampfplatz war draußen vor dem Lager mit Speeren abgesteckt. Als ich ihn in Begleitung Halefs erreichte, fanden wir ihn von einer dichten Menge erregter Zuschauer umgeben.

Rundherum standen einige Reihen Männer und Frauen, hinter ihnen Reiter zu Pferd und hinter diesen dann auf hohem Kamelshöcker die Besitzer der Dschemmel.

Man machte mir ehrerbietig Platz, als ich durch die Reihen auf den Kampfplatz schritt.

An dem einen Ende hatte sich die Khanum auf einem Teppich niedergelassen. Ihr Gesicht war blaß. Sie vermochte kaum ihre Angst zu verbergen.

Neben ihr saßen ihr Vater und ihre Schwester, zu beiden Seiten Tarik und Hilal.

Der Riese hatte sich an dem entgegengesetzten Ende der

Walstatt niedergesetzt. Sein von der häßlichen Narbe verunstaltetes Gesicht zeigte den Ausdruck der Schadenfreude und des Hohns.

An seiner Seite hockten zwei Männer, die ich bis jetzt noch nicht gesehn hatte; hinter ihnen einige andre, die wohl zu seinen Anhängern zählten. Ein paar mit Wasser gefüllte, ausgehöhlte Kürbisse standen am Boden, damit die Kämpfenden sich erquicken konnten.

Der Mueddin und der alte Esra hielten in der Mitte des Platzes. Sie waren, wie ich später erfuhr, von der Versammlung der Ältesten gewählt worden, die Angelegenheit zu leiten.

Als sie meiner ansichtig wurden, näherte sich mir Esra.

„Du kennst die Bedingungen des Kampfes, o Herr?"

„Ja, der Mueddin hat sie ja verkündet. Wer sind die beiden Männer neben Falehd?"

„Es sind die Sendlinge der Osmanli und der Moskofi. "

„Ah, also darum starren sie mit so giftigen Blicken zu mir herüber!"

„Ja, sie sind natürlich sehr in Sorge wegen des Ausgangs des Kampfes. Ihre Pläne können nur dann in Erfüllung gehn, wenn Falehd siegt. Das wissen sie genau."

Der Riese bemerkte, daß von ihm die Rede war, und sprang auf.

„Warum kommst du so spät?" herrschte er mich an.

„Hier bin ich!" antwortete ich ruhig.

„Ein Tapfrer läßt seinen Gegner nicht warten."

„Sieh deinen Schatten an! Es ist jetzt genau Mittag. Übrigens bin ich nicht gekommen, mit Worten zu streiten, Taten sollen entscheiden."

„Sie werden es. Beginnen wir!"

Er wollte mit geballten Fäusten geradewegs auf mich los; da aber trat ihm Esra entgegen.

„Halt! Vorher müssen hier vor Zeugen die Regeln besprochen werden."

„Regeln? Ich brauche keine Regeln."

„Der Kampf soll ehrlich sein! Aber vor allen Dingen: in welcher Kleidung wird gekämpft?"

„Jeder macht, was er will."

„Der Kämpfer, der um Gnade bittet, muß geschont werden."

„Das ist ehrlos!"

136

„Darum wird er auch aus dem Stamm gestoßen; aber sein Leben hat er doch gerettet. Nach welchen Regeln soll geschlagen werden?"

„Nach gar keiner Regel. Jeder schlägt zu, wie es ihm beliebt."

„Bist du damit einverstanden?" fragte Esra mich.

„Ja."

„So wird die Khanum das Zeichen zum Beginn geben."

Der Riese warf den Burnus ab und stand da, nur mit der Hose bekleidet. Der nackte Körper war eingeölt, damit die Hand des Gegners abgleiten sollte. Dieser mächtige Knochenbau schien nicht erschüttert werden zu können, und diese gewaltigen Muskeln waren wie aus Stahl gespannt.

Ich folgte dem Beispiel meines Gegners und warf den Burnus ab. Jedoch fand ich es nicht für nötig, mich weiter zu entkleiden. Ich legte nicht einmal die türkische Jacke ab, die ich unter dem Burnus trug. Diesen gab ich Halef zur Verwahrung.

„Um Allahs willen, zieh dich aus!" warnte der wohlmeinende Alte. „Er kann dich ja ganz leicht fassen."

„Das wird er bleibenlassen."

„Du bist unvorsichtig."

„Pah!"

Jetzt trat tiefe Stille ein, und aller Augen richteten sich auf die Khanum, die das Zeichen zum Beginn geben sollte.

Da aber sagte ihr Vater mit lauter Stimme:

„Ist es hier nicht Sitte, daß vor dem Beginn des Kampfes sich die Gegner die Hände reichen als Versicherung, daß keiner den andern übervorteilen will?"

„Die Hand reichen? Diesem Schakal?" lachte der Riese auf. „Wie kann ich ihm die Hand reichen? Er mag nur herkommen, damit ich ihn erwürge."

Damit streckte er mir beide Fäuste entgegen.

„Ich hatte es gut mit dir vor", erwiderte ich ruhig, „aber da du mich auch hier noch beleidigst, werde ich dich nicht so schonen, wie ich wollte. Mit drei Hieben werde ich dich niederstrecken; es sei denn, du bittest mich sofort um Gnade!"

„Mensch, du bist verrückt! Mit dem ersten Schlag werde ich dir den Schädel zerschmettern."

„Gut! Versuch's!"

137

Wir beide standen so, daß wir die Khanum sehn konnten. Man merkte es ihr an, wie schwer es ihr wurde, das Zeichen zu geben. Jetzt erhob sie die Hand.

„Los!" rief Esra.

Die Gesichter der Zuschauer waren mit unbeschreiblicher Spannung auf uns gerichtet.

Der Riese stieß einen lauten Wutschrei aus und kam aus der Entfernung von zwanzig Schritten auf mich losgestürmt, als ob er ein Haus umrennen wolle. Die linke Hand ausgestreckt, um mich zu packen, holte er mit der rechten Faust schon von weitem zum tödlichen Schlag aus.

„U'a, u'a — paß auf! Paß doch auf!" rief es mir von allen Seiten zu. „Er kommt ja!"

Dieser Zuruf schien einigermaßen berechtigt, denn ich tat gar nicht so, als ob mein Leben in höchster Gefahr schwebte, sondern hatte die Hände in die Taschen gesteckt. Aber die Rechte war zur Faust geballt, und mein Blick hing, unter den Lidern halb verborgen, an jeder Bewegung meines Gegners.

„Hier, Hund, hast du!" brüllte er.

Im nächsten Augenblick mußte er mich erreicht haben. Da aber sprang ich ihm mit einem mächtigen Satz entgegen, so daß wir beide in einem weithin hörbaren Stoß zusammenrannten.

Er hatte es in seinem blinden Anstürmen nur auf die Stelle, wo ich stand, abgezielt. Der beabsichtigte Griff seiner Linken und der Hieb, den er mit der Rechten ausführen wollte, waren auf diesen Punkt berechnet gewesen. Durch meinen Sprung aber war dieser Punkt um mehrere Fuß vorgerückt worden.

Als wir zusammenprallten, hatte der Riese die beiden Arme noch weit auseinandergespreizt; und bevor er sie schließen konnte, erhielt er von meiner Linken einen Hieb unter das Kinn, während die geballte Rechte ihn am Augenknochen traf.

Dieser Doppelschlag mußte nach meiner Berechnung imstand sein, selbst diesen Stier zu fällen, jedenfalls ihm vorübergehend das Bewußtsein zu rauben und seine Kampfkraft zu erschüttern. Wenn ich mir auch den Anschein gab, als schätzte ich Falehd als Gegner nicht besonders hoch ein, so war das doch keineswegs der Fall. Nicht als ob ich Angst vor ihm empfunden hätte — rohe Kraft flößt mir nie Achtung oder

Furcht ein —, aber hier stand viel auf dem Spiel; und so leicht-herzig ich auch in den Kampf zu gehn schien, so ernst war es mir doch damit, die Kampffähigkeit dieses Riesen gleich beim ersten Zusammenstoß soviel wie möglich zu mindern.

Daher galt der heftige Hieb meiner Linken dem Kinn; ein Schlag, an die rechte Stelle gelandet, bringt meistens selbst sehr widerstandsfähige Gegner für einige Augenblicke zu Boden. Doch bei dem grobnervigen Burschen durfte ich dieses Erfolgs nicht durchaus sicher sein; und so ließ ich denn meine Rechte fast zu gleicher Zeit auf sein linkes Auge niedersausen. Findet ein solcher Hieb sein Ziel, so ist die Gefährlichkeit des Gegners für den folgenden Kampf fast auf die Hälfte herabgesetzt, denn das Auge verquillt, und damit verliert der Feind einen großen Teil seiner Schlagsicherheit.

Aber obgleich ich die Bullenkraft Falehds hoch eingewertet hatte, sie war in der Tat noch größer, wie sich gleich bei die-sem Doppelschlag bewies. Mein harter Hieb mit der Linken gegen sein Kinn blieb fast ohne jede Wirkung. Er stieß den Kopf wie eine Ramme vor, als wollte er mich einfach über den Haufen rennen. Bei der unerhörten Gewalt dieses Zusammen-pralls öffnete sich meine rechte Faust, der Daumen drang in die Höhle und trieb das Auge heraus.

Jäh fuhr der Riese zurück und griff mit beiden Händen nach dem Auge.

In der nächsten Sekunde stand ich wieder an meiner frühe-ren Stelle.

„Rakam wahid — Nummer eins!"

„El ain eschschemahl — das linke Auge!" schrien die Nächststehenden.

Diese Worte weckten den Riesen aus seiner Betäubung. Er fühlte die Verwundung und stieß einen schrecklichen Fluch aus.

„Tajjib, tajjib! Ahsant, ahsant! — Gut, gut! Bravo, bravo!" rief es von allen Seiten.

Die Zuschauer waren von Bewunderung hingerissen. Ich hatte nicht nur den ersten Angriff des für unüberwindlich gehaltenen Gegners abgewehrt, sondern ihn sogar schwer ver-wundet.

Die meisten Naturvölker erkennen die Tapferkeit und Geschicklichkeit selbst ihres ärgsten Feindes an. Durch diesen

Beifall aber wurde die Wut des Riesen verdoppelt, und ich mußte mich auf den rücksichtslosen Angriff gefaßt machen, da ja jede Kampfesart erlaubt war. Falehd befand sich in einer Entfernung von nur vier Schritten von mir; nun hob er beide Fäuste.

„Jetzt fährst du zur Dschehennah!" brüllte er.

Damit tat er einen Sprung, erreichte mich aber nicht; denn ich empfing ihn mit dem schnell erhobnen rechten Fuß und versetzte ihm einen solchen Tritt in die Magengegend, daß er aufschreiend zurücktaumelte. Dann ein gedankenschneller Schwung mit der rechten Faust, und ich wandte mich an die Khanum.

„Rakam itnehn — Nummer zwei!"

„El aßnahm — die Zähne!" schrien die Zuschauer, denn Blut lief ihm jetzt auch aus den Mundwinkeln.

Diese Abwehr liest sich freilich auf dem Papier viel leichter, als sie in Wirklichkeit ist. Man muß einen sehr festen Stand besitzen und außerdem eine lange Übung, wenn man nicht niedergerissen werden will.

Die beifallspendenden Zurufe erhoben sich von neuem. Falehd sprang vom Boden auf. Sein Gesicht war schrecklich entstellt. Er spie die aus den Kiefern geschlagenen Zähne aus.

„Er steht mit dem Scheitan im Bund!" brüllte er mit gurgelnder Stimme. „Die bösen Geister helfen ihm! Aber ich sende ihn trotzdem in die Dschehennah!"

Falehd hatte jetzt doch die Überlegung, daß er mit einem Ansprung, der ja zweimal mißglückt war, nichts mehr erreichen werde. Er schritt also langsam auf mich zu. Seine Brust wogte vor mühsam zurückgehaltner Aufregung sichtbar auf und nieder.

Jetzt streckte er die Arme aus, um mich zu fassen, wurde aber im gleichen Augenblick selber gepackt. Ich hatte ihn hart hinter den Handgelenken ergriffen und zog ihn mit einer schraubenartigen Bewegung an mich. Dadurch wurden seine Arme fast aus den Achseln gedreht und hingen einen Augenblick lang schlaff herab. Diese günstige Sekunde benutzte ich; ich versetzte ihm einen solchen Fausthieb an die ungeschützte Schläfe, daß er wie ein Klotz zusammenbrach.

Zum drittenmal wandte ich mich zur Khanum um und meldete:

140

„Rakam talaht — Nummer drei!"

Da brach es los. Erst halblaut und einzeln, dann stärker und immer stärker erhoben sich die Beifallsrufe.

„El ard — auf der Erde!" schrie man ringsum.

Alle, außer den Anhängern Falehds, fühlten es wie eine Erlösung über sich kommen. Er war ihnen ein wirklicher Tyrann gewesen, ohne daß sie es sich einzugestehn getraut hatten. Die meisten von ihnen hatten mich für verloren gehalten, um so lauter und aufrichtiger brach jetzt der Jubel hervor. Wäre Falehd Sieger geworden, ihm hätte man gewiß keinen solchen Beifall gespendet.

Obgleich alle Anwesenden von Begeisterung hingerissen waren, bewegte sich doch keiner von seinem Platz. Das Schauspiel war ja noch nicht zu Ende. Nur Esra, der Alte, trat auf mich zu und gab mir die Hand.

„Du hast deine Worte von gestern abend wahr gemacht. Ich habe es für unmöglich gehalten. Allah hat dir die Stärke des Elefanten gegeben."

„Du irrst! Ich bin bei weitem nicht so stark wie Falehd."

„Wie ist das möglich?" fragte er erstaunt. „Du hast ihn doch zu Boden geschlagen, während er dir nicht einmal die Haut geritzt hat. Du mußt also doch stärker sein als er."

„Die Körperkraft allein tut es nicht. Es kommt sehr viel auf die Gewandtheit an, und außerdem gibt es gewisse Vorteile, die den Schwachen, wenn er sie kennt, über den starken Riesen erhaben machen."

„Ich verstehe deine Worte nicht, doch ich sehe die Wirkung. Ist Falehd tot?"

„Ich glaube nicht, doch ich will einmal sehn."

Ich bückte mich und fühlte dem Besiegten ans Herz; es schlug, wenn auch langsam und leise.

„Er ist nicht tot, er ist nur ohne Besinnung."

„Töte ihn! Du hast dein Messer im Gürtel; stoß es ihm ins Herz!"

„Nein, das werde ich nicht tun. Es wurde doch bestimmt, daß der Besiegte um Gnade bitten darf. Ich werde ihn also erst zum Bewußtsein kommen lassen, ihn aber vorher unschädlich machen."

Damit zog ich mehrere Riemen aus der Tasche. Der Alte machte erstaunte Augen.

„Hast du diese Riemen stets bei dir?"

„Nein, ich brachte sie nur zu dem Zweck mit, ihn zu fesseln."

„So wußtest du, daß du ihn besiegst?" — „Ja."

„Du bist ein großer Mann. Binde ihn und begleite mich dann zur Khanum!"

Halef sah aus der Entfernung, in die er sich bei Beginn des Zweikampfes zurückgezogen hatte, was ich tun wollte, und eilte herbei.

„Sihdi, du bist ein Behluwan, wie ich noch keinen sah. Ich gestehe, daß ich für dich gezittert habe."

„Ich kannte meinen Gegner und hielt ihn zwar für stark, doch auch für dumm und schwerfällig. Hilf mir, ihm die Arme und Beine zu binden!"

Während wir ihn gemeinsam fesselten, wanderten die Augen Halefs fortwährend zwischen mir und dem Bewußtlosen hin und her. Als wir fertig waren, stand er auf und blickte mich mit glänzenden Augen an.

„Sihdi, solch einen Herrn wie dich habe ich noch nie gehabt. Ich werde dich nicht verlassen, solang du meiner Dienste bedarfst. Doch sag, willst du diesem Schurken wirklich das Leben schenken?"

„Ich töte ihn auf keinen Fall. Sein Leben mag nach deinen Begriffen mir gehören, aber ich bin Christ. Seine Tötung wäre nichts als ein feiger Mord, der mir mein Gewissen beschweren würde bis an das Ende meines Lebens."

„Bedenke, wie gefährlich es ist, ein solches Tier am Leben zu lassen! Du leistest damit der Menschheit keinen Dienst."

„Ich weiß es, aber ich tue meine Pflicht."

Halef sah mich mit einem vorwurfsvoll ernsten Blick an.

„Sihdi, hör mich an! Ich bin zwar nur dein Beschützer, aber ich habe dich lieb und möchte dich groß und beneidet sehn. Weißt du, was deine Pflicht ist? Nimm die Khanum zum Weib und mach als Scheik den Stamm der Beni Sallah berühmt und gefürchtet, soweit die Wüste reicht und darüber hinaus bis in die fernsten Grenzen des Moghreb. Ich werde dich dabei gern unterstützen, und man wird an allen Lagerfeuern und in allen Zelten der Bedwahn[1] mit Verehrung und Begeisterung reden von Kara Ben Nemsi, dem Abu es

---

[1] Mehrzahl von Bedawi = Beduine

142

sa'ika, und seinem Beschützer Hadschi Halef Omar Ben Hadschi Abul Abbas Ibn Hadschi Dawuhd al Gossarah."

So, damit hätte ich ja meine Lebenslinie gehabt. Nur schade,
daß sie nicht mit meinen Plänen übereinstimmte. Halef meinte
es sicherlich gut mit mir, aber es war unmöglich, ihm Ver-
ständnis für das europäische Gefühls- und Geistesleben beizubringen. Daher unterließ ich es, ihm auf seinen Vorschlag eine
Antwort zu geben, sondern sagte:

„Ich habe jetzt keine Zeit, an solche Dinge zu denken; ich
muß zur Khanum. Bleib unterdessen bei Falehd und laß niemand zu ihm!"

Diese letzte Mahnung war eigentlich überflüssig; denn es fiel
keinem seiner bisherigen Anhänger ein, sich ihm zu nähern.
Nach ihrer Ansicht war er mein ausschließliches Eigentum; sie
hatten kein Recht mehr, sich um ihn zu kümmern.

8. Ein Wettschießen

Als ich zur Khanum trat, reichte sie mir die Rechte.

„Ich danke dir, o Herr! Du hast mich von einem schlimmen
Feind befreit. Ich werde dir das nie vergessen."

Dabei vermochte sie es doch nicht, mir frei ins Auge zu blikken. Ihr war trotz der Überwindung ihres Feindes bang im
Herzen. Sie gehörte dem Sieger, also mir — was sollte daraus
werden?

Ein warmes Gefühl für Tarik und Badija wallte in mir auf.
Nein, sie sollten keinen Grund haben, mit mir unzufrieden zu
sein.

Badijas Vater streckte mir die Hände entgegen.

„Sei mir willkommen! Du bist der Held der Helden und der
Tapferste unter den Tapfern. Meine Tochter wird sicher woh-
nen in deinem Zelt, und du wirst die Beni Sallah von Sieg zu
Sieg führen, daß sie berühmt werden vom Aufgang bis zum
Niedergang."

Jetzt kam auch der Mueddin herbei. Er schlug an sein Brett
und rief:

„Hört, ihr Männer und Frauen vom edlen Stamm der Beni
Sallah! Kara Ben Nemsi, der Vater des Blitzes und der

143

berühmte Kämpfer aus fernem Land, hat Falehd niedergerungen, den Bewerber um die Khanum. Sie gehört dem Sieger! Allah segne ihn und gebe ihm Kinder und Kindeskinder, so viele wie Sandkörner in der Wüste liegen. Es wird eine großartige Fantasia veranstaltet werden, dem neuen Scheik zu Ehren, und Boten werden in alle Winde reiten, um seinen Namen den Stämmen zu verkünden. Schlachtet die Schafe und Lämmer, backt Brote und kocht fetten Kuskussu! Holt Lagmi herbei, den Saft der Datteln, und bringt Saiten und Pfeifen, um mit Musik und Gesang zu verherrlichen die Taten des Siegers und den Glanz seiner zukünftigen Tage!"

Er war mitten im Fluß seiner Rede. Anscheinend wollte er mehr, viel mehr sprechen, aber jetzt machte er eine kurze Pause, um Atem zu schöpfen.

Diese benutzte ich.

„Hört auch mich, ihr Männer und Frauen der Ben Sallah!" rief ich. „Ich bitte die Dschemma, zusammenzutreten und zu beraten, ob die Khanum und die Würde des Scheiks mir so gehören, daß niemand einen Einspruch zu erheben vermag."

Sofort erschollen die drei Schläge des Mueddin, und die Greise traten zu einer kurzen Beratung zusammen.

Nach einigen Minuten erhob Esra, der Älteste, seine Stimme.

„Kara Ben Nemsi ist Sieger; ihm gehört die Khanum, und er wird unser Anführer sein, ohne daß es ihm jemand streitig machen kann."

„Ich danke den grauen Vätern der Beni Sallah für das Vertrauen, das sie mir erweisen", antwortete ich so laut, daß alle es hören mußten. „Es gibt keine größere Ehre, als Scheik eines so berühmten Stamms zu sein, und ich kenne kein größeres Glück, als ein Weib zu besitzen wie Badija, die Khanum!"

Zustimmende und jubelnde Rufe unterbrachen mich. Es dauerte eine ganze Weile, bis ich fortfahren konnte.

„Die Gerechtigkeit ist des Mannes Zierde. Ich will kein Gut besitzen, auf das auch andre ein Recht haben. Vier Männer hatten sich zum Kampf gemeldet. Einer wurde besiegt, der zweite hat den Preis einstweilen erstritten; hier nun stehn der dritte und der vierte, die Söhne des Blitzes. Sollen sie sich den Preis entgehn lassen, ohne um ihn gekämpft zu haben? Die Versammlung der Ältesten mag entscheiden, ob sie ein

Recht haben zu dem Versuch, ihn mir im Kampf wieder abzunehmen."

„Dein Wille soll geschehn", sagte Esra.

Hilals und Tariks Augen weiteten sich und saugten sich an mir fest.

Wieder beriet sich die Dschemma eine kurze Weile, dann verkündete Esra die Entscheidung:

„Die Söhne des Blitzes haben das Recht, mit Kara Ben Nemsi zu kämpfen."

Allgemeiner Beifall lobte diesen Beschluß. Galt es doch eine Fortsetzung des spannenden Schauspiels.

„Wollt ihr den Kampf aufnehmen?" fragte ich die beiden Brüder.

„Herr, wollen wir einander töten?" fragte Tarik dagegen, obwohl seine Augen leuchteten vor Sehnsucht, für die Geliebte alles zu wagen.

„Das ist nicht meine Absicht."

„Wir wissen, daß du uns besiegen wirst. Hast du Falehd besiegt, so bist du uns noch mehr überlegen. Ich fürchte mich nicht, mein Leben zu wagen, aber ich würde anders kämpfen als Falehd, und ich glaube nicht, daß du unverwundet aus dem Kampf hervorgehn würdest. Soll ich aber den verletzen, der uns soviel Gutes getan hat?"

„Es wird ganz anders werden; Esra mag mir sagen, ob ich jetzt, da ich der Gebieter der Khanum bin, die Waffen bestimmen kann."

„Du hast sie zu wählen", sagte der Alte.

„So werden wir nicht mit der Faust kämpfen, sondern mit unsern Flinten."

„O Allah!" rief Tarik aus. „Da bist du verloren. Bedenke, daß wir die Söhne des Blitzes genannt werden."

„Ma alesch — das macht nichts!" lächelte ich. „Und ich bin der Vater des Blitzes. Diesen Namen habt ihr mir selber gegeben. Wir werden schießen."

„Melih — nun gut! Du willst es so haben, und ich kann nicht zurücktreten, aber sei überzeugt, daß ich dich nicht töten werde. Ich werde versuchen, dir nur eine kleine, ungefährliche Wunde beizubringen."

„Ja, tu es, tu es!" fiel die Khanum ein, der jetzt das Herz wieder leichter wurde.

„Memnuhn — ich bin euch sehr verbunden!" lächelte ich. „Aber ich habe euch noch gar nicht gesagt, auf was wir schießen wollen."

„Also nicht nach uns?" fragte Tarik erstaunt.

„O nein, wir bestimmen ein andres Ziel."

„Wird man uns für feig halten?"

„Das glaube ich nicht. Du wirst der Sohn des Blitzes genannt, und darum wird man es dir nicht als Mutlosigkeit auslegen, wenn du auf meinen Vorschlag eingehst. Und ich habe den Riesen besiegt. Wer will behaupten, daß ich ein Feigling sei? Ich würde sofort auf Leben und Tod mit ihm kämpfen."

„Keiner, keiner würde das behaupten."

„Keiner, keiner!" riefen die Umstehenden, die unsre Worte gehört hatten.

„Davon bin auch ich überzeugt. Es ist gar nicht notwendig, daß der, der die Khanum nicht erhält, sterben muß. Der Stamm braucht einen Scheik, der tapfer und geschickt ist in der Führung der Waffen. Diese Geschicklichkeit kann man beweisen, auch ohne daß man andre tötet."

„El hakke mi'ak — du hast recht. Nach welchem Ziel aber wollen wir schießen?"

Aus Tariks Stimme klang deutlich der Jubel, den die erneute Hoffnung in ihm auslöste.

„Wir errichten oben auf der Ecke der Ruine eine Zeltstange, auf deren Spitze wir einen Stein legen. Jeder von uns beiden tut fünf Schüsse. Wer die meisten Treffer macht, indem er den Stein herunterschießt, ist Sieger. Ist dir das recht?"

„O sehr!" antwortete Tarik. Eine große Last war ihm vom Herzen genommen. Jetzt war er überzeugt, daß er Sieger sein würde; denn im Gebrauch des Gewehrs hatte es ihm außer Hilal noch keiner gleichgetan. Und doch brauchte er seinen Gegner dabei weder zu verwunden noch zu töten.

Auch die andern in der Nähe Stehenden begrüßten den Beschluß mit Freuden; nur der alte Scheik der Beni Abbas meinte unzufrieden:

„Ist meine Tochter nicht eines ernsten Kampfes wert?"

„Sie ist es wert; ich habe es bewiesen, indem ich mit Falehd stritt. Es kann aber Allah nicht gefallen, wenn sich Freunde

146

erschießen, da sie ihr Leben doch sparen können zum Kampf gegen ihre gemeinsamen Feinde."

„So mag die Dschemma entscheiden, ob es nicht feig ist, auf einen ernsten Kampf zu verzichten."

Zum drittenmal traten die Alten zusammen, um sich zugunsten meines Vorschlags auszusprechen. Das war ja unbedingt der beste Ausweg in dem peinlichen Fall, daß zwei Freunde nach dem gleichen Preis rangen.

Als der Beschluß verkündet wurde, löste sich die bisherige Ordnung der Zuschauer auf. Das Ziel war hoch, und so konnte man es auch aus größerer Entfernung sehn.

Die Spannung, die sich der Leute bemächtigt hatte, war vielleicht noch größer als die vorherige. Man kannte Tarik als den vorzüglichsten Schützen, aber man traute mir nach dem Vorgefallenen nun auch in dieser Kunst mehr als gewöhnliche Fähigkeiten zu, und man brannte darauf, den Ausgang dieses seltsamen Zweikampfes zu erfahren.

Tarik entfernte sich, um sein Gewehr und den nötigen Schießbedarf zu holen.

Ich ging zu Halef, der neben dem bewußtlosen Falehd am Boden saß.

„Ich brauche mein Gewehr. Bleib hier bei Falehd, um zu verhindern, daß er sich mit seinen Freunden ins Einvernehmen setzt."

„Befürchtest du eine Heimtücke?"

„Ich traue weder ihm noch ihnen. Er wird sich jedenfalls zu rächen suchen."

„Er wird doch nicht die fürchterliche Schande auf sich laden, um sein Leben zu bitten!"

„Ich traue es ihm zu. Doch wiederhole ich, daß ich ihn keinesfalls töten werde."

„So muß er, wenn er wirklich ein tapferer Mann ist, sich selber umbringen. So erheischt es die Sitte der Bedwahn."

„In diesem Fall würde er wohl erst mich aus dem Weg schaffen, hinterrücks natürlich. Darum sollst du ihn jetzt bewachen, damit er von den andern abgeschlossen bleibt."

„Schau her! Er ist noch besinnungslos."

„Meinst du? Ich sah seine Wimper zucken und glaube, daß er sich nur so stellt. Er hat das Bewußtsein wieder, schämt sich aber, seinem Überwinder ins Angesicht zu schauen."

147

Dann stieg auch ich, um mein Gewehr zu holen, in die Ruine hinauf.

Meinen Bärentöter in der Hand, der im Wilden Westen berühmt geworden war, kehrte ich zurück. Man hatte eine Zeltstange an der angegebnen Ecke befestigt. Ein faustgroßer Stein war auf die Spitze gelegt worden.

Esra führte mich auf einen für das Wettschießen freigehaltenen Platz, wo Tarik auf mich wartete. Dort saß auch die Khanum mit Hiluja und dem Scheik der Beni Abbas.

Ich sah den Ausdruck heimlicher Angst auf den Zügen Badijas. Am liebsten wäre ich hingegangen, um ihr zu sagen, daß sie keine Sorge zu haben brauche, da Tarik auf alle Fälle den Preis gewinnen würde. Aber das durfte ich nicht: die Form eines ernsten Kampfes mußte gewahrt werden.

Mit meinem Erscheinen war der Augenblick des Wettstreits gekommen. Alle blickten mit Spannung auf Tarik und mich.

„Wer schießt zuerst?" fragte Tarik.

„Kara Ben Nemsi", erwiderte Esra. „Er ist der Sieger von vorher."

„Ich lasse Tarik den Vorrang", antwortete ich. „Er ist ein Sohn der Beni Sallah. Wenn es sich um eine Tochter der Beni Sallah handelt, hat er das Recht, vor mir zu schießen."

Das gab einen kurzen, freundschaftlichen Streit, der schließlich nach meinem Wunsch entschieden wurde. Tarik sollte zuerst schießen.

Es handelte sich um sehr viel: um den Besitz des schönen Weibes und um die Würde des Scheiks, also um das Höchste, was es für einen Beduinen geben kann. Darum verfuhr Tarik mit der größten Sorgsamkeit. Er zielte lange, so lange, daß sich einige halblaute, unmutige Ausrufe hören ließen. Er kümmerte sich indes nicht darum, und auch Hilal, der neben ihm stand, flüsterte ihm zu:

„Laß dich nicht zur Eile verleiten! Du weißt, es steht alles auf dem Spiel."

Tarik stand wie aus Erz gegossen. Er war wirklich ein prächtiger, junger Mann. Das sah man erst so recht, als er den Burnus abgelegt hatte und nun, nach Beduinensitte nur halb bekleidet, die Stellung eines Schützen einnahm.

Endlich krachte der Schuß.

Ein Augenblick atemloser Spannung — dann brach von allen

Seiten lauter Jubel los. Dieser Beifall wuchs von Schuß zu Schuß. Jede der Kugeln erreichte das Ziel, nur die fünfte streifte den Stein, ohne ihn herabzuwerfen. Tarik war seiner Sache zuletzt doch ein wenig zu sicher gewesen.

Nun entstand ein Streit, ob der letzte Schuß ein Treffer oder ein Fehlschuß sei. Die Versammlung der Ältesten entschied, es wäre kein Fehlschuß, da er den Stein getroffen habe; es handle sich aber darum, den Stein herabzuschießen; so könne der letzte Schuß nicht als Treffer gelten.

Tarik hatte also vier Punkte aufzuweisen.

Jetzt begann es ihm doch etwas bang zu werden. Wenn ich fünf Treffer erreichte, so war die Khanum unwiderbringlich für ihn verloren.

Da faltete er in seiner Herzensangst die Hände und betete in der Aufregung so laut, daß ich jedes Wort hören konnte:

„O Allah! O Erbarmer! O Gnädiger! O Gütiger! O Mitleidiger! Schlag ihm die Flinte beiseite, daß keine seiner Kugeln treffe!"

Ich wandte mich lachend zu ihm und drohte ihm mit dem Finger.

„Und du nennst mich deinen Freund! Allah wird deine Untreue gegen mich dadurch bestrafen, daß er mich den Stein fünfmal treffen läßt."

Ich drehte mich wieder um, und mein Schuß krachte; der Stein flog herab. Der Mann oben an der Stange hatte kaum einen andern darauf gelegt, so flog auch dieser herab und dann ebenso der dritte.

„Allah il Allah!" rief Tarik, dem jetzt der Angstschweiß auf der Stirn stand.

„O Himmel, o Kadidscha, du Mutter der Gläubigen!" stöhnte die Khanum. Sie ergriff Hilujas Hand und drückte sie so fest, daß ihre Schwester einen Schmerzensruf ausstieß.

„Er schießt viel besser noch als wir!" gestand Hilal aufrichtig.

„Nicht wahr?" lachte ich lustig. „Aber du hast noch gar nicht gesehn, wie ich schieße. Ich werde es dir zeigen. Seht ihr dort draußen das große braune Kamel, dem ein Aßfur auf dem Höcker sitzt?"

Es gibt eine Vogelart, die sich gern in der Nähe der Kamele aufhält, weil sie da reichliche Nahrung findet und ihnen die Läuse aus dem Fell frißt. Die Höckertiere wissen das sehr genau, und darum halten sie still, wenn sich ein solcher Aßfur auf sie setzt.

„Und weiter rechts davon steht ein zweites Kamel", fuhr ich fort. „Was seht ihr auf seinem Rücken?"

„Auch einen Aßfur."

„So merkt auf, was mit diesen Aßafir[1] geschieht!"

Ich erhob das Gewehr. Zwei Schüsse, schnell hintereinander abgefeuert, und — die Umstehenden blickten mich staunend über mein Benehmen an, das sie sich nicht erklären konnten.

Nach meinen drei ersten Schüssen war mir von allen Seiten ein lebhafter Beifall entgegengeklungen; jetzt aber waren alle still. Sie wußten nicht, was ich eigentlich gewollt hatte.

„Nun", sagte ich, „wo sind die beiden Aßafir?"

„Fort, weggeflogen", erwiderte Hilal.

„Hast du sie fortfliegen sehn?" — „Nein."

„Geh einmal hin und such nach ihnen!"

„Willst du sie etwa geschossen haben? Einen Aßfur in solcher Entfernung? Das ist unmöglich!"

„Geh nur hin; du wirst beide finden."

Da lief nicht nur Hilal, sondern viele andre sprangen mit ihm fort.

Als sie bei den beiden Kamelen ankamen, erhoben sie ein lautes Jubelgeschrei und kehrten in eiligem Lauf zurück. Sie brachten die beiden Vögel, die wirklich getroffen waren und nun von Hand zu Hand gingen.

Es ist unmöglich, die Ausdrücke des Staunens zu schildern, die ich nun anzuhören hatte; denn die arabische Sprache besitzt nicht nur einen unerschöpflichen Schatz an derbsten Schimpf- und Fluchwörtern, sie ist auch sehr reich an ehrenden Bezeichnungen.

Erst nach längerer Zeit kam man auf den eigentlichen Gegenstand zurück, mit dem man es zu tun hatte. Der Mann, der bei der Zeltstange stand, sah, daß ihm keine Beachtung mehr geschenkt wurde. Er ließ einen lauten Ruf erschallen und lenkte die Aufmerksamkeit auf den ursprünglichen Zweck des Schießens.

„Wie steht es denn mit den letzten beiden Schüssen?" fragte der alte Esra, indem er zu mir trat.

---

[1] Mehrzahl von Aßfur

„Allah!" tat ich erschrocken. „Ich habe keine Kugeln mehr. Es waren nur fünf Schüsse ausgemacht, und ich nahm nicht mehr als fünf Patronen mit mir. Darf ich denn noch einmal schießen?"

„Natürlich darfst — — hm — — das ist eine mißliche Geschichte! Wenn ich die Sache recht bedenke, so will mir scheinen, daß du die Zahl der vorgeschriebenen Schüsse abgegeben hast und daß du — — Maschallah! So etwas ist mir noch nicht vorgekommen."

Der Alte kraulte in höchster Verlegenheit in seinem Bart.

„Du meinst, daß ich das Spiel verloren habe, weil das Ziel nur dreimal getroffen ist?"

„Es könnte fast so scheinen, als ob du verloren — — hm! — du willst doch nicht auf den Preis verzichten?"

„Nein, ich verzichte nicht; ich will mein Recht. Aber du selber meinst, daß ich die vorgeschriebne Zahl von Kugeln abgesandt habe. Tarik hat den Stein viermal getroffen, ich nur dreimal."

„So wäre Tarik der Sieger."

„Ja, das ist er."

„Effendi, das hast du mit Absicht getan!"

„Nein, die Vögel machten mich irr. Ich wollte euch zeigen, daß man mit einem solchen Gewehr nicht nur Steine trifft, und so habe ich um der beiden Aßafir willen die Khanum und die Würde des Scheiks verloren."

„Allah il Allah! Wer hätte das gedacht!"

Alle blickten mich mit Bedauern und Teilnahme an.

„Beruhige dich!" lächelte ich nun. „Ich will dir gestehn, daß es mir von Anfang an gar nicht so um die Khanum zu tun war, noch weniger um die Würde eines Scheiks. Ich bin also darüber gar nicht unglücklich, daß ich verloren habe."

„Aber warum hast du dich dann überhaupt zum Kampf mit Falehd gemeldet?"

„Weil ich den Stamm der Beni Sallah liebe und von einem Ungeheuer befreien wollte. Sag, hast du etwas dagegen einzuwenden, wenn Tarik, den ihr den Sohn des Blitzes nennt, Scheik wird?"

„Nicht das geringste."

„Nun, so gib dich zufrieden mit dem Ergebnis des Kampfes!"

Damit drehte ich mich um und wollte mich durch den Haufen drängen, der sich um uns gesammelt hatte. Aber da kam mir Tarik eiligst nach und ergriff mich am Arm.

„Effendi, du hast doch nur Scherz getrieben?"

„O nein, ich pflege nie aus Scherz daneben zu schießen und mich auslachen zu lassen."

„So sollen die beiden Schüsse wirklich als voll gerechnet werden?" — „Ich kann es nicht verhindern."

„Allah il Allah! So gehört ja Badija mir!"

„Ist dir das nicht lieb?"

„Nicht lieb? Herr, so wie mir kann es nur einem Seligen im siebenten Himmel des Paradieses zumute sein. Ich kann es gar nicht glauben, daß du Badija aufgibst, nachdem du um ihretwillen dein Leben gewagt hast."

„Um ihretwillen? Du irrst; um deinetwillen! Ich war überzeugt, daß Falehd dich besiegen würde, und da ich wußte, daß ich ihm überlegen bin, trat ich an deine Stelle."

„Jetzt verstehe ich dich. O Allah, wie soll ich dir dafür danken? Ich werde für dich beten, solang ich lebe, und ich werde alle meine Kinder und Kindeskinder lehren, für deine Kinder und Kindeskinder zu beten."

„Lieber Tarik", lachte ich, „wir wollen einstweilen unsre Nachkommen noch nicht so genau ausrechnen. Bis jetzt sind wir nur die Urahnen ohne Nachkommen und ohne Frau. Eile, damit du recht bald die deinige erhältst! Ich wünsche dir, daß es in fünfzig Jahren einen Stamm der Beni Tarik gibt, der tausend Köpfe zählt."

„Oh Allah, Allah, das ist zuviel — tausend Köpfe in fünfzig Jahren!"

Bei diesen Worten rannte er davon, hin zu seiner zukünftigen Urahne von Kindern, Kindeskindern und Urenkelnachkommen.

9. Ausgestoßen!

Der Mueddin verkündete den Ausgang des Kampfes unter allgemeinem Jubel. Unterdes suchte ich die Stelle auf, an der ich Halef und den Besiegten zurückgelassen hatte. Hilal, der natürlich keinen Kampf mit seinem Bruder auszufechten brauchte, und der Scheik der Beni Abbas schlossen sich mir an.

Halef berichtete, daß sich kein Mensch genähert habe. Auch der Gefangne habe sich nicht gerührt.

„Ist er erwacht?" fragte ich. „Nein."

„Das sollte mich wundern."

Am Boden lag ein Halm dürren Wüstengrases. Ich bückte mich, hob ihn auf und fuhr Falehd damit in das innere Ohr. Sofort schüttelte der Riese, das rechte Auge öffnend, den Kopf. Seine Besinnungslosigkeit war tatsächlich erheuchelt.

„Du lebst noch?" fragte ich im Ton des Erstaunens. „Ich glaubte dich tot. So wirst du jetzt sterben müssen."

Ich zog das Messer und nahm es stoßgerecht in die Hand. Im Auge des Riesen blitzte es auf.

„Ich bin gefesselt!" murmelte er.

„Das kann dir gleichgültig sein. Mach dein Wassijet nameh[1]!"

Es waren jetzt noch mehrere Beni Sallah hinzugetreten, die einen engen Kreis um uns bildeten.

Der Verwundete zeigte keinen so häßlichen Anblick, wie man hätte denken sollen. Er hatte die Zähne, die ich ihm eingeschlagen hatte, ausgespuckt; auch hielt er das linke Auge geschlossen, und da ihn Halef unterdessen vom Blut gereinigt hatte, so zeugten nur die geschwollenen Lippen und die blau angelaufene Nase von den Folgen des Kampfes.

„Willst du mich morden?" knirschte er.

„Morden? Weißt du nicht, daß dein Leben mir gehört? Nur, wenn du um Gnade bittest, wäre ich verpflichtet, es dir zu schenken. So lauteten die Bestimmungen des Kampfes."

„Um Gnade bitten? Dich? Niemals!"

„Das habe ich auch von dir erwartet. So mag der Mueddin kommen, um das Gebet des Todes über dich zu sprechen."

„Verdammt sei der Mueddin mitsamt seiner Plärrerei! Ich mag ihn nicht!" — „So mußt du ohne Gebet sterben. Allah mag sich deiner Seele erbarmen!"

Ich erhob die Hand mit dem Messer zum Stoß.

Aber selbst wenn ich gewillt gewesen wäre, meine Drohung auszuführen, wäre es nicht dazu gekommen. Falehd hatte sich

---

[1] Wassijet nameh heißt soviel wie Letzter Wille

bis zu diesem Augenblick gesagt, daß man ihm ohne Bitte um Gnade das Leben schenken würde. Vielleicht hoffte er auch auf den Beistand seiner Stammesgenossen.

Jetzt kam seine Festigkeit ins Wanken, und so groß wie vorher sein Selbstvertrauen war nun seine Angst. Entsetzt warf er den Oberkörper zur Seite.

„Halt! Um Allahs willen, halt!"

Ich behielt das Messer zum Stoß erhoben.

„Was willst du noch? Sag es schnell!"

Der Gefangene blickte mit dem gesunden Auge im Kreis umher. Aber wenn er hoffte, hier Teilnahme zu finden, täuschte er sich. Besaß er schon vorher wenig Freunde, so waren es durch den unglücklichen Ausgang des Zweikampfes noch weniger geworden. Was er in den Mienen der Umstehenden las, war alles eher als Mitleid und Erbarmen. Bei ihnen fand er keine Hilfe.

„Also schnell! Was willst du? Bittest du um Gnade?"

„Ja", würgte der Gefangene heraus.

„So tu es! Sprich das Wort aus, sonst gilt es nichts."

„Amahn, amahn — Gnade, Gnade!"

„Gut! Das Leben sei dir geschenkt! Ich werde dich also losbinden."

Schon bückte ich mich, das zu tun. Da ertönte hinter mir ein lauter Ruf.

„Wakkif — halt! Noch nicht! So schnell darf man einem Besiegten das Leben nicht schenken. Zumal diesem hier nicht!"

Esra, der Alte, erhob diesen Einspruch.

„Er hat ja um Gnade gebeten!" meinte ich.

„Ja, das hat er, aber es fragt sich, ob er auch die Folgen dieser Bitte auf sich nehmen will. Er ist der Bruder des toten Scheiks, er hat sich für den Mächtigsten und Unüberwindlichsten gehalten, dem alles untertan sein muß; vielleicht glaubt er, daß wir aus lauter Angst vor ihm gar nicht daran denken, ihn die Folgen seiner Gnadenbitte fühlen zu lassen. Daher will ich erst einige Worte mit ihm sprechen, ehe du ihm das Leben schenkst."

Das von der Sonne verbrannte Gesicht des Riesen wurde erdfahl. Das war der sicherste Beweis, daß der vorsichtige Alte das Richtige getroffen hatte. Falehd hatte wirklich gemeint, daß er, der Angesehene und Gefürchtete, sich begnadigen lassen

154

könne, ohne die Schande tragen zu müssen. Jetzt erkannte er, daß er keine Rücksicht zu erwarten hatte.

Die Ältesten hatten die Worte Esras gehört und traten mit ernsten Mienen heran. Es war das erstemal, daß ein Angehöriger des Stamms um Gnade bat. Und nun grad der, den sie für den besten von allen gehalten hatten!

„Weißt du auch, was du tust?" fragte Esra ernst.

„Ich weiß es", erwiderte der Riese finster.

„Wer um Gnade bittet, erhält sein Leben, aber nicht sein Eigentum."

„Freßt meine Kamele und erstickt an ihnen!"

„Er ist ehrlos für immer und wird aus dem Stamm ausgestoßen."

„Ich gehe von selber."

„Und wenn er sich innerhalb der Grenzen des Stammgebiets blicken läßt, kann ein jeder ihn töten, ohne die Blutrache befürchten zu müssen."

„Man mag mich töten, wenn man sich an mich wagen will."

„Also du willst unter diesen Bedingungen Gnade?"

Falehd schwieg. Es wurde ihm schwer, auf eine solche Frage antworten zu müssen.

„Ich frage dich zum letztenmal. Antwortest du nicht, so ist jede spätere Bitte vergeblich. Willst du Gnade?"

„Ja."

„So werde ich selber dir die Fesseln lösen."

Esra löste die Knoten der Riemen. Da sprang der Riese auf, streckte die Arme aus und schüttelte sich wie ein wildes Tier, das angekettet gewesen ist.

„Frei, frei! Jetzt sollt ihr mich kennenlernen!"

„Wir kennen dich", antwortete der würdige alte Esra voller Abscheu. „Du bist ohne Ehre für alle Zeit, und wer deinen Namen nennt, der wird dabei ausspeien. Vergessen sei dein Vater und vergessen sei deine Mutter! Und zum Zeichen, daß du keine Ehre mehr besitzt, werde ich als Erster dir geben, was dir gebührt. Erhebt eure Stimmen, ihr Männer, und ruft mit mir: Ja mussihbe, ia ghumm, ia elehm, ia rezalet — o Unglück, o Kummer, o Schmerz, o Schande!"

„Ja mussihbe, ia ghumm, ia elehm, ia rezalet — o Unglück, o Kummer, o Schmerz, o Schande!" riefen alle Versammel-

155

ten nach. Sie streckten die Hände flach nach oben aus, um ihren Widerwillen zu zeigen.

„Hier nimm, was dir gebührt! Tfu alehk — pfui!"

Damit spie er vor Falehd auf den Boden.

„Tfu alehk — pfui!" Alle folgten seinem Beispiel.

Falehd stand still, ohne eine Miene zu verziehn. Er hielt das gesunde Auge ebenso geschlossen wie das andre. Aber als er es öffnete, sprühte der Blick unter dem Lid hervor.

„Seid ihr fertig?" fragte er höhnisch.

„Ja", antwortete Esra. „Geh in dein Zelt! Du sollst in kurzer Zeit erfahren, was die Versammlung der Ältesten noch über dich beschließt."

„Noch beschließt? Es ist ja beschlossen."

„Dieser tapfre Vater des Blitzes hat dir das Leben geschenkt; vielleicht ist die Versammlung auch gnadenreich gesinnt, dich wenigstens nicht als Bettler von sich ziehn zu lassen. Erwarte ihren Spruch!"

„Beschließt, was ihr wollt! Eins wird euch von mir sicher sein: Rache, Rache, Rache!"

Falehd wandte sich ab und ging, stolz und erhobnen Hauptes, als wäre er der Sieger, nicht aber der Besiegte und Ehrlose.

Ich folgte ihm mit Hilal und Halef, um mich zu überzeugen, daß er wirklich sein Zelt aufsuchte. Wir sahen ihn darin verschwinden und blieben in der Nähe, um die Entscheidung der Ältesten abzuwarten und zugleich zu verhüten, daß Falehd in der Zwischenzeit Ränke spann.

Wir hatten nicht lange zu warten.

Esra und die Ältesten kamen mit würdevollen Schritten und blieben vor dem Zelt Falehds stehn. Viele andre Beduinen folgten. Esra rief den Namen des Riesen. Falehd kam vor das Zelt.

„Tretet ein!" sagte er mit einer einladenden Bewegung, jedoch mit höhnischem Grinsen.

„Ins Zelt eines Ehrlosen tritt kein Sohn der Beni Sallah", wehrte der alte Esra. „Wir sind gekommen, dir unsern Beschluß zu verkünden."

„Er wird von Weisheit triefen, wie das Maul eines Kamels, wenn es aus der Pfütze getrunken hat."

„Du verhöhnst uns, obwohl wir dir Gutes zugedacht haben. Um so mehr wird Allah die Barmherzigkeit würdigen, die wir

156

dir erweisen wollen. Du wirst das Lager eine Stunde vor Sonnenuntergang verlassen."

„Ich werde sehr gern noch eher gehn."

„Eigentlich müßtest du dich entfernen, so wie du hier stehst; denn alles, was ein Ausgestoßner besitzt, fällt dem Verwandten anheim."

„Wer ist der Verwandte?"

„Die Khanum. Du warst ihr Silf[1]."

„Also wird Tarik sich an meinem Eigentum ergötzen?"

„Er ist der Nachfolger des verstorbnen Scheiks."

„Er mag meine Herden fressen, bis er vor Fett zerplatzt."

„Die Versammlung erlaubt dir, das beste deiner Reitkamele mitzunehmen", fuhr Esra unbeirrt fort. „Auch sollst du zwei Lastkamele mit vollen Wasserschläuchen erhalten; denn du bist verwundet und brauchst in der Wüste viel Wasser, um dein Auge zu kühlen."

„Oh, ich habe auch noch andres zu kühlen als nur das Auge, und dazu brauche ich mehr als nur Wasser!"

„Du sollst noch zwei weitere Kamele erhalten, um Mehl, Salz und Datteln und auch dein Zelt zu tragen, damit du nicht Hunger leidest und ein Obdach hast in der Wüste. Das ist es, was wir dir schenken."

„Ich danke euch! Ihr seid barmherzig. Ihr schenkt mir den Kern einer Dattel, behaltet aber die ganze fruchttragende Palme für euch. Möge dafür die Dschehennah euer Lohn sein!"

„Du weißt jetzt, was wir wollen. Ist die Frist abgelaufen und du befindest dich noch im Lager, so wirst du fortgewiesen, ohne etwas mitnehmen zu dürfen. Allah lenke deine Schritte, damit du nicht einem Ben Sallah begegnest!"

„Ich würde ihn töten."

„Du wirst keine Waffen mitnehmen dürfen als nur allein das Messer. Einer Schlange nimmt man, wenn man sie leben läßt, das Gift." — „Soll ich etwa allein gehn?"

„Frage, ob dich jemand begleiten will!"

„Ich soll ein Reitkamel haben und vier Lastkamele. Ein einziger Mann ist zuwenig für fünf Tiere."

„Du bist ehrlos. Wer mit dir geht, ist es ebenfalls. Niemand wird dich begleiten wollen."

---

[1] Schwager

157

„Maruf, mein Sklave, wird mir folgen."

„Du hast ihm nichts mehr zu befehlen; er ist nicht mehr dein Eigentum. Aber wenn er dich freiwillig begleiten will, so werden wir ihn nicht daran hindern."

„So bin auch ich einstweilen mit euch fertig. Ihr werdet mich erst wiedersehn, wenn ich komme, über euch Gericht zu halten."

„Wir lachen über deine Drohung. Du gleichst dem Krokodil, dem man Kopf und Schwanz abgehackt hat; es kann weder leben noch schaden."

Esra wandte sich zum Gehn, und die Ältesten mit ihm. Sie hatten jetzt andres zu tun, als länger hier bei diesem bösartigen Menschen zu verweilen. Die Neuwahl eines Scheiks ist von so großem Einfluß für das Schicksal des Stamms, daß ein solcher Tag stets mit außergewöhnlicher Feierlichkeit begangen wird.

Doch wußte ich, daß sich von jetzt an eine Stunde lang der Riese in strenger Aufsicht befand, die darüber wachte, daß er sich an die Bestimmung der Ältesten hielt.

Auch wir, Hilal, Halef und ich, hatten hier nichts mehr zu suchen. Deshalb schritten wir nach der Ruine zurück.

Ich hatte schon bemerkt, daß Hilal etwas auf dem Herzen hatte, worüber er gern mit mir gesprochen hätte. Um ihm Mut zu machen, schickte ich Halef mit dem Auftrag fort, sich zu überzeugen, ob unsre Tiere, die wir seit gestern abend nicht mehr gesehn hatten, gut versorgt würden.

Ich hatte mich nicht geirrt. Kaum war Halef fort, so begann Hilal:

„Effendi, weißt du, daß du wie ein Engel Allahs zu uns gekommen bist?" — „Warum?"

„Mit deinem Erscheinen ist dem ganzen Stamm Segen zuteil geworden. Du hast uns von Falehd befreit."

„Hältst du das wirklich für einen Segen? Ich glaube, es gibt so manche Beni Sallah, denen Falehd als Scheik willkommen gewesen wäre."

„Aber sie sind weitaus in der Minderzahl. Und außerdem hast du den Herzenswunsch meines Bruders erfüllt. Du hast ihm zum Besitz der schönsten Blume der Wüste verholfen."

„Du irrst. Tarik hat sich das Eigentumsrecht an dieser Blume redlich im Zweikampf erworben."

„Effendi, du täuschst uns nicht. Wir wissen, daß du die zwei

Schüsse auf die Aßafir nicht versehentlich, sondern in voller Absicht getan hast, um den Kampf zu verlieren."

„Maschallah! Was fällt dir ein? Welcher vernünftige Mensch wird absichtlich daneben schießen, wo es sich um einen solchen Preis handelt?"

„Und doch hast du es getan! Du wolltest Tarik den Preis gewinnen lassen. Nur dir hat er es also zu verdanken, daß er Scheik geworden ist und die duftendste unter allen Rosen an seine Brust legen darf."

Ich blickte ihn von der Seite an.

„Hm! Ich glaube, du sprichst jetzt nicht ganz die Wahrheit."

„Wie meinst du das?"

„Ist Badija wirklich die duftendste unter allen Rosen, oder gibst du in deinem Herzen diesen Titel nicht vielleicht einer andern?"

Hilal wurde verlegen.

„Ich verstehe dich nicht."

„Du verstehst mich doch. Ich habe wohl bemerkt, daß dir Hiluja, die Schwester der Khanum, nicht gleichgültig ist, und daß du gern zu ihr in andres als nur ein verwandtschaftliches Verhältnis treten möchtest."

Hilal blickte unentschlossen vor sich nieder. Dann hob er den Kopf und sah mich offen an.

„Du hast recht. Ich will ehrlich sein und gestehn, daß ich Hiluja liebe. Und da dachte ich — da wollte ich —"

„Nun?"

„Da meinte ich, du könntest, wie du Tarik geholfen hast —"

„Sag das nicht wieder, hörst du? Tarik hat Badija in ehrlichem Kampf errungen. Oder willst du, daß die Beni Sallah unter sich behaupten, Tarik habe sich die Blume seines Harems nicht im redlichen Streit erworben, sondern von einem Fremden schenken lassen?"

„Rhemallah — das verhüte Gott! Ich würde mit einem jeden, der diese Behauptung aufstellt, auf Tod und Leben kämpfen. Aber unter uns dürfen wir ehrlich sein. Und da meinte ich, du könntest, wenn meine Zumutung nicht unbescheiden ist, auch für Hiluja und mich etwas tun, damit wir ein glückliches Paar werden."

Nun war es heraus, und Hilal atmete erleichtert auf. Ich aber mußte mir Mühe geben, um nicht zu lachen.

159

Es war ja richtig, Tarik hatte seine zukünftige „Urahne" mir zu verdanken, aber schließlich war ich doch nicht zu den Beni Sallah gekommen, um nur den Heiratsvermittler zu spielen. Zwar konnte ich Hilal gut leiden, aber — selbst ist der Mann.

„Wie kommst du denn dazu, dich an mich zu wenden? Das Einfachste ist, du hältst bei dem Scheik der Beni Abbas um die Hand seiner Tochter an."

„Effendi, die Sonne seines Wohlwollens leuchtet nicht über mir, weil ich arm bin; ich habe es wohl bemerkt."

„Das stimmt. Ich will dir gestehn, daß ich schon ein gutes Wort beim Scheik für dich eingelegt habe, weil ich deine Neigung kannte, jedoch vergebens. Aber seitdem ist die Sache wesentlich anders geworden. Du bist nicht mehr der unansehnliche Beduine, der du früher warst, trotz deinem Namen, sondern der Bruder eines reichen Scheiks. Du hast ja eben gehört, daß Tarik das Eigentum Falehds besitzen soll."

„So meinst du, daß ich Aussicht habe, das Jawort des Vaters zu erkämpfen?"

„Ja; heut mehr als gestern. Du hast das richtige Wort gesagt: erkämpfen. Tarik hat sich seine Blume erkämpft, und ich habe die Ahnung, daß auch du nur durch Kampf glücklich werden kannst. Viel kommt bei der ganzen Frage darauf an, daß Tarik es versteht, sich als Scheik in Achtung zu setzen."

„Das wird er; darauf kannst du dich verlassen. Heute wird er zum erstenmal in seiner neuen Würde auftreten."

„Wieso?"

„Am Abend findet die Dschemma statt, in der entschieden werden soll, ob die Beni Sallah und mit ihnen die Stämme der Wüste dem Khedive freundlich oder feindlich gesinnt sein sollen. Du weißt, daß diese Dschemma gestern schon hätte abgehalten werden sollen, aber durch das Bemühen der Khanum verschoben wurde, bis die Person des neuen Scheiks feststand."

„Das war sehr klug von der Khanum, denn es ist zweifelhaft, wie die Entscheidung der Dschemma gestern ausgefallen wäre."

„Du hast recht. Heute sind die Aussichten für eine Entscheidung nach unserm Sinn bei weitem günstiger als gestern, wo wir mit dem Einfluß Falehds zu rechnen hatten."

„So sorgt dafür, daß euer Einfluß der entscheidende wird. Das ist zunächst das Wichtigste. Die andre Angelegenheit eilt

160

nicht so sehr. Und ich denke, der Scheik der Beni Abbas wird noch mit sich reden lassen."

Wir waren unterdessen auf der Ruine angelangt und wurden vor dem Tor von Tarik erwartet.

„Effendi, du hast Besuch. Die beiden fremden Sufara wollen mit dir sprechen."

„Mit mir? Was habe ich mit ihnen zu schaffen?"

„Musch'arif — ich weiß es nicht. Ich habe deine Erlaubnis vorausgesetzt und sie in deine Wohnung geführt."

Das war mehr als seltsam! Was wollten der Türke und der Russe von mir? Ich hatte sie unten am Kampfplatz zum erstenmal gesehn und konnte mir keinen stichhaltigen Grund für ihren Besuch denken.

Als ich unser Gemach betrat, erhoben sich meine beiden Besucher vom Teppich, auf dem sie geruht hatten. Beim Licht, das durch zwei schießschartenähnliche Fenster hereinfiel, konnte ich sie genau betrachten.

Der Türke unterschied sich in seinem Äußern wenig von den Vertretern seines Volks, die ich bis jetzt kennengelernt hatte.

Der Russe dagegen zeigte ein hageres, scharfgeschnittenes Gesicht mit klugen, durchdringenden Augen. Ich hatte sofort den Eindruck: dieser Mann weiß, was er will. Er war es denn auch, der die Hauptkosten an der folgenden Unterhaltung bestritt. Der Türke warf nur hie und da ein Wort dazwischen.

„Sallam aleikum!" grüßten beide bei meinem Eintreten.

„Sallam!" erwiderte ich kurz. „Was verschafft mir die Ehre eures Besuchs?"

„Erlaube zuerst, daß wir uns vorstellen! Mein Freund hier ist Sadik Effendi, und ich nenne mich Aksakew."

„Kara Ben Nemsi", stellte ich mich vor.

Der Russe blickte mich forschend an.

„Wir hörten, du seist ein Deutscher. Dürfen wir nicht deinen richtigen Namen erfahren?"

„Mein eigentlicher Name hat wohl mit der Angelegenheit nichts zu schaffen, die euch zu mir führt", meinte ich abweisend. „Oder seid ihr nur gekommen, mich danach zu fragen?"

Der Russe ließ sich durch meinen schroffen Ton nicht beirren.

„Wie du willst. Doch glaubten wir, nachdem wir dir unsre Namen genannt, auch den deinigen erfahren zu dürfen."

„Du hast ihn gehört; ich führe hier keinen andern. — Doch, wenn ihr ein Anliegen vorzutragen habt, wollt ihr euch nicht setzen?"

Sie folgten meiner Einladung und ließen sich auf orientalische Weise auf den Teppich nieder. Ich nahm ebenfalls mit unterschlagenen Beinen vor ihnen Platz.

„Du irrst, wenn du meinst, wir hätten eine Bitte an dich. Wir haben eine Forderung an dich zu stellen. Ist es nicht so, Sadik Effendi?"

„Na'am, jakessa — ja, so ist es."

Ich sah sie verblüfft an.

„Eine Forderung? Ihr an mich? Darf ich fragen, welche?"

„Effendi, sprichst du vielleicht Französisch?" erwiderte er mit einer Gegenfrage.

„Ja, warum?"

Der Russe warf einen siegesgewissen Blick auf seinen Gefährten, der ungefähr bedeuten konnte: habe ich es nicht gleich gesagt? Dann gab er zur Antwort:

„Ich spreche nicht gut Arabisch, wie du aus meiner Ausdrucksweise erkennen wirst. Auch der deutschen Sprache bin ich nicht mächtig. So wäre es für mich ein höfliches Entgegenkommen, wenn du dich des Französischen bedienen würdest. Mein Freund beherrscht ebenfalls diese Sprache."

„Diesen Gefallen kann ich Ihnen gern erweisen", sagte ich jetzt auf französisch. „Doch wollen Sie mir endlich erklären, wie Sie zu der mir unverständlichen Ansicht kommen, eine Forderung, also einen Befehl, an mich zu richten?"

„Mein Herr, mit welchem Recht mischen Sie sich in Dinge, die Sie nichts angehn?" wich er der Beantwortung meiner Frage aus.

„Welche Dinge meinen Sie?" fragte ich einigermaßen gespannt auf das Verhör, das da mit mir angestellt werden sollte.

„Ich meine die inneren Angelegenheiten der Beni Sallah."

„Worauf stützen Sie diese Behauptung?"

„Nun, Sie haben sich zum Kampf mit Falehd gemeldet und ihn besiegt."

„Das war mein gutes Recht. Die Aufforderung ist doch öffentlich an alle im Duar befindlichen Männer ergangen, und mir ist nicht bekannt, daß ich davon ausgeschlossen sein sollte."

„Streiten wir uns nicht um Worte! Sie sind doch sicherlich mit uns beiden der Überzeugung, daß Falehd gesiegt hätte, wenn nicht Sie sich als sein Gegner gestellt hätten."

„Das gebe ich zu."

„Eh bien! Darauf kommt es an. Was veranlaßte Sie nun aber, sich zu melden und Ihr Leben aufs Spiel zu setzen?"

„Meine Freundschaft für die beiden Söhne des Blitzes und mein Mitgefühl für den Stamm."

„Freundschaft? Pah! Ich weiß, daß Sie Tarik erst einen Tag und Hilal nicht viel länger kennen. Die Freundschaft kann darum nicht allzu groß sein."

Ich stand auf.

„Monsieur, ich habe eine Reihe von Fragen ruhig über mich ergehn lassen, deren Berechtigung ich gar nicht anerkenne, aber wenn Sie in die Wahrhaftigkeit meiner Worte Zweifel setzen, so betrachte ich die Unterredung als beendigt. Beleidigen lasse ich mich nicht!"

Der Russe ergriff mich rasch am Ärmel meines Haïk und zog mich auf den Boden zurück. Ich ließ es mir, scheinbar zögernd, gefallen; denn ich war nun doch begierig geworden, worauf die merkwürdige Unterredung abzielte.

„Pardon, Monsieur, ich wollte Sie nicht beleidigen, wenn ich Zweifel an der Aufrichtigkeit Ihrer freundschaftlichen Gesinnung für Tarik und Hilal hegte. Wir Diplomaten haben doch überhaupt über die Begriffe Aufrichtigkeit und Wahrhaftigkeit unsre eigene Meinung. Nicht?"

‚Wir Diplomaten‘ hatte er gesagt. Rechnete er am Ende auch mich dazu? Ich wollte bald Gewißheit haben.

„Ich bedaure, daß ich diese Ihre Ansicht nicht teilen kann. Ich zähle nicht zu den Diplomaten."

Der Russe lächelte überlegen.

„Sie haben sich in die hiesigen Verhältnisse in einem Ausmaß eingemischt, daß wir unmöglich an eine selbstlose Absicht Ihrerseits glauben können. Nun wissen wir ganz genau, daß Deutschland in Ägypten nur ganz geringe Belange zu vertreten hat. England ist auf unsrer Seite, folglich kann es nur Frankreich sein, das uns auf so unangenehme Weise in den Rücken fällt."

„So halten Sie mich also für einen französischen Unterhändler?"

163

„Wir halten Sie für einen Deutschen, der in französischen Diensten steht, ja!"

Es fehlte nicht viel, so wäre ich herausgeplatzt. Ich ein französischer Sendling!

„Sie irren! Sie irren vollständig! Ich bin ein Deutscher mit Leib und Seele und würde mich nie zu einem Handlanger in französischen Diensten herabwürdigen."

Aksakow sah seinen Gefährten lächend an, als ob er sagen wollte: ,Wir lassen uns nicht irremachen.' Dann wandte er sich wieder an mich.

„Es ist gut! Sie können uns nicht überzeugen. Aber wir sind gekommen, um Ihnen zu sagen, daß sie unbedingt zurücktreten müssen."

„Wollen Sie sich nicht näher erklären, wovon ich zurücktreten soll?"

„Ich bitte Sie zu beachten, daß wir beide zuerst hier gewesen sind und uns alle erdenkliche Mühe gegeben haben, die Beni Sallah für unsre Pläne zu gewinnen. Wir haben somit das Vorrecht und sind nicht gewillt, es uns nehmen zu lassen. Treten Sie also zurück!"

„Ich sagte Ihnen schon, daß Sie sich auf dem Holzweg befinden. Ich bin nicht das, was Sie meinen. Ich mische mich grundsätzlich nie in die Beziehungen der Länder untereinander ein. Sie haben also in dieser Hinsicht nicht das geringste von mir zu befürchten. Natürlich können Sie mir nicht verwehren, meine persönliche Meinung zu haben und diese, wenn es mir beliebt, auch zum Ausdruck zu bringen."

Ich sah es meinem Gegenüber an, daß er mir kein Wort glaubte. Auch der Türke ließ ein zweifelndes Lächeln sehn.

„Und es beliebt Ihnen offenbar jetzt, Ihre persönliche Meinung in gewissen Punkten den Beni Sallah gegenüber zum Ausdruck zu bringen?" wiederholte der Russe in unverkennbarem Hohn meine Worte.

„Ich bin nicht verpflichtet, Ihnen auf diese Frage eine Antwort zu geben."

„Sie wollen also nicht? Gut! Was meinen Sie, Sadik Effendi?"

Der Türke machte mit der Rechten eine Bewegung des Geldzählens.

„Monsieur", begann der Russe von neuem. „Sie haben uns durch Ihren Sieg über Falehd einen schweren Strich durch die

Rechnung gemacht; Falehd wäre für uns der richtige Mann gewesen. Auf seine Hilfe müssen wir nun verzichten. Aber es liegt uns ungemein viel daran, daß die Hoffnungen, die wir auf Falehds Unterstützung setzten, trotzdem in Erfüllung gehn. Mein Herr, der Zar, und auch der Padischah würden nicht unwesentliche Beträge opfern, wenn unser Abkommen mit den Beni Sallah zustande käme. Und darum frage ich Sie, Monsieur, welche Summe sie bewegen würde, auf den Vorteil zu verzichten, der Ihnen durch die Besiegung Falehds erwächst."

Das war deutlich. ,Was muß ich dir geben, damit du meinen Willen tust?' Einen klareren Bestechungsversuch konnte ich mir nicht denken.

Ich wußte zuerst nicht, sollte ich diese Zumutung mit der Faust oder mit Spott zurückweisen, entschied mich aber dann dazu, den ganzen Vorfall von der heiteren Seite zu betrachten.

„Ich weiß wirklich nicht, wie ich dazukomme, daß Sie mich so hartnäckig für einen Sendling Frankreichs halten."

„Ich biete Ihnen zehntausend Frank, wenn Sie Ihre unfreundliche Haltung gegen unsre Absichten aufgeben", fuhr Aksakow fort, also habe er meine Worte nicht gehört.

„Mein Herr, Sie beleidigen mich!" wehrte ich ihn ab. Innerlich mußte ich über eine solche Hartnäckigkeit lachen.

„Also nicht? Dann erlaube ich mir, Ihnen zwanzigtausend vorzuschlagen."

„Hören Sie auf! Sie werfen Ihr schönes Geld buchstäblich zum Fenster hinaus."

„Scherzen Sie nicht!" mahnte der Russe. „Mir ist es blutiger Ernst. Ich mache Ihnen ein letztes Angebot. Würden Sie für fünfzigtausend Frank es über sich bringen, heut abend nicht in der Dschemma zu erscheinen und gegen uns zu sprechen?"

„Aber es fällt mir doch überhaupt gar nicht ein, die Dschemma heut abend zu besuchen."

„Nicht?"

Der Russe schien zum erstenmal an seiner Überzeugung irr zu werden.

„Nein! Ich habe Ihnen doch schon wiederholt versichert, daß ich mich um die politischen Angelegenheiten der Länder nicht im geringsten kümmere. Glauben Sie es mir doch!"

„Sie sagten selber, daß Sie sich nicht hindern lassen wollten, Ihre persönliche Meinung zu äußern."

„Wollen Sie mir das verbieten? Das bedeutet aber doch nicht, daß jeder denkende Mensch gezwungen ist, seine Überzeugung andern aufzudrängen und politisch hervorzutreten!"

„Sie wollen sich also an der heutigen Dschemma nicht beteiligen?"

„Fällt mir nicht ein! Die Beni Sallah werden auch ohne mich das Richtige finden."

Dem Russen schien ein schwerer Stein vom Herzen zu fallen.

„Und darf ich fragen, was Sie für das Richtige halten?"

„Das dürfen Sie. Ich halte es für ganz natürlich, daß die Beni Sallah dem Khedive ihre Freundschaft bewahren. Das Gegenteil wäre sonderbar. Denn erstens ist ihnen der Khedive näher als der Padischah, seine Freundschaft bringt ihnen also größeren Nutzen als ein Kampf gegen ihn."

„Und zweitens?"

„Zweitens muß ihnen eine Verbindung wie die vorliegende unnatürlich und darum verdächtig erscheinen. Türke und Russe bemühen sich gemeinsam um die Freundschaft der Beduinen. Kann das ernstgemeint sein? Die ganze bisherige Geschichte der beiden Länder lehrt, daß der Türke und der Russe niemals miteinander eine dauernde Freundschaft geschlossen haben. Türke und Russe sind naturgemäß Gegner und müssen es sein. Wenn nun auf einmal der Türke mit dem Russen Hand in Hand geht, so muß das doch auffallen, nicht?"

„Das lassen Sie nur ruhig die Sache des Padischah und des Zaren sein!"

„Ich mische mich auch nicht in ihre Angelegenheiten. Aber das Denken können Sie mir nicht verwehren und ebensowenig andern Menschen. Und da muß ich Ihnen sagen, daß Ihre Aussichten bei den Beni Sallah schlecht stehn."

Der Russe erhob sich, und der Türke folgte seinem Beispiel.

„Ich sehe, daß unsre Aufgabe hier beendet ist", sagte Aksakow. „Ich habe Ihr Wort, daß Sie heut abend in der Dschemma nicht sprechen, überhaupt nicht erscheinen werden?"

„Sie haben es. Die Beni Sallah sind, wie schon gesagt, Manns genug, um eine richtige Entscheidung zu treffen."

166

„Wir geben die Hoffnung trotzdem nicht auf, sie zu unsrer Ansicht zu bekehren. Was aber Sie anbetrifft, muß ich Ihnen erklären, daß Sie mir ein Rätsel sind. Ich hätte zuerst alle möglichen Eide darauf geschworen, daß Sie der Abgesandte irgendeiner Regierung sind, um uns in den Rücken zu fallen. Die Unterredung hat mich aber in dieser Überzeugung wankend gemacht. Sie hätten sich auch von uns für das Versprechen, die Dschemma nicht zu besuchen, ganz gut die fünfzigtausend Frank bezahlen lassen können; Sie brauchten uns ja nicht zu sagen, daß Sie gar nicht hingehn wollten. Sie waren ehrlich, und das nötigt uns Achtung ab. Ich bedaure es, daß die Verschiedenheit unsrer Ansichten uns hindert, Freunde zu sein. Vielleicht findet sich einmal ein Anlaß, wo wir uns in angenehmer Weise gegenüberstehn. Au revoir — auf Wiedersehn!"

Eine Verbeugung der beiden, und ich war wieder allein. Eine Weile wußte ich nicht, ob ich mich über die ganze Unterredung ärgern oder darüber lachen sollte.

Die letzten Worte des Russen waren freilich eine Anerkennung für mich, aber er hatte ja selber gesagt, daß die Diplomaten von den Begriffen Aufrichtigkeit und Wahrhaftigkeit ihre eigne Meinung hätten. Ich brauchte also die letzten Sätze des Russen, die in herzlichem Ton gesprochen worden waren, nicht für bare Münze zu halten.

Laut nannte er mich ehrlich, weil ich das Geld nicht genommen hatte, und im Innern hieß er mich vielleicht einen dummen deutschen Tölpel, der seinen Vorteil nicht wahrzunehmen verstand.

Dann waren die beiden auffallend rasch gegangen. Natürlich! Nachdem ich ihnen versprochen hatte, nicht zur Dschemma zu gehn, war ich für sie nebensächlich geworden, und sie brauchten mich nicht mehr zu fürchten! Warum also noch viele unnütze Worte an eine gleichgültige Person verschwenden?

Ich sollte sie aber sehr bald wieder zu Gesicht bekommen.

Eine Weile später erschien Halef, und wir legten uns zu einem ausgiebigen Kef auf den Teppich, von dem wir uns erst erhoben, als die Sonne schon tief im Westen stand. Wir traten hinaus ins Freie und trafen Tarik, der uns erwartet zu haben schien.

„Effendi, soeben reitet Falehd fort!" rief er mir entgegen. „Dort kannst du ihn sehn."

Wirklich trabte in der Entfernung von einer halben englischen Meile vom Lager eine kleine Karawane nach Norden. Sie bestand aus zwei Reitern auf Kamelen und aus drei Packkamelen, immer eins an den Schwanz des andern gebunden.

„Wer ist der zweite Reiter neben Falehd?" fragte ich.

„Es ist sein früherer Sklave. Er erklärte sich bereit, seinem ehemaligen Herrn in die Verbannung zu folgen, und wir haben ihn nicht daran gehindert."

„Sie reiten grad nach Norden. Wohin will er?"

„Ich weiß es nicht. Er mag ziehn, wohin er will!"

„Mir aber wäre es nicht gleichgültig, wohin sich einer wendet, der dem Stamm Rache geschworen hat. Du bis jetzt der Scheik und verantwortlich für die Sicherheit der Deinen."

„So meinst du, ich solle Falehd jemand nachsenden, um zu erfahren, wohin er geht?"

„Ja, das meine ich."

„Du hast recht; ich werde deinen Rat befolgen und ihm einen zuverlässigen Mann nachschicken. Am liebsten ginge ich selber. Aber heut abend findet die Dschemma statt, und ich kann daher nicht abkommen."

„Hast du keine Bedenken wegen des Ausgangs der heutigen Dschemma?"

„Jetzt, da wir Falehd nicht zu fürchten haben, nicht mehr. Übrigens, vorhin waren die beiden fremden Sendlinge bei dir, Effendi. Darf ich wissen, was sie von dir wollten?"

„Ich habe keinen Grund, ein Geheimnis daraus zu machen. Aber du irrst, wenn du meinst, daß sie etwas von mir haben wollten. Sie wollten mir im Gegenteil fünfzigtausend Frank schenken, nach ägyptischem Geld ungefähr zweihunderttausend Piaster."

„Wallah! Billah! Tillah! Aber wofür, Effendi?"

„Oh, sie wollten nur ein kleines Entgegenkommen von mir. Ich sollte heute in der Dschemma nicht gegen sie sprechen."

„Und du? Was hast du getan? Hast du das viele Geld angenommen?" fragte er gespannt.

„Nein."

„Hamdulillah — Allah sei Dank! So wirst du also an der Dschemma teilnehmen?"

„Du irrst. Ich sagte dem russischen Sendling, daß ich das Geld nicht annehmen könne, da ich gar nicht im Sinn habe, die Dschemma zu besuchen."

„Rhemallah — Gott behüte! Das wirst du uns doch nicht antun wollen, du, der beste Freund unsres Stamms!"

„Grad weil ich euer Freund bin, will ich mich fernhalten. Soll man von den Beni Sallah sagen, daß sie Kinder sind, die eines Vormunds bedürfen, ohne den sie nicht wissen, was sie zu tun haben? Nein! Ich habe Falehd, das größte Hindernis für euch, aus dem Weg geschafft. Mehr kann ich nicht tun. Das übrige ist eure Sache, vor allem die deine."

„Ich werde mir alle Mühe geben, für den Frieden zu sprechen."

„Ich gebe dir jedoch eins zu bedenken. Trotzdem du Falehd nicht mehr zu fürchten brauchst, wirst du keinen leichten Stand in der Dschemma haben. Die fremden Sendlinge boten mir viel Geld. Daraus kannst du schließen, daß sie alle Mittel in Bewegung setzen, zum Ziel zu gelangen. Es ist zum Beispiel ganz gut möglich, daß sie auch andern Geld angeboten haben, um sich deren Stimme in der Dschemma zu sichern."

„Ich danke dir, daß du mich darauf aufmerksam gemacht hast; ich werde mich demgemäß verhalten. — Was willst du, Hilal?"

„Der Mueddin läßt fragen, wann er das Brett zur Dschemma zu schlagen hat", erklärte Hilal, der inzwischen zu uns getreten war.

„So wie gestern. Eine Stunde nach Sonnenuntergang."

Ich warf unterdessen einen Blick auf die abziehende Karawane des Riesen.

Bis jetzt hatte sie die ursprüngliche Richtung nach Norden beibehalten. Die Sonne hatte schon die größte Strecke ihres Bogens zurückgelegt und begann sich zur Rüste zu neigen. Ihre schrägen Strahlen zwangen mich, mit der Hand die Augen zu beschatten, wenn ich den kleinen Zug noch sehn wollte.

Fahled hatte einen scharfen Galopp eingeschlagen, so daß seine Tiere schon jetzt nicht mehr voneinander zu unterscheiden waren und nur noch einen einzigen Punkt bildeten, der die Größe einer Erbse hatte.

Da war es mir, als ob dieser Punkt gegen vorher nicht mehr die gleiche Lage einnähme. Ich kauerte mich nieder und legte das Gesicht an die Seite eines hohen Steinquaders, dessen eine obere Kante für mich eine feste, unverrückbare Linie bildete, womit ich die langsame Bewegung des erwähnten erbsengroßen Punktes vergleichen konnte. Die andern beobachteten verwundert mein Gebaren.

Bald war ich meiner Sache sicher. Ich erhob mich vom Boden und wandte mich an Tarik.

„Der Verdacht, den ich schon länger hegte, hat sich bewahrheitet."

„Welcher Verdacht?"

„Daß die nördliche Richtung, die Falehd eingeschlagen hat, nur eine Finte ist. Er will gar nicht nach Norden."

„Wohin sollte er sonst wollen?"

„Das herauszubringen ist unsre Sache. Zunächst steht fest, daß er sich nach Westen gewendet hat."

„Nach Westen? Aber in dieser Richtung gibt es keine Menschen, sondern nichts als Wüste."

„Dorthin zu gehn kann also nicht in seiner Absicht liegen, das ist klar. Und wer wohnt im Süden?"

„Die Beni Suef."

„Ah, mit denen ihr in Blutfeindschaft lebt?"

„Ja. Wir haben mehrere Blutrachen gegen sie."

„So ist mit Gewißheit anzunehmen, daß Falehd sich zu ihnen wendet."

„Das ist möglich. Weshalb macht er aber den Umweg?"

„Um uns zu täuschen."

„Das wäre unnötig. Wir hätten ihn nicht gehalten, selbst wenn er uns offen gesagt hätte, daß er zu ihnen will."

„Ihr hättet dann gewußt, wo er sich befindet, und eure Maßregeln treffen können. Da er aber so versteckt handelt, folgt mit Gewißheit, daß er Rache plant. Ich möchte wetten, daß er die feste Absicht hat, die Beni Suef gegen euch aufzustacheln. — Wie weit lagert ihr Stamm von hier?"

„In zwei Tagen kannst du sie auf einem Reitdschemmel erreichen. Ein Lastkamel braucht drei volle Tagereisen."

„Das ist nah genug! Nehmen wir uns in acht!"

„Hab keine Sorge! Du bist sicher bei uns, du befindest dich ja in unsrer Mitte."

170

Das klang so selbstbewußt und sonderbar, daß ich laut lachte.

„Glaubst du, daß ich vor irgend jemand Angst haben könnte?"

„Verzeih, Effendi!" entgegnete Tarik errötend. „Meine Rede war nicht so gemeint."

„Bleiben wir bei Falehd! Ich würde die Angelegenheit, wenn ich du wäre, nicht leichtnehmen und ihn beobachten lassen. Ich riet es dir schon."

„Aber das ist doch jetzt nicht mehr nötig; wir wissen ja, daß er zu den Beni Suef geht."

„Und dennoch — — hm! Ich habe oft erfahren, daß man in solchen Fällen gar nicht zu viel tun kann. Ich hätte gute Lust, ihm nachzureiten, ob er wirklich einen Halbkreis nach Süden beschreibt."

„Du würdest heut zu spät kommen. Denn bis du die Stelle erreichst, wo sich Falehd eben befindet, ist die Nacht hereingebrochen, und du würdest keine Spur mehr erkennen können."

„Oh, ich würde die Sache ganz anders anpacken. Ich würde ihm gar nicht folgen, sondern ihn mitten in der Wüste erwarten."

„Wie meinst du das?"

„Ich würde gerade nach Westen reiten und an einem Punkt auf ihn lauern, von dem ich annehme, daß der Riese dort oder in der Nähe vorbeikommt."

„Das ist unmöglich. Wie kannst du diesen Punkt erraten?"

„Das ist nicht so schwierig. Freilich brauche ich einen Begleiter. Halef wird mit mir reiten, denn ihr beide müßt bei der Dschemma sein."

„So wolltest du dich also der Sache wirklich annehmen?"

„Ja. Der Ritt wird sich belohnen machen. Wenn wir auf Fahled stoßen, muß er erkennen, daß wir uns von ihm nicht täuschen lassen. Er wird denken, daß wir vorsichtig sind und uns auch für weiteres bereithalten werden."

„So willst du sogar mit ihm sprechen?"

„Ja. Ich will dem Kerl zeigen, daß er nicht klug genug ist, uns zu täuschen. Laß also die Pferde vorführen, Tarik! Wir wollen den Spazierritt unternehmen."

„So sattle die beiden schnellsten Tiere, die gleichen, die

der Effendi und sein Diener heut schon geritten haben!" wies Tarik seinen Bruder an.

Hilal entfernte sich, und wir hatten eine Weile zu warten, bis wir seinen Ruf von unten herauf hörten, daß die Pferde bereit seien.

Halef brachte mir meine Revolver, und dann stiegen wir zu Hilal hinunter, der die beiden hochedlen Stuten am Zügel hielt. Wir sprangen in den Sattel, und dann flogen die vortrefflichen Tiere mit der Schnelligkeit eines Eilzugs in die Wüste hinaus, nicht in nördlicher Richtung, wo nun der Riese am Himmel verschwunden sein mußte, sondern nach Westen.

Dort war die Sonne mittlerweile hinabgesunken. Eben als wir die Oase verließen, ertönten die Schläge des Mueddin und dann seine Worte:

„Auf, ihr Gläubigen! Rüstet euch zum Gebet, denn die Sonne hat sich in das Sandmeer getaucht!" — — —

10. Ein Fingerzeig

Die letzten Strahlen der Sonne flammten über die weite Ebene, golden und voll, als ob man sie greifen und festhalten könne. Aber dieses Gold wurde schnell matter; es färbte sich orange, ging in helles, kupfernes Rot über, flimmerte wie dünnflüssige Bronze über die Wüste, wich schnell und schneller zurück, sammelte sich dann an dem einen Punkt des Himmelsrands, unter dem der Sonnenball zur Ruhe gegangen war, und verlor sich endlich in fahlem Dämmerschein, der in immer längeren Zwischenräumen von helleren Strahlen durchzuckt wurde; endlich wich das Leuchten dem Dunkel des Abends und dem tiefen Blau, das von Osten her über den sternübersäten Himmel zog.

Wir hatten bei einbrechender Dunkelheit unsre Tiere in eine langsamere Gangart fallenlassen. Den Riesen jetzt zu erspähn, davon konnte natürlich keine Rede sein. Dennoch wollten wir ihn treffen. Wie aber war das anzufangen? Der Weg, den er einschlug, war ja nur eine dünne Linie in der Endlosigkeit der Wüste. Aber wer solche Lagen kennt, weiß

172

sich zu helfen. Ich zügelte nach einiger Zeit mein Tier und sagte:

„Jetzt werden wir uns vielleicht dort befinden, wo er vorüberkommt."

„Woraus schließt du das?" erkundigte sich Halef.

„Meinst du, daß Falehd einen größeren Umweg machen wird, als unbedingt nötig ist?"

„Ganz gewiß nicht."

„Oder glaubst du, er hält sich so nah an unserm Lager, daß er befürchten müßte, entdeckt zu werden?"

„Auch das nicht."

„So wird er also die Mitte zwischen beiden wählen, nicht zu nah am Lager und nicht zu entfernt davon, also ungefähr in dieser Gegend. Dabei kommt es auf kleine Entfernungen nicht an. Es ist still um uns her, und wir werden den Schritt der Tiere, die Falehd bei sich hat, wohl hören. Der Sand ist tief, und wenn sie ihn mit den Füßen hinter sich werfen, so gibt er einen Ton, dessen metallischen Klang man während der Nacht auf eine beträchtliche Entfernung hin vernehmen kann."

„Wäre es da nicht geraten, uns zu trennen?"

„Das wollte ich dir vorschlagen. Ich glaube, daß wir die richtige Gegend erreicht haben. Bleib also hier zurück! Ich reite noch einige hundert Pferdelängen in grader Linie weiter. Dort steig ich ab und lasse das Tier sich legen. Wenn du dich zu dem deinen setzt und ihm die Hand auf den Kopf drückst, wird es sich nicht rühren, falls jemand vorüberreitet. Kommt er, so läßt du ihn vorbei und gibst mir ein Zeichen. Ich werde im gleichen Fall dasselbe tun."

„Welches Zeichen?"

„Hast du schon einen Fennek bellen hören? Kannst du seinen Ton nachahmen?"

„Ja."

„Er schwärmt noch weiter in die Wüste als die Hyäne oder der Schakal; es kann also nicht auffallen, wenn sich seine Stimme hier hören läßt. Sein zweimaliges kurzes Bellen soll für den andern das Zeichen sein, zu kommen."

Der Fennek ist ein allerliebstes, fuchsähnliches Tierchen mit großen, breiten Ohren, die in eigentümlicher Weise am Kopf sitzen. Seine Stimme ist scharf und hell; sie klingt wie „ia, ia",

173

das J lang gedehnt und gedämpft, das A aber kurz, und sehr laut.

Halef stieg ab und machte es sich neben seinem Pferd bequem, während ich weiterritt. In angemeßner Entfernung sprang ich ab und schlug dem Tier auf die Kruppe, das Zeichen, sich zu legen. Es gehorchte. Ich setzte mich neben die Stute und drückte ihr die Hand auf den Kopf. Sofort schmiegte sie sich tief auf den Boden hin und holte noch einmal laut und langsam Atem, als ob sie sagen wolle, daß sie mich sehr wohl verstanden habe. Von da an lag sie ohne Bewegung still.

Minuten um Minuten vergingen. Droben strahlten die Sterne des Südens. Unten verlor sich der Blick in die dunkler und dunkler werdende Ferne. Ich hatte fast das Gefühl, als triebe ich in einem kleinen, schwankenden Boot im unendlichen Ozean.

Kein Ton unterbrach die Stille. So verging wohl eine Stunde.

Dann aber war es mir, als ob sich in der Richtung, wo Halef zurückgeblieben war, etwas hören ließe; es klang, wie wenn ein leichter Lufthauch durch müde herabhängendes Blätterwerk streiche. War es das erwartete Geräusch, das von den Tieren Falehds verursacht wurde? Jedenfalls: denn wenige Sekunden später tönte ein bellendes „ia, ia" von dort herüber, das Zeichen, das ich mit Halef verabredet hatte.

Ich gab meinem Tier die Erlaubnis aufzustehn, schwang mich in den Sattel und trabte der Richtung zu, in der ich Halef wußte. Er kam mir schon entgegen.

„Ist er vorüber?" fragte ich ihn.

„Ja, ganz nah an mir."

„Ohne dich zu erblicken?"

„Ein andrer hätte mich gesehn; aber sein Auge ist krank, und wenn das eine Auge leidet, so leidet das andre auch."

„Und sein Begleiter?"

„Der ritt auf der von mir abgewandten Seite."

„So ist es gut. Komm, ihm nach!"

Wir setzten unsre Stuten in Galopp. Die Tiere fegten in dem hohen Sand dahin, daß eine Wolke hinter uns aufflog. Bald erreichten wir den Ausgestoßnen. Er ritt in dem bekannten, ausgiebigen Kamelstrott, der die Tiere nicht anstrengt, weil er ihnen natürlich ist; man legt damit ungeheure Entfernungen zurück.

„Wakkif — halt!" rief ich.

Die beiden hörten den Ruf und zügelten ihre Tiere.

„Min di — wer ist da?" fragte Falehd.

Er griff nach seinem Messer, der einzigen Waffe, die er hatte mitnehmen dürfen.

„Min inte — wer bist denn du?" fragte ich dagegen, als wüßte ich es nicht.

„Komm näher herbei, dann sag ich es dir!"

„Allah! Diese Stimme sollte ich kennen!"

„Ich die deinige auch!"

Jetzt waren wir an der Seite des vordersten Dschemmels, das der Riese ritt.

„Falehd!" rief ich. „Wie kommst du hierher? Wir sahen doch, daß du nach Norden rittest."

„Kann ich nicht reiten, wohin es mir beliebt?" trotzte er und warf einen haßsprühenden Blick auf mich.

„Das kannst du. Aber du darfst nicht vergessen, daß du vogelfrei bist. Du sollst dich nicht in der Nähe des Lagers umhertreiben. Weißt du, daß ich das Recht habe, dich niederzuschießen?"

„Tu es, wenn es dir Ehre bringt, einen Wehrlosen und Verwundeten zu töten."

„Bis heut hast du anders gesprochen. Ich werde dir das Leben schenken, aber sieh, daß du fortkommst! Ein andrer wäre nicht so gnädig, wie wir beide sind."

„Allah verderbe euch! Was habt ihr in der Wüste zu suchen?"

„Dich!" antwortete ich ruhig. „Ich wollte dir nur zeigen, daß ich dich überall zu finden weiß, wenn es mir beliebt, dich zu suchen. Reite jetzt weiter und grüß die tapfern Beni Suef von uns!"

„Allah verdamme dich und euch alle!" rief der Riese und schlug mit dem Stab, den jeder Kameltreiber bei sich führt, seinem Tier zwischen die Ohren. Es setzte sich sofort in eiligen Lauf. Sein Begleiter, der kein Wort gesprochen hatte, folgte ihm mit den drei Lastkamelen.

Ich konnte mich in die Gefühle, die jetzt den Riesen bewegten, recht gut hineindenken.

Er sah sich durchschaut; es mußte ihn gewaltig ärgern, daß

die Beni Sallah erfuhren, wohin er sich zu wenden beabsichtigte. Außerdem mußte die Schande, besiegt und ausgestoßen zu sein, wie ein Feuer in seinem Innern brennen. Er hatte nicht nur seine Ehre verloren, sondern auch seine Habe. Er war ein Verfluchter, der seinem ärgsten Feind danken mußte, wenn er ihn nicht wie ein wildes Tier niederschoß.

Alle niederen Gefühle, deren ein menschliches Herz fähig ist, mußten jetzt in seinem Innern wühlen. Dazu kam der Schmerz, den ihm seine Verletzungen bereiteten. Ein andrer wäre vielleicht in sich gegangen und hätte sich selber die Schuld an dem Vorgefallnen beigemessen. Das war indes bei der Wesensart Falehds nicht zu hoffen. Im Gegenteil, wir konnten uns darauf gefaßt machen, daß sein glühender Haß Mittel und Wege fand, sich an mir und dem ganzen Stamm der Beni Sallah zu rächen — vorausgesetzt, daß ihn das Wundfieber verschonte und er das Duar der Beni Suef überhaupt lebend erreichte.

Wir kümmerten uns nicht weiter um ihn und kehrten ins Duar der Beni Sallah zurück.

Von weitem schon bemerkten wir den Schein des Lagerfeuers, um das jetzt die Ältesten versammelt waren, Beratung zu halten. Da ich versprochen hatte, ihr fernzubleiben, hielten wir uns nur so lange auf, wie nötig war, unsre Tiere zu versorgen, und kehrten dann nach der Ruine zurück.

Wir fanden sie ziemlich verlassen. Die Wachen auf der Treppe ausgenommen, trafen wir nicht einen einzigen Menschen. Badija und Hiluja hatten sich in ihre Gemächer zurückgezogen; Tarik und Hilal waren bei der Dschemma, zu der auch der alte Scheik der Beni Abbas eingeladen worden war, eine Pflicht der Höflichkeit gegen den Vater der Khanum.

Wir ließen uns zwischen den Steintrümmern an der gleichen Stelle nieder wie gestern bei unserm Kommen und gaben uns dem Anblick hin, den die Feuer des Duars und die Schatten, die sich daran bewegten, boten. Wieviel hatte sich hier doch in einem Tag geändert! Ein Großer war gestürzt, und das Glück zweier Liebender war begründet worden, die an eine so baldige Erfüllung ihrer Hoffnungen nicht zu denken gewagt hatten.

Es ging unten ziemlich ruhig zu. Solang die Dschemma dauerte, mußte jeglicher Lärm vermieden werden. Aber ich wußte, daß an die Stelle der verhältnismäßigen Ruhe heut noch

176

lauter Lärm und das fröhliche Treiben eines festlichen Schmauses treten würde. Galt es doch, die Ernennung des neuen Scheiks zu feiern.

Die Dschemma zog sich länger hin, als ich erwartet hatte. Ich wäre von Anfang an in der Lage gewesen, ihre Entscheidung wesentlich zu beschleunigen; ich brauchte ja nur den Ältesten meine Absicht, den Beni Sallah dreihundert Gewehre zu vermitteln, zur Kenntnis zu geben.

Doch das wäre gegen mein Empfinden gewesen. Die Beni Sallah sollten sich nicht erst durch mein Geschenk dazu bestimmen lassen, einen Entschluß zu treffen, der der Menschlichkeit und den gesunden Erwägungen entsprach; sondern die Waffen sollten gewissermaßen die Belohnung dafür bilden, daß sie den Einflüsterungen der fremden Sendlinge widerstanden hatten.

Was aber dann, wenn sie gegen alle Erwartung und gegen meinen Wunsch einen Beschluß faßten? Dann sollten sie, dazu war ich fest gewillt, kein einziges der Gewehre bekommen. Lieber verdarben diese im Wüstensand, als daß ihre Kugeln gegen wehrlose Fellahin[1] gerichtet wurden.

Endlich schien unten die Entscheidung gefallen zu sein. In die Schatten am Hauptfeuer kam Bewegung, und dunkle Gestalten huschten eifrig hin und her. Wir blieben ruhig sitzen, denn ich wußte, daß man uns bald aufsuchen würde, um uns über den Gang der Verhandlungen zu berichten.

Ein Geräusch seitlich über unsern Köpfen sagte uns, daß der Mueddin seine „Kanzel" bestiegen hatte; dann hörten wir die bekannten drei Schläge auf das Brett und die schallende Stimme des Ausrufers:

„Bismillah errachmahn errachihm — im Namen des allbarmherzigen Gottes! Preis sei ihm, daß er den Männern Weisheit gegeben hat, das Gute vom Bösen zu unterscheiden! Gelobt sei Ismail Pascha, der Herrscher von Masr und El Kahira! Sein Leben währe tausend Jahre, und seinen Schritten möge Glück und Segen folgen! Er ist unser Freund, und wir sind seine Freunde. Wer gegen ihn ist, der ist gegen uns und soll unsre Rache kosten. Das haben die Ältesten in der Dschemma beschlossen. Hört es, ihr Männer und Frauen! Allah ist die

---

[1] Mehrzahl von Fellah: vom arabischen felaha, pflügen

Weisheit, und er gibt den Verstand. Er sei gelobt, denn er ist Gott, und Mohammed ist sein Prophet!"

Nach dieser in echt mohammedanischer Weise erfolgten Verkündigung wußten alle im Duar genau, wie die Sache stand. Die Entscheidung war also doch nach unserm Willen und nach den Wünschen der Einsichtsvollen im Duar gefallen.

Die Worte des Mueddin waren kaum verklungen, so hörten wir zwischen den Steinen den Ruf:

„Effendi, wo bist du? Die Wächter sagten, daß du zurückgekehrt seist!"

Es war die Stimme Tariks. Wir gaben ihm Antwort, und gleich darauf traten zwei Männer um die Ecke, Hilal und der neue Scheik.

„Hast du verstanden, Effendi, was der Mueddin verkündigte?" fragte Tarik, als er bei uns stand.

„Ja. Die Stimme der Einsicht hat gesiegt. Ich wünsche dir Glück."

„Ich danke dir! Aber es hätte nicht viel gefehlt, so wären wir unterlegen."

„Also doch!"

„Ja. Die Meinungen gingen lang in heftigem Streit auseinander. Sogar manche, auf deren Stimme ich gehofft hatte, waren im letzten Augenblick zu den Gegnern übergegangen."

„Aha! Ich ahne, warum!"

„Ich ahnte es ebenso, sagte aber anfangs nichts. Erst als der Sieg auf die Gegenseite neigte, erhob ich mich und warf einigen von den Ältesten vor, sie hätten sich von den fremden Sendlingen bestechen lassen. Meine Anklage fiel wie eine Bombe in die Versammlung. Natürlich stellten die Beschuldigten alles in Abrede, ich führte aber als Beweis gegen die Fremden an, daß sie auch dich mit der Summe von fünfzigtausend Franken bestechen wollten."

„Das wirkte wohl?"

„Zunächst noch nicht. Die Fremden bezeichneten meine Behauptung als freche Verleumdung."

„Das ließest du dir doch nicht gefallen?"

„Nein. Ich wies sie scharf zurecht und machte dann der Dschemma den Vorschlag, zum Beweis meiner Behauptung dich zu bitten, die Versammlung mit deinem Besuch zu beehren."

178

„Das ging den Fremden wohl erst recht auf die Nerven?" lachte ich.

„Du hast es gesagt. Sie erhoben Widerspruch gegen die Hinzuziehung eines Mannes, den die Angelegenheit, wie sie meinten, nichts angehe, und erst, als ich ihnen erwiderte, daß auch sie fremd und in der Dschemma nur geduldet seien, wurden sie kleinlaut. Sie sagten, ich brauche dich nicht holen zu lassen, da sie es ablehnten, sich zu dieser Anschuldigung zu äußern."

„Das machte doch die Dschemma stutzig?"

„Natürlich! Denke dir, zweihunderttausend Piaster! Welche Vorteile mußten sich da, wenn die Fremden solche Summen bieten konnten, für sie ergeben, falls wir auf ihre Vorschläge eingingen! So sagte sich ein jeder in der Versammlung."

„Aber die Weisung des Scheiks von Dscharabub? War die denn ganz wirkungslos?"

„Nein. Wir hatten das Verlesen des Briefs von Sihdi Mahdi bis auf zuletzt verschoben. Hilal berichtete von seiner Reise, die er im Einverständnis mit der Khanum unternommen hatte, und als die Versammelten dann die Worte des ‚Ehrwürdigen' vernahmen, verstummte jeder Widerspruch. Der Sieg war gewonnen; denn auch diejenigen, die gegen uns gestimmt hätten, wagten das nun nicht mehr. Sie hatten Angst bekommen."

„Erlaube, daß ich dir noch einmal Glück wünsche. Du bist heute zum erstenmal in deiner neuen Würde aufgetreten und hast deine Sache sehr gut gemacht. — Auf wessen Seite stand denn der alte Esra?"

„Auf der unsrigen. Ich machte manchmal die Beobachtung, daß er etwas sagen wollte, was er auf dem Herzen hatte. Wenigstens kam es mir so vor."

„Nun, vielleicht hätte er dir wirklich eine wichtige Mitteilung zu machen gehabt. Er hat sich nur nicht getraut."

„Du sprichst das in einem so sonderbaren Ton. Vor wem hätte er sich zu fürchten gehabt?"

„Vor mir."

„Maschallah! Wie meinst du das?"

„Wie ich es sage. Er getraute sich nicht, die Mitteilung zu machen, weil ich es ihm verboten hatte."

„Deine Rede wird mir immer unverständlicher. Willst du — —"

„Willst du nicht lieber selber zu Esra gehn und ihn fragen, was er euch verheimlichte? Mein Verbot von gestern abend ist nunmehr aufgehoben, und er darf reden. Wo befindet er sich jetzt?"

„Bei der Khanum. Ich habe ihn zu ihr geschickt, damit sie die Entscheidung der Ältesten erfahre, während Hilal und ich zu dir gingen."

„So eile ebenfalls zu ihr, damit du die Nachricht, die dich erfreuen wird, nicht um einen Augenblick später hörst, als es nötig ist!"

„Allah il Allah! Effendi, sage mir die Freudenbotschaft doch gleich selber!" drängte er.

„Fällt mir nicht ein!" lachte ich vergnügt. „Kennst du das Märchen aus ‚Tausendundeiner Nacht' vom Berg Sesam? Nun, Esra hat den Schlüssel dazu. Eile, dir ihn geben zu lassen!"

Damit wandte ich mich ab und ließ ihn und Hilal stehen. Es blieb ihnen nichts andres übrig, als meiner Anweisung zu folgen.

„Sihdi", lachte Halef, als die beiden fort waren, „paß auf, wie schnell die zwei oder wenigstens einer von ihnen wieder bei uns sein werden, um uns zu holen."

Er war gestern bei der Aussprache mit dem alten Esra dabeigewesen und wußte also, worum es sich handelte.

Die Vorhersage Halefs bewahrheitete sich.

Es waren kaum fünf Minuten nach der Entfernung der Brüder vergangen, so tauchte Hilal aus dem Dunkel auf.

„Effendi, der Scheik und die Khanum bitten dich, zu ihnen zu kommen; sie wollen Näheres von dir erfahren. O Allah! Effendi, du bringst Freude über Freude über den Stamm der Beni Sallah!"

Natürlich folgten wir der Bitte Hilals und standen bald in dem uns von gestern her bekannten Gemach, worin wir Badija, Hiluja, Tarik, den alten Esra und den Scheik der Beni Abbas fanden.

Wir wurden beim Eintritt mit einer Menge von Fragen begrüßt, die ich unmöglich auf einmal beantworten konnte und lachend abwehrte. Aber als wir auf den Kissen Platz genommen hatten, ging das Berichten los.

Der Leser meiner Reisebeschreibungen weiß zur Genüge,

180

daß Halef leidenschaftlich gern und auch sehr gut erzählte. Ich dagegen kannte ihn damals noch nicht lang genug, um seine Fähigkeiten in dieser Beziehung in ihrem vollen Maß zu würdigen, und war mehr als erstaunt, aus seinem Mund unsre Erlebnisse in einem mir völlig neuen und mit den Tatsachen nicht ganz übereinstimmenden Licht zu erfahren.

Aber wenn ich auch in dieser Hinsicht mit seiner Darlegung nicht voll einverstanden war, so muß ich, was seine übrigen Zuhörer betrifft, gestehn, daß sie mit den Augen an seinem Mund hingen und die Übertreibungen, deren er sich schuldig machte, gar nicht merkten, ja als etwas Selbstverständliches zu betrachten schienen. Der Orientale hat eben in mancher Beziehung eine andre Einstellung als der Europäer.

„Das also ist das Geheimnis der begrabenen Karawane!" unterbrach Hilal das Schweigen, das nach der Erzählung Halefs eingetreten war. „Wer hätte das gedacht!"

„Ich habe es längst gewußt", flüsterte Hiluja.

„Und du hast mir gegenüber keine Silbe davon verlauten lassen", meinte Hilal vorwurfsvoll.

„Ich durfte nicht. Unser Effendi, dem ich so viel zu verdanken habe, hat es mir streng verboten", erwiderte das Mädchen errötend.

„Jawohl!" bestätigte ich. „Ich wußte damals ja selber noch nicht, wer die Gewehre bekommen sollte, mußte also auf Wahrung des Geheimnisses bestehn."

„Aber jetzt darfst du wohl davon sprechen?" fragte Tarik.

„Na'am — jawohl! Ich weiß, daß die Waffen nicht in unrechte Hände geraten."

„Glaubst du, die Stelle wiederfinden zu können, wo die Karawane überfallen wurde?"

„Ich bin überzeugt davon. Ich habe mir die Unglücksstätte genau gemerkt und die Bildung der Dünen in meinem Notizbuch aufgezeichnet. Und außerdem glaube ich, daß Hilal, der die Wüste besser kennt, die Stelle mit Leichtigkeit wiederfinden wird."

„Du hast recht", bestätigte Hilal. „Ich wäre imstande, den Punkt, wo ich von den Männern der fremden Karawane niedergeschlagen wurde, sogar in der Nacht aufzusuchen."

„Und wird die Bergung der Gewehre nicht schwierig sein?" fragte der Scheik.

„Gib mir zehn Kamelreiter und zehn ledige Tiere, samt einer Anzahl Bastmatten, die notwendig sind, damit die Leute nicht in dem tiefen Sand einsinken, und ich bürge dir dafür, daß die Gewehre mitsamt den Patronen in wenigen Stunden ausgegraben sind", versicherte ich.

„Nur zehn Männer willst du?" staunte Tarik. „Ich werde dir fünfzig mitgeben, nein, ich will lieber gleich selber mit dem ganzen Stamm der Beni Sallah aufbrechen, um den Schatz zu heben. O Allah! Dreihundert Gewehre! Ich kann es fast nicht glauben."

„Du wirst es wohl glauben, wenn du den Schatz geborgen siehst. Aber den ganzen Stamm brauchst du nicht aufzubieten. Zwanzig Männer und zehn Packkamele sind mehr als genug."

„Wann, meinst du, sollen wir aufbrechen?"

„Von hier bis zur Unglücksstätte ist ein voller Tagesritt. Wenn du also erst morgen früh abreitest, wirst du, auch mit ausgeruhten Tieren, nicht vor Anbruch der Dunkelheit dort eintreffen und daher mit dem Ausgraben bis zum nächsten Morgen warten müssen."

„O jazik — o wehe!"

„Ja; darum halte ich es für das beste, daß du schon jetzt eine Karawane zusammenstellst, die möglichst bald, sagen wir nach Mitternacht, marschbereit ist."

„Das wird heut wegen des Festes nicht möglich sein."

„Warum nicht? Laß bekanntgeben, worum es sich handelt, und versprich, den Teilnehmern der Karawane nach ihrer Rückkehr ein besonderes Fest zu geben, so wird der Jubel groß sein, und du wirst genug Leute bekommen, mehr als du brauchst."

„Ja, so wird es gehen. Aber wird es für dich nicht zu anstrengend sein, nach der langen Reise —"

„Ich? Auf mich mußt du freilich verzichten. Das Bergen der Waffen werden deine Leute allein besorgen können, und außerdem fühle ich mich tatsächlich ermüdet. Übrigens wird die Angelegenheit in den besten Händen ruhn, wenn du sie Hilal übergibst."

„Aber wird er die Stelle auch sicher finden?"

„Du kannst dich darauf verlassen. Sorge nur dafür, daß die Karawane bald abgeht, damit sie ein paar Stunden vor Abend dort ist. Bis zum Einbruch der Dunkelheit kann dann die

Arbeit leicht geschehn, und im Verlauf des folgenden Tages wirst du im Besitz der Waffen sein, die dir ein bedeutendes Übergewicht über alle Stämme der Wüste geben."

„So mag es sein!" stimmte mir Tarik begeistert zu. „Ich werde sofort ins Duar hinuntergehn und die Sache bekanntgeben. Ia Allah, ia nabi, ia suruhr — O Allah, o Prophet, o Freude!"

Und fort war er.

Wir andern indes warteten seine Rückkehr nicht ab, sondern folgten ihm langsam, meine Begleiter, um am Festmahl des heutigen Abends teilzunehmen, ich aber, um das eigenartige Leben und Treiben des beduinischen Lagerlebens zu genießen, das, obgleich mir nichts Neues mehr, doch noch immer einen seltsamen Reiz auf mich ausübte.

Unter „wir" meine ich natürlich nur die „Herren". Die „Damen", nämlich die Khanum und Hiluja, blieben in ihren Gemächern zurück. Als wir unten im Duar angelangt waren, wußte es Hilal so einzurichten, daß er für kurze Zeit an meine Seite kam.

„Effendi", meinte er, „es ist schade, daß du nicht mit bei den Leuten sein willst, die uns die Gewehre holen."

„Weshalb? Fürchtest du, die Stelle nicht zu finden?"

„Das nicht! Aber ich hätte dir die Ehre gern gegönnt, die nun auf mich fallen wird."

„Du hast recht, es ist eine Ehre, sogar eine sehr große. Und das ist auch der Grund, warum ich zurücktrat."

„Das verstehe ich nicht."

„Du wirst mich gleich verstehn. Meinst du nicht, daß es dein Ansehn beim Scheik der Beni Abbas, an dem dir doch sehr viel gelegen sein muß, bedeutend heben wird, wenn du als Führer einer Karawane zurückkehrst, die in den Augen der Beni Sallah eine wahre Schatzkarawane ist?"

„Allah il Allah! So meinst du das?"

„Ja. Du sollst dir morgen die Sporen verdienen, wie man bei uns im Abendland von einem jungen Helden sagen würde, der sich besonders auszeichnet. Und damit bist du Hiluja wieder ein gut Stück näher gerückt."

„Maschallah! Ja, das ist wahr! Daran hatte ich nicht gedacht! Effendi, ich danke dir."

„Und noch etwas! Ich will dir einen Fingerzeig geben.

Der Wind hat die Spuren, die die Füße unsrer Kamele im Sand hinterlassen haben, natürlich längst verweht, und es wäre immerhin nicht ganz ausgeschlossen, daß du die Stelle nicht findest oder wenigstens nicht gleich. In diesem Fall suche nach dem Bambusstab, den ich auf dem Kamm der betreffenden Düne aufgesteckt habe. Er wenigstens wird noch vorhanden sein, und du wirst ihn auf beträchtliche Entfernung hin erspähn können. Das übrige hast du aus der Erzählung meines Dieners vorhin erfahren."

„Werde ich gleich wissen, wo ich nachzugraben habe?"

„Ich denke. Die Sandhügel werden in der kurzen Zwischenzeit vom Wind kaum vollkommen eingeebnet worden sein. Ich bin überzeugt, daß sie noch deutlich erkennbar sind."

„So weiß ich nun alles und will mit meinem Bruder das Nötige für den Aufbruch besprechen. Allah jisallimak — Gott erhalte dich!"

Damit ging er. Auch der Scheik der Beni Abbas trennte sich von uns; er suchte seine Krieger auf, um gemeinsam mit ihnen die Festesfreuden des heutigen Abends zu genießen. So blieb also nur der alte Esra zurück, um mir und Halef Gesellschaft zu leisten.

11. Halef murrt

Im Duar herrschte ein reges Leben.

Die Khanum hatte die fettesten Tiere ihrer Herde geopfert und auch ihre sonstigen Vorräte nicht geschont. Der Araber ist mäßig und enthaltsam; aber wenn er einmal ißt, so ißt er ordentlich und zeigt bei einem Schmaus, daß ein menschlicher Magen Mengen aufzunehmen vermag, die sogar ein großes Raubtier sättigen würden. So viel Menschen der unter der Ruine gelegene Platz zu fassen vermochte, so viel saßen da an den riesigen, schmorenden Spießbraten beisammen, und wenn zehn Gesättigte gingen, so setzten sich zwölf andre an ihre Stelle.

Es wurde gesungen, gejubelt und auf der einsaitigen Geige gespielt.

Während wir zwischen den Zelten hindurchschritten,

bemerkten wir bald die Wirkung, die die Mitteilung Tariks unter den Beni Sallah hervorrief. Hatte der gegorene Dattelsaft ohnehin schon das seinige dazu beigetragen, die Feststimmung der Beduinen zu heben, so wurde sie jetzt durch die Freudenbotschaft, die sich mit Windeseile durch das ganze Duar fortpflanzte, aufs höchste gesteigert. Dreihundert Gewehre der neuesten Ausführung, nicht solche altmodische Steinschloßflinten, worüber sonst die Söhne der Wüste verfügten — das war eine Errungenschaft; die selbst die Gemütsruhe der Würdevollsten unter ihnen aus dem Gleichgewicht brachte.

Ich konnte es nicht verhindern, daß der laute Jubel der Beduinen sich auch mit mir beschäftigte. War ich doch der Sahbar[1], dem sie das unverhoffte Glück verdankten, der Freund und Wohltäter des ganzen Stammes. Leise oder laut klangen die schmeichelhaftesten Bezeichnungen an mein Ohr; und da — wahrhaftig, ich hatte nicht falsch verstanden, hörte ich an einem der Lagerfeuer einen Mann zu seinem Nachbar sagen:

„Challi balak! Bigi abu'l alfa sa'ika — paß auf! Da kommt der Vater der tausend Blitze!"

„Vater der tausend Blitze"! Nicht schlecht! Mein Ansehn bei diesen anspruchslosen Söhnen der Wüste wuchs mit reißender Schnelligkeit. Auch meine beiden Begleiter hatten den Ruf gehört. Esra fragte mich beim Weitergehn:

„Hast du verstanden, Effendi, was dieser Mann sagte?" - „Ja."

„Und weißt du auch, was er meint?"

„Natürlich!" lachte ich. „Er denkt an den Eindruck, den ein Trommelfeuer aus dreihundert Schnellfeuergewehren machen muß, und da läßt er mich ohneweiters aus einem einfachen ‚Vater des Blitzes' zu einem ‚Vater der tausend Blitze' aufrücken."

„Tamahm — ganz recht!" fiel Halef ein. „Und paß auf, Sihdi, morgen wird das ganze Duar von diesem Namen widerhallen, und in einem Monat wird an allen Lagerfeuern und in allen Zelten der Beni Arab weit über die Grenze von Masr hinaus der Ruhm deines Namens ertönen bis auf die Kinder und Kindeskinder!"

„Ichlas — hör auf!" widersprach ich lächelnd. „Du täuschst dich. Wenn ich erst nicht mehr bei den Beni Sallah bin, wird

[1] Zauberer

dieser Name bald in Vergessenheit geraten, und da, wohin wir reiten, wird gewiß kein Mensch etwas von einem ‚Vater der tausend Blitze‘ wissen."

„Malesch — tut nichts! Ich werde schon dafür sorgen —"

„Nichts wirst du!" unterbrach ich ihn scharf, ohne mich darum zu kümmern, daß Esra Zeuge der Zurechtweisung Halefs wurde. „Ich verbiete dir streng, diesen Namen zu gebrauchen, wenn wir das Gebiet der Beni Sallah hinter uns haben. Du kennst meine Meinung in dieser Beziehung. Wenn du aus mir unbedingt eine Berühmtheit machen willst, so ist Kara Ben Nemsi mindestens ebensogut wie dein ‚Vater der tausend Blitze‘."

Es war selten, daß ich Halef so zurechtwies. Darum schwieg er, eingeschüchtert durch meinen Ton.

Mein Erscheinen erregte indes keineswegs überall Freude und Begeisterung. Ich schaute in manches Auge, das finster auf mich gerichtet war. Die Anhänger Falehds konnten es nicht so schnell verwinden, daß ich ihre Pläne durchkreuzt hatte.

An einem Zelt begegnete ich sogar offner Feindseligkeit. Ich bemerkte Tarik im Gespräch mit zwei Männern. Im Nähertreten erkannte ich Sadik Pascha und Aksakow. Der Gegenstand der Unterhaltung mußte, wie aus ihren erregten Mienen zu schließen war, unerfreulich sein. Als der Blick des Russen auf mich fiel, verzerrte sich sein Gesicht zu einer wütenden Fratze.

„Da kommt er, der Lügner und Verräter!" rief er seinem Gefährten zu.

„Meinst du mich damit?" fragte ich ruhig.

„Ja, dich!"

„Du wirst diese Beleidigung zurücknehmen."

„Fällt mir nicht ein! Hast du nicht in Abrede gestellt, daß du der Abgesandte irgendeiner europäischen Macht seist?"

„Das beruht auch auf Wahrheit."

„Wirklich?" höhnte der Russe. „So sag mir, wenn du kein Sendling Frankreichs oder Deutschlands bist, wie ist es zu erklären, daß ein einfacher Reisender dreihundert Gewehre verschenken kann?"

„Ah, das ist es?" fragte ich. „Man kann doch auf verschiedene Weise in den Besitz der Gewehre gelangt sein, ohne deshalb im Dienst eines Landes stehn zu müssen."

„Ich kann mir nur noch eine Möglichkeit denken — daß du sie gestohlen hast."

Ich blieb auch bei dieser Beleidigung noch ruhig. Der Russe zeigte jetzt sein wahres Gesicht. Ich hatte ihn ja gleich durchschaut und erkannt, daß seine Höflichkeit in unsrer letzten Unterredung nur Tünche war.

Er sprach auch jetzt ein sehr gutes Arabisch; seine frühere Behauptung, daß er dieser Sprache nicht recht mächtig sei, war also eine Lüge, offenbar zu dem Zweck ersonnen, mich Französisch sprechen zu hören; auf diesen fadenscheinigen Beweis wollte er dann seine widersinnige Behauptung stützen, ich sei ein französischer Unterhändler.

„Es ist auch noch etwas andres möglich", erwiderte ich auf seine letzte Beleidigung gelassen. „Ich kann die Gewehre auch gefunden haben."

Aksakow brach in ein schallendes Gelächter aus.

„Gefunden! Hast du es gehört, Sadik Effendi? Er will die Gewehre gefunden haben! Als ob man dreihundert Gewehre so ohne weiteres finden könnte wie einen kupfernen Piaster, der in der Straßenrinne liegt."

„Du glaubst mir nicht? Nun, du kannst dich ja leicht selber überzeugen. Es wird noch in der Nacht eine Karawane in die Wüste aufbrechen, um die Waffen zu holen. Du brauchst sie nur zu begleiten — wenn es der Scheik erlaubt."

„Ja, wenn es der Scheik erlaubt!" fiel Tarik ein. „Ich erlaube es aber nicht."

„Was wolltest du tun, wenn wir uns trotz deinem Verbot deinen Leuten anschlössen?" fragte der Russe höhnisch.

„Ich würde euch mit Gewalt zurückhalten."

„Uns, deine Gäste?"

„Ich betrachte euch nur solange als meine Gäste, wie ihr euch zwischen den Zelten der Beni Sallah aufhaltet."

„Später also nicht mehr?"

„Nein."

„Mit welchem Recht?"

„Mit dem Recht des Anführers der Beni Sallah. Ihr verdient nicht die mindeste Rücksicht. Denk dir, Effendi, diese beiden Männer wollen uns die Kränkung zufügen, daß sie, obgleich sie wochenlang die Wohltaten des Stammes genossen haben, morgen bei Anbruch des Tags abreisen. Du weißt aber wohl, daß das Gesetz der Wüste die Zeit der Abreise nach dem Asr[1], drei Stunden vor dem Untergang der Sonne vorschreibt."

Ich konnte die Entrüstung des Scheiks wohl verstehn, weil ich die Sitten des Landes kannte, vermochte sie aber als Europäer keineswegs zu teilen. Darum schwieg ich lieber.

„Wir haben das Recht, über unser Tun selber zu bestimmen, und bestehn auf diesem Recht", entgegnete hartnäckig der Russe. „Wir reisen morgen früh! Beruhige dich — es fällt uns nicht ein, den Ritt in die Wüste mitzumachen. Wir glauben kein Wort von den gefundenen Gewehren."

„Ob du daran glaubst oder nicht, ist vollkommen belanglos", sagte ich, diesmal absichtlich in geringschätzigem Ton. Ich begann allmählich doch die Geduld zu verlieren. „Es gibt Menschen, die so unbändig dreist sind, daß sie jeder vernünftigen Belehrung unzugänglich bleiben."

„Meinst du mit diesen dreisten Menschen uns?" drohte er.

„Ja, euch!" — „Wir verbitten uns jede Beleidigung!"

„Ihr habt gar nicht aufzubegehren; du hast mich zuerst einen Lügner und Verräter genannt. Wir sind also quitt. Ihr wollt Diplomaten, also in der Wissenschaft der Staatenführung erfahrene Männer sein und merkt doch nicht, daß die beiden Länder, die ihr vertretet, am Gängelband eines dritten Volks marschieren."

„Wir verlachen deine Worte. Was weißt du von Staatenkunde?"

„Vielleicht mehr, als ihr selber! Hat denn die Wüstensonne euer Gehirn so leergebrannt, daß ihr wirklich glaubt, ihr würdet die Früchte der Saat ernten, die ihr hier ausstreun wollt? Weder Rußland noch die Pforte, auch nicht Deutschland oder Frankreich, dessen Sendling ich sein soll, werden die Ernte einheimsen, sondern ein ganz andrer."

„Wie klug du bist!" höhnte Aksakow. „Will sich deine hohe Weisheit vielleicht zu unsrer Unwissenheit herablassen, damit wir erfahren, wer dieser andre ist?"

„Laß deinen Spott! Er zeugt von keiner besondren Klugheit, daß du dich erst von mir belehren lassen mußt. Ich meine den Engländer."

„Den Engländer?" fuhr er auf. „Wie kommst du auf den?"

[1] Nachmittagsgebet

188

„Nun, du sagtest ja heute selber, daß England zu den Ländern gehöre, die in Ägypten Forderungen und Wünsche zu vertreten haben. Und du kannst dich darauf verlassen, daß England das in ausgiebigem Maß tun wird. Ich könnte dir das ausführlich aus der Geschichte beweisen, doch ich unterlasse es lieber. Ich will dir nur noch so viel verraten, daß die Waffen, die ich tatsächlich in der Wüste gefunden und den Beni Sallah geschenkt habe, aus England stammen und für einen als räuberisch bekannten Wüstenstamm bestimmt waren."

„Sagst du die Wahrheit?"

„Ich sage sie. Glaubt ihr vielleicht, der Inglis stürze sich für andre in solche Unkosten? Ihr hetzt die Völker und Länder gegeneinander und sät Unzufriedenheit, um dabei einen kleinen Vorteil für euer Land zu ergattern. Und dabei bemerkt ihr nicht, daß hinter auch schon längst ein andrer steht, der gierig auf den Augenblick lauert, da er euch eure Beute abnehmen und in seine eigne Tasche stecken kann. Wie blind seid ihr doch alle, daß ihr nicht seht, wie letzten Endes nur der Völkerfriede der Erde Segen bringt! Merkt euch das eine: am Nil wird einst nicht der Türke und nicht der Franzose herrschen, sondern der Engländer!"

Damit wandte ich mich ab und ließ die beiden stehn. Ich hatte mich in Erregung hineingeredet und war heftiger geworden, als es sonst meine Art war. Aber dieses heimliche und doch so durchsichtige Getriebe von Selbstsucht und Rücksichtslosigkeit der Männer, die unbekümmert über das Glück fremder Völker hinwegschritten, widerte mich unsäglich an; ich mußte mir Mühe geben, um meiner Bewegung Herr zu werden.

Hätte ich die beiden anderswo gehabt und nicht im Duar, wo ich auf sie als Gäste des Stamms Rücksicht nehmen mußte, so hätte ich noch ganz anders gesprochen.

„Effendi, das hast du ihnen aber gut gegeben", zollte mir der alte Esra seine Anerkennung. „Ich durchschaue jetzt das ganze Ränkespiel dieser Leute. Wehe den Menschen, deren Geschick in ihre Hand gelegt wäre!"

Wir trieben uns noch einige Zeit zwischen den Zelten umher, dann sahen wir dem Abmarsch der Karawane zu, die den verschütteten Schatz in der Wüste heben sollte, und endlich — Mitternacht war schon längst vorüber — verabschiedeten wir uns von Esra, um uns zur Ruhe zu begeben.

Als ich meine müden Glieder auf den Teppich streckte, tat ich das in dem angenehmen Empfinden, die Ruhe nach den Abwechslungen des Tags reichlich verdient zu haben. Und ich war überzeugt, daß heute die meisten Lagerbewohner mit Zufriedenheit an den verstrichenen Tag zurückdachten — soweit ihnen der reichlich genoßne Lagmi ein selbständiges Denken überhaupt noch gestattete.

Wenn es dennoch im Duar auch Unzufriedene geben sollte, so gehörte mein kleiner Halef sicherlich dazu. Er wälzte und warf sich fortwährend von einer Seite auf die andre, als ob er über ein schwieriges Rätsel nachdächte, das ihm nicht nur Kopf-, sondern noch viel mehr Leibschmerzen verursachte.

Ich merkte wohl, daß er etwas auf dem Herzen hatte, das er mir gern mitgeteilt hätte; aber ich war so hart, zu tun, als ob ich eingeschlafen sei. Ich war müde und wollte meine Ruhe haben.

Die „Leibschmerzen" schienen sich zu steigern; ich schloß das aus seinem Jammern und Wälzen, das in immer kürzern Zwischenräumen erfolgte. Schließlich konnte er es nicht mehr aushalten.

„Sihdi, schläfst du schon?"

„Ja", antwortete ich kurz und abweisend.

„Hamdulillah! So kannst du also nicht hören, was ich dir unbedingt heut noch sagen muß, und ich brauche auch keine Zurechtweisung zu fürchten wie vorhin. Ich muß dir sagen, daß ich sehr unzufrieden mit dir bin."

Pause. Da ich keine Antwort gab, fuhr er fort;

„Ich betrachte mich nicht nur als deinen Diener, sondern auch als deinen Freund und Beschützer, Sihdi. Darum muß es mir am Herzen liegen, dich in Glück und in Ehren zu wissen, und es tut mir im Innersten weh, meine Absichten von dir so verkannt zu sehn."

Abermals Pause. Nach einer Weile wiederholte sich seine vorige Frage:

„Sihdi, schläfst du noch immer?"

„Ja."

„Kuwajjis — vortrefflich! Ich darf also fortfahren. Wenn du gewollt hättest, könntest du jetzt der Scheik und Anführer von sechstausend tapfern Beni Sallah sein. Es ist gar nicht auszuden-ken, welche unvergleichlichen Siegestaten wir mit ihnen und den Gewehren, die du ihnen geschenkt hast, ausgeführt hätten. Wir hätten alle umliegenden Stämme die Spitzen unsrer Lanzen fühlen und die Blitze unsrer Flinten sehn lassen. Du hättest dich zum Sultan der Wüste und zum Padischah der ganzen Sahara aufschwingen und sogar dem Pascha von Ägypten und dem Großherrn in Stambul deinen Willen vorschreiben können. Wenn du dann ruhmgekrönt und mit Beute beladen von einem Kriegszug in dein Duar zurückgekehrt wärest, so wäre dir die Gebieterin deines Frauenzeltes, schön wie eine Huri des siebenten Himmels, mit einem freundlichen Marhaba entgegengetreten und hätte dir den Akl en nasr, den Siegesschmaus bereitet. Aber nun ist alles anders geworden. Meine Hoffnung gleicht einer wurmstichigen Dattel, die der Sturm vom Baum geschüttelt hat. Deine kriegerischen Lorbeeren wird ein andrer ernten, und dein Harem wird leer bleiben; denn du bist ein Verächter der Frauen, die Allah doch zur Freude des Mannes geschaffen hat. Keine Bent el amm[1] wird dir den Kuskussu[2] bereiten, und die Löcher deines Zelts werden sich ins Ungezählte vermehren. Du selber aber wirst sein wie eine einsam stehende Safsaf[3], die ihre Zweige traurig hängen läßt und ihr Genügen darin finden muß, sich selber im Wasser des Bachs zu bewundern, weil du keine Kinder und Kindeskinder haben wirst, die deine Taten besingen und deine Vorzüge preisen."

Nach diesem langen Vortrag holte Halef tief Atem und fuhr dann fort: „Sihdi, schläfst du wirklich noch immer?" — „Ja."

„Dann kann ich dir auch ruhig ein Geständnis machen; du hörst es nicht und wirst es also nie erfahren. Du weißt, ich habe mich damit abgefunden, daß aus der Heirat mit Hiluja nichts geworden ist. Ich habe mir aber auch über Badija meine Gedanken gemacht. Vielleicht ist es gut so, wie es gekommen ist. Sie war die Khanum der Wüste und hat, wie ich vernommen habe, nicht nur den Stamm, sondern auch ihren frühern Gebieter beherrscht. Meinst du, daß sie auf die Herrschaft, die sie so lange ausgeübt hat, nun auf einmal verzichten wird? Ich glaube es nicht. Oder bist du andrer — — — Allah, du schläfst ja und kannst mir also nicht antworten.

[1] Tochter der Mutter: Umschreibung für Gattin   [2] beliebtes Reisgericht
[3] Weide

Aber ich versichere dir beim Bart des Propheten, daß ich bei keinem Mann etwas dagegen habe, wenn die Beherrscherin des Frauenzelts zugleich die Gebieterin und der Scheik ihres Mannes ist. Aber dir, Sihdi, dir wünsche ich das Gegenteil. Bei Allah und allen Propheten, ich meine es ernst; denn ich bin dein Freund und Beschützer, dem es in der Seele weh tun würde, wenn der ‚Vater der tausend Blitze‘ in seinem eignen Zelt zu einem Ibn el alf dihk, zu einem ‚Sohn der tausend Nöte‘ würde."

Halef schwieg längere Zeit, als ob er meinerseits eine Antwort erwarte. Als sie aber noch immer ausblieb, fuhr er fort:

„Deshalb tröste ich mich darüber, daß Tarik dir die Khanum weggefischt hat. Aber wenn du auch diesmal alle meine Pläne zunichte gemacht hast, so brauchst du deswegen nicht zu meinen, daß du Sieger über mich geblieben bist. Ich werde dich dennoch zum Propheten bekehren, du magst wollen oder nicht, denn ich bin Hadschi Halef Omar Ben Hadschi Abul Abbas Ibn Hadschi Dawuhd al Gossarah."

. Ein Geräusch belehrte mich, daß Halef sich auf die andre Seite gedreht hatte, und der Seufzer der Erleichterung, der von da, wo er lag, zu mir herüberdrang, überzeugte mich, daß ich für heut nichts mehr von ihm zu fürchten hatte.

Ich konnte also endlich einschlafen.

12. Im ‚Bett der Steine‘

Der nächste Morgen brach in strahlender Schönheit an.

Ich erhob mich sofort nach dem Erwachen und ging ins Freie. Tags zuvor hatte ich bemerkt, daß die Hauptwasserquelle der Oase in einem kleinen, von Palmen überdachten Teich bestand. Eine winzige Ecke war davon abgetrennt und von einer aus mehreren Zeltbahnen bestehenden Umfriedung umgeben. Sie umschloß den Badeplatz der Beni Sallah, der zwar nur wenige Geviertmeter faßte, aber für meine Zwecke vollkommen genügte.

Dorthin begab ich mich. Ich hatte Glück; wegen der frühen Morgenstunde war ich der erste und einzige Badegast. Als ich den Staub der Wüstenreise abgewaschen hatte, verließ ich als ein neuer Mensch das Wasser und kehrte nach der Ruine zurück.

Das erfrischende Morgenbad hatte zur Folge, daß ich dem Frühstück, das bei der Khanum eingenommen wurde, wacker zusprach. Hiluja und der Vater der beiden Schwestern leisteten mir dabei Gesellschaft.

Die Unterhaltung drehte sich um die Ereignisse des letzten Tags. Dabei kam auch die Reise des Scheiks der Beni Abbas zur Sprache.

„Du bist von Süden gekommen, bist also wohl durch das Gebiet der Beni Suef, der Feinde der Beni Sallah, gezogen?" erkundigte ich mich.

„Was denkst du, mein Freund? Das hätten wir nicht wagen dürfen; nein, wir haben ihr Gebiet umgangen."

„Glaubst du, Badija, daß die Suef von den Gewehren, die sie bekommen sollten, gewußt haben?" forschte ich weiter.

„Ma'luhm — natürlich!"

„Ich meine, ob sie den Zeitpunkt kannten, an dem die Karawane eintreffen sollte?"

„Ich bin davon überzeugt."

„Nun, was würdest du wohl an ihrer Stelle tun, wenn du eine Karawane erwartest, die für dich von unermeßlichem Wert ist?"

„Ich würde ihr entgegenziehn."

„Grade das meine ich. Und das um so mehr, als die Karawane einen gefährlichen Weg eingeschlagen hat. Glaubst du, daß die Beni Suef diese Vorsicht außer acht gelassen haben?"

„Gewiß nicht."

„In welcher Himmelsrichtung, von den Suef aus gerechnet, werden sie da wohl aufgebrochen sein?"

„Nach Norden."

„Und welcher Stamm liegt genau im Norden von den Weideplätzen der Beni Suef?"

„Das weißt du doch grad so gut wie ich: die Beni Sallah. — Maschallah! Jetzt weiß ich, wohin deine Rede zielt. Du meinst, daß eine Anzahl Krieger der Beni Suef sich vielleicht in unsrer Nähe befindet?"

„Nicht nur vielleicht, sondern gewiß."

„Was schadet das?"

„Du scheinst diese Sache sehr leicht zu nehmen."

„Nein. Aber wir sind jeden Augenblick von den Beni Suef bedroht, genauso wie sie von uns. Man wird dadurch die Gefahr so gewöhnt, daß man nicht mehr von ihr spricht."

„So erlaube, daß ich es für dich tue! Ich schließe sogar noch weiter. Eure Feinde sollen dreihundert Gewehre bekommen. Gegen wen werden sie die neuen Waffen wohl zunächst richten?" — „Allah il Allah! Jetzt verstehe ich dich."

„Wie nun, wenn die Beni Suef nicht nur eine Anzahl Krieger ausgeschickt haben, sondern wenn der ganze Stamm aufgebrochen ist, um die Gewehre irgendwo in Empfang zu nehmen und dann augenblicklich über euch herzufallen?"

Badijas Augen wurden weit.

„Effendi, du erfüllst meine Seele mit Schrecken."

In diesem Augenblick trat der Scheik ein. Auf seiner Stirn lag eine tiefe Unmutsfalte.

„Diese undankbaren Hunde!" stieß er grimmig hervor. „Sie haben ihre Worte wahr gemacht und beim ersten Morgengrauen das Duar verlassen, ohne Abschied zu nehmen. Bei Allah, ich hätte gute Lust, ihnen nachzujagen und sie Höflichkeit gegen ihre Gastgeber zu lehren."

„Du meinst die fremden Sendlinge?" fragte die Khanum. „Laß sie ihres Wegs ziehn! In welcher Richtung sind sie fort?"

„Nach Osten."

„Also nach Ägypten. So sind wir sie los. Kümmere dich nicht mehr um sie! Wir haben Wichtigeres zu beraten."

Und nun begann sie zu Tarik von den Befürchtungen zu sprechen, die meine Worte hervorgerufen hatten.

Der Scheik hörte aufmerksam zu und meinte dann, als Badija geendet hatte:

„Der Effendi hat recht. Ich muß mich vor ihm schämen, daß ich nicht selber auf diese Gedanken verfallen bin. Die Beni Suef sind unbedingt in unsrer Nähe."

„Aber wo?"

„Angenommen, unsre Feinde sind in großer Zahl aufgebrochen, um an irgendeinem Treffpunkt die Kafilah el aslihe[1] zu erwarten, so kommt dafür nur eine Stelle in Frage, wo Wasser, und zwar viel Wasser, vorhanden sein müßte."

„Und eine solche Stelle gibt es wohl nicht?" fragte ich.

[1] Waffenkarawane

194

„Nein."

„Weißt du das so gewiß?"

„Ja. Wir haben seit Menschengedenken im Umkreis von mehreren Tagereisen kein Wasser gefunden."

„Das beweist noch nichts. Du hast doch von den geheimen Quellen der Wüste gehört?"

„Wie sollte ich nicht! Das Kamel des durstigen Wanderers bleibt in der dürrsten Einöde stehn, wo es keinen Tropfen zu geben scheint, und scharrt mit den Füßen im Sand. Der Reiter springt ab und gräbt mit den Händen weiter. Da kommt eine Quelle zum Vorschein. Er trinkt, läßt auch sein Tier sich satt trinken und füllt die Schläuche. Dann breitet er seine Decke über die Stelle und streut Sand darauf, so daß kein Vorüberziehender etwas von der Quelle ahnen kann. Zu dieser Stelle kehrt er nur zurück, wenn er Wasser braucht. Sie bietet ihm Rettung in Not und Verfolgung. Solang er sie allein besitzt, kann kein Feind ihn überwinden."

„Du hast recht. Und solch eine Stelle können die Beni Suef gefunden haben. In diesem Fall habt ihr Böses von ihnen zu erwarten."

„Was sollen wir tun?" fragte Badija beunruhigt.

„Wenn meine Befürchtung Wahrheit ist, so ist anzunehmen, daß Späher in unsrer Nähe sind oder waren. Sie haben sicherlich Spuren im Sand zurückgelassen. Ich werde jetzt mit meinem Diener aufbrechen, um danach zu suchen."

„Du? Willst du dich für uns in Gefahr begeben?"

„Bin ich nicht euer Gast? Ist nicht eine Gefahr, die euch droht, auch die meine? Denk an Falehd! Sollte sich meine Vermutung bewahrheiten, so ist es möglich, ja sogar wahrscheinlich, daß er mit den Beni Suef zusammengetroffen ist. Er wird alles aufbieten, sie gegen euch aufzustacheln, und zu baldigem Handeln drängen."

„Allah il Allah! Falehd! An den habe ich gar nicht mehr gedacht."

„Wir müssen sehr mit ihm und seinem Haß rechnen. Laß also zwei Tiere für mich und meinen Diener satteln!"

„Zwei? Effendi, wir brauchen drei; denn ich werde mit euch reiten."

„Desto besser! Du kennst die Gegend und kannst mir über manche Dinge Aufschluß geben, die mir unbekannt sind."

Nach kurzer Zeit jagten wir mit Sturmeseile in südlicher Richtung in die Wüste hinaus. Wir waren vorzüglich beritten. Ich saß auf der Stute, die ich von gestern her kannte, Tarik auf der zweiten, und auch Halef hatte ein ausgezeichnetes, wenn auch nicht gleichwertiges Tier erhalten, so daß er nicht hinter uns zurückzubleiben brauchte.

Eine Stunde mochte vergangen sein; da erlitt unser Ritt die erste Unterbrechung. Wir stießen auf eine Fährte, die von Nordosten her kam und in südlicher Richtung weiterführte. Ich stieg ab, um die Tapfen zu untersuchen, und unterschied deutlich die Spuren dreier Kamele im tiefen Sand. Die Ränder waren schon eingefallen. Ich schloß daraus, daß mindestens drei Stunden verstrichen sein mußten, seitdem die Reiter hier vorübergekommen waren.

„Hatten die beiden Sufara Pferde oder Kamele?" fragte ich.

„Kamele", erwiderte Tarik.

„Wie viele?"

„Drei. Zwei Reitkamele und ein Lastdschemmel."

„Dann besteht für mich kein Zweifel, daß wir hier die Spur der Sufara vor uns haben."

„Maschallah! Sie sind doch nach Osten geritten!"

„Und nach einiger Zeit südlich umgebogen."

„Warum sind sie aber nicht gleich in dieser Richtung fort?"

„Wahrscheinlich, weil sie das Ziel ihrer Reise nicht wissen lassen wollten. Jetzt hast du auch den Grund, warum sie so hartnäckig auf dem frühzeitigen Aufbruch bestanden. Wären sie erst nach dem Asr fortgeritten, so hätten sie nur eine kurze Strecke zurücklegen können, während sie jetzt einen ganzen Tag vor sich haben."

„Aber was wird nach deiner Meinung ihr Ziel sein?"

„Das Duar der Beni Suef", erklärte ich bestimmt.

„Maschallah! Was könnten sie bei ihnen wollen?"

„Ich denke mir zwei Möglichkeiten, von denen die eine wohl das Richtige trifft. Entweder wollen sie zu ihnen, um sich mit ihrer Hilfe an euch für die Abfuhr zu rächen, die sie erlitten haben; oder sie beabsichtigen, den Stamm der Beni Suef mit den gleichen Vorschlägen zu beglücken, mit denen sie bei euch durchgefallen sind."

„Allah il Allah! Das wäre freilich möglich."

„Reiten wir weiter, der Spur nach, die mit unsrer Richtung zusammenfällt!"

Ich stieg auf und wir folgten in unverminderter Eile der Fährte, die deutlich lesbar nach Süden weiterführte.

Nach zehn Minuten hatten wir abermals Anlaß zu halten. Wir waren an eine Stelle gekommen, wo der tiefe Sand weit umher aufgewühlt war.

„Was ist das?" fragte Tarik erstaunt. „Hat hier vielleicht ein Kampf stattgefunden?"

„Wartet! Ich werde untersuchen."

Ich sprang von meiner Stute und begann die Spuren zu prüfen. Dabei ging ich mit solcher Sorgfalt vor, daß der Scheik schließlich die Geduld verlor.

„Was nützt es, daß du jedes einzelne Sandkorn betrachtest?" meinte er. „Wir verlieren dabei kostbare Zeit."

„Nein, wir gewinnen Zeit. Je sorgfältiger wir jetzt sind, desto größere Gewißheit erhalten wir, und um so schneller können wir handeln. Übrigens bin ich fertig. Was ich entdeckt habe, ist keineswegs tröstlich für uns. Hier sind die zwei Sendlinge mit fünf oder sechs Reitern zusammengetroffen, die aus südlicher Richtung gekommen sind. Sie haben einige Zeit miteinander gesprochen und sind dann zusammen nach Süden weitergeritten, wie du aus dieser breiten Fährte erkennen kannst."

„Als Feinde oder als Freunde?"

„Ich möchte glauben: als Freunde; denn ich habe nicht die mindeste Spur eines Kampfes bemerkt."

„Wer können die fünf oder sechs Reiter gewesen sein?"

„Ich vermute, daß es Beni Suef waren."

„Allah! Woraus schließt du das?"

„Denk doch an unsre Unterredung vorhin bei der Khanum! Ich bin beinah überzeugt, daß es sich um feindliche Kundschafter handelt. Die Beni Suef haben vor, euch zu überfallen."

„Bei Allah! Wir werden sie empfangen."

„Nicht so hitzig! Noch sind wir nicht fertig. Diese sechs Reiter ritten Pferde, aber keine Kamele. Was folgt daraus?"

Tarik blickte mich fragend an. Er fand die Antwort nicht.

„Was soll daraus folgen? Sie hatten eben Pferde und keine Kamele. Darum haben sie sich auf die Pferde und nicht auf die Kamele gesetzt."

„Das ist allerdings richtig, aber nicht sehr scharfsinnig", lachte ich. „Sagtet ihr nicht gestern, es sei zwei bis drei Tagereisen von hier bis zu den Weideplätzen der Beni Suef?"

„Allerdings."

„Können Pferde einen solchen Ritt ohne genügend Wasser aushalten?"

„Wer sagt dir, daß sie kein Wasser besitzen?"

„Das Nachdenken. Angenommen, es handelt sich wirklich um Kundschafter der Beni Suef, so müßten sie für einen Ritt von fünf bis sechs Tagen, wenn sie Pferde benutzen wollten, so viele Wasserschläuche bei sich führen, daß dadurch ihre Schnelligkeit sehr behindert worden wäre. Also?"

„Also?" fragte der Scheik, da er die Antwort nicht zu finden vermochte.

„Also", fuhr ich fort, „müssen sie zwischen hier und den Weideplätzen Wasser haben."

„Es gibt aber keine einzige Quelle da."

„Sag das nicht so sicher! Und wenn auch, so kann man sich nur denken, daß sie Kamele mit Wasserschläuchen in Reichweite haben."

Der Scheik erschrak jetzt sichtlich.

„Kamele mit Wasserschläuchen in der Nähe? Das könnte nur der Fall sein, wenn sie sich schon zu dem Überfall in der Nähe befänden."

„Diese Möglichkeit haben wir ja auch angenommen. Sie sind unterwegs und haben die sechs Reiter als Kundschafter vorausgesandt, um euer Lager zu umschleichen."

„Wie kannst du das so bestimmt behaupten? Du hast sie nicht gesehn, sondern nur im Sand gelesen."

„Der Sand ist für mich wie ein aufgeschlagenes Buch. Ich war jahrelang in einem fernen Land, wo es wilde Völker gibt, die man Indianer nennt. Dort ist man keinen Augenblick seines Lebens sicher, und man lernt im Gras, im Sand, in den Blättern der Bäume, in den Höhen und Tiefen, in den Stimmen der Vögel und im Brausen des Windes die Mahnungen lesen, die allein imstand sind, den Bedrohten zu warnen. Glaube mir, was ich dir sage: die Beni Suef sind zu einem Überfall unterwegs und haben diese Reiter auf Kundschaft gesandt. Ja, die Spur im Sand hat mir noch mehr verraten."

„Noch mehr?" staunte Tarik.

„Ja. Ich behaupte nämlich, daß die Reiter ausgesandt waren, um euer Duar auszukundschaften. Sie treffen auf die beiden Fremden und wenden auf der Stelle mit ihnen um. Fällt dir das nicht auf?"

„Allerdings. Aber ich kann mir den Grund nicht denken."

„Es gibt nur einen Grund, der sie dazu gebracht haben kann, ihren Auftrag beiseitezulasesen und zurückzureiten. Sie haben etwas von den Fremden erfahren, was sie zur sofortigen Umkehr veranlaßte."

„Was könnte das sein?"

„Errätst du das wirklich nicht? Denk doch an die Gewehre!"

„Die Gewehre? Wieso?"

„Die Sendlinge haben ihnen erzählt, daß die Beni Sallah dreihundert Gewehre bekommen sollen und daß eine Karawane aufgebrochen ist, um sie aus der Wüste zu holen. Errätst du nun, was ich meine?"

„Allah il Allah! Ich weiß jetzt, was du denkst. Aber ich habe doch zu keinem ein Wort davon gesprochen, daß die Gewehre ursprünglich für die Beni Suef bestimmt waren."

„Ist auch gar nicht nötig. Die Suef wären die größten Dummköpfe, wenn sie nicht sofort erraten hätten, daß es sich um ihre Gewehre handelt. Ausgerechnet dreihundert Gewehre! Und ich habe auch den Sendlingen gegenüber kein Hehl daraus gemacht, daß ich sie in der Wüste gefunden habe. Kann es sich da um andre Waffen handeln als die ihren?"

„Maschallah! Wie du die Sache darstellst, mußten sie freilich auf diesen Gedanken kommen."

„Siehst du das jetzt ein? Nun versetze dich in die Lage der Beni Suef: Sie warten mit Sehnsucht auf die Flinten, durch die sie Macht und Reichtum zu gewinnen hoffen, und da erfahren sie, daß die Gewehre in fremde Hände gefallen sind. Es ist doch klar, daß diese Nachricht von so ungeheurer Wichtigkeit für sie war, daß sie, ohne sich lange zu besinnen, auf der Stelle umkehrten, um ihrem Scheik die Schreckensnachricht zu bringen."

„Allah akbar — Gott ist groß. So und nur so kann es gewesen sein."

„Siehst du; das Spurenlesen ist so übel nicht", lachte ich.

„Ja", fiel Halef ein. „Du kennst meinen Sihdi noch lange

nicht. Er kennt die Darb und Ethar[1] aller Menschen und auch aller Tiere, angefangen von dem wuchtigen Tritt des Fihl[2] bis zu der winzigen Spur, die ein Barruht[3] hinterläßt. Er verfolgt den Flug sowohl des Nisr[4] in den Lüften wie das Schwirren der Barrasch[5] im Sonnenstrahl. Das Murmeln des Baches vertraut ihm seine Geheimnisse an und das Schweigen des Grabes hindert ihn nicht — —"

„Uskut — schweig!" unterbrach ich seinen Redestrom. „Wir müssen jetzt handeln und nicht schwätzen."

„Was schlägst du vor?" fragte der Scheik begierig.

„Wir müssen sofort ins Duar zurück. Es gilt jetzt, den Feind auszukundschaften, und dazu sind die Pferde nicht geeignet und auch zu kostbar. Außerdem wissen wir nicht, wie weit wir zu reiten haben, bis wir auf die Gegner stoßen; wir müssen uns mit Wasser und Lebensmitteln versorgen."

„Du hast recht. Also rasch ins Lager zurück!"

Während wir wieder der Ruine entgegenflogen, teilten wir uns unsre Gedanken mit.

„Die Hauptsache ist, die Pläne des Feindes in Erfahrung zu bringen", meinte ich. „Das werde ich mit Halef besorgen."

„Und ich reite mit", ergänzte der Scheik.

„Nein, du bist der Scheik, der Anführer der Beni Sallah. Die Augen des ganzen Stamms ruhn auf dir. Gib mir einen guten Krieger mit!" — „Dein Wille soll geschehn."

„Wie weit von euch entfernt wohnen die andern Ferkah[6] eures Stamms?"

„Die nächsten eine halbe Tagereise."

„Sendet sofort Boten, die die Krieger dieser Ferkah eiligst zu eurer Hilfe aufbieten! Bis sie bei euch eintreffen, bin ich von meinem Erkundungsritt zurück, und dann wird sich leichter als jetzt sagen lassen, was zu tun ist."

„Nehmen wir Pferde?" fragte Halef.

„Nein. Wir wissen nicht, ob wir Wasser finden. Wir müssen Kamele haben, die länger dürsten können."

„Ich werde die besten besorgen", versprach der Scheik.

„Ja. Und sagt vor allem euern Leuten, daß sie sich so ruhig wie möglich verhalten sollen, damit etwaige weitere Spione

---

[1] Spur und Fährte   [2] Elefant   [3] Wüstenfloh   [4] Adler
[5] Mücke   [6] Unterabteilung

nicht bemerken, daß ihr euch vorbereitet. Am besten wird es sein, es erfährt überhaupt niemand etwas von der drohenden Gefahr außer den Boten, die du an die Ferkahs schickst."

„Und mein Bruder Hilal? Soll ich ihn nicht benachrichtigen?"

„Jetzt ist es noch zu früh. Wir dürfen seine Arbeit nicht stören, die vielleicht jetzt wichtiger für uns ist, als wir denken. Kommen die Gewehre zur rechten Zeit an, so bedeuten sie für uns eine unschätzbare Hilfe."

Wir trieben unsre Pferde zur höchsten Eile an, so daß wir nach einer Stunde schon das Duar erreichten. Dort nahmen wir uns nur soviel Zeit, um unsre Waffen zu holen; dann begaben wir uns hinaus zu den Kamelen, die für uns gesattelt wurden. Nach abermals einer Viertelstunde flogen wir sturmschnell in die Wüste hinaus, dem gefahrdrohenden Süden entgegen. Die kräftigen, langbeinigen Tiere trugen außer dem Reiter nichts als einen wohlgefüllten Wasserschlauch und einen kleinen Vorrat von Datteln.

Wir waren unser vier: Halef, ich und zwei sehnige Beduinen. Was wir jetzt wissen konnten, das wußten wir, alles andre wollten wir erst erfahren. So flogen wir denn schweigend nebeneinander dahin, sorgfältig bemüht, alles Auffällige am Sehkreis zu bemerken. Hauptaufgabe war es, daß wir beobachteten, ohne selber entdeckt zu werden.

Es war uns leicht, den Verfolgten auf der Fährte zu bleiben. Zwar befindet sich der staubfreie Wüstensand, selbst wenn das menschliche Gefühl keinen Lufthauch empfindet, in ununterbrochner, leiser Bewegung. Aber Löcher, die ein weit ausgreifendes Eilkamel oder ein im vollsten Lauf dahinstürmendes Pferd in den Sand reißt, werden binnen weniger Stunden nicht völlig verweht, wenn es nicht einen heftigen Wind gibt.

Stunde um Stunde verging. Es wurde Mittag und Nachmittag. Nur ein einziges Mal gönnten wir den Tieren eine kurze Ruhe, um ihnen einige Schluck Wasser zu geben; dann ging es in gleicher Eile weiter.

Nachmittags stieg ich einmal ab, um die Fährte zu untersuchen. Ich nickte befriedigt vor mich hin.

„Wenn wir wollten, könnten wir sie in einer Stunde einholen."

„Aber wir wollen nicht?" fragte Halef.

„Nein. Sie dürfen nicht ahnen, daß wir ihren Plan wissen."

„Tamahm — ganz richtig! Sie kommen, und wir empfangen sie. Aber sind wir ihnen denn wirklich so nah?"

„Ja. Ich erkenne es aus der Gestalt der Spuren. Sieh einmal hier die Pferdetapfen! Sie sind nicht mehr so scharf wie früher; der Tritt ist unsicher geworden. Reiten wir jetzt langsamer, sonst bekommen wir sie zu bald vor die Augen."

Dieser Befehl wurde eingehalten, und es ging gemächlich weiter. Aber nach kurzer Zeit entdeckten wir dennoch am Gesichtskreis eine Reihe kleiner Punkte.

„Das sind sie!" rief Halef.

„Ja. Unsre Tiere mögen sich für einige Minuten niederlegen, damit wir nicht bemerkt werden."

Diese Vorsichtsmaßregel wurde befolgt, aber bald waren wir den Verfolgten wieder so nah gekommen wie vorher. Sie schienen nur noch langsam zu reiten und hatten auch eine andre Richtung eingeschlagen. Der ältere der Beduinen schüttelte den Kopf.

„Es scheint fast, als ob sie da rechts hinüber nach dem Ferß el Hadschar[1] wollten."

„Was ist das?"

„Ein eingestürztes Gebirge ohne Baum, Strauch und Wasser."

„Aber Verstecke gibt es da?"

„Mehr als genug für tausend Mann."

„Nun, so wissen wir gleich, wo wir sie zu suchen haben. Sie sind ohne Zweifel im Ferß el Hadschar. Wasser haben sie offenbar auf ihren Kamelen mitgebracht; da leiden sie keine Not. Wie weit haben wir noch bis dorthin?"

„Wir würden leicht vor Sonnenuntergang dort sein, wenn wir nicht noch langsamer reiten müßten als die da vorn."

„Oh, das paßt ausgezeichnet. Wir schlagen einen Bogen, um von einer andern Seite her an den Ferß el Hadschar zu kommen, von der her sie nichts Feindseliges erwarten können. Kennt ihr das Felsgewirr in seiner ganzen Ausdehnung?"

„Nein. Es gibt Stellen, wohin noch kein Mensch gelangt ist."

„So habt ihr auch keine Ahnung, wo die Beni Suef zu finden sein könnten?" — „Nein."

„Nun, ich hoffe trotzdem, daß unser Ritt nicht ohne Nutzen sein wird."

[1] Bett der Steine

Der Ben Sallah machte ein bedenkliches Gesicht.

„Vielleicht ist er dennoch vergeblich. Nur die Spur, der wir bisher gefolgt sind, kann zu ihnen führen. Wenn wir sie verlassen, können wir sie im Finstern nicht wieder auffinden."

„Das laß nur meine Sorge sein! Ich hoffe, daß mir die Verfolgten nicht entgehn werden. Glaubst du, daß diese Fährte einen Umweg macht?"

„Nein, gewiß nicht."

„Das denke ich auch. Die Tiere sind erschöpft, und ich bin überzeugt, daß die Reiter gerade auf ihr Ziel zustreben. Und dort befinden sich die Beni Suef."

„Ich gebe dir recht."

„Jetzt wollen wir einmal sehn, ob sich nicht eine Einzelheit unterscheiden läßt, nach der wir uns richten können."

Mit diesen Worten zog ich mein Fernrohr hervor und stellte es auf den Punkt im Sehfeld ein, wohin die Spur führte. Richtig, ich hatte mich nicht getäuscht. Grad in der Richtung der verlängerten Fährte lagen dicht nebeneinander zwei einzelne, hohe und schmale Felsen, die fast das Aussehn von Säulen hatten.

„Das sind die Benat el Hawa", erklärte der Beduine sofort, als ich ihm meine Wahrnehmung mitteilte. „Ich kenne sie."

„Benat el Hawa, also die Töchter der Stürme? Warum nennt man diese Felsen so?"

„Weil sie durch die Stürme vom Gebirge herabgeworfen und dort hingestellt worden sind."

„Ich erkläre mir ihre Entstehung anders; doch das ist Nebensache. Hauptsache ist, daß sie uns einen festen Anhaltspunkt geben. Da die Verfolgten auf diese Benat el Hawa zureiten, werden wir bei den Felsen jedenfalls ihre Spuren wiederfinden können, und ich bin überzeugt, daß wir jetzt ohne Bedenken unsre Richtung ändern dürfen."

Nach dieser kurzen Unterbrechung setzten wir den Ritt fort; wir schlugen einen Bogen, der uns mehr nach Osten brachte. Dabei mußten die Kamele all ihre Schnelligkeit entfalten, und so kam es, daß wir uns schon vor Sonnenuntergang auf gleicher Höhe mit dem Ferß el Hadschar befanden, nur etwas links davon.

Jetzt wandten wir scharf nach rechts um, gerade auf die Felsen zu, und ritten eine kurze Strecke in das Gewirr hinein. Dann ließ ich halten.

Ungefähr halbwegs zwischen den Weideplätzen der Beni Sallah und Beni Suef steigen aus der tiefsandigen Wüste steile, nackte Felsenhöhen auf, die wie Trümmer eines vor Jahrtausenden eingestürzten Gebirges übereinander getürmt liegen. Man glaubt hier weder Weg noch Steg zu finden. Alles ringsumher bietet den Anblick des Todes; der Leblosigkeit.

Da ist der Ferß el Hadschar, das Bett der Steine.

Der Beduine hat für viele andere in der Wüste liegende Orte ähnliche Bezeichnungen; Batte el Hadschar — Bauch der Steine, Amm el Hadschar — Mutter der Steine, Abu'l Hadschar — Vater der Steine.

Wir befanden uns an einer Stelle, die rings von Trümmerhaufen umgeben war und uns genügende Sicherheit bot. Die drei andern folgten meinem Beispiel; sie ließen die Tiere niederknien und stiegen von den hohen Sitzen herab.

„Wollen wir hier lagern?" fragte Halef.

„Nicht alle; nur du und einer unsrer Begleiter. Ich gehe mit dem andern zwischen diesen Felsmassen weiter bis zu den beiden Töchtern der Stürme. Nach meiner Berechnung erreichen wir sie noch vor Einbruch der Dunkelheit. Da werden wir die Spuren entdecken und ihnen folgen, bis wir die Gesuchten finden."

„Warum wollt nur ihr beide gehn? Einer genügt doch, um hier bei den Tieren zurückzubleiben."

„Mehr würden hinderlich sein. Zwei werden weniger leicht gesehn als drei."

„Du könntest jedoch mich an Stelle des Beduinen mitnehmen."

„Diesmal kannst du mir weniger Dienst leisten als der Ben Sallah, der den Ferß el Hadschar kennt."

„Wenn man uns aber während eurer Abwesenheit hier entdeckt, so sind wir verloren und ihr mit uns. Ihr habt keine Tiere, um zu entrinnen."

„Man wird euch nicht entdecken, wenn ihr vorsichtig seid. Der eine von euch mag hier auf den Felsen steigen und sich im Geröll verstecken. Er kann von dort aus die ganze Gegend überblicken und ist also imstande, seinen Genossen rechtzeitig zu warnen. Kommt jemand nah vorüber, so mögt ihr euch

204

ruhig verhalten. Werdet ihr aber entdeckt, so müßt ihr in verschiedener Richtung fliehn, damit es schwer ist, euch zu verfolgen. Um Mitternacht kehrt ihr dann hierher zurück, um uns abzuholen. Unsre Tiere sind noch schnell genug, zu entkommen. Diese Maßregeln gelten indes voraussichtlich nur, solang es noch hell ist. Wenn es einmal Nacht geworden ist, dürfte es unmöglich sein, euch hier zu finden, selbst angenommen, daß es jemand einfallen sollte, aus irgendeinem Grund in die Nähe zu kommen. Ihr müßt euch nur ruhig verhalten."

Nachdem ich den Zurückbleibenden noch einige besondre Winke gegeben hatte, brach ich mit dem ältern unsrer beduinischen Begleiter auf.

Der Weg, dem wir zu folgen hatte, führte zwischen Trümmern hin und war so mit kleinen Felsstücken besät, daß es nicht leicht war, schnell vorwärts zu kommen, zumal wir uns bei jeder Felsenecke erst überzeugen mußten, daß kein Feind dahinter versteckt sei.

Dennoch erreichten wir die Töchter der Stürme noch vor der Nacht. Als wir bei dem ersten Felsen angelangt waren, sank der Sonnenball eben im Westen hinunter. Das war die Zeit des Abendgebets, und mein Begleiter kniete trotz der gefährlichen Lage nieder, um seine Andacht zu verrichten. Er tat dies natürlich, den Umständen angemessen, leise. Dann setzten wir unsern Weg fort, um den zweiten Felsen zu erreichen.

Von weitem hatte es ausgesehn, als ob die beiden „Schwestern" dicht beisammen standen; jetzt aber zeigte es sich, daß sie wohl dreiviertel Kilometer auseinander lagen.

Vorsichtig schritten wir, ich voran, zum andern Felsen hinüber; hinter jedem Felsblock suchten wir Deckung. Noch hatten wir die zweite „Schwester" nicht erreicht, da blieb ich stehn und deutete auf den Boden.

„Siehst du? Hier sind die Spuren. Ich hatte also recht. Sie laufen nach links schnurgerade zwischen die Felsen hinein. Schwenken wir also ab, um ihnen zu folgen."

„Man wird uns bemerken. Denn hier öffnen die Steine einen Weg, indem sie weiter auseinandertreten."

„Natürlich folgen wir nicht auf der Fährte, sondern seitlich, hinter Steinen verborgen."

Wir bemühten uns sorgfältig, keine Spur zu hinterlassen.

Stets von weitem die Fährte im Auge, schlichen wir in südlicher Richtung immer tiefer in das Steingewirr hinein.

Ein Geräusch in nicht allzu großer Entfernung veranlaßte mich, anzuhalten. Ich gab meinem Begleiter einen Wink, stehnzubleiben.

„Hörtest du etwas?" flüsterte ich.

„Ja. Das Brett eines Mueddin."

Wir lauschten angestrengt; wirklich, da ertönte, wie aus einer andern Welt herüber, durch die tiefe Stille der Steinwüste die kräftige Stimme des Ausrufers:

„Ja el Moslemin, hai al el salah — auf ihr Gläubigen, rüstet euch zum Gebet!"

„Sie sind hier", meinte der Ben Sallah aufgeregt.

„Ja, aber in einiger Entfernung. Wir werden nun unsre Vorsicht verdoppeln müssen."

„Sie beten zu spät. Sie konnten hier inmitten der Felsen nicht sehn, wie die Sonne ins Sandmeer tauchte. Allah wird also ihr Gebet nicht erhören, er liebt die Pünktlichkeit."

Ich mußte über die kindliche Einfalt des Beduinen lächeln, sagte aber kein Wort; denn aus der Ferne drang soeben ein dumpfer Ton zu uns wie Wasserrauschen.

„Sie beten laut", flüsterte der Ben Sallah. „Welche Unvorsichtigkeit! Damit zeigen sie uns den Weg. Auf einem Kriegszug muß man jeden Lärm vermeiden."

„Daß sie es unterlassen, beweist, wie sicher sie sich fühlen. Gehn wir weiter!"

Es wurde immer dunkler. Das konnte uns indes nur lieb sein. Wir brauchten die Spuren jetzt ja nicht mehr abzulesen, da wir wußten, in welcher Richtung und in welcher Entfernung etwa die Gesuchten zu finden waren.

Noch waren wir nicht weit vorangekommen, und ich stand eben im Begriff, um einen Felsen zu biegen, da prallte ich blitzschnell wieder zurück.

„Was gibt es?" fragte der Sallah.

„Zwei Männer da vorn, jenseits des freien Plätzchens hinter dem Felsen."

„Darf ich sie sehn?"

„Ja, aber vorsichtig!"

Mein Begleiter legte sich auf den Boden und kroch langsam vor. Kurze Zeit blieb er, die Augen scharf auf die Leute gerichtet, unbeweglich liegen, dann schob er sich wieder zurück und erhob sich.

„Ich kenne diese beiden Männer sehr gut."

Aus seinem Ton konnte ich entnehmen, daß es keine unbedeutenden Leute waren. Und ich hatte mich nicht getäuscht; denn auf meine Frage antwortete der Beduine:

„Es ist Mehemmed, der Scheik der Beni Suef, und sein Eidam Amram."

„Die muß ich mir genauer ansehn."

Ebenso wie vorher der Ben Sallah legte ich mich auf den Boden nieder, um einen Blick auf die beiden zu werfen, zog mich jedoch im nächsten Augenblick hastig zurück.

„Schnell zwischen die Steine! Sie kommen hierher. Um Allahs willen, kein Geräusch!"

Rasch huschten wir an einem Felsen vorüber, an dem ein zweiter, halb umgefallener lehnte; zwischen ihnen bestand eine Öffnung; wir kauerten uns hinein und zogen die Gewehre eng an uns. Das Loch war groß genug, uns vollständig zu verbergen.

Im nächsten Augenblick vernahmen wir die Schritte der bei den Beni Suef.

„Wenn sie uns bemerken, nicht schießen, sondern nur das Messer gebrauchen!" raunte ich meinem Begleiter zu.

Grad vor unserm Versteck verlangsamten die Feinde ihre Schritte und blieben im Gespräch stehn.

Es schien, als sei der Scheik der Beni Suef seinem Schwiegersohn auf einen Wink, der ihn aufforderte, abseits von den Kriegern mit ihm zu sprechen, hierher gefolgt.

„Wachen ausstellen?" fragte der Ältere, der Scheik. „Wozu?"

„Es ist möglich, daß sie kommen."

„Ich bezweifle es. Sie wissen doch von uns gar nichts."

„Aber der Fremde, von dem Falehd und dann die beiden andern erzählten, wird ihnen vielleicht gefolgt und dabei auf unsre Fährte gestoßen sein."

„Auch ihm wird das nicht einfallen. Der Riese ist besiegt worden, und der Stamm hat einen neuen Scheik erhalten. Da feiert man ein großes Fest. Niemand wird daran denken, den beiden nachzureiten. Im Gegenteil, man ist froh, sie losgeworden zu sein. Das glaube mir! Ich bin älter und erfahrener als du!"

„Ja, du bist erfahrener, und du bist der Scheik. Darum will ich nicht mit dir streiten. Aber einen Wachtposten könntest du doch an die beiden ‚Töchter der Stürme' stellen. Es ist auf alle Fälle besser."

„Nun, wenn es dich beruhigt, werde ich es tun. Dazu ist aber noch Zeit. Es wird Nacht, und da ist es diesen Beni Sallah, selbst wenn sie kommen sollten, unmöglich, eure Spuren zu entdecken. Nahen sie wirklich, so erscheinen sie mit Tagesanbruch, und da werden wir sie empfangen."

Also der Schwiegersohn des Scheiks, den mein Begleiter Amram genannt hatte, war selber bei den Kundschaftern gewesen, und sein Verhalten zeigte, daß er klüger und vorsichtiger zu sein schien, als der Vater seines Weibes.

„Was wirst du mit Falehd, dem Riesen, anfangen?" fragte Amram nach einer Pause weiter.

„Wir brauchen ihm das Wort, das ich ihm gegeben habe, nicht zu halten; denn nach allem, was ich vernommen habe, ist er ein Ausgestoßener, ein Ehrloser!" sagte der Scheik verächtlich.

„Ja; er selber erzählt es freilich nicht; aber er ist besiegt worden und hat um Gnade gebeten. Wollen wir ihn da in unsern Stamm aufnehmen?"

„Nein, er würde uns nur schänden."

„So erhält er auch keine Beute?"

„Nichts, gar nichts! Der Dummkopf bildet sich ein, die Khanum oder ihre Schwester zum Weib zu erhalten; aber da irrt er sich sehr. Wir benutzen ihn, um zu erfahren, was wir wissen wollen, und dann jagen wir ihn fort."

„Auch ich denke so."

„Dieser Mensch hat übrigens eine Zähigkeit wie ein wildes Tier. Die Augenwunde würde jedem andern einen solchen Ritt unmöglich machen; er aber will sich sogar am Überfall beteiligen."

Amram nickte. „Was hast du mit dem Osmanli und Moskofi vor, die mit uns gekommen sind?" fuhr er fort.

Sie sind Feinde des Khedive und der Beni Sallah, also unsre Freunde. Ich habe ihnen Salz und Brot gegeben; sie sind, solang sie wollen, unsre Gäste. Außerdem können sie uns beim Überfall auf unsre Feinde von großem Nutzen sein, weil sie Offiziere sind."

208

„Ich habe nichts dagegen, daß sie mit uns ziehn, obgleich ich ihnen keine große Tapferkeit zutraue."

„Der Tapferkeit bedarf es in diesem Fall gar nicht. Wir sind sechshundert Krieger und werden so plötzlich über den Feind herfallen, daß ein Kampf überhaupt nicht stattfindet. Jeder wird getötet, sobald er aus seinem Zelt tritt."

„Wenn uns das gelingt, so will ich es loben. Ich denke dabei an den Franken. Der Riese flucht ihm und die beiden andern fluchen ihm auch. Sie geben ihm Schimpfnamen; aber grad aus der Wut, mit der sie von ihm sprechen, schließe ich, daß er ein tüchtiger Mann ist."

„Der Scheitan soll ihn holen!" rief der Scheik. „Dem Fremden haben wir es zu danken, daß unsre Feinde in den Besitz unsrer Gewehre gelangt sind. Wenn ich daran denke, so möchte ich vor Zorn ersticken."

„Wie mag sich die Sache zugetragen haben?"

„Weiß ich es? Daß der Franke mit seinen Begleitern die Männer der Kafilah getötet hat, glaube ich nicht. Eher nehme ich an, daß sie in einem Samum untergegangen sind und daß der Franke durch irgendeinen Zufall oder vielmehr durch den Scheitan an die Unglücksstelle geführt wurde. Diese Annahme würde mit seiner Behauptung übereinstimmen, daß er die Gewehre gefunden habe."

„Eigentlich solltest du ihm dankbar sein", lachte Amram. „Denn wenn sich die Sache so verhält, wie du annimmst, so wären uns die Gewehre ohne den Franken für immer verloren gewesen, weil wir die Stelle nicht wissen, wo die Kafilah den Tod gefunden hat."

„Es war alles so schön eingefädelt und hätte wunderbar geklappt. Hier wären uns die Gewehre ausgehändigt worden, und mit ihrer Hilfe hätten wir es nicht nötig gehabt, uns vor ihnen zu verstecken und aus dem Hinterhalt auf sie zu schießen."

„Wann soll der Überfall stattfinden? Doch während der Nacht?"

„Nein, das scheint mir nicht geraten. Das gäbe eine Verwirrung, bei der wir selber großen Schaden leiden können, weil es dann schwer ist, Freund und Feind auseinanderzuhalten."

„Du hast recht. So meinst du die Zeit des Morgenanbruchs?"

„Ja. Dann schläft man am festesten. Überdies feiern jetzt die Beni Sallah ihre Feste. Sie legen sich spät nieder und werden bei der Dämmerung noch so müde sein, daß wir sie erledigen können, bevor es ihnen möglich ist, sich zu erheben."

„Da brauchen wir also auch nicht so zeitig aufzubrechen?"

„Nein. Wir ziehn morgen um die Mittagszeit von hier fort, gradwegs auf das Lager des Feindes zu. Einen halben Stundenritt vor dem Duar halten wir an, um uns auszuruhn. Eine Stunde vor Anbruch des Morgens schreiten wir dann zum Kampf."

„Reiten wir?"

„Nein. Unsre Tiere sind uns bei dem Überfall doch nur hinderlich. Sie werden uns von den fünfzig Männern, die wir bei ihnen zurücklassen, nachgebracht werden."

„Du ziehst bei all dem etwas sehr Wichtiges nicht mit in Rechnung."

„Und das wäre?"

„Die Beni Sallah werden, bis es zum Überfall kommt, vielleicht schon im Besitz unsrer Gewehre sein."

„Was schadet das? Sie werden keine Zeit haben, sich ihrer zu bedienen; denn wir werden so schnell über sie kommen, daß sie keine Zeit finden, nach der Waffe zu greifen."

„Wäre es nicht doch besser, die Kafilah, die die Gewehre holt, vorher abzufangen?"

„Wie stellst du dir das vor? Weißt du, wo ich sie zu suchen habe oder auf welcher Linie sie zurückkehrt? Um ihrer habhaft zu werden, wären wir gezwungen, unsre Leute in zwanzig einzelne Beobachtungsposten zu teilen und liefen dabei Gefahr, von den Beni Sallah vor der Zeit bemerkt zu werden. Nein, die Flinten entgehn uns auch so nicht, denn sie fallen mit der übrigen Beute in unsre Hände."

„Wenn aber die Kafilah der Gewehre bis zur Zeit des Überfalls noch nicht zu den Beni Sallah zurückgekehrt ist?"

„So wird sie uns ebensowenig verloren sein. Wie werden sie im Duar der Beni Sallah erwarten. Kein einziger Mann wird uns entwischen."

„Mögest du recht haben. O Allah! Welche Beute werden wir machen!"

„Ja, es wird ein großes Geschrei geben in der Wüste und

ein Heulen in allen Oasen der Béni Sallah. Sie werden sich von dieser Niederlage nie erholen können..."

„Wir aber", fiel Amram ein, „werden reich sein vor allen andern Bewohnern der weiten Ebene. Wenn sie es ahnten, daß wir hier stecken! Aber komm, ich will dir den Ort zeigen, wo wir den Wachtposten aufstellen müssen!"

Nun entfernte sich der Scheik mit seinem Eidam, und wir konnten unser enges Gefängnis verlassen.

Mein Begleiter holte tief Atem. Das, was er gehört hatte, erregte ihn im Innersten, und ich konnte in dem schmalen Winkel, in dem wir nebeneinandergepfercht saßen, seine Augen glühen sehn.

„Hast du alles gehört?" fragte ich ihn.

„Alles! Allah il Allah! Weißt du, was ich jetzt tun möchte?"

„Ich denke es mir. Du hast Lust, eine große Dummheit zu begehn."

„Meinst du, es sei eine Dummheit, den beiden nachzuschleichen und ihnen unsre Messer zu geben?"

„Ja; unsre Anwesenheit wäre dadurch verraten und das ganze Unternehmen in Frage gestellt. Die Beni Suef würden sich hüten, ihren Angriffsplan auszuführen, weil sie wüßten, daß ihr gewarnt seid; sie würden in ihr Duar zurückkehren und die Rache auf einen günstigeren Zeitpunkt aufsparen. Wäre das für euch ein Vorteil? Laß also die beiden laufen und folge mir!"

Ich war schon dutzende Male auf Kundschaft gewesen, nicht im Orient, sondern bei den Bewohnern des Wilden Westens; aber ich kann sagen, kein einziges Mal hatte ich es so leicht gehabt wie heute. Von einem eigentlichen Anschleichen war diesmal keine Rede gewesen. Nein, der Scheik selber war gekommen und hatte mir seinen ganzen Feldzugsplan in einer Klarheit mitgeteilt, wie ich sie nur wünschen konnte. Es war diesmal wirklich wie am Schnürchen gegangen.

War das ein „Zufall"?

Meine Leser wissen, daß ich nicht an den Zufall glaube; jeder Gedanke und jede Tat ziehen ihre Folgen nach sich. Menschen, die ihren andern Menschenbrüdern Schaden zufügen, werden durch ihr eignes Gewissen getrieben, oft und grad dann von ihren Schlechtigkeiten zu reden, wenn sie für ihre dunklen Zwecke besser geschwiegen hätten. Man muß nur offne Ohren haben und seine Seele dem Guten weihn, um immer dann, wenn man es braucht, dem „Zufall" oder besser: der rechten Fügung zu begegnen.

Das ist mir immer und immer wieder auf meinen Reisen geschehn.

Wir schlichen, so schnell es uns bei der herrschenden Dunkelheit möglich war, vorwärts, natürlich nicht nach den „Töchtern der Stürme", denn dorthin hatte sich der Scheik mit seinem Schwiegersohn begeben; wir hielten uns mehr rechts.

„Also zu Fuß wollen sie uns überfallen", flüsterte mein Begleiter, der noch ganz von dem Gehörten erfüllt war. „Da haben wir die beste Gelegenheit, sie gleich niederzureiten. Hoffentlich bist du nicht der Meinung, daß wir sie ganz bis ans Lager heranlassen."

„Das wäre ein Fehler. Aber niederreiten werden wir sie auch nicht, sondern wir empfangen sie ebenfalls zu Fuß."

„Das ist unmöglich."

Der Gedanke, auf offnem Feld zu Fuß zu kämpfen, ist dem Beduinen eine Ungeheuerlichkeit. Wenn er nicht im Sattel sitzt, fühlt er sich höchst unbehilflich. Ich beruhigte ihn.

„Mach dir keine Sorgen! Wir werden Beratung halten, und da wird es sich wohl herausstellen, welcher Plan der beste ist. Komm!"

Wir fanden bald aus dem Steingewirr heraus, so daß die beiden Töchter der Stürme links hinter uns blieben, und schritten nun längs des Wüstenrands weiter, bis wir unsere Gefährten erreichten.

Sie hatten an eine so schnelle Rückkehr nicht gedacht und waren begierig, das Ergebnis der Erkundung zu vernehmen. Ich teilte ihnen kurz mit, was wir erlauscht hatten. Dann wurden die Kamele bestiegen, die sich weit über eine Stunde hatten ausruhn können.

Wir ritten zurück.

Nach einiger Zeit ließ sich am westlichen Himmel eine helle, gelbliche Stelle erkennen. Diese Erscheinung war mir unbekannt; daher erkundigte ich mich, ob es vielleicht ein schlechtes Wetterzeichen sei.

„O nein!" antwortete der Ben Sallah. „Es hat im Gegenteil etwas Gutes zu bedeuten. Diese helle Stelle ist das Loch, aus dem binnen wenigen Minuten der Rih el Leila kommen wird. Es sind Monate vergangen, seit er zum letztenmal geblasen hat."

Rih el Leila heißt Nachtluft, Nachtwind. Tatsächlich ist es in der Sahara eine große Seltenheit, daß sich ein wirklich kühler Nachtwind erhebt. Die Sandebene hat während des Tags die Sonnenglut in sich aufgenommen und strahlt sie des Nachts wieder von sich. Wenn es da einen Lufthauch gibt, so ist er heiß und wirkt ermattend auf Mensch und Tier.

Aber der Ben Sallah hatte recht. In der angegebenen Zeit begann wirklich ein kühler Hauch aus Westen zu streichen, bei dessen Berührung die Kamele die langen Hälse ausstreckten und ihre Schritte verdoppelten. Der Hauch nahm dann eine beträchtliche Stärke an.

„Das ist gut", meinte ich befriedigt. „Dieser Wind ist zwar kein Sturm, aber er hat Kraft genug, unsre Spur zu verwehn; so werden die Beni Suef morgen nichts finden, woraus sie schließen könnten, daß sie sich nicht allein am Ferß el Hadschar befunden haben. Desto überraschender werden wir dann über sie kommen."

Wir hatten ungefähr zwölf Stunden gebraucht, um vom Duar der Beni Sallah nach dem „Bett der Steine" zu gelangen; wir benötigten auch zur Rückkehr nicht mehr Zeit, obgleich man meinen sollte, daß die Kamele ermüdet gewesen seien. Aber der frische Nachtwind war uns zugute gekommen und hatte die Leistungsfähigkeit der Tiere erhöht. Als wir von fern die ersten Anzeichen des Lagers wahrnahmen, atmete ich auf. Wir konnten mit unserm Kundschafterritt zufrieden sein.

13. Ein Schlachtenplan

Früh kurz nach sechs Uhr gelangten wir im Duar an. Kein Mensch schlief mehr. Es waren inzwischen zwei Ferkah des Stamms aus benachbarten Oasen eingetroffen, so daß die streitbaren Krieger ungefähr schon achthundert Mann zählten.

Kaum waren wir aus dem Sattel, als schon von allen Seiten die Wißbegierigen herbeieilten, um zu erfahren, welche Nachricht wir mitbrachten.

Infolge der Ankunft der Ferkahs hatte natürlich das Geheimnis nicht länger gewahrt werden können. Alle Beni Sallah wußten, daß ein Überfall der Beni Suef drohte. Sogleich nach unserm Eintreffen wurde eine Dschemma der Ältesten einberufen, um den Kriegsplan zu beraten. Ich hatte mich schon so weit in das Abenteuer eingelassen, daß ich diesmal eine Einladung zur Dschemma unmöglich ablehnen konnte.

In der Beratung erhielt ich das erste Wort, um über unsern Erkundungsritt zu berichten. Als das geschehn war, wandte sich Esra als der Hochbetagteste an den Scheik.

„Jetzt laß deine Stimme hören, damit wir deine Gedanken erfahren!"

Tarik schüttelte bescheiden den Kopf.

„Ich bin noch zu jung; es sind Greise hier, erfahren in aller Weisheit, und tapfre Krieger, älter als ich. Sie mögen sprechen!"

„Deine Rede gefällt mir wohl. Es ziemt der Jugend, bescheiden zu sein, und wer das Alter ehrt, der wird sein graues Haar dereinst mit Würde tragen. Aber du bist der Scheik des Stamms. Dir gebührt das erste Wort."

Das brachte Tarik entschieden in Verlegenheit, obgleich er es sich nicht merken ließ. Vor seinen Beduinen war er nicht schüchtern; er fühlte sich ihnen an Mut sowohl als auch an Umsicht gewachsen. Aber vor mir empfand er eine gewisse Scheu, die ihn hinderte, seine Ansicht zuerst auszusprechen. Er zog sich daher geschickt aus der Schlinge.

„Wohl bin ich Scheik; aber grad als solcher kenne ich meine Pflicht. Wir haben einen Gast, und Gästen muß man Achtung zollen. Er will für uns und mit uns kämpfen; er ist bereit, sein Leben für uns zu wagen und hat uns sehr wichtige Dienste geleistet; deshalb ist es nicht mehr als billig, daß Kara Ben Nemsi zuerst das Wort erhält."

Ein wohlgefälliges Gemurmel ging durch die Reihen.

„Du hast recht", erklärte Esra. „Wir sehn nun, daß wir den richtigen Mann zum Anführer erhalten haben. Wenn du in dieser Weisheit weiter wandelst, wird dein Name bei deinen Söhnen und Urenkelsnachkommen genannt werden, solang es überhaupt Nachkommen gibt. Wir bitten also Kara Ben Nemsi, der von vielen von uns mit dem Ehrennamen ‚Vater des Blitzes' zubenannt wird, uns zu sagen, wie er an unsrer Stelle handeln wurde."

214

Ich wußte recht wohl, warum der junge Scheik mir das Wort gelassen hatte. Aber ich freute mich über seine Schlauheit und erwiderte:

„Man wird deinen Namen nicht nur lesen in den Büchern der Nachkommen, sondern auch ich werde von Tarik, dem Scheik der tapfern Beni Sallah, erzählen in allen Ländern, in die wir die Füße setzen. Allah segne euren Stamm und den Stamm der Beni Abbas, die jetzt eure Gäste sind. Werden auch sie mit uns kämpfen?"

„Natürlich kämpfe ich mit meinen Freunden", erklärte der Scheik der Beni Abbas.

„Nein", rief da die Khanum von der Ruinenbrüstung herab. Sie hatte dort gestanden, um der Verhandlung zuzuhören. „Soll mein Vater gekommen sein, um von einer Kugel getroffen zu werden?"

Die Einmischung der Khanum war nun nach Beduinenbegriffen nicht mehr statthaft. Der Stamm der Beni Sallah hatte seinen Scheik erhalten, und die Khanum war, wie man bei uns sagen würde, vom Amt zurückgetreten. Aber die Achtung vor ihrer Persönlichkeit, die sie sich all die Zeit her zu erwerben verstanden hatte, war so groß, daß niemand es wagte, sie wegen dieser Ungehörigkeit zur Rede zu stellen.

„Steh ich nicht in Allahs Hand?" fragte der alte Scheik. „Und ist nicht das Schicksal der Menschen schon vor allem Anbeginn bestimmt? Wenn ich mit euch kämpfe, wird Allahs Wille erfüllt, und ebenso, wenn ich nicht mitkämpfe. Darum wähle ich das erste. Die Beni Sallah sollen die Beni Abbas nicht für Feiglinge halten."

„Es darf nicht sein! Effendi, hilf du mir!" wandte sich jetzt die Khanum an mich.

Ich winkte ihr beruhigend zu und wandte mich dann wieder an die Dschemma.

„Ich kenne die Kriegs- und Kampfesweise der Söhne der Wüste nicht, aber ich weiß, wie große, tapfre Völker von Sieg zu Sieg geflogen sind. Diese Art mag die eurige nicht sein, aber ich will sie euch mitteilen, und ihr mögt dann entscheiden, was besser ist."

„Sprich! Wir hören!" bat Esra.

„Bevor man einen Plan faßt, muß man erst sich und den Feind kennen. Die Beni Suef zählen sechshundert Krieger, von denen fünfzig bei den Tieren bleiben. Wir sind jetzt achthundert Mann, folglich den Feinden überlegen. Außerdem rechne ich mit den neuen Gewehren, die wohl noch im Lauf des heutigen Tags im Duar eintreffen werden. Wir können also der festen Zuversicht sein, daß wir den Sieg erringen. Meint ihr nicht?"

Laute, zustimmende Rufe.

„Aber jeder Sieg kostet Opfer. Auch der, den wir erwarten, wird sie fordern. Ein kluger Feldherr wird also vor allen Dingen bedacht sein, so zu handeln, daß diese Opfer möglichst gering werden. So auch Tarik, euer Scheik. Meist du etwa, daß wir ruhig warten sollen, bis die Beni Suef kommen und uns überfallen?"

„Rhemallah — davor behüte mich Gott! Daran denk ich nicht", erwiderte Tarik, sichtlich froh darüber, daß ich ihm die Klugheit in den Mund legte.

„Du meinst, daß wir uns nicht überfallen lassen, sondern ihnen entgegenziehn, um sie anzugreifen?"

„Ja, das ist der Rat, den ich geben würde, wenn es bei so weisen Männern überhaupt eines Rats bedürfen sollte."

„Dein Vorschlag ist der beste, den es gibt", sagte ich im Ton der selbstlosesten Anerkennung, als wäre der Gedanke wirklich von Tarik ausgegangen. „Wenn wir dem Feind entgegenziehn, wird der Kampfplatz vom Lager entfernt. Ihr könnt euer Duar ruhig stehn und eure Herden weiden lassen; euern Frauen und Töchtern, den Greisen, Schwachen und Kranken wird kein Haar gekrümmt, und wir vernichten die Feinde, ehe sie nur dazu kommen, ihre Gewehre zu gebrauchen. Ihr werdet dann einen so glorreichen Sieg erringen, wie er hier noch nicht erkämpft worden ist. Das also ist der Vorschlag eures Scheiks, und ich billige ihn vollständig. Allah gebe Tarik, dem Scheik der Beni Sallah, viele Tage, Monate und Jahre!"

„Allah! Allah!" rief es anerkennend rundum.

Tarik errötete vor Freude oder vor Verlegenheit, die Wangen der Khanum färbten sich purpurrot.

„Aber ich kämpfe auch mit!" wiederholte ihr Vater.

„Ja, ihr sollt auch am Streit teilnehmen", erklärte ich. „Es müssen Krieger vorhanden sein, die während des Kampfes das Duar schützen, und das sollen die tapfern Beni Abbas tun. Sie sollen die Beni Suef empfangen, die sich etwa durch unsre

Reihen schleichen, um zu rauben und zu plündern. — Bist du damit einverstanden, Scheik Tarik?"

„Ja", entgegnete Tarik und reichte seinem Schwiegervater die Hand. „Wir vertrauen dir alles an, was wir besitzen. Wir wissen, daß du es treu behüten wirst."

Diesem Vorschlag zollten die Beni Abbas Beifall.

Es wurde nun bestimmt, daß man den Feind nicht überfallen, sondern draußen vor den Sanddünen, die eine Viertelstunde Wegs im Süden des Duar sich hinzogen, erwarten wollte. Es waren sogenannte Wanderdünen, deren feinen, lockeren Sand der beständige Lufthauch aus Westen an den Böschungen hochtreibt, so daß er von der Spitze an der Ostseite wieder hinabrollt. Darum schreiten diese Wanderdünen langsam aber stetig von West nach Ost vorwärts. Wenn die Hügel auch nicht hoch waren, so konnte man sich doch hinter ihnen verbergen.

Dort wollte man den Feind möglichst weit herankommen lassen und ihm dann eine überraschende Salve geben. Da die erwarteten Gewehre viel weiter trugen als die üblichen Schußwaffen, so war für uns von diesem Angriff nichts zu fürchten. Ich machte den Versuch, die Beni Sallah zu einer milderen Kampfesweise, zur Überrumpelung ohne Blutvergießen, zu überreden, drang aber nicht durch.

Angeführt wurden die Kämpfe auf dem rechten Flügel von Tarik, auf dem linken von mir. Hilal sollte nach seiner Rückkehr die Aufgabe erhalten, mit einigen guten Läufern dem Feind entgegenzugehn, um ihn zu beobachten. Diese Maßregel war notwendig, um zu verhüten, daß die Erwarteten uns etwa aus einer anderen als der verteidigten Richtung überfielen.

Wie man sieht, beruhte unser „Feldzugsplan" zum großen Teil auf einem Ereignis, das noch gar nicht eingetreten war, nämlich auf der Rückkehr Hilals mit den Gewehren.

Wie nun, wenn der Bruder des Scheiks den Platz gar nicht gefunden hatte! Oder wenn das Ausgraben so viel Zeit in Anspruch genommen hatte, daß er zu spät zurückkehrte? Zwar konnte auch dann das Unternehmen der Beni Suef als gescheitert gelten; denn die Beni Sallah waren ja gewarnt, und von einer Überraschung, worauf die Feinde gerechnet hatten, konnte keine Rede mehr sein. Auch waren die Beni Sallah den Beni Suef an Zahl überlegen, und so brauchte kein Zweifel darüber zu herrschen, daß der Feind zurückgeschlagen würde.

Aber es handelte sich ja nicht nur um ein Zurückwerfen der Beni Suef, sondern um ihre völlige Besiegung.

Dazu waren die Gewehre unbedingt notwendig, und zwar mußten sie so rechtzeitig eintreffen, daß die Beni Sallah in den Gebrauch der ihnen ungewohnten Waffe vorher noch eingeführt werden konnten. Es mußte also auch von unsrer Seite alles geschehn, was möglich war, um das rechtzeitige Eintreffen der Gewehre sicherzustellen.

Daher beantragte ich bei der Dschemma, der Kafilah mehrere Krieger mit einer Anzahl lediger Tiere entgegenzusenden. Denn wir mußten annehmen, daß die Kamele Hilals auf der Rückkehr nicht mehr so leistungsfähig waren wie auf dem Hinweg; das mußte eine verhängnisvolle Verzögerung zur Folge haben. Wenn es uns nun gelang, den Erwarteten möglichst weit entgegenzueilen, so bedeutete das unter Umständen eine Ersparnis von mehreren Stunden, die bei der Kürze der uns zur Verfügung stehenden Zeit sehr ins Gewicht fallen mußte.

„Wann, glaubst du wohl", fragte der Scheik auf meinen Vorschlag hin, „kann Hilal günstigenfalls bei uns sein?"

„Es hängt alles davon ab, daß dein Bruder beim Aufsuchen der Stelle Glück gehabt hat. In diesem Fall hat er sie gestern nachmittag erreicht. Bis zum Eintreten der Dunkelheit konnte er mit dem Ausgraben der Gewehre und Patronen fertig sein. Es fragt sich nun, ob er dann unmittelbar aufgebrochen ist oder heut beim Morgengrauen. Im ersten Fall können wir damit rechnen, daß er noch während des Nachmittags bei uns sein kann, im andern Fall dagegen wird er nicht vor Einbruch der Nacht zurückkehren."

„Ich stimme deinen Worten bei. Wir müssen alles tun, um seine Rückkehr zu beschleunigen. Aber jetzt kommt die Hauptsache: Wer soll die Führung der Männer, die Hilal entgegenreiten, übernehmen? Ich kenne den einzuschlagenden Weg nicht, und da seit gestern Mitternacht mehr als dreißig Stunden verflossen sind, hat der Wind längst alle Eindrücke im Sand verwischt."

Hm.! Das war allerdings richtig! Es gab nur einen, der die Richtung kannte, die zu nehmen war, und das war ich. Aber ich war beinah vierundzwanzig Stunden im Sattel gewesen, und kein Mensch konnte es mir verargen, wenn ich mich nach Ruhe sehnte.

Andrerseits aber war die Sache so wichtig, daß die Rücksicht, die ich als Gast des Duars auf das Wohlergehn der Beni Sallah zu nehmen hatte, es mir fast verbot, mich von der Angelegenheit auszuschließen. Daher antwortete ich auf die verblümte Bitte des Scheiks:

„Wenn du mich mit der Führung betrauen willst, so verspreche ich dir, mein Bestes zu tun, um Hilal zu finden und die Gewehre von ihm in Empfang zu nehmen."

„Hamdulillah! Das wolltest du wirklich?" rief Tarik erfreut.„Dann bin ich aller Sorgen ledig. Aber wird der neue Ritt für dich nicht zu anstrengend sein? Bedenke, du bist unser Gast —"

„Kümmere dich nicht um mich, sondern sorge dafür, daß in einer halben Stunde die Reiter und die nötigen Tiere zur Stelle sind! Unterdessen werde ich mich für den Ritt erfrischen."

Die Mitglieder der Dschemma hatten gegen meinen Vorschlag nichts einzuwenden und stimmten ohne weiteres zu. Damit war der Kriegsrat zu Ende.

„Allah il Allah we Mohammed rassuhl Allah — Gott ist Gott, und Mohammed ist sein Prophet!"

Mit diesem Ruf ging jeder an seine Arbeit.

Pünktlich nach einer halben Stunde war die Ersatzkarawane zum Aufbruch bereit. Sie bestand aus fünf Kamelreitern und zwanzig ledigen Deschemmels. Man hatte die schnellsten Tiere der Herde ausgesucht, und zwar lauter Reitkamele, um die Beförderung der Waffen möglichst zu beschleunigen. Da wir Hilal nur die Gewehre und so viel Patronen abnehmen wollten, wie wir voraussichtlich benötigten, mußten sich die Lasten, auf zwanzig Tiere verteilt, so bedeutend verringern, daß wir den Rückweg in fliegender Eile bewerkstelligen konnten.

Die Dschemma hatte ungefähr eine Stunde gedauert, und meine Taschenuhr zeigte die achte Stunde an, als wir das Duar in der Richtung nach Westen verließen. Ich hatte es Halef freigestellt, zurückzubleiben oder mich zu begleiten, aber der wackere Kleine verschmähte es, sich zu pflegen, während sein Sihdi von der „lästigen Zudringlichkeit der Sonne gequält und von dem öden Rachen der Wüste verschlungen wurde."

So waren wir also im ganzen sieben Männer, die an der

Spitze von zwanzig schnellfüßigen Dschemmels nach Westen jagten. Gesprochen wurde fast gar nicht, denn wir hatten unsre Aufmerksamkeit dem Weg zuzuwenden, wenn man von einem Weg überhaupt reden konnte. Und außerdem hätte unsre Eile jede Unterhaltung unmöglich gemacht.

Es war keine leichte Aufgabe für mich, genau die Richtung einzuhalten, in der wir vor ein paar Tagen gekommen waren; denn es waren keine Spuren vorhanden, und die Sanddünen glichen sich wie ein Ei dem andern. Aber wo die Erinnerung versagte, da trat die Witterung des Westmanns, die am besten mit einem sechsten Sinn zu vergleichen ist, in die Lücke. Dieser „sechste Sinn" war bei mir durch die mehrjährige Erfahrung im Wilden Westen Nordamerikas so ausgeprägt worden, daß ich mich keinen einzigen Augenblick im Zweifel über die einzuschlagende Richtung befand.

Wir waren nun schon drei Stunden unterwegs und hatten in dieser Zeit sicherlich eine Strecke zurückgelegt, zu der Hilal mit seinen bepackten und nicht mehr frischen Tieren sechs gebraucht hätte.

Ich benutzte jetzt mehrfach das Fernrohr. Vorausgesetzt, daß Hilal keine Zeit verloren und die Rückkehr noch in der gestrigen Nacht angetreten hatte, konnte er nicht mehr fern sein. Diese Voraussetzung hing allerdings wieder von einer andern ab: hatte er die Stelle gleich gefunden oder erst lang danach suchen müssen? Aber ich traute seiner Versicherung, daß er die Wüste wie seine Tasche kenne, und war davon überzeugt, daß er sich längst mit der kostbaren Ladung auf dem Rückweg befand.

Ich hatte eben mein Fernrohr auf den Kamm einer Düne eingestellt, die sich ziemlich abseits von unsrer Richtung befand; da bemerkte ich durch das Rohr einen Reiter auf dem Kamm. Im nächsten Augenblick war er in der Senkung verschwunden, tauchte jedoch bald wieder auf der nächsten Höhe auf. Mit freiem Auge wäre er nicht zu entdecken gewesen.

Ein Ruf benachrichtigte meine Gefährten, und dann hielten wir auf den einsamen Reiter zu. Bald konnten wir auch mit bloßem Auge unterscheiden, wie er abwechselnd bald auf dem Kamm einer Düne erschien, bald in einem Wellental verschwand.

Ich griff nach meinem Stutzen und feuerte einen Schuß ab. Der Reiter stutzte und blickte scharf zu uns herüber. Er schien sich erst klar werden zu müssen, wer wir sein könnten, und ob er etwas zu fürchten habe; denn er blieb eine Weile halten, um uns aus der Ferne zu beobachten.

Dann setzte er sein Tier langsam in Gang, um uns entgegenzureiten. Aber er beschleunigte bald den Ritt. Er war mit sich ins reine gekommen und sagte sich, daß er in dieser Gegend und grad auf dieser Linie nur Freunden begegnen könne.

Eben war er wieder auf der Höhe einer Düne sichtbar, da hielt er mit einem Ruck an. Er warf freudig die Rechte in die Luft und trieb sein Tier zu größerer Eile an.

Auch ich hatte den Reiter erkannt. Es war Hilal, der den Seinen aus irgendeinem Grund vorausgeeilt war. Schon von weitem winkte er uns mit beiden Armen zu, und bei uns angelangt, begrüßte er uns mit jubelnden Worten.

„Hamdulillah — Allah sei Dank, der mir die Wonne verleiht, dich wiederzusehn! Wir haben sie, die Gewehre, wir haben alle, alle! Und wir haben auch die Patronen, dreißig Kisten voll. Allah akbar — Gott ist groß und bereitet den Söhnen der Sallah einen Freudentag nach dem andern!"

„Wie kommt es, daß wir dich allein antreffen?" fragte ich.

„Ich bin der Sicherheit wegen den Meinigen ein Stück vorausgeeilt."

„Befinden sie sich weit hinter dir?"

„Nein, in fünf Minuten werden sie hier sein."

„Dann ist es gut."

„Wieso? Ist etwas im Lager vorgefallen? Und weshalb habt ihr ledige Tiere bei euch?"

Mit wenigen Worten klärte ich ihn über die Vorfälle auf, die sich während seiner Abwesenheit ereignet hatten, und berichtete über den Zweck unsrer Anwesenheit in der Wüste.

Dann ließ ich mir von ihm Bericht erstatten.

Die Lösung der Aufgabe, die von der Kafilah Hilals erfüllt werden sollte, hatte sich vollständig planmäßig vollzogen. Hilal hatte nicht lange nach der bewußten Stelle zu suchen gehabt. Die von mir aufgerichtete Bambusstange hatte ihm dabei treffliche Dienste geleistet und ihm schon von weitem den gesuchten Platz verraten. Sie hatten nicht die geringste Veränderung vorgefunden, und es kostete nur die Arbeit zweier Stunden, um die zwanzig Gewehrpakete und dreißig Patronenkisten auszugraben und den Tieren aufzuladen.

Natürlich war bei dieser Gelegenheit auch jeder andre irgendwie brauchbare Gegenstand in Sicherheit gebracht worden.

Nach Beendigung der Arbeit hatte Hilal keine Minute gezögert, den Rückweg anzutreten. Die Tiere hatten sich unterdessen ein wenig ausgeruht, und der Anbruch der Nacht fand die Kafilah schon in Bewegung. Natürlich ging die Rückreise nicht so glatt vonstatten wie der Hinritt; die schwer beladnen Kamele konnten nur langsam im tiefen Sand vorwärts dringen. Trotzdem hatte man beim Anbruch des Morgens die schlimmste Gegend hinter sich, und Hilal konnte hoffen, am Spätnachmittag das Duar zu erreichen.

Unser Erscheinen änderte die Lage wesentlich.

Hilal war mit seinem Bericht noch nicht ganz zu Ende, so sahen wir die Erwarteten in der Ferne auftauchen. Sie wurden von meinen Leuten stürmisch empfangen, und nun entwickelte sich eine fieberhafte Tätigkeit.

In Zeit von einer Viertelstunde wurden die Gewehrpakete abgeladen und unsern frischen Tieren aufgebunden. Von den Patronenkisten nahmen wir nur eine einzige an uns. Zehntausend Patronen, denn soviel waren in der Kiste vorhanden, waren mehr als genug, um einen zehnfach stärkeren Feind, als es die Beni Suef waren, mit blutigen Köpfen heimzuschicken. Dann wurde sofort der Rückweg angetreten.

Hilal ritt natürlich mit uns und gab seinen Leuten Befehl, mit ihren Tieren, die noch immer schwer an den Kisten zu tragen hatten, unsern Spuren langsam zu folgen und zu verhüten, daß sie von spionierenden Beni Suef bemerkt wurden.

Die dreihundert Gewehre bildeten für unsre zwanzig Dschemmels eine so geringfügige Last, daß ihr Gewicht die bisherige Eile kaum zu behindern vermochte. Da wir nur unsern Spuren zu folgen hatten, die mit erfreulicher Deutlichkeit vor uns im Sand lagen, so gestaltete sich der Rückweg für uns leicht und mühelos.

Das Asr, das Nachmittagsgebet, war grad vorüber, als unsere Kafilah ins Duar einritt. Wir wurden mit ungeheurem Jubel empfangen, dem ich mich indes schnell zu entziehn wußte. Ich nahm die beiden „Söhne des Blitzes" auf die Seite und ließ mir eins der neuen Gewehre bringen.

Es waren englische Henry-Martini-Gewehre, natürlich noch keine Mehrlader, die erst später von den Mächten benutzt wurden, die Vereinigten Staaten ausgenommen, wo sie schon während des Bürgerkrieges Verwendung fanden.

Ich erklärte den beiden die nötigen Griffe, nahm auch das Schloß auseinander, um ihnen die Innenteile zu zeigen, setzte es wieder zusammen und empfahl ihnen dann, nachzusehn, ob Sand in die Schloßteile einiger Gewehre eingedrungen sei.

Wie dem Leser noch erinnerlich sein wird, war ein Paket beim Sturz des Kamels im Samum gesprungen, und die darin enthaltenen Gewehre mußten natürlich von dem feinen Wüstensand sorgfältig gereinigt werden. Glücklicherweise stellte sich heraus, daß dies das einzige beschädigte Paket war.

Nun machte sich aber das so lang unterdrückte Bedürfnis nach Ruhe gebieterisch geltend. Ich bat Tarik, mich nach zwei Stunden rufen zu lassen, und legte mich da, wo ich gerade stand, nieder. Im nächsten Augenblick fielen mir die Augen zu, und ich wußte nichts mehr von mir.

Als ich zur gewünschten Zeit von Tarik selber geweckt wurde, war alle Müdigkeit verflogen. Im Lager herrschte reges Leben. Es wurden Kugeln gegossen, Kugelpflaster gemacht, Patronen angefertigt und Lunten mit Pulver eingerieben, je nach Art des Gewehrs, das der einzelne besaß.

Tarik hatte die dreihundert Henry-Martini an die besten Schützen der Sallah verteilt. Ich ließ sie auf freiem Platz vor der Ruine zusammenkommen und lehrte sie dann die nötigen Griffe und das Abschießen auf Befehl.

Natürlich wurden dabei keine richtigen Patronen verwandt, sondern leere Hülsen, um nicht Späher, die sich vielleicht in der Nähe des Duars umhertrieben, aufmerksam zu machen. Die Beduinen begriffen rasch, worum es sich handelte. Ein deutscher Unteroffizier hätte freilich bei unsern Übungen die Hände entsetzt über dem Kopf zusammengeschlagen und ein Donnerwetter nach dem andern losgelassen. Aber es war ja kein geschultes Heer, dem wir gegenüberzutreten hatten, sondern Beduinenschwärme, die ohne alle Regel und Ordnung zu kämpfen pflegen, und ihnen gegenüber konnte die neue Kampfesart nicht ohne die überraschendste und verderblichste Wirkung sein.

Später zog ich mit den Kriegern hinaus an die Dünen, um uns zu üben. Ein jeder sollte seinen Platz kennen und wissen, wie er sich zu verhalten habe. Es war eine richtige Felddienstübung, auf beduinische Verhältnisse zugeschnitten, und ich muß sagen, daß sich die Beni Sallah leicht in ihre Rolle fanden, obgleich sie gewohnt waren, nur zu Pferd und ganz nach eignem Belieben zu kämpfen. Der Eifer, der in diese Leute gefahren war, ließ das schlimmste Schicksal für ihre Feinde erwarten.

Noch einmal benutzte ich die Gelegenheit, Tarik zur Schonung seiner Angreifer zu überreden. Er sah mir lang und ernst in die Augen, dann schüttelte er den Kopf.

„Wenn wir nicht wüßten, Herr, wie groß dein Mut ist, müßten wir glauben, du fürchtest dich vor dem Kampf. Aber gib es auf, die Beni Suef schonen zu wollen! Sie sind Diebe und Räuber und haben uns schon so oft großen Schaden zugefügt. Wenn du nicht die Liebe und die Achtung unsrer Krieger einbüßen willst, so laß ihnen die Gelegenheit, den Feind aufs Haupt zu schlagen. Glaube mir, die Beni Suef haben es hundertfach verdient! Auch kenne ich meine Leute. Aber nach dem Sieg können wir eher mit ihnen reden."

So verging der Tag, und die Nacht brach herein.

Es wurden keine Feuer gebrannt, um etwaigen feindlichen Kundschaftern die Gelegenheit zu nehmen, etwas zu beobachten. Es war ja immerhin möglich, daß die Beni Suef ihren Plan geändert und den Angriff auf eine frühere Zeit verlegt hatten.

Aber es geschah nichts derartiges.

Mitternacht war vorüber, und nun machte sich Hilal mit seinen Kundschaftern auf den Weg. Eine halbe Stunde später marschierten achthundert bewaffnete Beni Sallah hinaus nach den Dünen. Hundert von ihnen hatten Pferde bei sich und blieben halbwegs als Deckung halten, die übrigen bildeten eine dreifache Reihe von solcher Beweglichkeit, daß sie sich in einer Minute zusammenziehn und auch nötigenfalls ausdehnen konnte. Die dreihundert Schützen mit den neuen Gewehren hatten im vordersten Glied Aufstellung gefunden.

Der alte Scheik der Beni Abbas hatte der Verabredung gemäß seine Leute als Posten rund um die Oase gelegt.

Gegen zwei Uhr sandte Hilal einen seiner Leute mit der Botschaft, daß sie in der Nähe des feindlichen Lagers angekommen seien; dort herrsche noch die größte Ruhe.

Nach einer halben Stunde kam ein zweiter Bote mit der Meldung, daß es sich bei dem Feind zu regen beginne. Und um drei Uhr kehrte Hilal mit den übrigen zurück und brachte die Nachricht, daß die Beni Suef aufgebrochen seien und in einer Entfernung von höchstens dreitausend Schritten den Anbruch des Morgengrauens erwarteten.

Jetzt bemächtigte sich aller eine Spannung, die sich nicht beschreiben läßt. Zwei Stämme standen sich da gegenüber — Leute einer Abstammung, Männer eines Blutes und einer Sprache, Bewohner eines Landes, und doch gewillt, sich gegenseitig zu vernichten.

Meine Mahnungen hatten nichts gefruchtet; nun mußte ich mich darauf beschränken, die schimmsten Härten zu mildern.

14. Zerschmettert!

Minute auf Minute verging.

Im Osten begann das Blau des Himmels sich zu entfärben, es wurde matter und matter, endlich gelblich-weiß, und nun konnte man schon auf eine beträchtliche Entfernung hin einen nicht zu kleinen Gegenstand erkennen.

Hilal lag in meiner Nähe, wie ich auf der Erde. Die Leute hielten die Blicke scharf nach vorn gerichtet. Es wurde schnell heller. Nun konnte man auf hundert, dann auf tausend Schritt weit sehn. Da endlich ließ sich weit draußen eine wirre Masse von Gestalten erkennen.

„Aufgepaßt!" flüsterte es von Mann zu Mann.

Die Beni Suef nahten, aber nicht in geordneten Linien; sie schwärmten sorglos auseinander und kamen grad auf die Mitte unsrer Verteidigungslinie zu. Ahnungslos, welchem Schicksal sie entgegengingen, marschierten sie durch den Sand. Die vordersten waren vielleicht noch hundertfünfzig Schritte entfernt, da erhob ich mich hinter der Düne und streckte die Rechte aus.

„Wakkif — halt!"

Die Feinde blieben verdutzt halten und schienen sich zu beraten.

Nach einiger Zeit löste sich aus der vordersten Gruppe ein Mann und trat einige Schritte vor. Es war Amram, der Schwiegersohn des Scheiks. Er legte, um besser verstanden zu werden, beide Hände an den Mund und rief herüber:

„Sabakha bilkheer — guten Morgen!"

„Miht sabah — Gott gebe die hundert Morgen!" erwiderte ich in der gleichen Weise.

„Mehn hua — wer bist du?"

„Kara Ben Nemsi."

Ich beobachtete sein erstauntes Zusammenzucken. Mich an dieser Stelle zu finden, hatte er nicht erwartet.

„Komm einmal her!" rief er nach einer Pause. „Wir haben mit dir zu sprechen!"

„So kommt ihr her zu mir! Wer seid ihr?"

„Wir sind eine Ferkah des Stamms der Beni Sallah."

„Was wollt ihr hier?"

„Unsre Brüder besuchen."

„So seid ihr auf dem richtigen Weg. Aber wie kommt es, daß ihr in so großer Anzahl naht?"

„Wir wollen eine Fantasia aufführen."

„So kommt näher! Seid ihr aber keine Beni Sallah, so nehmt euch in acht! Ihr würdet nicht weit kommen."

„Warum sprichst du aus der Ferne mit uns? Hast du keine Beine oder keinen Mut?"

„Ich habe beides; dir aber fehlt der Mut, sonst würdest du nicht stehnbleiben. Von Amram, dem Beni Suef, hätte ich mehr Tapferkeit erwartet."

„Allah il Allah! Hältst du mich für Amram?"

„Ja. Und der andre, der neben dir steht, ist Mehemmed, der Scheik der Beni Suef."

„Allah kerihm! Deine Augen täuschen dich!"

„Sollten sie sich jetzt täuschen, da es hell wird, während ich euch gestern deutlich erkannte, da es dunkel war?"

„Wo willst du uns gesehn haben?"

„Im Ferß el Hadschar, als ihr beide nach den ‚Tochtern der Stürme' gingt und den Plan des Überfalls bespracht."

Diese Worte riefen unter den Beni Suef Bestürzung hervor. Wenn ich sie belauscht hatte, dann waren ja die Beni

Sallah gewarnt und hatten sich auf den Überfall vorbereiten können.

„Kehrt um!" rief ich ihnen jetzt laut und eindringlich zu.

„Ihr seid herangezogen, uns heimtückisch zu überfallen, ich aber will ehrlich sein und euch warnen."

„Umkehren? Meinst du, sechshundert tapfere Beni Suef fürchten sich vor zweihundert feigen Beni Sallah?"

„Warum nennst du die Beni Sallah feig?"

Amram spie vor sich in den Sand.

„Sie gleichen den Schakalen und den Aasgeiern, die sich nur an Leichen vergreifen! Oder sie sind wie der Aßfur, der sich auf die Kamele setzt, um Ungeziefer zu verzehren, und der vor dem Wort eines Knaben davonfliegt."

„Hältst du auch mich für einen Schakal oder Aasgeier oder einen Aßfur?"

„Ja; deine Beine zittern vor Angst, so daß sie dich nicht mehr herzutragen vermögen bis in die Greifweite meiner Fäuste!"

Ich lachte über die frechen Beleidigungen, sie verletzten mich nicht, denn ich kannte den unerschöpflichen Reichtum der Beduinen an Schimpfworten und die Freude des Bedawi, aus diesem Reichtum freigebig an seine Feinde zu verschwenden. Namentlich war es gebräuchlich, den Gegner feig zu nennen, um ihn zu reizen und dadurch zu irgendeiner übereilten Tat oder Dummheit zu verlocken. Deshalb glitten diese Worte Amrams spurlos an mir ab; sie hätten mich nicht dazu verleiten können, mir den Beni Suef gegenüber eine Blöße zu geben.

Aber hier hatte ich noch andres zu bedenken, als meine eigne Sicherheit und Ehre. Immer und überall habe ich versucht, Blutvergießen und Gewalttaten zu vermeiden, und oft, sehr oft, ist es mir gelungen, durch List oder Überredung ein fast unvermeidlich scheinendes Blutbad zu verhindern. Dieses Bestreben liegt tief in meiner Weltanschauung begründet und in meiner Auffassung vom Christentum. Ich hatte wohl schnell den Zeigefinger am Abzug des Bärentöters oder Henrystutzens, um meinen Feind einzuschüchtern; aber es war für mich immer ein weiter Weg bis zu dem Augenblick, in dem ich den Finger krümmte, um die Kugel aus dem Lauf zu jagen. Auf diesem weiten Weg durchdachte ich alle Möglichkeiten, die es jeweils für mich gab, mein Ziel auf andre und friedlichere Weise zu erreichen. Freilich hat mich diese Schonung bei rücksichtslosen und hinterlistigen Gegnern viele Male in Not gebracht; aber das fällt gar nicht ins Gewicht gegen die unbestreitbare Tatsache, daß ich dadurch auch oftmals unversöhnliche Feinde in Freunde verwandelte und daß unzählige Menschenleben erhalten blieben.

Man hat mir aus dieser Nachsicht manchen Vorwurf geschmiedet; aber durfte ich als Christ anders handeln? In mancher bösen Lage hätte mich eine Kugel leicht zu retten vermocht und mir auch später manche bittere Stunde erspart — aber wer unter uns darf von sich selber behaupten, er dürfe ein andres Menschenleben leichtfertig „auslöschen" und ihm dadurch die Möglichkeit zur Umkehr und zur Reue nehmen?

Wie oft hat man mir daheim und auf meinen Reisen entgegengehalten, daß trotz der christlichen Lehre der Nächstenliebe bis heute noch, achtzehnhundert Jahre nach Golgatha, die Welt im Blut wate und daß ein christliches Volk das andre zerfleische. Ich kann darauf nur erwidern, daß das äußere Christentum nichts, aber auch gar nichts mit dem wahren innern Christentum zu tun hat und daß es um die Welt besser stünde, wenn die sogenannten Christen das Wort der Liebe wirklich im Herzen und nicht nur auf der Zunge trügen.

Auch hier in der Wüste, in diesen entscheidenden Augenblicken vor einem blutigen Kampf, meldete sich mein Herz. Es übertäubte den Verstand, der mir sagte, daß ich es hier mit blutgierigen, beutelustigen Beduinen zu tun hatte, die auf die Stimme der Vernunft oder gar des Gefühls zu hören nicht imstande waren und bei denen nur die Leidenschaften herrschten.

So hob ich denn abermals die Rechte und sprang ein paar Schritte vor.

„Wakkif — halt! Die Krieger der Beni Suef rennen in ihr Verderben! Wenn sie nicht auf meine Stimme hören, so werden viele Beni Suef nicht mehr in ihr Duar zurückkehren, denn . . ."

„Schweig!" schrie Amram. „Aus deinem Mund fließen die Feigheit und die Angst! Ein tapfrer Bedawi kämpft, aber redet nicht!"

228

„Allah erleuchte deinen Verstand. Ich meine es gut mit euch. Ihr seid in einem Irrtum befangen, wenn ihr glaubt, daß ihr nur zweihundert ...“

„Du Sohn einer Hündin! — Du sollst der erste sein, den meine Kugel frißt!“

Er hatte die lange Flinte an die Backe gerissen und abgedrückt. Doch waren meine Augen jeder seiner Bewegungen gefolgt, und im gleichen Augenblick, da er schoß, warf ich mich zu Boden; die Kugel pfiff über mich hin.

Der Schuß war für die Beni Sallah das Zeichen des Beginns.

„Jalla — los!“ hörte ich noch die Stimme des Scheiks hinter mir.

Vielleicht glaubte er, daß die Kugel Amrams mich getötet hätte, denn mein Niederwerfen und der Knall des Schusses waren eins gewesen.

Ich schnellte mich vom Sand auf und in wenigen weiten Sätzen zurück zu den Dünen.

Amram war nach seinem feigen Angriff auf mich, der ich doch als Unterhändler freimütig auf ihn zugeschritten war, vorwärtsgestürmt; die Beni Suef folgten.

Eine Salve donnerte den Angreifern entgegen.

Überrascht blieb der ganze Haufen der Feinde halten, als wäre er von den Kugeln festgenagelt worden.

Doch das währte nur einen Augenblick. Dann stießen sie ein lautes Wutgeheul aus, und wer nicht tot oder schwerverwundet war, stürmte weiter, empfing jedoch gleich darauf die zweite Salve.

Es war ganz so, als ob ein gut geschulter Heereskörper einen Reiterangriff mit kaltem Gleichmut zurückweist. Die Beni Suef stürzten durch-, über- und untereinander. Der Scheik war gefallen. Amram lebte zwar, aber er war verwundet und brüllte vor Grimm und Rachgier wie ein Tier, feuerte seine Leute an, ihm zu folgen, und rannte abermals vorwärts — dem Tod in die Arme.

Die Beni Sallah hatten schon wieder geladen.

In der allgemeinen Erregung hatten mich die wenigsten von ihnen zurückkommen sehn von der Verhandlung mit Amram; alle aber hatten meinen Sturz beobachtet und glaubten noch immer, ich wäre von Amrams Kugel gefallen. Ein wilder Grimm bemächtigte sich ihrer.

„Sie haben den ,Vater des Blitzes‘ erschossen!‘, ging es, wie ich später hörte, von Mund zu Mund. „Nieder mit den Hunden!"

Auch die dritte Salve tat ihre Schuldigkeit. Eine Sekunde lang stockte der Vorstoß der Angreifer; dann lösten sie sich erst langsam, dann schnell und schneller auf und suchten ihr Heil in der Flucht.

„Die Nachhut mit den Pferden!" rief ich in das Getümmel hinein. „Laßt sie nicht zum Stehn und zu den Tieren gelangen!"

Mein Befehl wäre gar nicht nötig gewesen.

Als die drei Salven rasch hintereinander ertönten, war die Nachhut überzeugt gewesen, daß sich der Feind nicht halten könne. Sie war schnell aufgesessen und bis unmittelbar hinter die letzte Schützenlinie vorgedrungen.

Die Beni Suef hatten sich kaum zur Flucht gewandt, so waren die Reiter hinter ihnen. Und da kam auch noch eine zweite Abteilung angebraust, der alte Scheik der Beni Abbas mit den Seinigen. Ich stutzte.

Was hatte er hier zu suchen? Er hatte doch die Aufgabe erhalten, das Duar zu beschirmen.

Aber die Kampfeslust war über ihn und seine Leute gekommen; sie hatten sich auf die ersten besten Pferde geworfen und waren der Nachhut hastig gefolgt. Am liebsten hätte ich das gleiche getan, den alten Heißsporn an seine Pflicht erinnert und ihn zurückgeschickt. Ich mußte aber darauf verzichten, da ich kein Pferd besaß.

Unter den Beni Sallah gab es jetzt kein Halten mehr. Was nur Beine hatte, rannte den Fliehenden nach; man brüllte, rief und schrie aus Leibeskräften.

Die Beni Suef waren ihres Erfolgs vollständig sicher gewesen. Darum war der Rückschlag desto gewaltiger über sie gekommen.

Die Hälfte lag tot in den Dünen; die andern waren entflohen. Die Mehrzahl hatte sich nach ihrem Lager zurückgewandt; sie waren auf ihre besten Tiere gesprungen und von dannen geeilt.

Fast zu gleicher Zeit drangen auch die Sieger mit ins Lager. Keiner der Flüchtlinge hatte Zeit gehabt, etwas mitzunehmen.

Die Beni Sallah sprangen von ihren Pferden und fielen über

alles her, was sich dort befand. Geschulte europäische Truppen hätten das unterlassen und ohne Unterbrechung die Verfolgung fortgesetzt. Die Söhne der Sahara kannten keine solche Selbstbeherrschung. Das Lager war groß. Da gab es Zelte, Pferde, Kamele, Waffen, Decken, Kleider und allerlei andre Gegenstände, die die Augen der Beni Sallah derart bestachen, daß die meisten nicht mehr daran dachten, den fliehenden Feinden auf den Fersen zu bleiben.

Andre, die mehr kriegerischen Sinn besaßen, hatten die Verfolgung der sich über die Ebene und in den Dünen zerstreuenden Feinde übernommen. Sie waren in der Überzahl und schonten niemand; denn sie wußten, daß sie im Fall einer Niederlage auch keine Gnade erhalten hätten.

Diesen Verfolgern hatte sich auch Tarik angeschlossen. Er vergaß, daß er der Anführer war. Er, der Sohn des Blitzes, kämpfte wie ein einfacher Krieger und schoß und schlug einen Feind nach dem andern nieder.

Diese Beobachtungen machte ich natürlich nicht auf einmal, sondern nach und nach. Als ich sah, daß der Sieg errungen und der Feind geworfen war, beteiligte ich mich nicht an der Verfolgung. Als Gast der Beni Sallah hatte ich zwar für sie zu den Waffen gegriffen, aber eine vollkommene Vernichtung der Beni Suef konnte nicht in meiner Absicht liegen. Darum schritt ich in widerstreitenden Gefühlen auf das Lager der Feinde zu.

Dort gab es Schreckensbilder. Nicht nur die Krieger waren an der Plünderung beteiligt, sondern auch die Greise, Weiber und Kinder hatten das Duar verlassen, um sich ihren Teil an der Beute zu sichern.

Da ging es denn nicht sehr menschlich her. Die verwundeten Feinde hatten viel zu leiden. Die Kleider wurden ihnen fast vom Leib gerissen. Ich erhob meine Stimme sofort, um diesem unwürdigen Gebaren Einhalt zu tun. Ich zweifle indes, ob es mir gelungen wäre, die Sieger im Zaum zu halten. Aber zum Glück kam grad jetzt auch Tarik herbei, der von der Verfolgung der Feinde zurückkehrte. Unsern vereinten Bemühungen gelang es dann, Ordnung zu schaffen.

Die Beni Sallah sammelten sich wieder um ihren Anführer.

„Was tut ihr?" rief der Scheik. „Hier nehmt ihr Kleider und Fetzen, die euch doch nicht entgehn können, und dem Feind gestattet ihr dabei zu entkommen. Laßt alles liegen! Später soll es gesammelt und dann unparteiisch verteilt werden. Jetzt haben wir andres zu tun."

Keiner wagte zu widersprechen. Die flüchtigen Feinde waren aber schon weit. Sie hatten sich, wie schon bemerkt, die besten Tiere genommen und die weniger guten zurückgelassen.

„Folgt mir nach!" rief der Scheik und nahm das nächste Pferd am Zügel, um in den Sattel zu steigen.

Ich hielt ihn zurück.

„Bitte, warte noch!" lächelte ich. „Sieh dir dieses Pferd an. Willst du etwa auf ihm die flüchtigen Feinde erreichen?"

Tarik war in der Tat zu eifrig gewesen; er bemerkte erst jetzt, daß das Tier von einer Kugel getroffen war und blutete.

„Ah! Du hast recht. Ich nehme ein andres."

„Nicht so schnell! Wir wollen beraten."

„Aber unterdessen entrinnen sie."

„Je eiliger du die Verfolgung beginnst, desto sicherer werden sie entkommen. Schau dir diese Tiere an, diese Pferde und Kamele! Sollte der Stamm der Beni Suef keine bessern haben?"

„Die Beni Suef besitzen berühmte Pferde und kostbare Eilkamele."

„Warum sehn wir sie nicht?"

„Weil sie fort sind. Diese Hunde, die Allah verderben möge, haben die besten Tiere genommen und die schlechten zurückgelassen."

„Das kann ich ihnen gar nicht verdenken", lachte ich. „Sie wären sehr dumm gewesen, wenn sie das Gegenteil getan hätten. Aber sag mir, wie du es anfangen willst, ihre guten Tiere mit diesen schlechten zu erreichen?"

„Allah! Du hast recht. Ich eile in unser Duar, um schnelle Tiere zu holen."

„Tu das, aber ohne Überstürzung! Wir werden hier die bessern Tiere aufsuchen, wenn es auch nur wenige sind. Auf ihnen reitet eine Anzahl deiner Leute den Feinden nach, um sie zu belästigen und nicht aus den Augen zu lassen. Dann holen wir uns von euch die besten Pferde und Eilkamele und beginnen die eigentliche Verfolgung."

„Effendi, du hast abermals recht. Es geschehe, wie du gesagt hast. Komm, laß uns suchen!"

Es fand sich nun doch, daß es eine ganze Anzahl trefflicher

Pferde und Kamel gab, die in der Eile zurückgeblieben waren. Da auch die Nachhut beritten gewesen war, so brachten wir ungefähr sechzig Reittiere zusammen, auf denen man den Flüchtigen sogleich folgen konnte.

„Das ist genug", meinte ich. „Es handelt sich jetzt nur darum, die Beni Suef in Atem zu halten, damit sie verhindert werden, sich zu sammeln oder auszuruhn. Wähle dir die tapfersten deiner Krieger aus! Sie mögen sogleich aufbrechen!"

„Wer soll sie anführen?"

„Hm! Diese Frage kann ich nicht beantworten. Ich kenne deine Leute nicht. Der Anführer dieser Schar muß sehr umsichtig sein."

„So werde ich mitreiten."

„Du als Scheik? Du sollst doch das Ganze leiten. Warum willst du da nur diese kleine Abteilung befehligen?"

„Weil das Gelingen des Ganzen davon abhängig ist."

„Du hast nicht unrecht. Wer aber soll dann alle die andern befehligen?"

„Hilal ist da. Und — bist du nicht auch zur Stelle? Ich habe freilich kein Recht zu bitten, daß du an unsern Kämpfen teilnimmst, aber — —"

„Ich bin dein Freund, ich helfe dir."

„Willst du mit nach dem Duar der Beni Suef?"

„Ja. Ihr müßt diese Gelegenheit benützen, sie euch untertänig zu machen. Gelingt es euch, so seid ihr der mächtigste Stamm westlich des Nil und könntet der Freundschaft und der Unterstützung des Khedive stets sicher sein."

„Wir werden sie überfallen und besiegen. Sie wollten uns vernichten, ich aber will nicht ihren Untergang; sie sollen nur unsre Diener sein, bis sie uns bewiesen haben, daß wir sie als unsre Verbündeten betrachten dürfen."

„Daran tust du recht. — Die Flüchtigen werden sich nach dem Ferß el Hadschar wenden. Dahin wirst du ihnen folgen, um sie nach ihrem Zeltdorf zu treiben. Dort aber werde ich auf sie warten, um sie zu empfangen."

„Wie? Du wirst dann schon dort sein?"

„Ja. Ich werde sofort anordnen, daß alle dazu geeigneten Kamele und Pferde getränkt und gefüttert werden und daß man die Wasserschläuche füllt. Ist das geschehn, so reite ich gradwegs nach dem Duar der Beni Suef."

„Wer aber wird unser Duar beschirmen?"

„Der Scheik der Beni Abbas wird mit seinen Kriegern den Schutz des Lagers übernehmen. Du brichst am besten sogleich auf."

Das geschah.

Tarik folgte mit seinen sechzig wohlbewaffneten und wohlberittnen Kriegern den flüchtigen Beni Suef, und ich sammelte die zerstreuten Beni Sallah.

Dabei gesellte sich auch Halef mir wieder zu. Er hatte sich wie ein Sallah am Kampf und dann an der Verfolgung beteiligt, bis es ihm eingefallen war, daß er sich eigentlich weniger um die Beni Sallah, sondern mehr um seinen Sihdi zu kümmern habe. Deshalb machte er sich sobald wie möglich frei und kehrte ins Lager zurück.

Da sah ich vom Duar her einen Greis in eiligem Lauf kommen. „Eilig" ist eigentlich zuviel gesagt, es war mehr ein angestrengtes Humpeln. Er hatte als einer der Schwächsten im Lager zurückbleiben müssen, auch dann, als alle andern davongeeilt waren, um Beute zu machen. Deshalb war sein Kommen um so auffälliger. Er winkte schon von weitem mit den Armen wie mit Windmühlen und rief, als er nähergekommen war, mit überschnappender Stimme:

„Effendi, eile ins Lager! Es muß sich dort ein Unglück begeben haben"'

„Ein Unglück? Unmöglich! Es kann doch keiner der Feinde ins Duar gelangt sein."

„Vielleicht doch. Die Beni Abbas haben ihren Posten verlassen. Da können die Beni Suef von der unbewachten Seite erschienen sein. Ich hörte die Khanum um Hilfe rufen, und dann stürmte Hilal an mir vorüber auf die Ruine."

Hilal!

Ich hatte ihn von dem Augenblick nicht mehr gesehn, da sich die Feinde zur Flucht gewendet hatten. Bis dahin war er nicht von meiner Seite gewichen. Wenn er den Kampfplatz verlassen hatte, so tat er das sicherlich nur deswegen, weil er gewichtigen Grund hatte.

„Schnell, Halef, zwei Pferde!"

Wir warfen uns auf die nächststehenden Tiere und ritten in gestrecktem Galopp dem Lager entgegen. Je näher wir kamen, desto größer wurde meine Sorge. Ich dachte an Falehd, der sich ja bei den Beni Suef befunden hatte und gewiß nichts andres im Sinn hatte, als seine Rache zu stillen. Wie nun, wenn es ihm gelungen war, ins Lager zu schleichen! Leicht genug war es ihm gemacht; denn die Beni Abbas hatten unklugerweise ihren Posten verlassen.

Jetzt erblickte ich die Ruine. Ich konnte jede Einzelheit unterscheiden. Um an den Fuß der Treppe zu gelangen, die nach aufwärts führte, hatten wir eine Strecke am Gemäuer entlang zu reiten.

Da scheute mein Tier vor einem Gegenstand, der am Boden lag und weigerte sich, weiterzugehn. Von einer schlimmen Ahnung erfüllt, stieg ich ab und näherte mich der Stelle.

Ein entsetzlicher Anblick bot sich unsern Augen. Grad unter der hohen Plattform der Ruine lag Falehd, völlig zerschmettert.

Es machte den Eindruck, als ob kein Glied seines mächtigen Körpers unversehrt sei. Er atmete nicht mehr; er war tot. Das eine Auge war ganz verdreht, so daß nur das Weiße zu sehn war; die andre Augenhöhle war leer.

Wir wandten uns von diesem Ort des Grauens ab, ritten zur Treppe und eilten hinauf.

Oben trafen wir die Frauen und Hilal, von denen wir die Einzelheiten des schrecklichen Schauspiels erfuhren, das um ein Haar für die Khanum und Hiluja zum Trauerspiel geworden wäre. Aus ihren Mitteilungen und dem, was wir errieten, konnten wir uns ein ziemlich getreues Bild von dem Vorgang machen, der sich vor kurzem hier abgespielt hatte.

Falehd, erfüllt von Rachegedanken, wollte aus sichrer Entfernung das Ergebnis des Überfalls abwarten. Aber es war alles anders gekommen, als seine jetzigen Freunde gehofft hatten.

Er verfolgte aus der Ferne die Flucht der Beni Suef und bemerkte, wie sich das ganze Duar der Beni Sallah leerte. Alles eilte hinaus, um Beute zu machen; ja sogar die Beni Abbas verließen ihren Posten. Das kam ihm grad gelegen.

Schnell stieg er auf und sprengte im Galopp nach dem Duar, das er ungehindert erreichte.

Vorn auf der Brüstung der Ruine standen die Khanum und Hiluja. Badija hatte kaum den Riesen kommen sehn, so erfaßte sie sofort die Lage.

„Falehd! Er will sich rächen! Flieh!" schrie sie auf und schob die Schwester vor sich her, zum Eingang hinein, um dann selber schnell zu folgen.

Der Riese aber war noch schneller gewesen. Er hatte sich keine Zeit genommen, das Pferd anzubinden, sondern raste die Treppe hinauf und streckte die Arme aus.

„Halt, Khanum! Jetzt bist du mein!"

Fast hätte er Badija gepackt; sie bückte sich jedoch und entschlüpfte unter seinen Händen ins Innere der Ruine. Er folgte ihr. So erreichte sie ihr Wohnzimmer, wo Hiluja wartete.

„Weiter, weiter!" rief sie. „Er kommt! Die Treppe hinauf!"

Hiluja entkam; aber als auch Badija durch die rückwärtige Tür fliehn wollte, packte Falehd sie.

„Warte doch, mein Stern!" lachte er höhnisch. „Dein Bräutigam ist fort — nun werde ich mit dir Hochzeit halten!"

Badija wand sich verzweifelt unter seinem Druck, vermochte aber nicht loszukommen.

„Laß mich!" stöhnte sie. „O Allah, hilf!"

Falehd lachte roh.

„Ruf nur Allah an, mein Engel! Er verspricht den Gläubigen die Huris des Paradieses — also sträube dich nicht!"

Badija wehrte sich aus Leibeskräften. Da kam eine unerwartete Hilfe; eine weibliche Stimme schrie vom Eingang her:

„Zurück, Falehd!"

Falehd wandte sich um und erkannte die alte Haluja, die Dienerin Hilujas.

„Was willst du, Alte? Pack dich zum Scheitan!"

Aber Haluja sah ihm furchtlos und mit funkelnden Augen ins Gesicht.

„Laß die Khanum los!"

Er brach in ein schallendes Gelächter aus, stieß aber gleich einen Schmerzensruf aus. Die treue Dienerin Hilujas hatte sich eine lange, spitze Nadel aus dem Haar gezogen und stieß sie ihm tief in den nackten Arm.

„Schlange!" brüllte er. „Ich werde dir den Giftzahn nehmen!" Er griff mit beiden Händen nach ihr, hatte aber in seiner Wut nicht bedacht, daß er dadurch die Khanum freigab. Badija verschwand sofort in dem dunklen Gang, der nach der geheimen Treppe führte.

„Allah inhal el bakk — Gott verderbe die Wanze!" fauchte der Riese und eilte der Khanum nach.

Das Wort Wanze ist der verächtlichste Ausdruck, den ein Araber einer weiblichen Person geben kann. Haluja war darüber so erbost, daß sie auf der Stelle dem Riesen folgte, Falehd hörte deutlich die Schritte der Khanum, tastete sich so schnell wie möglich nach und gelangte so an die Treppe, die zur Zinne führte.

Aus dem Schall der Schritte schloß er, daß sich die Khanum nur einige Stufen über ihm befand. Da er aber nichts sehn konnte, weil es im Innern des Gemäuers dunkel war und es Fenster oder ähnliche Öffnungen nicht gab, gelang es Badija, noch vor ihm die kleine Plattform zu erreichen. Als Falehd mit dem Kopf auftauchte, umfingen sie Hilujas Arme wie zum Schutz.

Der Riese stolperte keuchend die letzten Stufen hinauf. Die Lage der beiden Schwestern war verzweifelt; angstvoll hielten sie sich umschlungen, und ihre Blicke spähten nach Hilfe.

Draußen tobte der Kampf. Auch im Lager gab es keinen Menschen, der, selbst wenn er mit der nötigen Schnelligkeit hätte herankommen können, es gewagt hätte, zum Schutz der Bedrängten mit dem Riesen anzubinden.

„Hab' ich dich!" frohlockte Falehd. „Ali, von hier kannst du nicht weiter fliehn! Her zu mir!"

„Tarik wird helfen, wenn er uns hört!" ächzte Badija. Sie hielt beide Hände an den Mund und stieß einen schrillen, weithin tönenden Schrei aus. Das war das Zeichen gewesen, Tarik solle sich wieder zu ihr finden, wenn sie mit dem tapfern Sohn des Blitzes einen Ritt weit hinein in die Wüste gemacht und sich da, zum Scherz und um die Einsamkeit besser auszukosten, von ihm getrennt hatte.

Vernahm Tarik ihn mitten im Getöse des Kampfes? Aber selbst wenn dies der Fall war: faßte er den Ruf auch als Zeichen auf, daß sie sich in Gefahr befand?

Falehd machte eine Bewegung auf die Khanum zu. Aber er hielt inne, als er die beiden Schwestern vor sich sah: Badija in der Pracht ihrer frauenhaften Schönheit, Hiluja aber als eben aufgebrochene Knospe in reizender Jugendfrische.

„Bei Allah, die jüngere ist besser", höhnte er roh. „Ich werde Hiluja mit mir nehmen."

Er duckte sich und schnelle sich zwischen die Schwestern. Die Khanum flog gegen die Brüstung der Zinne. Falehd ergriff

Hiluja mit rücksichtslosen Fäusten und wollte sie nach der Treppe ziehn; da fühlte er sich von hinten gepackt.

Abermals kam die alte Dienerin zur Hilfe. Sie war ihm nachgeeilt, und als sie aus der Treppenmündung auftauchte und ihre geliebte Herrin in Gefahr sah, klammerte sie sich von hinten mit aller Kraft an Falehd an.

„Halt, Ungeheuer! Solang ich lebe, bekommst du sie nicht!"

Zum zweitenmal gellte Badijas Schrei.

„Rufst du um Hilfe?" hohnlachte er. „Blick dich doch um! Es gibt niemand, der euch jetzt helfen könnte!"

Er suchte die Alte von sich abzuschütteln. Mit der Linken hielt er Hiluja fest und griff mit der Rechten nach hinten, um die Dienerin von sich zu reißen; aber das war unmöglich.

„Nun, wenn du nicht anders willst, zerdrücke ich dich wie eine faule Dattel!"

Er tat einen raschen Schritt nach der steinernen Brüstung und warf sich so dagegen, daß die Dienerin sich zwischen ihm und den starken Quadern befand.

Die Füße fest anstemmend, drückte er Haluja mit solcher Gewalt gegen die Steine, daß ihr der Atem auszugehn drohte; in wenigen Augenblicken mußte sie erstickt sein.

Da quälte sich abermals der gellende Hilferuf in letzter Not aus Badijas Kehle — dann kam sie der Alten zu Hilfe. Auch Hiluja, die noch immer von der Faust des Riesen festgehalten wurde, wandte sich gegen ihn. Und es gelang den verzweifelten Anstrengungen der zwei mutigen Frauen wirklich, der Dienerin Luft zu verschaffen.

Falehd ließ Hiluja fahren, um beide Arme freizubekommen.

In diesem Augenblick flohen die Mädchen nach der entgegengesetzten Seite; die Khanum griff halb mit Überlegung und halb im Bann einer Eingebung nach dem Sandstaub, den der Wind in einer Ecke angehäuft hatte, nahm beide Hände voll und warf ihn dem Riesen ins Gesicht. Er drang ihm in das noch gesunde Auge, so daß der Angreifer für einige Augenblicke geblendet und infolgedessen machtlos war.

„Flieh! Hinab!" keuchte Badija und taumelte zur Treppe.

Aber schon stand Falehd dort; mit seiner mächtigen Gestalt versperrte er den Fluchtweg und schrie:

„Oho! So entrinnt ihr mir nicht!"

Mit der Linken am geblendeten Auge, streckte er die Rechte

abwehrend von sich, um ihnen die Flucht unmöglich zu machen.

Da fiel der Blick der Khanum hinaus auf die Ebene. Ein Schatten flog mit der Schnelligkeit der Gazelle durch den Sand.

„Allah sei gepriesen!" entrang es sich ihr. „Dort kommt Hilfe — Hilal! Hilal!"

„Ich zermalme ihn!" knirschte der Wütende. „Und euch mit, ihr verdammten Katzen!"

Wieder griffen seine Finger nach Hiluja. Aber die Alte hatte sich Badijas Mittel gemerkt. Auch sie raffte zwei Hände voll Sand auf und schleuderte ihn Falehd ins Gesicht.

„In die Dschehennah mit euch! Wollt ihr den Löwen des Stammes mit Sand füttern? Fahrt zum Scheitan!" keuchte er.

Doch er konnte nur eine Hand gebrauchen, die andre wischte das tränende Auge.

Endlich gelang es ihm, für einen Augenblick zu sehn. Er warf sich mit dem ganzen Gewicht auf Hiluja, packte sie und hob sie hoch empor.

„Hinab mit dir, wenn ich dich nicht mit mir nehmen kann!"

In diesem gefährlichsten Augenblick sprang Haluja zu, klammerte sich an seinen Arm, zog sich daran hoch und biß Falehd mit aller Kraft hinein, so daß er ihn sinken ließ. Er drehte sich um und schleuderte die Alte mit einem Fußtritt von sich, daß sie weit zur Seite flog. Abermals hob er Hiluja mit beiden Armen hoch, um sie über die Brüstung hinweg in die Tiefe zu schleudern.

Die beiden Frauen schrien laut auf vor Entsetzen.

Jetzt, in dieser letzten Sekunde, fühlte sich der Riese von hinten mit unwiderstehlicher Gewalt gepackt und zurückgerissen.

Es war Hilal, der eben aus der Treppenmündung auftauchte und sich mit einem unbeschreiblichen Grimm auf den Todfeind stürzte, der ihm das Liebste vernichten wollte.

Der Ruck, mit dem Hilal den Riesen zurückgerissen hatte, war so kräftig, daß Falehd zu Boden stürzte. Im Bemühn, einen Halt zu finden, ließ er das Mädchen fallen. Hiluja flüchtete zur Seite und kauerte sich angstzitternd in eine Ecke. Falehd lag schwer wie ein gefällter Baum; doch schon schwollen die gewaltigen Muskeln zu dicken Strängen. Er schoß auf, halb stürzend, und streckte beide Hände wie ungeheure Pranken nach Hilal aus. Seine Unterlippe hing herab und triefte, sein fast blindes Auge glühte blutunterlaufen voller Heimtücke.

„Ta'al — komm her!" zischte er.

Er wußte sich in Gefahr; aber er überschätzte sie, denn er glaubte, Hilal sei mit einer Schußwaffe versehn. Er hatte keine Ahnung, daß der Sohn des Blitzes alles von sich geworfen hatte, um nicht im Lauf gehindert zu sein, und daß nur das Messer in dem Kamelstrick steckte, der ihm als Gürtel diente.

Hilal umklammerte den Griff und riß es heraus.

„Chod — nimm! Da bin ich schon."

Damit tat er einen Sprung, um dem Feind die Klinge ins Herz zu stoßen; doch dieser Stoß traf nur den Arm.

Falehd brüllte auf.

„Mücke, du stichst? Du kannst also nicht schießen? Dann bist du verloren!"

Abermals langten die Tatzen der menschlichen Bestie nach Hilal; der Sohn des Blitzes, schlank und geschmeidig, nahm das Messer zwischen die Zähne, bückte sich unter den Armen des Riesen weg und ergriff ihn rechts und links an den Hüften.

Was ein jeder für unmöglich gehalten hätte, das geschah. Der Zorn verdoppelte, ja verdreifachte die Kräfte des Jünglings. Hilal hob den schweren Mann mit einem Ruck in die Höhe der Brüstung.

Falehd wehrte sich nicht. Er war über die Kraft seines Gegners verblüfft; auch verbarg ihm sein noch halbgeblendetes Auge die drohende Gefahr, in die Tiefe geschmettert zu werden. So versäumte er, vielleicht nur den Bruchteil einer Sekunde, eine Bewegung zu seiner Rettung zu machen.

Diese Versäumnis kostete ihm das Leben.

„Hinab mit dir!" rief Hilal und stieß den Riesen über die Brüstung ins Leere.

Ein fürchterlicher Schrei aus dem Mund des Fallenden, weit in die Ebene hinaus — dann bekundete ein dumpfer Schall, daß sein Körper von Quader zu Quader in die Tiefe stürzte.

Jetzt erst drehte sich Hilal langsam und erschüttert um; er suchte die geretteten Frauen. Aber er erblickte nur eine einzige — Hiluja, die mit weit geöffneten Augen vor ihm stand, wie wenn eine Erstarrung über sie gekommen wäre.

„Allah il Allah!" rief er, von der Anstrengung am ganzen Leib zitternd und mit mühsam atmender Brust.

„Hilal!" Die Starrheit wich von dem Mädchen. „Hilal, du, du hast mich, hast uns alle gerettet, du Guter, du Tapfrer!"

„Der Grimm gab mir diese Kräfte. Ich brächte es zum zweitenmal nicht wieder fertig", wehrte er ab. „Hamdulillah! Ich bin ja so glücklich, daß es mir vergönnt war, dein Leben zu schützen!"

Wie aber kam es, daß Hilal grad noch zur rechten Zeit eintraf, um die bedrängten Frauen zu retten?

Wie ich erwähnte, war er bis zu dem Augenblick an meiner Seite gewesen, da sich die Feinde zur Flucht wendeten. Auch er hatte sich in Bewegung gesetzt, aber schon nach wenigen Schritten blieb er stehn. Es war ihm vorgekommen, als ob ein scharfer, hoher Laut den Lärm des Kampfes durchdrungen habe. Er lauschte einen Augenblick. Ja, wirklich, der Laut erscholl zum zweitenmal, und er unterschied deutlich das Wort Tarik.

„O Allah! Die Khanum ruft! Sie befindet sich in Gefahr! Kommt! Folgt mir!"

Dieser Befehl war jedoch nicht gehört worden; es stand kein Mensch mehr in Hilals Nähe, da alle hinter dem Feind her waren.

Auch von Tarik war nichts zu entdecken. Er steckte mitten im dichtesten Kampfgetümmel. Ja, wenn Hilal wenigstens ein Reittier gehabt hätte! Aber so war er gezwungen, den Weg bis zur Ruine zu Fuß zurückzulegen. Und ich glaube seiner Versicherung gern, daß dies der anstrengendste Lauf seines Lebens gewesen war.

Im Duar traf er indes keinen Menschen. Auch die Alten und Kranken, selbst die Kinder waren hinaus, der Gegend zu, in der der Sieg errungen worden war. Endlich hörte er die Stimme Badijas zum drittenmal wie aus den Wolken herab.

„Tarik!"

Wie ein von der Sehne geschnellter Pfeil schoß Hilal auf die Ruine zu. Hoch oben waren weiße Frauengewänder zu erblikken. Und von dort erschallten die grimmigen Flüche des Ausgestoßnen.

Wie war Falehd da hinaufgekommen? Er kannte ja die geheime Treppe nicht!...

„Halt aus! Ich komme!" rief Hilal und flog ins Innere und durch Badijas Gemächer die Treppe hinauf.

Als sein Kopf oben auftauchte, stand der Tiermensch auf der Zinne, ein Weib in den hoch erhobnen Armen, in dem Hilal zu seinem Entsetzen Hiluja erkannte. Wie ein gereizter Stier stürzte er sich auf Falehd — keinen Augenblick früh. Die nächste Sekunde schon hätte ihm das Glück seines Lebens für immer geraubt.

So war die Rettung gelungen.

Ich hatte die Erzählung der bei dem Abenteuer Beteiligten mit keinem Wort unterbrochen. Natürlich nahm sie viel längere Zeit in Anspruch, als der Leser für meinen gedrängten Bericht benötigt. Das Herz beanspruchte eben seine Rechte, und was Hilal geleistet hatte, war wirklich eine Heldentat gewesen. Die Frauen, besonders Hiluja, wurden nicht müde, immer wieder davon zu erzählen.

Schließlich mußte ich aber doch ihren Redestrom unterbrechen. Ich gab Halef den Befehl, sofort den Scheik der Beni Abbas aufzusuchen und mit seinen Leuten hierher zu entbieten.

Auch die Beni Sallah, die nicht mit der Verfolgung der Feinde beschäftigt waren, sollten ins Duar zurückkehren.

Dieser Befehl rief die Anwesenden in die Wirklichkeit zurück. Sie wußten ja noch gar nicht, wie die Sachen gegenwärtig standen.

„Sind die Beni Suef in die Flucht geschlagen?" fragte die Khanum.

„Ja", erwiderte ich. „Wir haben einen vollständigen Sieg errungen."

„Hamdulillah — Allah sei Dank!"

„Alle Hände sollen die Kamele tränken und die Schläuche füllen, damit die Verfolgung der Flüchtigen schleunigst begonnen werden kann."

„Sind viele entkommen?"

„Vielleicht die Hälfte. Die andern liegen tot oder verwundet auf dem Schlachtfeld."

„Allah akbar — Gott ist groß!"

„Die Gewehre haben sich vorzüglich bewährt. Der Rest der Beni Suef ist auf der Flucht nach dem Ferß el Hadschar begriffen oder hat sich zerstreut. Eure Krieger reiten nach allen Richtungen, um die Versprengten niederzumachen oder gefangenzunehmen. Es ist indes Befehl gegeben, sich zu sammeln, um die Verfolgung derer zu beginnen, die sich nach dem Ferß el Hadschar gewandt haben. Es mögen vielleicht zweihundert sein."

„Wo ist der Scheik, der Scheik?"

„Unterwegs nach dem ,Bett der Steine', um die Fliehenden nicht zur Ruhe kommen zu lassen."

Ich erstattete nun einen gedrängten Bericht. Als ich den Plan erwähnte, den Flüchtigen dadurch zuvorzukommen, daß wir ihr Duar besetzten, blitzte mir ein Gedanke auf.

„Wir hatten ursprünglich beabsichtigt, mit allen verfügbaren Kriegern das feindliche Duar aufzusuchen; aber zweihundert genügen vollständig."

„Nur zweihundert?" meinte Hilal zweifelnd. „Effendi, sind das nicht zu wenig?"

„Nein. Warum mit sechshundert Kriegern ein Duar überfallen, worin nur wenige waffenfähige Männer zurückgeblieben sein werden? Das wäre so, als wenn du einen Floh mit einer Kanone totschießen wolltest. Nein, wir brauchen die Leute hier notwendiger."

„Ja, du hast recht. Die Toten müssen begraben und die Verwundeten verpflegt werden. Das ist eine Arbeit, der die Beni Abbas allein nicht gewachsen sein werden."

„Richtig! Außerdem möchte ich das Duar nicht ein zweites Mal dem zweifelhaften Schutz des Scheiks der Beni Abbas überlassen. Wie nun, wenn sich versprengte Beni Suef in der Nähe umhertreiben und auf den Gedanken kommen, sich einzuschleichen und auf irgendeine Weise Rache zu nehmen? Was Falehd fertigbrachte, kann auch für andre kein Ding der Unmöglichkeit sein, wenn das Duar so nachlässig bewacht wird wie heute."

„Der Scheik der Beni Abbas wird keinen solchen Fehler mehr begehn."

„Davon bin ich überzeugt. Der Hauptgrund, warum wir unsern Plan ändern müssen, ist indes ein andrer. Es handelt sich darum, den Beni Suef zuvorzukommen und das schützende Lager vor ihnen zu erreichen. Wir müssen also die größte Schnelligkeit entwickeln; und da ist es selbstverständlich, daß sechshundert Krieger nicht so rasch vorwärtskommen können wie eine kleinere Schar."

„So werde ich also jetzt von unsern Kriegern die zweihundert besten Schützen und von den Tieren die schnellfüßigsten Dschemmel aussuchen. Wann wollen wir aufbrechen?"

„Ich denke, in zwei Stunden werden so viele Krieger ins Duar zurückgekehrt sein, daß du die gewünschte Auswahl treffen kannst."

„Gut. Ich werde jetzt gehn, um das Nötige vorzubereiten."

Aber er ging nicht.

Wir hatten uns während unsrer Unterhaltung hinaus auf die Plattform über die Treppe begeben. Von dort aus konnten wir das allmähliche Zurückkehren der Krieger beobachten.

Soeben erschienen zwei Reiter zwischen den Zelten: der alte Scheik der Beni Abbas und mein Halef. Der Scheik führte neben sich am Zügel ein Pferd, bei dessen Anblick mein Herz schneller klopfte.

„Welch ein Tier!" rief ich aus. „Man sieht es auf den ersten Blick, daß diese Stute einen langen und berühmten Stammbaum hat."

„Allah il Allah!" rief auch Hilal. „Ich kenne dieses edle Pferd. Es ist eine Lieblingsstute des Scheiks der Beni Suef. Sie heißt Selßele[1] und hat einen Wert, der nach Geld gar nicht zu messen ist."

„Aber woher hat er das Tier? Im Lager der Feinde war es nicht."

„Wir werden es erfahren."

Es ist klar, daß für ihn der Scheik im Augenblick wichtiger war als die Stute. Ich bemerkte deutlich die Spannung in seinen Augen, womit er dem Vater seiner Erwählten entgegensah. Wie würde er sich jetzt, nach dem Vorgefallnen, gegen den Retter seiner Töchter verhalten?

Der Scheik stieg vor der Treppe ab und kam dann zögernd herauf. Natürlich wußte er alles. Halef, davon war ich überzeugt, hatte ihn sicherlich über alle Umstände aufgeklärt.

Als er die oberste Stufe erstiegen hatte und nun vor uns stand, konnte ich deutlich die äußerste Bestürzung und eine große Verlegenheit in seinen Zügen lesen. Seine Schuld war es ja, daß seine Töchter an der Pforte des Verderbens gestanden hatten. Er sah uns lange stumm an und richtete dann seine Augen auf Hilal.

---

[1] Erdbeben

„Du bist ein Behluwan, ein Held. Der Zweikampf muß entsetzlich gewesen sein."

„Ich weiß nicht mehr, wie es gewesen ist", gab Hilal freimütig zur Antwort. „Ich war wie von Sinnen, als ich deine Tochter in den Armen Falehds über dem Abgrund schweben sah."

„Du hast ihr das Leben gerettet."

„Und mir auch", fügte die Khanum hinzu. „Falehd war wie ein wütendes Tier. Er hätte uns alle umgebracht."

„Er war ein Scheitan. Du aber, Hilal, bist ein Engel, von Allah gesandt, um sie zu erretten. Wie kann ich dir danken?"

Der Scheik schaute ernst auf den Jüngling. Hilal senkte die Augen.

„Ich tat nur meine Pflicht."

„Aber nicht nur aus Pflichtgefühl, sondern auch aus Liebe handeltest du. Und darum soll auch die Liebe dich belohnen. Sag mir, hast du Hiluja wirklich lieb?"

Es durchzuckte Hilal. Seine Finger spreizten sich, als wollten sie etwas fassen und halten. Seine Augen glühten auf, sein Atem ging schwer und stoßweise.

„Wie mein Leben, ja noch tausendmal mehr."

„So beweise es!"

Hilal blickte ihn forschend an, schwieg aber. Man sah die Adern an seinem Hals klopfen.

„Weiß du nicht, wie du diesen Beweis führen kannst?"

„Ich — — ich — — ich wüßte es wohl!"

„Nun, wie denn?"

„Wenn sie mein Weib sein dürfte, dann wollte ich zeigen, was sie mir ist."

„Was sie dir ist, das kann auch ich dir sagen."

Er sah sich langsam im Kreis um. Die Augen der beiden Liebenden hingen gespannt an seinem Mund. Was meinte er?

„Sie ist von heut an deine Verlobte."

„Meine Verl — — —"

Hilal verstummte. Das Entzücken erstickte ihm das Wort in der Kehle. Wenige Tage hatten nügt, die Liebe der beiden jungen Wüstenkinder heiß auflodern zu lassen — und nun gab sie ihm der Scheik schon als Verlobte.

Hiluja flog an die Brust des Vaters.

„Ist's Wahrheit, mein Vater?"

„Ja, es ist wahr", erwiderte er in tiefer Rührung.

„So denkst du nicht mehr an den Sohn des Scheiks der Mescheer?" stammelte sie.

„Nein. Es wird mir zwar nicht leicht, diesen Lieblingsplan aufzugeben, aber ohne Hilal hätte ich keine Töchter mehr. Ich wäre einsam und kinderlos, und darum soll sein Leben nun nicht einsam sein. Ich gebe dich ihm zum Weib. Allah segne euch, meine Kinder!"

Wer war glücklicher als die beiden?

Hilal warf mir einen Blick zu, den ich wohl verstand. Ich hatte noch vor kurzem zu ihm gesagt, als er mich um meine Vermittlung bat: „Ich habe die Ahnung, daß du dir das Glück deines Lebens selber erkämpfen mußt." An dieses Wort erinnerte er sich jetzt, das sagte mir sein Blick.

Ich machte der weichen Stimmung, die nun Platz greifen wollte, ein Ende.

„Woher hast du das edle Tier, das du am Zügel führtest, als du kamst?" wandte ich mich an den Scheik der Beni Abbas.

„Ich habe es gefunden."

„Allah il Allah!" staunte Hilal. „Ein Tier mit einem solchen Stammbaum findet man doch nicht!"

„Und doch ist es so", sagte der Scheik. „Der Diener des Effendi und ich fanden das Tier auf unserm Rückweg zwischen den Zelten liegen."

„Wie mag es dorthin gekommen sein?"

„Ich kann es mir denken", fiel ich ein. „Falehd wird es geritten haben."

„Allah kerihm! Wie kann der Scheik ihm seine Lieblingsstute anvertrauen?"

„Wer weiß, wie es sich zugetragen hat! Ich vermute, der Ausgestoßene hat sich das Tier ohne Wissen des Besitzers angeeignet. Die Gelegenheit dazu fand er, während seine Freunde zu Fuß in den Kampf zogen."

„So wird es gewesen sein. Allah akbar — Gott ist groß! Aber unser Glück ist noch größer, daß wir dieses Tier erbeutet haben, dessen Stammbaum bis zum Propheten nachgewiesen werden kann."

Der Araber hält viel auf sein Pferd. Am berühmtesten sind die Nachkommen jener Tiere, die sich bei einem Feldzug des Propheten auszeichneten. Ihre Stammbäume sind noch heut vorhanden. Eine Stute, die von einer dieser Urahninnen abstammt, hat höheren Wert als eine andre von gleich altem Stamm, die vielleicht alle Vorzüge besitzt.

Jeder Beduine hält den Stammbaum seines Pferdes ebenso heilig wie ein Abkömmling der Kreuzritter den seinigen. Die Namen berühmter Tiere sind weithin bekannt, so daß zum Beispiel von einer Stute, die ihre Datteln im westlichen Marokko, also im fernen Moghreb, frißt, im fernen Ostarabien, ja in Kurdistan und Persien gesprochen wird.

„Diese Stute", erzählte Hilal weiter, „steht ohnegleichen da. Mohammed, der Prophet, hatte einen langen, beschwerlichen Marsch in glühender Sonnenhitze zurückgelegt. Weder Reiter noch Pferd hatten sich an einem Tropfen Wasser laben können; Menschen und Tieren klebte die Zunge am Gaumen, der Durst war fürchterlich, und viele fühlten sich dem Verschmachten nahe. Da endlich kam man an einen kleinen Bach. Alles stürzte sich an das Wasser. Nur dreißig Pferde, alles edle Stuten, blieben stehn, um zu warten, bis ihre Herren ihnen das Trinken erlauben würden. Mohammed segnete sie und schrieb ihre Namen eigenhändig auf Pergamenttafeln, die er den Besitzern dieser Pferde aushändigte. So entstanden die Stammbäume für die Nachkommenschaft dieser Stuten. Und solch eine berühmte Stute ist auch der Fuchs des Scheiks der Beni Suef. Ich werde sie auf dem Zug zum Duar der Feinde reiten."

Diese Bemerkung lenkte unsre Aufmerksamkeit wieder auf unsre nächstliegende Aufgabe. Es gab noch viele Vorbereitungen für den bevorstehenden Marsch zu treffen; sie mußten in aller Eile besorgt werden, denn es war keine Zeit zu verlieren.

Jetzt war es sechs Uhr früh.

Spätestens um acht Uhr mußten wir reiten, wenn wir noch vor den Beni Suef in ihrem Duar eintreffen wollten.

Alles, was die Feinde zurückgelassen hatten, sollte von den Daheimbleibenden zusammengesucht und bis zu unsrer Rückkehr aufgehoben werden, um dann unter den Siegern zur Verteilung gelangen. Die Toten mußten beerdigt, die Verwundeten verbunden und verpflegt und die Gefangenen in sichern Gewahrsam gebracht werden. Das war eine Fülle von Aufgaben, die der Zurückbleibenden harrte, so daß sie bis zu unserm Wiedereintreffen alle Hände voll zu tun hatten.

Ich selber konnte mich um all diese Dinge nur mittelbar kümmern, indem ich darauf hinzuwirken suchte, daß mit den Gefangenen menschlich umgegangen wurde.

Der Scheik der Beni Abbas versprach mir, seinen Einfluß in diesem Sinn geltend zu machen.

Als sich nach zwei Stunden der Kriegszug unter Hilals und meiner Führung in Bewegung setzte, durfte ich mir sagen, daß ich alles getan hatte, um Grausamkeiten zu verhindern. —

15. Der Spieß wird umgedreht

Das Duar der Beni Suef lag in einer fruchtbaren, von Palmen bewachsenen Oase, deren Bäume so dicht standen, daß sie einen kleinen Wald bildeten. Nach gewöhnlicher Rechnung hätte es mindestens eines zweitägigen Ritts bedurft, um das Zeltlager zu erreichen, die Tagesreise zu zwölf Stunden gerechnet. Das „Bett der Steine" stellte ungefähr die Mitte des Wegs dar.

Wenn indes der Zweck unsers Zugs erfüllt werden sollte, so war an einen zweitägigen Ritt nicht zu denken. Wir mußten uns auf eine Gewaltanstrengung gefaßt machen und danach trachten, die ganze Strecke in einem Tag zurückzulegen.

Selbstverständlich strebten die geschlagenen Feinde mit der größten Schnelligkeit ihrem Duar zu; wir mußten also noch rascher sein, und das um so mehr, als sie uns um mehrere Stunden voraus waren und wir, um nicht von ihnen gesehn zu werden, einen Bogen zu schlagen hatten.

Es war also keine kleine Anforderung, die an Mensch und Tier gestellt wurde. Aber wir hofften, unsrer Aufgabe gerecht zu werden. Wir waren gut ausgerüstet und verfügten über einen erheblichen Wasservorrat; außerdem waren unsre Tiere ausgeruht, so daß wir überzeugt sein konnten, wir würden den Vorsprung der Beni Suef einholen.

Über den trostlos einförmigen Ritt ist nichts zu bemerken. Gesprochen wurde nicht viel. Die Wüste macht schweigsam und einsilbig und die Eile, mit der wir vorwärtsstrebten, hätte ohnehin eine Unterhaltung äußerst erschwert.

Zu erwähnen ist höchstens, daß wir zweimal eine kurze

Rast hielten, um uns und unsre Tiere zu erfrischen, das eine Mal um die Mittagszeit und dann wieder bei Einbruch der Dunkelheit, und daß nur drei Personen im Zug Pferde ritten, nämlich Hilal, ich und Halef. Hilal hatte Selßele, die Stute des Scheiks der Beni Suef, bestiegen, wogegen wir beide die zwei Stuten der Khanum erhalten hatten. Diese drei Pferde waren die einzigen im Lager, die auf die Dauer gleichen Schritt mit den Kamelen halten konnten.

In der Morgendämmerung des nächsten Tages näherten wir uns dem feindlichen Duar.

Bis jetzt hatten wir keine Begegnung gehabt, und auch in der Nähe des Duars sahen wir keinen Menschen. Sogar die Wächter der Herden schienen sich im Gefühl vollkommener Sicherheit dem Schlummer in die Arme geworfen zu haben.

Es wurde ein kurzer Kriegsrat gehalten. Wir durften annehmen, daß der Feind nur wenige seiner Männer zum Schutz des Lagers zurückgelassen hatte. Die Überrumplung des Dorfs war also eine leichte Sache.

Ich gab den Rat, vier Abteilungen zu bilden, die sich so aufzustellen hatten, daß beim Anbruch des Tags je eine im Norden, Osten, Süden und Westen des Duars hielt. Es war dann so umzingelt, daß niemand entrinnen konnte. Dieser Vorschlag wurde angenommen; die verschiednen Gruppen trennten sich, nachdem als Zeitpunkt des gemeinsamen Angriffs das Morgengebet bestimmt worden war.

Wie schon erwähnt, bildeten die Palmen der Oase einen kleinen Wald. Das war der Grund, warum die Bewohner unsre Annäherung nicht bemerkten. Sie gingen ihren Frühgeschäften nach und bereiteten das Mahl. Gegessen wurde es allerdings noch nicht, denn das Morgengebet muß nüchtern verrichtet werden.

Da tauchte der obere Sonnenrand über den östlichen Himmel empor, und funkelnde Strahlen flogen über die Erde hin. Zugleich ertönte die Stimme des Mueddin, der zum Gebet rief. Alle beteten, die Bewohner der Oase und auch die Beni Sallah, die zum Angriff bereitstanden.

Kaum war das Amen gesprochen, so rückte die Gruppe, die ich zu führen hatte, an. Gleichzeitig, das wußte ich, gingen auch die drei andern Abteilungen vor. Ein alter Hirt war der einzige, der unsre Annäherung bemerkte. Er rannte ins Dorf zurück, um die schreckliche Nachricht zu verkünden: „Feinde!"

Als wir der Zelte ansichtig wurden, konnten wir keinen einzigen Menschen außerhalb entdecken. Man schien auf jeden Widerstand verzichten zu wollen; alle hatten sich verkrochen.

Ich hatte die Bedingung gestellt, jedes Blutvergießen sollte möglichst vermieden werden. Als jetzt die vier Abteilungen dem Duar so nah waren, daß sie Fühlung miteinander bekamen, ritt ich zu Hilal hinüber.

„Du kommst zu mir?" fragte der junge, feurige Krieger.

„Warum gibst du nicht das Zeichen zum Eindringen ins Duar?"

„Weil das eine Verwirrung hervorbringen muß, die wir leicht vermeiden können. Ich werde in das Lager reiten. Willst du mit?"

„Du bist sehr kühn, Effendi."

„Auch du bist tapfer."

Das wirkte.

„Ich reite mit."

„So komm! Unsre Krieger werden warten, bis wir zurückkehren, oder bis sie unsre Befehle erhalten."

Als wir in den Zeltreihen anlangten, war immer noch niemand zu erblicken. Dort stand das größte der Zelte. Zwei in die Erde gesteckte Speere vor dem Eingang deuteten auf den Rang seines Besitzers.

Ich hielt hier an und klatschte in die Hände. Erst nach einiger Zeit steckte ein altes Weib den Kopf durch den Zeltverschluß.

„Sallam!" grüßte ich. „Wer wohnt in diesem Zelt?"

„Der Vater des Scheiks."

„Ist er zu Haus?"

„Ja."

„Er mag herauskommen, ich habe mit ihm zu sprechen."

„Willst du nicht eintreten?"

„Nein."

Wäre ich eingetreten, so wäre ich von diesem Augenblick an Gast des Besitzers gewesen und hätte nicht mehr als sein Gegner handeln können.

„So warte! Ich werde ihn senden."

Wir bemerkten wohl, daß viele Augen verstohlen aus den Zelten auf uns gerichtet waren.

„Jetzt wirst du den ärgsten Feind der Beni Sallah kennenler-nen", sagte Hilal zu mir. „Der alte Scheik Hulam hat sehr viele von uns getötet. Seine Zunge ist falsch, und seinem Eid ist nicht zu trauen. Wenn du in seine Augen blickst, so wirst du sofort erkennen, was für ein Mann er ist."

Das Zelt öffnete sich und ein Greis trat heraus.

Er ging gebückt vor Alter. Sein Haar und sein Bart waren lang und weiß. Er trug den hellen Haïk und einen ebensolchen Turban. Brauen und Wimpern fehlten, und die Ränder seiner Augenlider waren dick geschwollen und rot.

Die Augen irrten mit unsicherm Blick zwischen mir und Hilal hin und her.

Er mußte die Stute, auf der Hilal ritt, erkennen; ich bemerkte den tiefen Schatten, der über seine Züge flog. Dieser einzige Umstand sagte ihm zweifellos, wie die Sache für die Beni Suef lag; aber er war ein kluger Mann und wußte sich zu beherrschen.

„Sallam aleikum!" grüßte er.

Wären wir so unvorsichtig gewesen, diesen Gruß vollständig zu wiederholen, so hätte der Greis damit einen großen Vorteil errungen; denn vollständig wird er nur zwischen Freunden gewechselt. Einen Unbekannten grüßt der Moslem mit dem einfachen Sallam[1], nicht aber mit dem Aleikum[2].

Daß Hulam gegen uns, die er doch für seine Feinde halten mußte, den vollständigen Gruß gebrauchte, war eine Hinterlist. Hätten wir ihn erwidert, so hätten wir nicht mehr als Feinde gegen ihn auftreten dürfen.

„Sallam!" antwortete ich zurückhaltend.

Hilal tat das gleiche.

„Min inte — wer bist du?"

Diese Frage war an mich gerichtet.

Den Sohn des Blitzes kannte der Alte schon längst.

„Ich bin Kara Ben Nemsi. Hast du meinen Namen schon einmal gehört?" — „Nein."

„So wirst du mich jetzt kennenlernen."

„Willst du nicht absteigen und in mein Zelt treten?"

„Nein. Man tritt nicht in das Zelt eines Feindes."

Der Alte tat maßlos überrascht.

---

[1] Friede   [2] ... sei mit dir!

„Maschallah! Wie kann ich dein Feind sein, da ich dich heut zum erstenmal erblicke?"

„Der Feind meiner Freunde ist auch mein Feind."

Der alte Scheik war überzeugt gewesen, daß seine Leute als Sieger von dem Zug zurückkehren würden. Unsre Anwesenheit mußte für ihn ein Beweis sein, daß die Seinen besiegt worden waren.

Hulam wußte jedoch noch immer seinen Schreck zu verbergen.

„Ma fihimtisch — ich verstehe dich nicht", sagte er freundlich und im Ton scheinbar aufrichtigsten Erstaunens.

„Aber ich verstehe dich desto besser. Wo sind die Krieger deines Stamms?"

„Sie sind ausgezogen."

„Wohin?"

„Musch'arif — ich weiß es nicht."

„Du bist der Vater des Scheiks und solltest es nicht wissen?"

„Mein Auge ist matt und mein Arm ist schwach geworden; ich bekümmere mich schon längst nicht mehr um das, was die Starken tun."

„Du lügst!"

„Herr!"

„Selbst wenn du die Wahrheit sagtest, solltest du dich besser um die Deinigen kümmern; dann würden sie vielleicht mit den Nachbarn in Frieden leben und nicht aufs Haupt geschlagen werden."

„Wer soll sie geschlagen haben?"

„Verstelle dich nicht! Du kennst doch die Stute deines Sohns und kennst auch den Mann, der sie reitet."

„Ich kenne sie und ich kenne ihn, aber ich weiß nicht, was du sagen willst."

„Die Leute deines Stamms sind, sechshundert Mann stark, ausgezogen gegen die Beni Sallah."

„Allah il Allah! Du irrst."

„Sie lagen", fuhr ich unbeirrt fort, „im Ferß el Hadschar und sandten ihre Kundschafter aus. Wir haben sie empfangen und ihnen eine solche Niederlage bereitet, daß wir eher hier einziehn als die Flüchtlinge, die entkommen sind. Du wirst sie schnell zählen können; es sind nur wenige."

„Allah! So habt ihr unschuldiges Blut vergossen", brach der

Alte aus. „Wer sagt euch, daß sie gegen euch kämpfen wollten? Nun wird eine hundertfache Blutrache sein zwischen uns und euch."

„Spiele nicht den Heuchler! Du hast kein Kind vor dir. Deine Krieger haben mir selbst gesagt, daß sie als Feinde nahen. Ich warnte sie; sie aber haben auf meine Worte nicht gehört. Nun werden ihre Gebeine zur Strafe im Sand der Wüste bleichen."

Der Alte schwieg. Die Nachricht überwältigte ihn; trotzdem gab er sich alle Mühe, es nicht merken zu lassen.

„Deine Blutrache fürchten wir nicht", fuhr ich fort. „Wir haben euer Duar umzingelt und sind stark genug, euch alle zu vernichten. Aber wir sind keine blutdürstigen Tiere wie ihr; wir wollen euer Leben schonen, wenn ihr euch unterwerft. Ich gebe dir eine halbe Stunde Zeit. Besprich dich mit deinen Leuten und komm dann heraus vor das Lager! Ich erwarte dich dort, um deinen Entschluß zu vernehmen!"

„Di eh 'aizihn — was verlangt ihr?"

„Wir fordern, daß ihr euch ergebt, mit allem, was ihr besitzt. In diesem Fall soll euer Leben geschont werden. Tut ihr das nicht, so mag euer Blut über euch selber kommen "

Hulam blickte mich finster an.

„Habt ihr die Unsern wirklich geschlagen?"

„Ja. Gestern früh vor dem ersten Gebet."

„Wo ist mein Sohn?" — „Er liegt tot vor unsern Zelten."

„Allah kerihm! Hat Amram ihn nicht beschützt?"

„Wie konnte er ihn beschützen? Er zählt selber zu den Gefallnen."

Man hätte meinen sollen, Hulam wäre durch diese Botschaft niedergeschmettert worden. Das war indes nicht der Fall; sein Gesicht wechselte den bisherigen Ausdruck nicht. Entweder hatte er kein Herz oder er besaß eine ungeheure Selbstbeherrschung.

Er bohrte seinen stechenden Blick in meine Augen.

„Warum redest du im Namen der Beni Sallah? Sind sie selber hier?"

„Danke Allah, daß ich mich herbeilasse, mit dir zu reden! Spräche ein Ben Sallah an meiner Stelle, so würdest du noch ganz andre Worte zu hören bekommen."

„Aber ich will nicht mit dir verhandeln. Wo ist der Scheik

dieser Männer? Ist er ein Knabe, daß er eines andern bedarf, der für ihn spricht?"

Ich lächelte ihn überlegen an.

„Du bist ein schlauer Mann. Du weißt, daß der Scheik der Beni Sallah gestorben ist."

„Ich weiß es."

„Und daß Falehd ein Anrecht auf diesen Rang hatte."

„Auch das weiß ich. Wo ist er?"

„Er ist tot, gefällt von der Hand dieses tapfern Jünglings, der mit ihm auf Leben und Tod gekämpft hat."

„Allah akbar — Gott ist groß! Er gibt sogar Kindern den Sieg über die Männer."

Das war eine Beleidigung.

Hilals Hand zuckte nach der Waffe, doch er bezwang sich.

„Ja, aber den Kindern des Blitzes. Tarik, der andre Sohn des Blitzes, ist Scheik geworden, wie du allerdings noch nicht wissen kannst. Seine erste Tat war, daß er die Beni Suef besiegte. Und weißt du, womit? Mit den abendländischen Gewehren, die ihr erwartet habt, um mit ihnen die Beni Sallah zu vernichten. Sie sind Tarik in die Hände gefallen, und er hat nicht gezögert, sie gegen euch zu richten."

Das war zuviel für den Alten.

Er knickte unter dieser Hiobsbotschaft zusammen. Die Gewehre, die für die Beni Suef bestimmt waren, in den Händen ihrer Todfeinde! Das war schlimmer als alles, was er bis jetzt gehört hatte. Er war nicht imstand, ein Wort hervorzubringen.

„Nun erwarte ich von dir, daß du die nötige Einsicht besitzt", fuhr ich fort. „Wenn nicht, so werden wir mit aller Strenge gegen euch verfahren."

„Welche Bedingungen stellt ihr uns?" würgte er hervor.

„Ich sagte es dir schon. Wir verlangen vollkommene Unterwerfung."

„Ich werde die Alten zusammenrufen."

„Tu das! Aber denk nicht, daß wir uns von dir überlisten lassen! Ist die halbe Stunde vorüber, so beginnen wir unser Werk."

Ich ritt mit Hilal davon.

„Nun?" fragte mein Begleiter. „Wie gefällt dir der Alte?"

„Gar nicht. Die Hinterlist steht ihm im Gesicht geschrieben."

„Vermutest du Heimtücke?"

„Ja."

„Und welche?"

„Es gibt nur eine einzige, zu der er seine Zuflucht nehmen kann: uns hinzuhalten, bis die Seinigen auf der Flucht hier anlangen."

„Solang warten wir nicht."

„Nein, keine Minute über eine halbe Stunde."

„Dann töten wir sie?"

„Nein, obgleich wir das Recht dazu hätten."

„Willst du sie schonen und sie am Ende gar noch belohnen?"

„Davon kann keine Rede sein. Aber nicht nur die Menschlichkeit, sondern auch die Klugheit gebietet es euch, Nachsicht zu üben. Sie werden eure Diener sein. Wer aber tötet einen Sklaven, von dem er Nutzen hat? Eure Söhne werden ihre Töchter heiraten, und so wird ihr Stamm mit dem euren verschmolzen werden."

„Allah il Allah! So meinst du das?"

„Ja Ihr werdet dadurch stark und unüberwindlich werden."

„Aber die Beni Suef werden schon der Blutrache wegen immer unsre Feinde sein."

„Das wird ganz von euch abhängen. Ihr müßt ihnen einen klugen Scheik geben. Weißt du, an wen ich dabei denke?"

„Nein, Shidi!"

„An dich! Wenn du klug und mutig mit ihnen verfährst, wird dein Name weit und breit genannt werden."

Hilals Augen leuchteten auf.

„Effendi, du bist ein Mann, wie es keinen zweiten gibt. Was du tust, ist Heldentat, und was du redest, das klingt, als käme es von den Lippen des Propheten."

Wir waren noch nicht lang an unsre Posten zurückgekehrt, so vernahmen wir im Duar ein lautes Klagegeschrei.

Hulam hatte bekanntgegeben, was ihm von mir mitgeteilt worden war. Es gab wohl keine Familie, aus der sich nicht wenigstens ein Krieger an dem Zug gegen die Beni Sallah beteiligt hatte. Jede mußte also erwarten, daß sie ein Verlust betroffen habe.

Die Weiber rannten mit ihren Kindern im Lager umher und heulten; die Männer ließen sich nicht blicken. Sie hatten sich wohl zum Versammlungsplatz begeben, um über die Lage zu beraten.

Nach einer halben Stunde erschienen sieben Männer zwischen den Zelten. An ihrer Spitze schritt der alte Hulam. Sie kamen mit mühsam gewahrter Würde heran und musterten dabei unsre Tiere. Der Alte mochte darunter manches Dschemmel erkennen, das bisher Eigentum seines Stamms gewesen war.

Hulam richtete seine Augen mit einem demütigen Ausdruck auf mich.

„Effendi, deine Worte haben uns großes Unheil verkündet. Unsre Söhne sind tot, und unsre Väter und Brüder liegen erschlagen in der Wüste. Ma scha Allah kan, wa ma lam jascha Allah lam jekun — Was Allah will, geschieht; und was er nicht will, geschieht nicht. Seine Wege sind unerforschlich. Wir dürfen nicht gegen seinen Willen handeln, denn wir sind getreue Anhänger seines Propheten. Wir ergeben uns."

Ich blickte ihn forschend an. Der Ton seiner Worte war jetzt ganz anders als vorhin. Sollte er sich so rasch ins Unvermeidlich ergeben haben?

Der Mann gefiel mir nicht.

„Ihr wollt euch also bedingungslos ergeben?" — „Ja."

„Und ohne Hintergedanken?"

„Was sollen wir für Hintergedanken haben? Ihr seid uns ja überlegen."

„Hm! List ist manchmal erfolgreicher als Stärke."

„Du kannst Vertrauen zu uns haben."

Das klang ehrlich und bieder, aber ich ließ mich nicht täuschen.

„Nun wohl, ich will euch glauben. Ihr seid hier sieben Männer. Wieviel Köpfe zählt die Versammlung der Ältesten?"

„Achtundzwanzig."

„So mag einer von euch zurückkehren und die Fehlenden holen. Ich will, ehe wir ins Duar eintreten, mit ihnen beraten, was wir von euch ·fordern können, ohne daß euer Stamm zugrunde gerichtet wird."

Das klang verheißungsvoll. Wie es schien, wollten wir also nicht alles Eigentum als Beute erklären. Der Alte beeilte sich erfreut, den entsprechenden Befehl zu geben.

„Erteile auch die Weisung, daß alle Männer und Knaben,

die über zehn Jahre alt sind, sich auf dem Platz versammeln!"
fügte ich hinzu. „Ich muß sie zählen, um zu wissen, wieviel
Waffen wir euch lassen können. Der Sohn der Wüste muß
Messer, Pistole und Gewehr haben. Ihr sollt behalten dürfen,
was ihr braucht."

Der Bote entfernte sich eiligen Schritts. Dem Alten war es
anzusehn, wie befriedigt er von meinem Verhalten war.

„Effendi", sagte er, „wenn du die Besiegten mit Güte behan-
delst, wird Allah dich segnen, und sie werden dich lieben."

„Übertreibe nicht, Alter! Von eurer Liebe wollen wir nicht
sprechen. Von deiner Aufrichtigkeit halte ich gleich gar
nichts."

„Effendi!" rief er beleidigt. „Willst du mich kränken?"

„Unschädlich machen will ich dich. Ob dich das kränkt, geht
mich nichts an."

Ich drehte mich um und winkte meinen Begleitern. Im Nu
hatten sie die Männer umringt.

„Effendi, willst du uns morden lassen?" rief der Alte entsetzt.

„Nein, sondern ich will nur verhüten, daß wir ermordet werden." — „Allah il Allah! Welch ein Gedanke!"

„Allah hat dein Gesicht gezeichnet. Es steht deutlich darauf
geschrieben, was du in deinem Herzen denkst."

„Ich schwöre, daß ich nichts Böses gegen euch sinne."

„Schwöre es beim Propheten."

Aller Augen richteten sich auf den Alten. Hulam zauderte
mit der Antwort.

„Siehst du, wie ich dich fange!"

„Effendi, mein Wort ist wie ein Schwur!"

„So muß auch der Schwur wie ein Wort sein, das man ohne
Zaudern gibt. Du hast dir eingebildet, klüger zu sein als wir,
und geglaubt, wir wären müde und würden uns schlafen legen.
Da sehe ich die gezückten Messer in euren Händen! Oh, die
Beni Sallah sind keine Schafe, die man nach Belieben
abschlachten kann. Bindet sie und schafft sie so weit zurück,
daß sie uns nicht stören können!"

Kamelstricke waren genug vorhanden. Die Männer erhoben
zwar lauten Einspruch gegen diese Behandlung, mußten sich
aber fügen.

Kaum waren sie hinter die Linie geschafft worden, so kam
der abgesandte Bote mit den übrigen Ältesten herbei.

Sie hatten erfahren, warum sie gerufen wurden und fühlten sich nicht wenig enttäuscht, als man ihnen ohne Umstände die Hände auf den Rücken band und sie zu den andern Gefangnen führte.

„Meinst du wirklich, daß die Ältesten auf Heimtücke sinnen?" fragte mich Hilal.

„Ich bin überzeugt davon. Hulam hat sich viel zu schnell in sein Schicksal ergeben, als daß ich an die Aufrichtigkeit dieser Ergebung glauben sollte."

„Was könnte er gegen uns vorhaben?"

„Vielleicht erfahren wir es noch. Jetzt wollen wir das Lager so eng einschließen, daß kein Mensch entfliehn kann. Hundert Krieger kommen mit uns nach dem Platz, wo sich die Männer, Greise und Knaben versammelt haben. Alles, was männlich ist, wird gefangengenommen und gebunden."

„Dann nehmen wir alle vorhandenen Waffen an uns."

„Ja. Sogar auch die Messer. Wir haben keine Zeit zu verlieren. Die flüchtigen Beni Suef haben den Weg über den Ferß el Hadschar eingeschlagen, der kürzer ist als der unsrige. Sie können jeden Augenblick hier sein."

In Zeit von wenigen Minuten war das Duar eng umschlossen.

Die Herden hatte man natürlich außerhalb der Einschließungslinie lassen müssen.

Hundert Mann, die geladenen Flinten in der Hand, gingen nach dem Platz, wo die männlichen Angehörigen der Suef standen, etwa achtzig Greise, Jünglinge und Knaben. Alle hatten ihre Messer oder auch andre Waffen im Gürtel stecken; denn selbst der unerwachsene Beduinenknabe führt wenigstens ein Messer mit sich. Das war indes eine Unklugheit von ihnen, weil dadurch ihre Entwaffnung erleichtert wurde.

Ich sagte ihnen, daß sie für ihr Leben nichts zu fürchten hätten, und auch ihr Lager nicht verwüstet werden sollte.

In jenen Gegenden pflegt der Sieger die Herden der Besiegten fortzuführen, ihre Palmen niederzuschlagen und ihre Brunnen zu verschütten, so daß sie entweder als Sklaven mit ihm ziehn oder an ihrem Wohnort elend verschmachten müssen.

Meine Versicherung machte auf die Versammelten einen guten Eindruck; doch wurden die Gesichter länger, als ich verlangte, jeder Anwesende solle die Waffen niederlegen.

Freilich blieb ihnen nichts andres übrig, als zu gehorchen. Dann wurden sie aus dem Lager geführt und mußten sich unter den Palmen niedersetzen. Die gefesselten Ältesten wurden ebenfalls herbeigebracht, und ich erklärte ihnen, daß jeder eine Kugel erhalten würde, der einen Fluchtversuch wagte.

Man kann sich denken, welchen Eindruck die Festnahme der Männer auf die Weiber und Kinder des Duars machte. Sie erhoben ein lautes Klagegeschrei, das aber bald verstummte, als sie bemerkten, daß den Gefangenen kein Schaden an Leib und Leben widerfuhr.

Jetzt besichtigten wir die Herden. Es waren Prachttiere vorhanden, von so hohem Wert, daß die Beni Suef sich gescheut hatten, sie den Gefahren eines Kriegszugs auszusetzen.

Die Frauen und Mädchen der Beni Suef hatten alle Hände voll zu tun, um für die gefangenen Ihrigen und die hungrigen Sieger Nahrung herbeizuschaffen.

Als Hilal sich gesättigt hatte, sandte ich ihn mit einigen gut berittenen Begleitern aus, um die nördliche Gegend, aus der die flüchtigen Feinde kommen mußten, zu beobachten. Ich übergab ihm mein Fernrohr, mit dem Hilal bereits umzugehn verstand und das ihn in den Stand setzte, zu beobachten, ohne selber bemerkt zu werden.

Nun trat eine Zeit des Wartens ein. Weitere Verfügungen zu treffen war gegenstandslos, bevor nicht die Flüchtlinge gefangengenommen und in sichern Gewahrsam gebracht waren.

16. Scheik Tarik bewährt sich

Die Ruhepause benutzte ich, um mir das Zeltdorf genauer anzusehn, als es bisher geschehn war.

Dabei kam ich an ein kleines Bauwerk außerhalb des Dorfs. Es war aus Steinen aufgeführt, hatte etwas über Mannshöhe und war, was hier auffallen mußte, mit einer hölzernen Tür versehn. Holz ist in den Oasen der Wüste eine Seltenheit.

Diese Tür hatte einen eigentümlichen Verschluß. Er bestand aus vier kreuzförmig gegeneinander gerichteten Holzriegeln, die so künstlich ineinandergriffen, daß nur der Eingeweihte diese Vorrichtung öffnen konnte.

Eben kam eine junge Beduinenfrau vorüber, die am Brunnen Wasser geholt hatte.

„Was ist das für eine Hütte?" fragte ich.

Die Frau blieb stehen, errötete und sah mich unter den Lidern an. Es war ein hübsches Weib mit zierlichen Gliedern und langen Wimpern.

„Sie dient zum Dörren der Bla halefa", erwiderte sie langsam.

Unter Bla halefa versteht man die geringste Sorte von Datteln, die getrocknet und dann als Futter für die Tiere verwendet werden.

„Wem gehört sie?"

„Dem Scheik."

„Öffne mir!"

Ich wollte mir die Sache näher betrachten, denn die Hütte kam mir verdächtig vor. Sie sollte zur Aufbewahrung der Bla halefa errichtet sein, die es doch wahrhaftig nicht verdiente, daß sie in dieser auffallenden Weise verschlossen wurde. Dahinter mußte etwas andres stecken.

Die junge Frau trat einen Schritt zurück und wurde verlegen.

„Ich kann nicht", antwortete sie stockend. „Ich verstehe nicht, mit diesen Riegeln umzugehen."

„Lüge nicht! Ich sehe es dir an, daß du die Unwahrheit sprichst. Weshalb lügst du?"

Ich sagte das in einem so drohenden Ton, daß sie erschrak.

„Verzeih, Effendi! Ich darf nicht öffnen", bat sie jetzt, und ich sah, daß sie vor Angst zitterte.

„Warum nicht?"

„Der Vater des Scheiks hat es verboten."

„Wann? Seit längrer Zeit oder erst seit unsrer Ankunft?"

Sie hatte wohl Lust, abermals zu lügen, aber ich blickte ihr so scharf in die Augen, daß sie es nicht wagte.

„Seit vorhin erst."

„Ah! Und du kannst öffnen?"

„Ja."

„So tu es!"

„Der Vater des Scheiks wird mich strafen."

„Jetzt bin ich hier Gebieter. Ich verspreche dir, kein Mensch soll erfahren, daß du mir geöffnet hast. Was befindet sich dort?"

Sie blickte sich vorsichtig um, und als sie erkannte, daß wir allein waren, trat sie einen Schritt näher und erwiderte leise:

„Ali ist drinnen, der Sklave vom Vater des Scheiks."

„Wann wurde er hineingesteckt?"

„Nach der Dschemma, die vorhin abgehalten wurde."

„Warum?"

„Ich weiß es nicht. Vielleicht hatte er die Reden belauscht."

„Ah, ich ahne eine Teufelei. Öffne also!"

Jetzt trat sie an die Tür, schob die Riegel in gewisser Reihenfolge gegeneinander, ergriff sodann schnell den Wasserkrug und eilte davon. Die Tür war offen.

Um hineinblicken zu können, mußte ich mich bücken.

Ich sah eine Art Herd, auf dem wohl Kamelmist gebrannt zu werden pflegte. Darüber gab es in regelmäßiger Entfernung Erhöhungen, auf die wahrscheinlich die Hürden gelegt wurden, die zur Aufnahme der Datteln bestimmt waren. Jetzt fehlten diese; aber auf dem Boden bemerkte ich eine nur mit einem Hemd bekleidete, gefesselte Gestalt. Um ihren Kopf hatte man eine Decke gewunden und mit einer Schnur befestigt.

Ich zog den Mann an den Beinen heraus und entfernte die Decke. Das Gesicht des armen Teufels war aufgedunsen und hochrot gefärbt, seine Augen verdreht. Er hatte nicht Luft genug zum Atmen gehabt und war dem Ersticken nahe gewesen. Jetzt holte er tief und geräuschvoll Atem und stieß, als er mich erblickte, einen Ruf der Freude aus.

„Hamdulillha! Du bist es, Effendi? Ich bin gerettet!"

„Du bist der Sklave vom Vater des Scheiks?"

„Ja, Effendi!"

„Warum hat dein Herr dich hier versteckt?"

„Weil er fürchtete, von mir verraten zu werden. Ich war grad auf dem Weg zu dir, um dich zu warnen."

„Vor wem?"

„Vor dem Vater des Scheiks und allen Bewohnern des Dorfs. Nehmt euch in acht! Man will euch töten!"

„Ah! Hab' es mir gedacht!"

„Seid ihr schon ins Duar eingezogen?"

„Ja."

„So bitte ich euch um Allahs willen, den Beni Suef die Waffen abzunehmen. Sie wollen euch im Schlaf ermorden."

„Ich bin dir sehr dankbar für deine Warnung und freue mich,

daß ich das, was du mir rätst, schon getan habe. Alle Suef sind gefangen, und ihre Waffen befinden sich in unsern Händen."

„So seid ihr Sieger. Werde ich nun euer Sklave sein müssen, Effendi?"

„Nein, du bist frei."

Da liefen dem Mann die Tränen aus den Augen; er faltete die Hände.

„Allah sei Dank! Er möge es dir in deiner letzten Stunde vergelten!"

„Wie kommst du in die Sahara? Bist du ein Sohn des Landes?" — „Nein, ich stamme aus Stambul."

„Und wie kommst du hierher?"

„Mein Herr bereiste die Gegenden des Nils. Ich wußte einiges von ihm, was ihm Schaden bringen konnte; er wollte mich daher loswerden und verschacherte mich heimlich an einen Stamm der Sudanesen. Als er abreiste, hielt man mich fest. Ich wurde weiter verkauft und kam durch Krieg und Niederlagen meiner Herren in immer andre Hände bis hierher."

„Wohin willst du dich von hier aus wenden?"

„Mich verlangt es nach meiner Heimat, o Herr. Aber ich habe kein Mittel."

„Ich werde dafür sorgen, daß du nicht mit leeren Händen von hier abzuziehn brauchst."

„Effendi, du hast mich überreichlich beschenkt, indem du mir die Freiheit versprachst. Ich werde arbeiten, um so viel Geld zu verdienen, daß ich nach meiner Vaterstadt reisen kann. Wenn deine Barmherzigkeit mir jetzt nur noch ein Kleid gibt, so verlange ich weiter nichts."

Dabei deutete er auf ein armseliges, zerfetztes Hemd.

„Jawohl! Du sollst sofort haben, was du dir wünschst. Komm, folge mir!"

„Ist auch der Vater des Scheiks gefangen?"

„Ja; du brauchst ihn nicht mehr zu fürchten."

Schnell schritten wir dem Duar zu.

Als wir durch die Zeltreihen kamen, bemerkte ich wohl, wie die Frauen erschraken. Sie konnten sich nun denken, daß ihre Absicht verraten war.

Ich führte Ali geradewegs ins Zelt des alten Hulam. Seine Frau, eine wahre Mumie, die ihres Mannes würdig zu sein schien, fuhr beim Anblick des Sklaven zusammen.

„Kennst du diesen Mann?" fragte ich.

„Ja, Effendi."

„Er braucht ein Gewand."

„Woher soll er es nehmen?"

„Von euch."

„Von uns?" fragte sie erstaunt. „Unser Sklave ein Gewand von uns?"

„Ja. Öffne deine Truhe und hole das beste Festkleid deines Gatten hervor!"

Die Alte blickte mich an, als hielte sie mich nicht für zurechnungsfähig.

„Mach schnell, sonst helfe ich nach!"

Ich ergriff einen starken Kamelstrick, der an der Querstange des Zeltes hing, legte ihn vierfach zusammen und schwang ihn drohend über dem Haupt der Widerspenstigen.

„O Allah! Gleich! Sofort!" kreischte sie.

Jetzt hatte sie es so eilig, das Gewand zu holen, daß Ali in der Zeit von zwei Minuten zu seinem großen Vorteil umgewandelt war. Er glich einem Araber von guter Abstammung.

„Nun folge mir!"

Ich führte ihn aus dem Duar hinaus in der Richtung, wo sich die Gefangnen befanden, und gab ihm an der geeigneten Stelle die Weisung:

„Bleib hinter dieser Palme stehn. Wenn ich winke, kommst du zu mir!"

Ich trat zu den in der Nähe lagernden Beni Suef. Als mich der Vater des Scheiks nahen sah, erhob er sofort seine Stimme:

„O Effendi, wir verlangen Gerechtigkeit! Wir sind Kriegsgefangne, aber keine Verbrecher. Warum hast du uns binden lassen?"

„Weil ihr es verdient habt. Du bist ein Lügner, obgleich du mit einem Fuß im Grab stehst."

Der Alte nahm eine beleidigte Miene an.

„Effendi, wenn ich nicht dein Gefangner wäre, so würde ich dich wegen dieser Beleidigung zur Rechenschaft ziehn."

„Das traue ich dir zu. Vielleicht würdest du mich sogar zur Strafe in die Hütte sperren, wo du deine Bla halefa zu dörren pflegst."

Der Alte erschrak, faßte sich indes sofort wieder.

„Nein, sondern ich würde mit dir kämpfen, wie es sich für einen Krieger schickt."

„Und ich würde dich mit der Peitsche bedienen, statt mit der Waffe, wie es einem feigen Mörder nicht anders zukommt. Da, sieh diesen hier!"

Ich winkte Ali, der langsam näher kam; er wurde indes von den Beni Suef wegen seiner neuen Kleidung nicht sofort erkannt.

„Wer ist dieser Mann?" fragte Hulam.

„Sieh ihn dir genauer an! Er hat in der Dörrhütte gesteckt."

„Allah il Allah!"

„Nun, willst du mir vielleicht sagen, weshalb du diesen Mann eingesperrt hast?"

Der Alte setzte eine zurückhaltende Miene auf.

„Bin ich dir darüber Rechenschaft schuldig? Er ist mein Sklave, und ich kann mit ihm machen, was ich will."

„Du irrst. Dein Sklave ist er gewesen. Jetzt sind wir Sieger, und er gehört nicht mehr dir, sondern uns. Du hast mir überhaupt alle meine Fragen zu beantworten, wenn du nicht willst, daß ich dich zwingen soll."

Hulam warf mir einen giftigen Blick zu.

„Womit willst du mich zwingen?"

„Oh, es gibt verschiedne Mittel; zum Beispiel Hiebe für widerspenstige Burschen."

„Mich prügeln?" brauste er auf. „Mich, einen Scheik, einen freien Sohn der Wüste?"

„Pah! Du bist nicht mehr Scheik und nicht mehr frei. Also antworte! Was hat dieser Mann getan, daß du ihn einsperrtest?"

„Ich befahl ihm zu arbeiten, und er tat es nicht."

„Lüge! Du warst besorgt, er könnte uns verraten, was für einen niederträchtigen Plan ihr gegen uns verabredet hattet. Du hast ihn so gebunden und vermummt, daß er gestorben wäre, wenn ich ihn nicht durch Zufall gefunden hätte."

„Er will uns verderben."

„Ihr seid schon gerichtet. Man wird auf das allerstrengste mit euch verfahren. Merkt euch: Jeder, der Miene macht, ohne Erlaubnis von der Stelle, wo er jetzt sitzt, aufzustehn, wird erschossen."

Ich hätte mich wohl noch länger mit den ihrer Hinterlist

überführten Suef abgegeben, aber ich wurde gestört; denn soeben jagte Hilal mit seinen Begleitern ins Duar und rief schon von weitem:

„Sie kommen."

„Wie viele sind es?"

„Ich konnte sie nicht zählen. Sie reiten in einem dichten Haufen."

„Und Tarik? Hast du ihn und seine Krieger nicht bemerkt?"

„Nein."

„Werde einmal selber nachschauen. Führe mich!"

Ich ließ mir meine Stute bringen und ritt mit Hilal ein Stück vor die Oase. Dort sah ich im Fernrohr am nördlichen Himmelsrand einen dunklen Punkt, der sich bei aufmerksamem Betrachten näherte.

„Nicht wahr, sie sind es?" fragte mich Hilal.

„Ja. Und noch weiter draußen ist es mir, als ob ich eine dünne Linie erblickte. Ich möchte wetten, daß es Tarik mit seinen Leuten ist. Wenn ich mich nicht verrechne, werden die Beni Suef nach ungefähr drei Viertelstunden hier sein."

„Wie empfangen wir sie?"

„So, daß nicht ein einziger entrinnen kann. Wir teilen uns. Fünfzig reiten nach Osten und ebenso viele nach Westen, im Galopp, um von den heranziehenden Suef nicht bemerkt zu werden; dann bilden wir zwei Viertelkreise, die sich im Norden mit Tariks Schar berühren, und ziehn uns immer enger zusammen. Die übrigen fünfzig Krieger — denn die letzten fünfzig werden bei den Gefangnen zurückbleiben, um sie im Schach zu halten — warten hier, um die Anrückenden im gegebenen Augenblick draußen vor der Oase zu empfangen. Auf einen Kampf zwischen den Zelten dürfen wir es nicht ankommen lassen."

„Wer soll befehlen?"

„Ich nehme den Befehl hier im Lager. Du magst die nach Osten bestimmte Schar anführen, und ein tüchtiger Mann, den du dir aussuchst, die westliche Abteilung. Ihr müßt es so einrichten, daß ihr weder zu früh noch zu spät eintrefft. Wir wollen eilen; denn wir haben keine Zeit zu verlieren."

Wir kehrten zu den Zelten zurück. Nach wenigen Minuten ritt Hilal mit seinen Leuten in zwei Gruppen, die eine rechts und die andre links, zum Duar hinaus.

Diese Anordnung war selbstverständlich so erfolgt, daß die gefangnen Beni Suef nichts davon gemerkt hatten; sie sollten nicht erfahren, daß die Besatzung des Duar durch die Entsendung der hundertfünfzig Krieger bedeutend geschwächt worden war.

Nun trat eine längere Pause der Erwartung ein, in der ich mit meinen fünfzig Reitern bis beinah unter die äußersten Palmen vorrückte, doch so, daß wir von den nahenden Feinden nicht vorzeitig erkannt werden konnten.

Die Beni Suef kamen im Trab heran. Ihre Bewegung war aber keineswegs schnell; sie und ihre Tiere waren müde und erschöpft. Außerdem brachten sie die Kunde ihrer Niederlage, und da ist man nicht so leichtfüßig, als wenn man der Überbringer einer Siegesbotschaft sein darf.

Natürlich ließ ich auch den westlichen und östlichen Gesichtskreis nicht aus den Augen. Dort war je eine kaum bemerkbare Linie wahrzunehmen, die sich schnell nach Norden zu ausdehnte, um die von Tarik befehligte Schar zu erreichen. Diese Vereinigung kam, wie ich durch das Fernrohr beobachtete, schnell zustande. Sie war vollzogen, noch bevor sich die Beni Suef der Oase so weit genähert hatten, daß die einzelnen Reiter voneinander zu unterscheiden waren. Nun brauchten die zwei Abteilungen Hilals nur noch Anschluß an meine Schar zu suchen, so waren die Feinde eingeschlossen.

Die Beni Suef näherten sich unterdessen unbesorgt, und ich bemerkte durch das Fernrohr, daß sie sich sehr oft nach Tariks Schar umblickten, von der sie verfolgt wurden. Sie schienen nicht begreifen zu können, daß eine so kleine Truppe es wagte, sich an ihre Fersen zu heften.

Jetzt sonderten sich einige von ihnen ab, die im Galopp vorausritten. Sie sollten jedenfalls den Ihrigen in der Oase das Nahen der Krieger verkünden und sie auf die Kunde von dem Mißlingen des Kriegszuges vorbereiten.

Ich zog meine Leute etwas zurück, blieb aber selber mit einer genügenden Anzahl seitlich halten, um die Boten, deren nur fünf waren, vorüberzulassen und in die Mitte zu nehmen.

Die Abgesandten erreichten die Palmen und trabten an uns vorüber, ohne uns zu erspähn. Sofort schwenkte ich hinter ihnen ein.

„Wakkif — halt!"

Verwundert hielten sie an und blickten zurück. Es kam ihnen erstaunlich vor, eine Anzahl Reiter hinter sich zu erblicken, die sie vorher nicht bemerkt hatten.

„Intu gaijin min ehn — woher kommt ihr?"

Die Boten ritten ein wenig näher, und einer rief:

„Das haben wir zu fragen, nicht aber ihr. Ihr seid hier fremd. Woher kommt ihr?"

„Aus dem Norden."

„Das ist nicht wahr. Wir müßten euch gesehn haben."

„Was kann ich dafür, daß ihr die Augen nicht besser aufgetan habt?"

„Allah akbar! Deine Zunge scheint keine Freundin der Höflichkeit zu sein. Zu welchem Stamm gehört ihr?"

„Diese Männer sind Beni Sallah."

„Du lügst."

„Mann, wahre deine Zunge! Ich bin Kara Ben Nemsi."

„Kara Ben Nemsi? Du lügst abermals. Dieser Mann ist im Norden bei den Beni Sallah. Du kannst es also nicht sein."

„Ich bin es aber trotzdem. Ich habe euch gestern in den Dünen vor dem Kampf gewarnt, aber ihr habt meinem Rat nicht gefolgt und seid in euer Verderben gerannt. Wir sind eher da als ihr und fordern euch auf, euch zu ergeben."

„Bist du wahnsinnig? Hier in unserm Duar?"

Der Suef zog seinen Wurfspieß aus seinem Riemen.

„Laß den Spieß stecken! Was willst du gegen uns ausrichten? Sieh dich um!"

Der Suef blickte hinter sich und bemerkte nun allerdings die Feinde. Es bedurfte nur eines Winks von mir, und die fünf Reiter waren umzingelt. Sie wurden so schnell von ihren Tieren gerissen, daß sie keine Zeit hatten, an Gegenwehr zu denken.

„Entwaffnet sie schnell und schafft sie zu den andern Gefangenen!" befahl ich, da ich sah, daß es für uns nun Zeit war, die übrigen Beni Suef zu empfangen. Sie waren schon so nah, daß man ihre Gesichter unterscheiden konnte. Ich ließ meine Leute eine Linie bilden und sprengte mit ihnen im Galopp den Feinden entgegen.

Die Beni Suef blieben halten, als sich ihnen eine so starke Reiterschar unter den Palmen hervor entgegenwarf.

Waren wir Freunde? Etwa ihre eignen kampfunfähigen

Leute? Nein, das war nicht möglich. Feinde konnten wir aber auch nicht sein; denn woher hätten die kommen sollen?

Vielleicht waren es die Krieger eines befreundeten Stamms, die während ihrer Abwesenheit zu Besuch eingetroffen waren.

Da sie sich diese Fragen nicht beantworten konnten, blieben sie halten, um das Weitre abzuwarten. Ich ritt bis auf Sprechweite heran und hielt mein Pferd an.

„Die Krieger der Beni Suef haben schlechte Tiere, daß sie ihre Feinde eher an ihr Duar herankommen lassen."

„Feinde?" fragte der Anführer. „Zu welchem Stamm gehört ihr?"

„Zu den Beni Sallah!"

„Du scherzst. Wie können diese Hunde, die Allah verbrennen möge, vor uns hier sein! Ich sage dir, bevor es einem Ben Sallah gelingt — —"

Der Anführer wurde unterbrochen, denn einer seiner Krieger rief erschrocken:

„Kara Ben Nemsi!"

„Wer? Dieser Mann hier?"

„Ja."

„Kull Schejatin — alle Teufel! Irrst du dich nicht?"

„Nein, er ist es."

Diese Kunde brachte eine solche Wirkung hervor, daß alle Beni Suef zu den Waffen griffen.

„Laßt die Waffen in Ruh!" befahl ich scharf. „Sie nützen euch nichts."

„Du bist toll!" rief der Anführer höhnisch. „Wir sind beinah zweihundert und ihr kaum fünfzig."

„So blickt euch um, rechts und links und auch hinter euch!"

Die Beni Seuf hatten bisher ihr Augenmerk nur geradeaus gerichtet.

Darum war ihnen entgangen, was auf den andern Seiten geschehn war. Die zwei Abteilungen Hilals hatten sich mit der Tariks vereinigt und kamen nun im Galopp herangesprengt. Bevor die Beni Suef eine Verteidigungsstellung einnehmen konnten, waren sie von allen Seiten umzingelt. Zwar waren sie uns an Zahl fast gleich; aber wir konnten mit unsern Gewehren in dem dichtgedrängten Gewimmel der Feinde eine solche Verheerung anrichten, daß nur wenige mit dem Leben davongekommen wären.

268

„Seht ihr nun, daß jeder Widerstand vergeblich ist?" mahnte ich. „Wir haben euer Duar besetzt, und alle Einwohner sind unsre Gefangnen."

„Allah il Allah! Gefangen sind sie?"

„Alle, auch der Vater eures gefallnen Scheiks. Tut also, was zu eurer Rettung dient. Ihr haltet in der Mitte! Wenn jeder von uns nur eine Kugel sendet, seid ihr alle verloren. Und daß unsre Kugeln treffen, das habt ihr gestern erfahren."

Die Beni Suef schoben ihre Tiere enger aneinander und berieten sich. Es war ihren Blicken anzusehn, in welcher Wut sie sich befanden.

Nach einer Weile schienen sie einig geworden zu sein. Der bisherige Sprecher nahm wieder das Wort.

„Welche Bedingungen stellst du uns, wenn wir uns ohne Kampf ergeben?"

„Wir schenken euch das Leben."

„Weiter nichts? Was wird mit unserm Eigentum?"

„Darüber soll noch beraten werden. Wir wollen nicht, daß ihr verhungern sollt."

„Ich kann nicht befehlen, uns zu ergeben. Ich bin nur einstweilen Anführer. Hole den alten Hulam! Was er uns sagt, das werden wir tun."

Während dieser Unterredung war Hilal herbeigeritten. Er hatte die letzten Worte gehört und winkte mich jetzt auf die Seite.

„Effendi, wirst du auf ihren Willen eingehn und den alten Mann bringen lassen?"

„Ja, du magst ihn holen."

„Wozu? Warum diese lange Verhandlung? Soll das, was unsre Feinde beschließen, von einem abhängig sein, der unser Gefangner ist? Sind wir ihnen nicht durch unsre Gewehre weit überlegen?"

„Aber wenn es zum Kampf kommt, werden sie sich wehren, und dabei werden auch manche von uns getötet werden. Warum soll Blut vergossen werden, wenn es nicht unumgänglich nötig ist?"

„Du magst recht haben, aber diese Hunde verdienen keine Schonung."

„Ich schone uns, indem ich sie schone. Reite also ins Duar und bring den Alten!"

Hilal eilte fort. Er konnte mein Verhalten nicht begreifen, und ich war ihm deswegen nicht feind; er war ein heißblütiger Araber.

Die beiden Parteien beobachteten einander mit finstern Blikken.

Es dauerte nicht lange, so kehrte der Sohn des Blitzes zurück. Er ritt; der Alte mußte neben ihm herlaufen. Bei mir angekommen, stieg Hilal ab, ergriff den Scheik, der noch gefesselt war, beim Kragen und sagte zu ihm:

„Diese Krieger wollen wissen, ob sie sich ergeben sollen oder nicht. Teile ihnen mit, was du für das beste hältst!"

Dabei zog er seinen Dolch.

„Willst du mich erstechen?" knirschte der Alte.

„Wenn sie sich nicht ergeben, bist du der erste, der in die Dschehennah wandert."

Hulam sah, daß die Drohung ernstgemeint war. Er warf einen Blick über seine Leute und dann über unsre Aufstellung.

„Jeder Widerstand ist vergeblich. Beherrscht eure Tapferkeit und ergebt euch!" befahl er rauh.

„Sollen wir uns auch entwaffnen lassen?" fragte der Anführer finster.

„Ja."

„Scheik, wir sind keine Feiglinge! — Und wir haben gekämpft!"

„Und dann seid ihr tapfer davongelaufen", brach Hilal los. „Wir haben keine Lust, darauf zu warten, was ihr nach langer Beratung beschließen werdet. Ergebt euch sofort, sonst seid nicht nur ihr verloren, sondern auch alle eure Leute im Duar."

„Und außerdem alle, die ich gefangen habe!" erklang es hinter den Beni Suef.

Dort hielt Tarik mit seiner Verfolgerschar. Er hatte mir, von weitem grüßend, zugenickt, aber noch nicht mit mir gesprochen. Der lauten Unterredung hatte er so ziemlich folgen können. Jetzt deutete er rückwärts.

Die sechzig Mann, mit denen er die Verfolgung der Feinde unternommen hatte, bildeten eine Reihe, die sich öffnete, damit man sehn konnte, wer sich hinter ihnen befand. Dort hielten, auf Pferde und Kamele gebunden und die Tiere aneinandergefesselt, wohl an die fünfzig gefangne Beni Suef, die auf der Flucht von den Leuten Tariks ergriffen und entwaffnet worden waren. Das war ein Beweis dafür, daß Tarik die Verfolgung gut geleitet hatte.

Als die Beni Suef diese Gefangnen sahen, rief ihr Anführer:

„Sollen wir schuld an dem Tod so vieler Unsrigen sein, o Scheik?"

„Nein. Wir haben schon zu viel verloren. Seid ihr die einzigen, die zurückkehren?"

„Die einzigen."

„O Allah, wo sind die andern?"

„Wenige sind gefangen; die übrigen liegen tot in der Nähe des Duars der Beni Sallah."

„Allah hat ein großes Herzleid ausgegossen über unsern Stamm. Unsre Weiber werden heulen, und unsre Kinder werden klagen. Verflucht sei —"

„Halt!" schrie Hilal, ihm die Spitze des Dolches unter die Nase haltend. „Wenn du uns beleidigst, Alter, stirbst du!"

Verbissen preßte Hulam die Lippen aufeinander.

„Steigt von den Tieren und gebt eure Waffen ab!" gebot Tarik; er trieb sein Tier näher.

„Was hat der dort zu befehlen?" zürnte der Anführer.

„Er ist der Scheik der Beni Sallah", erklärte Hilal.

Da fand der Mann keine Erwiderung mehr, sondern sprang vom Kamel und legte seine Waffen auf den Boden. Das war für seine Leute das Zeichen, das gleiche zu tun.

Ich überließ die Entwaffnung der Suef und ihre Gefangennahme den Beni Sallah und entfernte mich in der Richtung nach dem Duar. Jetzt, da der Scheik selber anwesend war, konnte ich mit gutem Gewissen von meiner Rolle als Befehlshaber in der Oase zurücktreten.

Das übrige ging mich nichts mehr an; ich hatte höchstens noch meinen Einfluß geltend zu machen, daß nicht zu grausam gegen die Beni Suef vorgegangen wurde. Ihr Verhalten verdiente zwar schwere Strafe, aber doch nicht völlige Vernichtung.

Ich blieb nicht lang mir allein überlassen. Tarik suchte mich bald auf, um mit mir über die Behandlung der Besiegten zu sprechen.

„Effendi", begann er, „mein Stamm schuldet dir unendlichen Dank. Diesen großen Sieg haben wir nur durch dich errungen."

„Dankt mir dadurch, daß ihr die besiegten Beni Suef menschlich behandelt!"

„Das werden wir. Eigentlich müßten sie unsre Sklaven sein. Wir könnten ihre Palmen zerstören, ihre Brunnen zuschütten und ihnen alles nehmen."

„Das werdet ihr nicht."

„Nein. Wir werden ihnen unsre Beute nehmen und alle Waffen, damit sie nicht wieder gegen uns kämpfen können; doch lassen wir ihnen von ihren Herden und Vorräten so viel, daß ihnen genug zum Leben übrigbleibt."

„Recht so!"

„Sie dürfen mit keinem andern Stamm Handel treiben können und sollen gezwungen sein, alles von uns zu kaufen. So sind sie nicht Sklaven, aber doch abhängig von uns."

„Deine Worte finden meine vollste Billigung."

„Ich will nicht hart gegen sie, aber auch nicht ungerecht gegen meine Leute sein. Soll ich ihnen etwa die Datteln lassen und mir die Steine nehmen? Ich will sie nicht an ihrem Leben strafen. Sie haben zwei Dritteile ihrer Krieger verloren; das ist schlimm genug. Aber ihre Reichtümer darf ich ihnen nicht lassen, sonst erholen sie sich schnell, tauschen Waffen ein, suchen sich Verbündete und fallen über uns her. Sind sie arm, so bekommen sie keine Verbündeten, können sich keine Waffen verschaffen und sind in allen Dingen von uns abhängig. Ich bin der Scheik meines Stammes und habe für sein Wohlergehen zu sorgen. Das werde ich tun und dabei soviel Milde walten lassen, wie sich mit meiner Pflicht verträgt."

Das war mannhaft gesprochen, und ich mußte ihm recht geben. Dieser junge Mann ließ sich als Scheik sehr gut an. Wenn er so fortfuhr, konnte er seinem Stamm eine große Zukunft bereiten. Es war nicht von ihm zu verlangen, hier in der Wüste, wo das Vergeltungsrecht ohne alle Einschränkung herrscht, nach Regeln zu handeln, die unter gebildeten Völkern üblich sind, unter diesen Verhältnissen aber als Schwachheit betrachtet worden wären.

„Ich würde dir empfehlen", fügte ich den Worten Tariks hinzu, „auf die Wehrkraft der Beni Suef nicht ganz zu verzichten, trotz aller Abhängigkeit von euch. Erzieht sie ruhig zu Kriegern! Ihr könnt sie gebrauchen."

„Wir werden deinen Rat befolgen."

„Hoffentlich seid ihr stets gute Freunde des Khedive."

„Ich war es und werde es bleiben. Haben wir nicht grad dadurch, daß wir uns für den Khedive entschieden haben, die wirksamste Unterstützung erhalten, die Gewehre, die du uns niemals gegeben hättest, wenn die Dschemma anders entschieden hätte?"

„Es freut mich, daß du diese Tatsache anerkennst."

„Wenn er uns braucht, so soll er es uns sagen, und wir werden tun, was er wünscht."

„Es wird gut sein, wenn du einen Boten an ihn abschickst, oder noch besser, wenn du selber ihn aufsuchst."

„Ja, ich werde zu ihm nach Masr gehn und ihm alles erzählen, was bei uns geschehn ist."

„Du wirst ihm sogar noch mehr berichten müssen, als du selber jetzt weißt."

„Was wäre das?"

„Daß Falehd tot ist."

„Ah! So ist er im Kampf in den Dünen gefallen?"

„Nein. Er hat sich ins Lager geschlichen und ist in die Ruine eingedrungen."

„Allah il Allah! Was ist da geschehn? Hat er ein Unheil angerichtet?"

„Er wollte es, aber es ist ihm nicht geglückt."

Nun ging es nicht anders, ich mußte Tarik alles erzählen, was sich kurz nach dem Zusammenprall der beiden feindlichen Stämme in der Ruine ereignet hatte.

Es gelang mir, den Scheik zu beruhigen; es war ihm angst um die Khanum geworden.

Tarik bestürmte mich noch mit Fragen; aber er wurde gestört. Es sollte über die Beute Beschluß gefaßt werden; die bedeutenderen Krieger traten zur Beratung zusammen.

Natürlich wurde auch ich aufgefordert, daran teilzunehmen; ich schlug es aber ab. Die Beuteangelegenheit war mir zu unerquicklich. Ich hatte genug getan und wollte nichts weiter davon wissen.

Leider ging mein Wunsch, endlich einmal ausruhen zu können nicht gleich in Erfüllung. Ich bog eben um ein Zelt, um den Schatten der Palmen aufzusuchen, da prallte ich mit Halef zusammen.

„Allah akbar! Da bist du ja, Sihdi! Ich habe dich gesucht wie ein Dabah[1], das ich verloren habe."

„Wirklich?" spottete ich. „Ich war schon beinah überzeugt, daß ich dir nicht viel mehr gelte als ein kupfernes Parastück[2]."

„Allah kerihm — Gott ist gnädig! Wie kannst du dich mit einem so verächtlichen Kupferstück vergleichen? Und wie kommst du überhaupt auf die merkwürdige Meinung — —"

„Wo hast du denn den ganzen gestrigen Tag auf dem Ritt gesteckt? Und heut bei der Besetzung des Duars? Ich sehe dich jetzt zum erstenmal. Heißt das, seinen Herrn treu beschützen?"

„Sihdi", erwiderte Halef gekränkt, „du beleidigst die Tiefen meines zarten Gemüts und verkennst die unerreichbaren Höhen meiner Dienstwilligkeit. Ich habe dir noch nie, seit ich dich kenne, so treu gedient, wie gestern und heut, da ich mich nicht vor deinen Augen sehn ließ."

„Ajjuha — oho! Was du nichts sagst! Wie willst du diese ungeheuerliche Behauptung beweisen?"

„Sie bedarf keines Beweises. Was konnte ich dir in deiner Nähe nützen? Wenn du einen Wunsch gehabt hättest, so brauchtest du ja nur zu winken und zweihundert Beni Sallah wären dienstbereit herbeigeeilt. Du warst also auf mich nicht angewiesen. Aber glaube nur ja nicht, daß ich während dieser Zeit nicht an dich gedacht hätte. Ich habe den Beni Sallah erzählt von den unübertrefflichen Taten des Ruhms und des Heldentums, die wir miteinander vollbracht haben, und von den unvergleichlichen Vorzügen meiner Väter und Vorvatersväter. Das hat dir unendlich mehr genützt, als wenn ich dir den Tschibuk angezündet oder eine Findschan[3] des köstlichsten Mokka gereicht hätte."

„Mit andern Worten: du hast wieder einmal gehörig aufgeschnitten, was du dir in der letzten Zeit, mehr als ich

---

[1] Goldstück   [2] Wert ein halber Pfennig   [3] Tasse

billigen kann, angewöhnt hast. Aber sag mir endlich, warum du mich gesucht hast!"

„Sihdi", erklärte er ein wenig kleinlaut, „die beiden fremden Männer aus Bilad el Osmanli und Bilad el Moskofi wollen mit dir reden."

Ah richtig! Die zwei hatte ich ganz vergessen. Sie hatten sich ja auch an dem Zug der Beni Suef gegen die Beni Sallah beteiligt und befanden sich unter den Gefangnen.

Was sie von mir wollten, konnte ich mir denken, aber ich war nicht gesonnen, etwas für sie zu tun.

„Sag ihnen, ich hätte nichts mehr mit ihnen zu schaffen; sie sollen mich in Ruhe lassen!"

Halef ging, kehrte indes bald wieder zurück.

„Sihdi, ich habe es ihnen gemeldet, aber sie bestehn darauf, mit dir zu reden."

„Sie bestehn darauf? Wirklich? Habe ich ihnen vielleicht gar zu gehorchen?"

„So war es nicht gemeint", erklärte Halef ein wenig verlegen. „Ich wollte damit nur die Dringlichkeit ihrer Bitte zum Ausdruck bringen."

„Sie bitten also? Das ist etwas andres. In diesem Fall will ich mich zu ihnen herablassen."

Ich verstand Halef sehr wohl.

Die Bezahlung, die er von mir erhielt, war sehr gering. Wahrscheinlich hatten ihm die Fremden ein gutes Bakschisch gegeben, um die für sie wichtige Unterredung zu erreichen.

Ich verfügte mich also in das Gefangenenlager und ließ mir den Platz zeigen, wo die beiden Sendlinge lagen. Bei meinem Anblick erhoben sie sich zum Sitzen, und der Russe begann ohne Einleitung:

„Effendi, wir verlangen, losgebunden und in Freiheit gesetzt zu werden."

Ich zuckte die Achseln.

„Damit seid ihr an den Unrechten gekommen. Nicht ich habe über euer Schicksal zu entscheiden."

„Auch die Beni Sallah nicht. Wir gehören nicht zu ihren Feinden –"

„– und habt euch doch an dem Kriegszug gegen sie beteiligt!"

„Das ist nicht wahr. Wir stießen zufällig auf die Beni Suef und sind als völlig Unbeteiligte mit ihnen gezogen."

„Gebt euch keine Mühe, mich zu täuschen! Ich war im Ferß el Hadschar und habe erlauscht, daß ihr euch den Beni Suef für den zu erwartenden Kampf zur Verfügung gestellt habt. Ich habe Wort für Wort verstanden."

„Und doch irrst du dich."

„Uskut — schweig! Hältst du mich für ein Kind, das über die Bedeutung der Worte erst aufgeklärt werden muß? Ihr habt die Gastfreundschaft der Beni Sallah wochenlang genossen und befindet euch jetzt unter ihren Feinden. Ich würde mich gar nicht wundern, wenn der Scheik euch als Spione behandelte und am ersten besten Zeltpflock aufknüpfen ließe."

„Das wäre gegen das Völkerrecht! Wir sind Abgesandte unsrer Regierung und haben zu verlangen — —"

„Nichts habt ihr zu verlangen! Doch ereifert euch nicht. Ich glaube kaum, daß dem Scheik etwas an eurem Tod liegen wird."

„So meinst du also, daß er uns freilassen wird?" fragte Aksakow hoffnungsfreudig.

„Ich bin überzeugt davon, daß er das tun wird — nachdem ihr ihm ein ganz gehöriges Lösegeld bezahlt habt. Die Höhe der Summe wird ihm kein Kopfzerbrechen machen, da er erfahren hat, über welche Summen ihr verfügt."

„Lösegeld sollen wir zahlen? Das fällt uns nicht ein."

„Oh, ihr werdet es sogar sehr gern tun! Glaubst du vielleicht, eine Gefangenschaft bei diesen halbwilden Völkerschaften gehöre zu den Genüssen des Lebens? Ihr werdet sehr bald mürbe werden und auf die Forderungen des Scheiks eingehn."

„Wir werden nichts bezahlen."

„Das ist eure Sache. Ich betrachte die gegenwärtige Unterredung als beendet und —".

„Halt! Wir bitten dich, noch zu bleiben", bat der Russe, als er sah, daß ich Miene machte, zu gehn. „Wir dachten, daß du für uns beim Scheik Fürsprache einlegen würdest."

„Darin habt ihr euch nun freilich getäuscht. Es fällt mir nicht ein, euch in Schutz zu nehmen."

„Weshalb nicht? Was haben wir dir getan, daß du so gegen uns eingenommen bist?"

„Nichts habt ihr mir getan! Weil ihr dazu keine Möglichkeit hattet. Aber ich habe von Anfang an kein Hehl daraus gemacht, daß ich die Art eurer Tätigkeit verabscheue. Ihr seid Schädlinge im Leben der Völker, gegen die gar nicht streng genug vorgegangen werden kann."

„Wir haben dich nicht nach deinem Urteil über uns gefragt und verbitten uns eine solche Beleidigung!"

Zum erstenmal, seit ich ihn kannte, mischte sich jetzt auch der Türke ein.

„Wir werden uns beim Khedive über dich beschweren; er wird dich zur Rechenschaft ziehn, wenn du nach Masr kommst!"

Diese Drohung klang so albern, daß er von seinem Gefährten einen mißbilligenden Rippenstoß bekam.

„Ja, das müßt ihr tun", lachte ich. „Ich kann euch auch keinen bessern Rat geben. Ich sehe es schon im Geist, wie euch der Khedive mit offnen Armen aufnehmen wird. Er, gegen den ihr mit allen Mitteln gewühlt habt! Der Scheik der Beni Sallah müßte doch Sand anstatt des Gehirns im Kopf haben, wenn er nicht über die Vorgänge der letzten Zeit an den Khedive berichten und wenn er nicht besonders euer mit liebevoller Sorgfalt Erwähnung tun wollte. Seid überzeugt, der Scheik wird eure hiesige Tätigkeit in einem so rosigen Licht darstellen, daß ihr euch sicherlich nicht über den Mangel an Aufmerksamkeit von den ägyptischen Behörden zu beklagen haben werdet, wenn ihr es wagen solltet, eure Nase über die Grenze von Ägypten zu stecken."

„Das wird der Scheik wohl bleiben lassen", behauptete der Russe.

„Und ich sage euch, er wird es tun!"

„Aber wir müssen den Weg über Ägypten nehmen, wenn wir zu unsern Auftraggebern zurückkehren wollen."

„Warum? Ihr könnt geradesogut nach Westen durch die Wüste abziehn. Oh, ich sage euch, die Wüste ist reizvoller als ihr denkt. Vielleicht habt ihr Glück und macht einen ähnlichen Fund wie ich."

Sie schwiegen auf diesen Spott.

„Oder ihr könnt den Weg nach dem Sudan wählen", fuhr ich unerbittlich fort. „Dort sind die Stämme noch weniger aufgeklärt als hier, und ihr habt bei ihnen vielleicht mehr Erfolg mit euren Beglückungsvorschlägen."

Das war mehr, als der Russe ertragen konnte. Er bäumte sich in seinen Fesseln auf.

„Hüte dich!" rief er wütend. „Mein Zar wird von deinem Herrscher Rechenschaft fordern für dein feindseliges Verhalten."

„Mach dich nicht lächerlich!" gab ich zur Antwort. „Dein Zar hat andre Sachen zu tun, als für die Ungeschicklichkeit eines seiner zahllosen Spitzel einzutreten, und Deutschland wird sich erst recht den Teufel um Dinge kümmern, die sich im Innern der Sahara zugetragen haben. Ich habe mit euch nichts mehr zu schaffen. Allah gebe euch die Einsicht, die euch bis jetzt gefehlt hat!"

Damit wandte ich ihnen den Rücken. Ich war mit ihnen fertig.

Dem Leser mag mein Verhalten gegen die beiden Gefangenen vielleicht als unedel erscheinen. Ich hatte ja Wehrlose vor mir, die zu verspotten kein Zeichen von Herzensbildung ist.

Ich gebe dem Leser vollständig recht, ich betone, daß ich im allgemeinen nicht zur Schadenfreude neige. Aber ich hatte in den letzten Tagen einen so tiefen Blick in eine gewissenlose und verwerfliche Politik getan, daß mich ein tiefer Abscheu und eine ehrliche Entrüstung erfaßte.

Mit um so größerer Genugtuung erfüllte es mich, daß es mir gelungen war, unterstützt durch eine Reihe günstiger Umstände, die schlau gesponnenen Fäden zu zerreißen; und nun sollte ich den Schuldigen aus der Sackgasse verhelfen, in die sie sich verrannt hatten?

Ich dachte nicht daran.

Mochten sie selber sehn, wie sie sich zurechtfanden! Mich ging das Weitere nichts mehr an.

Unterdessen war die Beratung der Krieger zu Ende geführt worden, und es ging ans Beutemachen. Eine große Ausgelassenheit bemächtigte sich der Männer.

Sagt doch schon der Prophet Jesaias in seiner berühmten Weissagung: „Wie ist man fröhlich, wenn die Beute ausgeteilt wird!"

Von allen vorhandnen Tierarten wurden die besten Stücke ausgewählt, und im übrigen ließ man den Beni Suef nur so viel, wie sie zum Leben notwendig hatten.

Natürlich sahen sie mit stillem Ingrimm zu, wie der größte und beste Teil ihrer Habe fortgeschafft wurde; sie mußten sich sagen, daß ihnen die Gelegenheit zur Rache auf lange Zeit genommen sei.

Andre dagegen richteten ihren Zorn nicht gegen die Sieger, sondern gegen die eignen Stammesangehörigen, die zu dem verderblichen Kriegszug geraten hatten. Ihnen gaben sie die Schuld des Unglücks und — sie hatten nicht unrecht.

Besonders richtete sich dieser Unwille gegen den alten Scheik Hulam, der eigentlich der Anstifter dieses Zugs gewesen war und auch heut wieder die Seinen zu dem unheilvollen Mordplan gegen die Beni Sallah beredet hatte, ohne den man wohl ein schonenderes Verhalten der Sieger hätte erwarten können.

Endlich wurden alle vorhandnen Wasserschläuche gefüllt und viele Säcke mit Futterdatteln aufgeladen. Eine ungeheure Herde wurde von den Beni Sallah zusammengetrieben. Der Stamm war nun ums Doppelte reicher als früher. Von den Siegern umschwärmt, brach diese Herde nach dem ‚Bett der Steine' auf, wo die einzige Gelegenheit war, unterwegs den Wasservorrat zu erneuern.

Es gab eine verborgene reichhaltige Quelle dort, die nur den Beni Suef bekannt gewesen war. Auf ihrer Flucht waren sie gezwungen gewesen, sie aufzusuchen, um sich das unentbehrliche Wasser für den Heimritt zu verschaffen. Tarik mit seinen Leuten war ihnen aber so rasch auf den Fersen gewesen, daß sie keine Zeit mehr gehabt hatten, die Quelle zuzudecken. Auf diese Weise hatten die Beni Sallah Kenntnis von dem Geheimnis erlangt, das für sie natürlich von großer Bedeutung war. Denn es versteht sich von selber, daß sie für die Zukunft den geheimen Brunnen für sich beanspruchten.

Die fünfzig Beni Sallah, die ich im Duar zur Bewachung der Gefangnen zurückgelassen hatte, wurden auf hundert erhöht. Sie sollten bis zum nächsten Tagesanbruch in dem eroberten Zeltdorf bleiben, um die Besiegten an Ungehörigkeiten zu verhindern.

Ich dagegen hatte hier nichts mehr zu schaffen. Anderseits fiel es mir auch nicht ein, den langweiligen Ritt mit den Herden zu machen. Ich zog es vor, mit Halef den Beni Sallah vorauszueilen und die erste Kunde von dem Gelingen des Zugs zu überbringen.

Hilal schloß sich uns an.

Es bedarf kaum einer besondern Erwähnung, daß unsre Nachricht bei den Beni Sallah mit ungeheurem Jubel aufgenommen wurde.

Als Tarik mit den Herden anlangte, folgte eine Reihe von Festlichkeiten, deren Höhepunkt die Doppelhochzeit der beiden Söhne des Blitzes mit den zwei Schwestern bildete. Natürlich konnte der Vater des Blitzes den dringenden Bitten seiner „Kinder" nicht widerstehn: ich blieb noch vierzehn Tage bei den Beni Sallah und erfreute mich an dem Glück, zu dem ich das Meinige beigetragen hatte.

Aber schließlich wurde es die höchste Zeit zur Abreise. Nicht nur für mich, sondern noch viel mehr für meinen kleinen Halef.

An Halef war in letzter Zeit eine große Veränderung vorgegangen. Er litt an einer Krankheit, die ich gleich beim Namen nennen will, um den Leser, der Halef in sein Herz geschlossen hat, nicht zu lange in Bestürzung zu lassen. Der Lateiner nennt diese Krankheit superbia, der Grieche Hybris, der Deutsche aber gebraucht dafür das bezeichnende Wort Größenwahn.

Ja, mein Halef war außerordentlich stolz und aufschneiderisch geworden. Meine Erfolge, die ich doch zum größten Teil nicht mir, sondern dem Zusammentreffen günstiger Umstände zu verdanken hatte, waren ihm zu Kopf gestiegen. Zwar hatte ich an seiner Dienstwilligkeit nicht das mindeste auszusetzen; aber andern gegenüber legte er eine Anmaßung an den Tag, die ans Fabelhafte grenzte.

Oft wunderte ich mich, daß die Beni Sallah seine Aufschneidereien und Prahlereien so ruhig hinnahmen. Ich erklärte mir diesen Umstand nicht nur damit, daß der Orientale überhaupt an Übertreibungen einen andern Maßstab anlegt als der Europäer; ich vermutete vielmehr, wohl mit Recht, daß sie Halef seine Großmannssucht nicht verübelten, weil er mein Diener war und weil sie mir viel zu verdanken hatten.

Wäre dieser Umstand nicht gewesen, so hätte Halef unzweifelhaft einen harten Stand gehabt. Schon aus dem Grund, weil er als Mohammedaner der Diener eines verachteten Giaurs war und als solcher ebenfalls ihre Verachtung verdiente. Darüber befand ich mich keinen Augenblick im unklaren. Wir waren nicht in irgendeiner Küstenstadt, wo sich die Moslemin an den Verkehr mit den ‚Ungläubigen' gewöhnt haben, sondern steckten mitten in der Sahara, umgeben von einer fanatisch mohammedanischen Bevölkerung, die vielleicht noch nie mit einem Christen in Berührung gekommen war.

Wäre es mir nicht gleich von Anfang an gelungen, mir die Beni Sallah zu verpflichten, so hätte ich auf alles eher als auf ein freundliches Entgegenkommen von ihrer Seite zu rechnen gehabt.

So aber überwog die Rücksicht auf die äußern Vorteile, die ich ihnen brachte, die religiösen Bedenken, die sich dem freundschaftlichen Verkehr mit mir entgegenstellen mochten.

Natürlich hatte ich während der ganzen Zeit meines Aufenthalts bei den Beni Sallah nichts getan, was man als Bekehrungsversuch bezeichnen könnte. Etwas Derartiges wäre vollkommen aussichtslos gewesen.

Aber ich hatte trotzdem etwas erreicht, was die Beduinen als unerhörte Neuerung berühren mußte: ich hatte sie dazu gebracht, einmal wenigstens von ihrem starren Grundsatz der Wiedervergeltung abzugehn, der in dem alttestamentlichen „ed dem bed dem — Blut um Blut" seinen Ausdruck findet. Sie hatten darauf verzichtet, ihre Feinde völlig zu vernichten, wie es in jenen Gegenden sonst üblich ist, und beließen ihnen die Möglichkeit, als Stamm weiterzuleben. Das war schon etwas, wenn ich auch zugeben muß, daß der Beweggrund dieser Handlungsweise nicht die Menschlichkeit, sondern die Rücksicht auf ihren Vorteil war. Aber immerhin war ich es, der Christ, gewesen, der diese Neuerung veranlaßt hatte, und darauf konnte ich mit Recht stolz sein.

Außerdem hatte ich auf allen Anteil an der Beute verzichtet. Ja, ich hatte sogar Halef unter der Drohung, ich würde mich von ihm trennen, veranlaßt, das gleiche zu tun.

Das war nun erst recht etwas, was über den geistigen Gesichtskreis der Beduinen ging. Ich hatte nur gegeben, aber nicht das geringste genommen, was über den Rahmen der Gastfreundschaft hinausgegangen wäre. Das war einfach unverständlich! Aber — es war ihnen sehr willkommen! Denn da unser Anteil an der Beute doch erheblich gewesen wäre, so erhöhte sich durch unsern Verzicht die Gesamtbeute, die unter die einzelnen Stammesglieder zu verteilen war, nicht unwesentlich.

Vielleicht tauchte doch in einem oder dem andern nach-
denklichen Gemüt eine Ahnung vom christlichen „Geben ist
seliger als Nehmen" auf.

Wenn dann in späteren Zeiten von den Ereignissen erzählt
wurde, die den Wohlstand des Stammes so gewaltig vermehrt
hatten, so war damit unlösbar die Erinnerungen an den Christen verknüpft, dem sie das alles verdankten. Konnten sie da
der Religion dieses Mannes ihre Achtung versagen, selbst wenn
sie bis dahin ihren Haß auf sie geworfen hatten?

Ich glaube nicht.

Und damit hatte ich mehr erreicht, als wenn ich ihrem ewigen „Allah il Allah, we Mohammed rassuhl Allah" ein lautes
„Isa ben Marryam akbar"[1] entgegengedonnert hätte.

Meinem kleinen Halef rechnete ich es übrigens hoch an, daß
er aus Anhänglichkeit an mich und um sich nicht von mir
trennen zu müssen auf seinen Anteil an der Beute verzichtet
hatte. Das wog manche seiner Schwächen, von denen die Sucht
aufzuschneiden die schlimmste geworden war, bei weitem auf.

Trotzdem hielt ich es jetzt für am Platz, von den Beni Sallah
Abschied zu nehmen. Bei gewissen Krankheiten verordnet der
Arzt eine Orts- und Luftveränderung. So hoffte auch ich, daß
eine Entfernung aus der Gegend, die Halefs Größenwahn die
beste Nahrung geboten hatte, ihn wieder auf den Boden der
Wirklichkeit zurückführen würde.

Über den Abschied von den Beni Sallah gehe ich kurz hinweg. Wir waren nach dem Asr aufgebrochen, und hundert
Mann hatten uns zwei Stunden weit das Ehrengeleit gegeben.

Dann kehrten sie um; die beiden Söhne des Blitzes aber ritten noch ein Stück weiter mit uns. Wir waren zu fünft. Ben
Ali, der Sklave der Beni Suef, befand sich bei uns. Er war von
den Beni Sallah reich beschenkt worden und besaß nun die
Mittel, in seine Heimat zurückzukehren.

Endlich war auch für die Brüder der Augenblick der Trennung gekommen. Tarik reichte mir seine Hand vom Sattel herüber und sagte mit tiefer Bewegung:

„Effendi, meine Seele bleibt bei dir zurück. Du hast mir das
Glück meines Lebens und dem Stamm Sieg über seine Feinde
verschafft. Wir schulden dir unendlichen Dank, den wir dir

---

[1] Jesus, der Sohn Mariens, ist groß!

leider niemals werden abstatten können, weil du es verweigert hast, etwas von uns anzunehmen. Du hast gesagt, du hättest so gehandelt, weil du ein Christ bist. Effendi, ich habe bisher von den Christen keine hohe Meinung gehabt; ich habe sie vielmehr gehaßt und verachtet. Aber ich habe damit nicht recht gehandelt. Du hast niemals mit mir von deinem Glauben gesprochen, aber ich werde doch über dein Tun nachdenken und mich bemühn, dir ähnlich zu werden. Allah jebarik fik — Allah segne dich!"

Damit zog er seine Hand aus der meinen und gab seiner Stute die Sporen.

Hilal drängte jetzt sein Tier an das meine und ergriff meine beiden Hände.

„Effendi, ich will es kurz machen, denn mein Bruder hat manches meiner Worte vorweggenommen. Ich werde täglich zu Allah beten, er soll mir das Glück gewähren, dich einmal wiederzusehn. Ich würde das als die größte Wonne meines Lebens betrachten. Du bist so stark, so edel, so gut Effendi, und — ich liebe dich."

Seine Bewegung erstickte beinah die letzten Worte. Er wandte sein Tier und ritt langsam hinter seinem Bruder her.

Ich sah ihnen lange nach. Da klang hinter mir ein tiefer Seufzer, und als ich mich umblickte, zog Halef den Zipfel seines Haïks aus dem Mund und sah mir mit anklagendem Blick in die Augen.

„O Unglück, o Herzeleid, nun ist die Stunde des Scheidens vorüber. Du hast die Zelte der Beni Sallah ebenso verschmäht wie ihre Töchter, und deine Enkel und Urenkel werden dereinst keine Stätte haben; denn du bist unstet und flüchtig, Sihdi, als ob du ein Gewissen hättest wie eine verwunschene Seele. Ich aber weiche nicht von dir, Sihdi; ich bleibe an deiner Seite, bis du Ruhe findest. Und ich werde dich dennoch bekehren zur Lehre des Propheten, du magst wollen oder nicht!" —

18. Unter Arnauten

Mit der letzten Zeile des vorhergehenden Kapitels könnte ich die vorliegende Erzählung eigentlich beenden und sollte es aus schriftstellerischen Gründen wohl auch tun.

Denn ich selber hielt dieses Ereignis meines vielbewegten Lebens für abgeschlossen und dachte nicht im entferntesten daran, daß der Wunsch Hilals, mich einmal wiederzusehn, irgendwann oder irgendwo in Erfüllung gehn könnte. Aber Kara Ben Nemsi denkt und — Sir David Lindsay lenkt.

Die Leser der ersten sechs Bände meiner Reiseerzählung kennen diesen merkwürdigen Englishman und werden sich erinnern, daß er am Ende unsrer Abenteuer im Land der Skipetaren, von denen ich im Band „Der Schut" erzählt habe, mir den verführerischen Vorschlag machte, Halef und Omar Ben Sadek auf seinem Dampfer nach Jaffa und Jerusalem zu begleiten, von wo aus sie ohne besondre Schwierigkeiten die Weidegründe der Haddedihn erreichen konnten.

Ich hatte, wie sich der Leser erinnern wird, nicht gleich zugesagt, aber es war den vereinten Bitten Halefs und Omars nur zu leicht gelungen, mein an und für sich nur schwaches Widerstreben zu besiegen.

Der Engländer hatte einen eignen Dampfer, einen Franzosen, gemietet, der in Antivari vor Anker lag und nur auf den Befehl des Patrons[1] wartete, um in See zu stechen.

Drei Tage nach unsrer Ankunft am Skutarisee schwammen wir bereits auf dem Meer.

Ich habe im „Schut" meine Leser darauf vertröstet, vielleicht ein andermal zu berichten, wie wir nach Jaffa und el Kudsisch-scharif[2] gekommen sind. Es freut mich, heut dieses halbe Versprechen halten zu können, um so mehr, als das, was ich jetzt zu erzählen habe, in unmittelbarer Beziehung zum Inhalt dieses Bandes steht.

Wie man ebenfalls noch wissen wird, hatte Lindsay das ganze Besitztum des unglücklichen Hassan Ardschir Mirza erworben[3]. Dieser Kauf forderte ein ganzes Vermögen, was indes bei den ungeheuern Mitteln des Lords nichts zu sagen hatte.

Immerhin war durch diese unvorhergesehene Ausgabe sein Bankguthaben, das in Kairo angelegt war, ziemlich zusammengeschrumpft, so daß sich der Lord veranlaßt sah, zunächst dorthin zu gehn, um seine geschäftlichen Angelegenheiten in Ordnung zu bringen und sein Guthaben aufzufüllen.

---

[1] Der Schiffseigentümer oder der, der das Fahrzeug gemietet hat   [2] Jerusalem, die „Heilige — edle"   [3] Siehe Karl May „Von Bagdad nach Stambul"

Die Reise verlief ohne Zwischenfall. Nach fünf Tagen ging unsre Dampfjacht in Bulak, dem Hafen von Kairo, vor Anker.

Der Aufenthalt in der „Siegreichen", so heißt Kairo deutsch, sollte voraussichtlich nur kurze Zeit währen, höchstens zwei Tage. Solang brauchte der Lord, um seine Geldangelegenheiten zu regeln.

Diese Pause war mir höchst erwünscht. Gab sie mir doch Gelegenheit, die Erinnerungen an unsern ersten Aufenthalt in dieser Stadt wieder aufzufrischen, der nun schon länger als ein Jahr hinter uns lag.

Indes der Lord seine Geschäfte besorgte und Omar Ben Sadek sich in das Gewühl der Straßen stürzte, suchte ich mit Halef die Orte auf, womit uns irgendeine besondere Erinnerung verknüpfte.

Das letzte Jahr war für uns so ereignisreich gewesen und wir hatten so viel erlebt, daß ich ziemlich reisemüde geworden war. Die Folge davon war, daß wir das beschauliche Leben dem tätigen vorzogen und gar manche Stunde in irgendeinem Kaffeehaus verträumten.

Die Hauptstadt von Ägypten heißt mit Recht die „Siegreiche".

Siegreich hat sie sich durch die Jahrhunderte erhalten, und siegreich steht sie noch heut an der Grenze zweier gewaltiger Erdteile. Noch bis vor kurzem[1] war sie das Muster echt orientalischer Eigentümlichkeit, doch seit ungefähr fünfzehn Jahren beginnt sie sich leider in mehr abendländische Gewänder zu hüllen.

Die Franzosen und Engländer sind gekommen, ihr den Hof zu machen, und seitdem besitzt sie europäische Stadtteile.

Nur in den alten arabischen Vierteln findet man noch ein Gewirr enger Gäßchen, die sehr oft sackartig enden und so schmal sind, daß man sich aus den gegenüberliegenden Erkern die Hände reichen oder von dem einen platten Dach aufs andre hinüberspringen kann.

Wer den Orient kennenlernen will mit all seinen Vorzügen und Mängeln, der muß sich in ein Haus irgendeiner solchen Gasse einmieten.

In der Gegend nördlich von Bulak, zwischen dem Nil und der berühmten schnurgeraden Sykomorenstraße, die eine volle

---

[1] Die Erzählung wurde 1885 verfaßt. Die Herausgeber

Stunde lang von Kairo nach Schubra führt, lag zur damaligen Zeit ein elendes, mit einem zeltähnlichen Vorbau versehnes Kaffeehaus.

Ich war mit Halef gelegentlich unsres ersten Aufenthalts wiederholt dort gewesen. Es gab hier zwar, außerhalb des Häusermeers, so gut wie gar keinen Straßenverkehr; aber man hatte von da — und das war der Grund, warum wir das Kaffeehaus gern aufsuchten — einen ausgezeichneten Blick auf den Nil und das echt orientalische Getriebe und Gewirr von Kähnen, Feluken, Sandals und Fahrzeugen aller Art, dessen ohrenbetäubender Lärm, verbrämt mit den kräftigsten arabischen Flüchen und mit den in singendem Ton heruntergeleierten hundert Namen Allahs, deutlich zu uns herüberklang.

So lenkte ich auch am Nachmittag nach unsrer Ankunft in Kairo in Begleitung Halefs meine Schritte nach dem wohlbekannten Ort.

Es war eine ziemlich frühe Stunde, und wir waren einstweilen die einzigen Gäste. Wir nahmen jedoch nicht unter dem Zeltdach Platz, sondern im „vornehmen Herrenzimmer", das im übrigen weder Tisch noch Stuhl, weder Polster noch sonst etwas Ähnliches besaß. Ein paar zerfetzte, vergilbte Strohmatten auf dem Boden bildeten die einzige kärgliche Einrichtung.

Doch bot dieser Raum den Vorteil angenehmer Kühle, und außerdem gewährte uns ein Loch in der Wand den gewünschten Ausblick auf den Platz vor dem Haus und das Leben auf dem Strom.

Wir mochten uns etwa eine Stunde lang dem Genuß unsrer Pfeifen und des vorzüglichen Mokka hingegeben haben, da erschienen neue Gäste: acht bis an die Zähne bewaffnete Arnauten, die unter dem Leinwanddach draußen lärmend Platz nahmen.

Die Arnauten sind die Nachfolger der blutig ausgerotteten grausamen Mamelucken; aber sie sind noch schlimmer als diese verrufenen Truppen. Der Arnaut ist allerdings nicht nur tapfer, sondern auch tollkühn bis zur Verwegenheit; er wagt sein Leben, ohne nur mit der Wimper zu zucken. Aber er ist dabei treulos und hinterlistig und von einer Roheit, die ihresgleichen sucht.

Messer und Pistole sitzen bei ihm stets locker. Er sticht und schießt bei der geringsten Veranlassung, und er weiß, daß er es ziemlich unbesorgt tun kann, da selbst der Richter ihn nicht gern verurteilt, weil er sonst befürchten muß, wenn nicht während der Gerichtssitzung, so doch später niedergestochen zu werden. Darum ist der Arnaut gefürchtet und gemieden.

Zwei von ihnen besaßen militärische Abzeichen: der eine war ein Onbaschi[1] und der andre, ein hoch und breit gebauter Mensch, ein Tschausch[2]. Der Feldwebel hatte beim Kommen einen Blick in unsre Abteilung geworfen, zog sich aber ohne jede Bemerkung wieder zurück. Wir schienen ihm nicht der Beachtung wert.

Die Arnauten erhielten Tschibuks und Kaffee. Sie begannen eine laute, lärmende Unterhaltung in Ausdrücken und Redewendungen, die nicht gut wiederzugeben sind. Jedenfalls ging daraus sehr deutlich hervor, daß sie sich durch unsre Anwesenheit nicht im mindesten beengt fühlten.

Plötzlich verstummte draußen der Redestrom; ein Gegenstand schien ihre besondre Aufmerksamkeit erregt zu haben.

Ich schaute durch das Loch in der Wand und bemerkte den Grund ihres Stillschweigens. Den Fluß herunter kamen zwei Spaziergänger, ein Mann und eine Frau. Das allein wäre freilich nichts Auffallendes gewesen. Aber die Frau war unverschleiert, hierzulande eine Seltenheit und nur bei Frauen zweifelhaften Rufs gebräuchlich.

Und diese unverschleierte Frau war jung und schön.

Bei ihrem Anblick hätte ich beinah einen lauten Ruf der Überraschung ausgestoßen. Ich kannte sie sehr gut und ebenso den Mann an ihrer Seite. Wir waren vor mehr als einem Jahr beisammen gewesen. Ich hatte unterdessen viel erlebt, aber die Fülle der Eindrücke war nicht imstand gewesen, das Bild zu verwischen, das dann und wann aus der Vergangenheit in meiner Erinnerung auftauchte. Es waren — Hilal und Hiluja.

„Schau einmal durchs Fenster!" forderte ich Halef auf. „Kennst du die beiden am Ufer?"

Der Kleine warf einen Blick durch das Loch und fuhr im nächsten Augenblick in die Höhe.

„Allah il Allah! Es geschehn noch Zeichen und Wunder! Wie kommen sie hierher? Wir müssen hinaus zu ihnen. Sofort! Augenblicklich!"

---

[1] Unteroffizier   [2] Feldwebel

Er wollte zur Tür, aber ich ergriff ihn am Arm und zog ihn zurück.

„Istanna schuwaje — warte noch ein wenig! Wir werden uns ihnen allerdings zeigen, aber nicht jetzt und hier. Sieh, es beginnt sich da draußen etwas zusammenzuspinnen, was vielleicht unser Einschreiten nötig machen wird!"

Die beiden hatten unterdessen beinah das Kaffeezelt erreicht.

Hilal trug sich noch genauso, wie ich ihn das erstemal kennengelernt hatte; über der Schulter hing ihm ein Gewehr, eins der damals erbeuteten Henry-Martini.

Hiluja dagegen war in die Tracht einer reichen Bent Arab gekleidet und hatte sich außerdem nach Kräften geschmückt. Ich verstand nur nicht, wie sie es wagen konnte, sich hier unverhüllt zu zeigen. Vielleicht glaubte sie, weil sie daheim in der Wüste nur selten den Schleier getragen hatte, das auch jetzt unterlassen zu dürfen.

Sonderbar war es auch, daß ihrem Mann das nach hiesigen Begriffen unpassende und ungewöhnliche Benehmen seiner Frau gleichgültig zu sein schien.

Ich sah, wie die Arnauten die Köpfe zusammensteckten und flüsternd ihre Bemerkungen austauschten. Jetzt erhob sich der Anführer und versperrte ihnen den Weg, indem er sich breitspurig vor die beiden hinstellte.

„Seht, wer da kommt! Bei Allah, das ist die schönste und süßeste Oruspu, die ich jemals gesehn habe. Sie mag sich zu uns setzen, um uns einen Vorgeschmack zu geben, welche Lust uns einst bei den Huris des Paradieses erwartet! Herein zu uns!"

Oruspu ist ein leichtfertiges Mädchen.

Hiluja erschrak. Die Züge Hilals blieben unbewegt. Hiluja erfaßte den Arm ihres Beschützers und wandte sich zur Flucht.

„Ta'al — komm! Laß uns schnell umkehren!"

„Umkehren?" fiel der Arnaut ein. „Warum? Soll nur einer allein die Wonne deiner Gegenwart und deines Anblicks genießen dürfen? Er hat seine Freude an dir gehabt, und nun kommen wir an die Reihe!"

Er griff nach ihrer Hand, um sie gewaltsam mit sich fortzuziehn; aber mit einer gedankenschnellen Bewegung hatte ihr Begleiter seinen Arm abgeschüttelt und stellte sich nun zwischen sie und ihn.

288

„Wakkif — halt! Diese Tochter der Beni Arab ist nicht das, was ihr meint. Sie gehört einem andern."

Die Augen aller richteten sich jetzt auf ihn. Ein allgemeines höhnisches Lachen erscholl, und der Wortführer rief:

„Hört ihr's? Dieser Mensch ist wahnsinnig!"

„Ich bin es nicht. Diese Frau steht unter meinem Schutz."

„Frau?" höhnte der Tschausch. „Hört ihr es, ihr Männer, welche Ehre er dieser Oruspu erweist?"

„Sie ist keine Oruspu! Und ich wiederhole euch, sie steht unter meinem Schutz."

„Unter dem Schutz eines Knaben!"

Der Arnaute sagte das im verächtlichsten Ton. Hilal zuckte überlegen und furchtlos lächelnd die Achseln.

„Einen Knaben nennst du mich? Soll ich dir beweisen, daß ein Wüstenknabe mehr Mut besitzt als ein Tschausch der Arnauten?"

„Willst du mich beleidigen?" brauste der Tschausch auf.

„Hast du mich nicht zuerst beleidigt, indem du mich einen Knaben nanntest? Ich habe wohl mehr Feinde erlegt, als du jemals gesehn hast."

„Mäuse und Ratten, ja!"

„Du hast recht, denn ein Ben Arab behandelt seine Feinde nur wie Mäuse und Ratten. Sie kriechen vor ihm in ihre Löcher."

„Nun, so versuch, ob auch wir uns verkriechen!"

„Das ist nicht nötig. Ich betrachte euch noch nicht als meine Feinde. Ihr seid es erst dann, wenn ihr diese Frau nicht in Ruh laßt."

„Hast du ein Recht auf sie?" — „Ja, sie ist meine gohze[1]."

„Deine gohze?" höhnte der Tschausch. „Wie willst du uns das beweisen?"

„Mein Wort bedarf keines Beweises; es ist wie ein Schwur."

„Du sprichst sehr stolz."

„Aber ich spreche wahr, und ein Ben Arab hat wenigstens ebensoviel Grund, stolz zu sein, wie ein Tschausch der Arnauten, der dem Khedive sein Leben für vierzig Piaster im Monat verkauft."

Das war eine für einen Arnauten fürchterliche Beleidigung.

---

[1] Gattin

Vierzig Piaster sind nicht ganz acht Mark, die Monatslöhnung eines ägyptischen Sergeanten.

Der Arnaut wußte nicht, was er denken sollte. So zu sprechen hatte noch kein Mensch gewagt, zumal in Gegenwart so vieler Gegner. Jeder hätte bedacht, daß er damit sein Leben verwirkt hatte.

Darum starrte der Beleidigte den verwegnen Sprecher mit weit aufgerissenen Augen an.

„Mensch, weißt du denn, was du sagst?"

„Ja."

„Das glaub ich nicht. Wenn ich es glauben müßte, so würde mein Messer dir zwischen die Rippen fahren."

„Das wäre wohl erst abzuwarten!"

Diese überlegne Ruhe versetzte den Tschausch erst recht in Wut.

„Mensch, ich hacke dich in Stücke!"

„Das haben schon mehrere gewollt; du siehst aber, daß ich noch am Leben bin!"

Die Szene hatte sich im Vergleich zu vorhin geändert. An Hiluja dachte jetzt kein Mensch mehr, da der Araber die ganze Aufmerksamkeit dieser rohen Menschen fesselte, denen ein Streit mit ihm zehnmal willkommener war als das schönste Mädchen der Welt.

Hiluja hätte jetzt die beste Gelegenheit gehabt zu fliehn; kein Mensch hätte sie daran gehindert. Aber sie blieb, teils aus Sorge um Hilal, teils aber auch aus weiblicher Neugier, der sie sich als echte Tochter der Wüste nicht entziehn konnte.

Hilal wandte sich nach seinen letzten Worten ab, um zu gehn, aber Tschausch packte seinen Arm.

„Du merkst wohl nicht, daß wir bisher nur scherzten?"

„Und du merkst noch weniger, daß ich bisher mit euch im Ernst sprach?"

Die Männer standen sich feindselig gegenüber; ihre Blicke bohrten sich ineinander.

Dann brach der Arnaut in schallendes Gelächter aus.

„Nein, wahrlich, das ist kein Ernst, sondern der größte Spaß, der mir in meinem Leben widerfahren ist. Höre, mein Sohn, willst du wirklich mit mir kämpfen?"

Dabei richtete er sich zu seiner vollen Höhe auf.

Er mochte in den Vierzigern stehn. Die Narben seines Gesichts bezeugten, daß er kein mutloser Mensch war. Der höhnische Ausdruck seiner verwitterten Züge ließ erraten, daß er meinte, der Beduine werde sich auf diese Frage schleunigst in Sicherheit bringen.

Aber darin irrte er sich; denn der junge Mann zuckte überlegen die Schulter.

„Ich bin bereit."

„Nun gut, Kleiner! So komm also hinter das Haus, wo wir die Sache ausmachen wollen. Deine Seele soll nicht lange brauchen, um in der untersten Ecke der Dschehennah zu kauern."

„Was meinst du", fragte mich Halef leise, „wollen wir ruhig zusehn, wie unser Freund von diesem Menschen abgewürgt wird? Er sieht aus, als hätte er die Kraft eines Bären."

„Bis jetzt haben wir keinen Grund, uns einzumischen", erwiderte ich. „Der Zweikampf ist nach den Begriffen dieser Leute nichts Verbotenes. Um Hilal habe ich übrigens keine Angst. Ich kenne ihn besser als du und weiß, was er leisten kann. Komm jetzt hinter das Haus! Wir wollen uns den Zweikampf nicht entgehn lassen. Aber zieh den Zipfel deines Haïk über die Augen, damit du nicht erkannt wirst!"

Gleichzeitig schlug ich die Kapuze meines Wüstenmantels so weit ins Gesicht herein, daß sie meine Züge unkenntlich machte. Dann verließ ich den Raum durch eine Hintertür. Halef folgte mir auf dem Fuß.

Während unsrer kurzen Unterredung hatten die Arnauten hinter dem Haus einen Kreis gebildet, worin jetzt der Tschausch mit seinem Gegner stand. Hiluja hielt sich abseits; keiner der Arnauten kümmerte sich mehr um sie.

Als wir auf dem Kampfplatz erschienen, flogen uns zwar die Blicke der Anwesenden zu. Da wir uns aber ruhig niederkauerten, gaben sie sich zufrieden. Wir waren eben Neugierige, die sich ein spannendes Schauspiel nicht entgehn lassen wollten.

Es war mir aufgefallen, daß nicht alle Arnauten gegen den jungen Mann Partei ergriffen hatten. Einer machte eine Ausnahme. Es war der Onbaschi. Er hatte schon vorher nicht in das höhnische Gelächter seines Vorgesetzten eingestimmt und verfolgte die Vorgänge mit ernsten Augen, ohne sich jedoch einzumischen.

Ich beobachte Hiluja von der Seite. Sie zeigte jetzt, da es sich nicht mehr um sie selber handelte, keine Spur von Angst.

Das mag vielleicht herzlos erscheinen, war es aber nicht. Sie war in der Wüste aufgewachsen und mehr als einmal bei solchen Kämpfen zugegen gewesen; ihr Gefühl sträubte sich also nicht dagegen.

Eine nervöse Europäerin wäre allerdings schon vor Beginn in Ohnmacht gefallen, aber diese Araberin war aus einem andern Holz geschnitzt. Ich wußte am besten, wie sehr ihr Herz an Hilal hing, und die Ruhe, mit der sie dem Beginn des Kampfs entgegensah, sagte mir, daß sie keinen Augenblick darüber im Zweifel war, wer Sieger sein würde.

Es war fast, als ob der Tschausch auf unser Erscheinen gewartet habe. Wir hatten kaum auf dem Boden Platz genommen, so sagte er:

„Der Spaß mag beginnen! Vorher aber will ich aus Mitleid noch fragen, ob du, Knabe, wirklich weißt, was du unternimmst?"

„Ich weiß es", antwortete Hilal ruhig.

„Du wirst keinen Menschen haben, der dich rächt. Denn niemand wagt es, einen Arnauten zur Rechenschaft zu ziehn. Übrigens wird es ein ehrlicher Zweikampf sein. Du stirbst und wirst in den Nil geworfen."

„Ich oder du!"

„Pah! Selbst wenn das Unmögliche geschähe, daß du mich besiegtest, wärest du verloren. Meine Kameraden würden dich in Stücke reißen."

„Und das nennst du einen ehrlichen Zweikampf?"

„Du bist unter Arnauten, also auf alle Fälle verloren."

Da blickte der junge Mann verächtlich auf.

„Damit zeigt ihr deutlich, daß ihr Söldner seid, aber keine freien Männer. Ich möchte deinen Kameraden nicht raten, sich an mir zu vergreifen. Ich werde nicht dulden, daß sie wie Hyänen über mich herfallen."

„Wurm! Was willst du dagegen machen?"

„Der mag es euch sagen!"

Hilal deutete dabei auf den Onbaschi.

„Der da? Der Onbaschi? Was ist's mit ihm und dir? Seid ihr etwa Freunde?"

„Nein. Aber er stand beim Khedive Wache. Er weiß, daß ich der Gast des Vizekönigs bin und daß mich der Khedive an meinen Mördern rächen würde."

„Allah akbar! Ist das wahr, Onbaschi?"

„Ja", erwiderte dieser. „Ich sah ihn mit dem Khedive sprechen. Er erfreut sich des Schutzes und der Gewogenheit des Herrschers, und ich kann nicht dulden, daß ihr ein Unrecht gegen ihn verübt."

„Ajjuha — oho! Bist du unser Kamerad oder nicht?"

„Ich bin's. Aber mein Leben ist mir auch lieb. Ich will mich nicht vom Henker an irgendeinem Ast aufknüpfen lassen, weil es euch beliebt, einen Schützling des Herrschers zu ermorden. Ich rate euch, diesen jungen Mann samt dem Weib, das er für seine Frau ausgibt, gehn zu lassen."

„Du verlangst Unmögliches. Er hat mich beleidigt."

„Dich allein, mich und die andern aber nicht. Und diese Beleidigung war nur eine Antwort auf die deine."

„Du vergißt, daß ich dein Vorgesetzter bin", brauste der Tschausch auf.

„Hier bist du es nicht. Ich habe nichts gegen einen ehrlichen Zweikampf. Auch der Khedive wird dagegen nichts sagen; aber ermorden lasse ich meinen Schützling nicht."

„Wie? Was höre ich? Du beschützt ihn?"

„Ja. Ich werde ihn gegen jeden unrechtmäßigen Angriff verteidigen."

„Nun gut, Onbaschi, ich habe keine Lust, mich hier mit dir zu streiten. Wir werden später darüber sprechen!"

„Ich werde mich nicht weigern, dir Antwort zu stehn."

Jetzt hatte die Angelegenheit eine andre Wendung genommen, als anfangs zu vermuten gewesen war: der Onbaschi hatte sich für Hilal erklärt.

Die Arnauten murmelten miteinander. Die einen hielten es mit dem Tschausch, die andern mit dem Onbaschi. Der Tschausch mochte befürchten, daß die Seinigen in Streit geraten könnten. Deshalb rief er:

„Keinen Zank unter euch! Ich fechte meinen Strauß hier mit diesem Knaben aus. Es ist ein erlaubter Zweikampf. Kein Mensch kann mich bestrafen, wenn ich ihn töte. Allah mag seiner Seele eine gute Wohnung geben! Also, Knabe, du bist der Schwächere; ich will dir daher aus Großmut die Wahl der Waffe überlassen. Wollen wir schießen oder stechen?"

Über das Gesicht des Gefragten zuckte ein bedeutsames Lächeln.

„Stechen", entgegnete er. „Beim Schießen wärst du verloren. Ich also bin es, der Gnade walten läßt."

„Kelb — Hund!" brüllte der Arnaut.

„Du weißt nicht, was du redest. Würde ein andrer mich mit diesem Wort beschimpfen, so hätte er im nächsten Augenblick aufgehört zu leben. Da aber die Strafe so sicher über dich kommt, wie ich hier vor dir stehe, so will ich Gnade üben. Ich habe gesagt, daß du beim Schießen verloren wärst, und das ist wahr. Man nennt mich Ibn es sa'ika."

„Ibn es sa'ika — Sohn des Blitzes!" lachte der Tschausch. „Jetzt weiß ich, daß du verrückt bist. Söhne des Blitzes nennt man zwei Brüder vom Stamm der Beni Sallah. Der eine ist deren Scheik, der andre der Scheik der Beni Suef. Wenn ihre Flinten blitzen, ist der, auf den sie zielen, verloren. Willst du etwa einer dieser Brüder sein? Mach mir nichts weis!"

„Denk, was du willst! Also du bist einverstanden, daß wir zu den Waffen greifen?"

„Ja. Und nun ein Ende mit dem Geschwätz! Es wird Zeit, daß wir zu einem Ergebnis kommen."

Der Tschausch riß sein Messer aus seinem Gürtel und nahm Angriffsstellung ein, Hilal warf den Mantel ab und legte das Gewehr zur Erde. Er trug jetzt keine andre Kleidung als das Untergewand. Dieses bestand nur in einem ärmellosen Hemd, das bis zum Knie reichte. Die Arme waren bloß und zeigten Muskeln, die ihm wohl vorher keiner zugetraut hätte.

„Also angefangen!" rief der Tschausch.

„So komm!" antwortete der Beduine. Dann zog er das Messer aus dem Gürtelstrick und setzte sich, die nackten Beine vor sich hinstreckend und das Messer in der rechten Hand haltend, zur Erde nieder. Der Tschausch hatte etwas ganz andres erwartet.

„Was soll's?" fragte er. „Was fällt dir ein?"

„Nun, ein Zweikampf auf Messer." — „Sitzend etwa?"

„Ja. Ich meine den Zweikampf der Wüste, denn nur dabei zeigt es sich, ob man wirklich Mut und Tapferkeit besitzt."

„Kull Schejatin — alle Teufel! Ich denke gar nicht daran. Ich bin Arnaut, aber kein Beduine."

Der echte Messerkampf der Sahara besteht darin, daß sich die Kämpfenden gegenübersetzen, ein jeder das Messer in der Hand.

Der eine sticht sich die Klinge an irgendeiner Stelle in seinen Körper, sagen wir in die Wade, so daß der Stahl auf der andern Seite wieder herauskommt.

Der andre muß sich an derselben Stelle den gleichen Stich versetzen.

Hat er das getan, so schneidet sich der erste vielleicht die ganzen Muskeln des Oberschenkels bis auf den Knochen auf. Der Gegner muß es ebenfalls so tun.

Wer das am längsten aushält, ohne eine Miene zu verziehn, der ist Sieger. Die Beduinen sind unerreicht in dieser Art des Zweikampfs. Sie haben eine solche Selbstbeherrschung, daß sie sich die schmerzhaftesten Wunden mit lächelndem Mund beibringen.

Das war aber nicht nach dem Geschmack des Tschausch. Er wollte seinem Gegner einfach das Messer ins Herz stoßen, aber nicht sich selber zerfleischen. Er war der Stärkere; er mußte also siegen, und so wäre es Verrücktheit von ihm gewesen, auf diese Art des Kampfes einzugehn.

Hilal hob jetzt den lachenden Blick zu ihm auf und fragte:

„Du willst nicht?"

„Nein."

„Ah! Du fürchtest den Schmerz."

„Hund! Keine weitere Beleidigung!"

„Gut. Wie du willst."

Der Sohn des Blitzes erhob sich und fuhr gleichmütig fort:

„Ich wollte dein Leben schonen; denn du hättest dich doch wohl nicht selber erstochen. Darum schlug ich dir diese Kampfesweise vor. Die Art aber, die du wünschst, ist lebensgefährlich für dich. Meine Klinge ist sicher."

„Versuch's!" lachte der andre höhnisch auf.

„Das brauche ich nicht! Ich kenne mein Messer so genau, daß es eines Versuchs gar nicht bedarf. Du wärst verloren, wenn ich wollte. Aber ich bin Gast des Khedive und will ihm keinen seiner Soldaten töten. Das wäre Unhöflichkeit."

„Schwatze nicht Unsinn! Beginnen wir lieber! Wer von uns beiden stirbt, das kann nur ich sehn, da nur ich der Überlebende sein werde."

„Ich bin ganz deiner Meinung: wir haben genug geschwatzt. Beginnen wir!"

Im nächsten Augenblick standen die beiden einander gegen-

über, die Messer in den Fäusten und den Blick ineinanderge-
bohrt.

„Nun, so komm, Knabe!" rief der Arnaute.

„Ich warte auf dich. Hast du Mut oder nicht?"

„Ah, Bube, komm her! Ich will dich abschlachten, wie man
einen Charuhf[1] abtut!"

„Und ich werde dich nicht töten, aber ich werde dafür sorgen, daß deine Arme für lange Zeit untauglich werden, dich zu
verteidigen, weil du eine Tochter der Beduinen beleidigt hast.
Du nennst mich einen Buben und treibst doch selber Büberei."

Da stieß der Arnaute einen heiseren Wutschrei aus und
stürzte sich mit gezücktem Dolch auf den Gegner. Er wollte
ihn einfach mit der Linken umfassen und mit der Rechten den
tödlichen Stoß ausführen — aber er griff in die Luft; Hilal
stand, laut auflachend, hinter ihm; er war unter dem ausgestreckten Arm hinweggeschlüpft.

„Hund, halte stand!" brüllte der Arnaute wütend.

„Bemerkst du nicht, daß ich nur mit dir spiele?" erwiderte
der Beduine.

„Ach, wenn ich dich nur hätte! Nur erst fassen!" schrie der
Tschausch mit vor Wut überschnappender Stimme.

„Gut! Hier, faß mich!"

Das klang ernst, fast drohend; Hilal blieb stehn, die Füße
weit auseinandergespreizt, den leuchtenden Blick auf das rote
Gesicht des Tschausch gerichtet. Der Arnaut ließ einen keu-
chenden Laut hören, packte ihn mit der Linken bei der Brust
und holte mit der Rechten zum Stoß aus.

Aber Hilal war auf der Hut.

Er wehrte den Stoß mit der Rechten ab, dann riß er sich mit
einem gewaltigen Ruck von dem Griff des Arnauten los — ein
Schlag in die Achselhöhle, und der Tschausch machte eine
Viertelwendung, so daß er dem Gegner für einen Augenblick
den Rücken zuwendete.

Aber der eine Augenblick genügte vollständig. Hilals Messer
blitzte auf, zwei gedankenschnelle Schnitte, zwei gellende
Schreie des Tschausch, und Hilal sprang zurück.

Der Tschausch aber stand unbeweglich, als ob ihn der Schlag
getroffen hätte.

[1] Hammel

296

„So, jetzt ist's aus!" sagte der Araber. „Seht her, ob ich Wort gehalten habe!"

Das alles war mit solcher Schnelligkeit vor sich gegangen, daß weder der Tschausch wußte, was geschehn war, noch die andern erkennen konnten, was der Sprecher meinte. Sie sahen nur das Blut von den Schultern des Arnauten laufen. Der Tschausch stand stöhnend still; er wollte die Arme heben, um den Gegner zu fassen, aber er vermochte es nicht.

Da brüllte er abermals laut auf.

„Allah il Allah!"

„Was ist's mit dir?" fragte jetzt einer und trat auf den Verwundeten zu.

Nun sah man erst, was geschehen war. Hilal hatte dem Tschausch die Rückenmuskeln quer über beiden Schlüsselbeinen und den Schulterblättern zerschnitten; da diese Muskeln zur Bewegung der Oberarme notwendig sind, war es dem Verwundeten unmöglich, die Arme zu heben. Sie hingen dicht am Körper herab, und er stand in einer großen Lache herabfließenden Blutes.

Die Schreckensrufe seiner Gefährten klärten ihn bald über seine Lage auf. Seine Wut war unbeschreiblich. Er gebärdete sich wie ein wild gewordenes Tier und forderte die andern auf, den Täter auf der Stelle umzubringen. Sein Zustand machte auf seine Kameraden allerdings einen Eindruck, der für den Beduinen verhängnisvoll werden konnte, und ich war darauf gefaßt, zu seiner Hilfe einspringen zu müssen. Schon drängten, während zwei den Verwundeten ins Haus schafften, die andern drohend an den Sieger heran.

„Der Scheitan hat ihm geholfen!" rief einer.

„Ja. Er steht mit den bösen Geistern im Bund", meinte ein zweiter. „Wie hätte er sonst siegen können?"

„Er hat ihn gelähmt. Das ist schlimmer als der Tod."

Hilal stand ruhig an der Wand des Hauses, das Messer noch immer in der Hand, die Augen auf sein Gewehr gerichtet, das am Boden lag.

Er war auf alles gefaßt.

„Ich habe ihn gewarnt."

„Du hast ein Amulett! Heraus damit!" rief einer.

„Hier ist mein Amulett!"

Hilal erhob sein Messer.

„Leugne nicht! Wie hättest du ihn sonst besiegen können, den stärksten von uns?"

„Ich habe euch gesagt, daß ich der ‚Sohn des Blitzes' bin. Hätte er es geglaubt!"

„Auch wir glauben es nicht. Rache für ihn! Ed dem bed dem — Blut um Blut!"

„Vergeßt nicht, daß ich der Gast des Khedive bin!"

„Ja, vergeßt das nicht! Und denkt auch daran, daß er unter meinem Schutz steht!" sagte jetzt scharf der Onbaschi, stellte sich vor Hilal und schob die Dränger von ihm zurück.

„Du handelst nicht wie einer der unsrigen!" warf ihm einer vor.

„Ich handle so, wie ich muß. Er hat den Tschausch im ehrlichen Zweikampf besiegt; er hat bewiesen, daß er ein Mann ist. Ich dulde nicht, daß ihr euch an ihm vergreift."

„Auch wir wollen ehrlichen Zweikampf. Es fällt uns nicht ein, über ihn herzufallen. Aber wir wählen nicht das Messer, sondern die Kugel."

„Du hörst, was sie sagen. Sie wollen dein Blut."

„Sie mögen es sich holen! Hier steh ich."

„Nein, kein Mord soll geschehn, sondern du sollst mit jedem kämpfen, mit jedem einzeln."

„Das ist sehr wohl bedacht von ihnen", lächelte Hilal verächtlich. „Sie sind ihrer viele, und ich bin allein. Da wird es doch wohl einem von ihnen gelingen, mich zu töten. Nun, sie mögen es versuchen! Wer will anfangen?"

„Das Los entscheidet!"

„So werft es jetzt, damit wir bald zu Ende kommen!"

„Nicht jetzt und hier! Es soll geschossen werden. Das darf niemand hören."

„Geschossen? Ihr habt wohl gesehn, daß ich Meister bin in der Führung des Messers?"

„Höhne nicht! Ich bin froh, daß ich das Zugeständnis eines ehrlichen Kampfes erlangt habe; wenn du sie aber erzürnst, kann ich dich nicht länger beschützen."

„Nun, wo soll der Kampf stattfinden?"

„Am kleinen See el Chiyam, jenseits des Kanals. Kennst du ihn?"

„Ich werde ihn zu finden wissen. Und wann?"

„Wenn die Sonne die Wüste berührt."

„Das ist in zwei Stunden. Ich werde kommen."

Hilal hob seinen Haïk auf, um ihn umzunehmen, und griff dann auch nach seiner Büchse.

„Wie?" fragte der Onbaschi. „Willst du fort?"

„Ja. Meinst du etwa, daß ich hierbleiben soll?"

„Gewiß! Du mußt ja noch mit uns kämpfen."

„Doch nicht hier, sondern draußen am See."

„Aber wenn wir dich jetzt fortlassen, wirst du nicht zum Kampf erscheinen."

„Ebenso gewiß wie ihr, komme auch ich."

„Hm! Du gehst dem Tod entgegen, und da könnte es leicht geschehn, daß du — abgehalten wirst."

Da legte Hilal dem Sprecher die Hand auf die Achsel und antwortete lachend:

„Es wird wohl umgekehrt sein."

Das klang so sicher und selbstbewußt, daß der Onbaschi davon tief berührt wurde.

„Wenn du deines Gewehrs ebenso gewiß bist wie deines Messers, so kann der Ausgang des Kampfs allerdings für einige von uns verhängnisvoll werden. Sag mir, bist du wirklich einer der Söhne des Blitzes?"

„Ich habe es gesagt, und also ist es wahr."

„So freue ich mich, den berühmten Beduinen zu sehn. Ich habe nicht geglaubt, daß diese Brüder noch so jung sind. Und doppelt freut es mich, daß es mir vergönnt gewesen ist, dir einen Dienst zu erweisen."

„Hoffentlich bist du nun so freundlich, uns gehn zu lassen."

„Ja, ich vertraue dir. Nimm diese Bent Arab mit! Wir sind froh, sie los zu sein. Ihr hübsches Gesicht hat großes Unglück angerichtet."

Hilal sah dem Onbaschi in die Augen.

„Ihr müßt in den großen Städten viel an Lüge gewöhnt sein, sonst hättet ihr meinen Worten geglaubt. Sie ist wirklich mein Weib, und ich erlaube ihr, das Angesicht frei zu tragen."

Ich sah es den Arnauten an, daß sie jetzt seiner Versicherung glaubten.

Hilal bückte sich, nahm sein Gewehr, winkte Hiluja und schritt davon, in der Richtung zurück, aus der er gekommen war.

Er war zu stolz, sich auch nur ein einziges Mal umzudrehn.

Als die beiden zwischen den Häusern verschwunden waren, standen wir auf und begaben uns durch die Hintertür ins Haus zurück.

Ich warf ein Geldstück als Bezahlung auf die Matte, und dann verließen wir das Kaffeehaus in der Richtung zur Stadt. Dabei zeigten wir, um bei den Arnauten nicht aufzufallen, nicht die mindeste Eile. Aber nur, bis eine Straßenbiegung uns ihren Blicken entzog.

Dann beschleunigten wir unsre Schritte, um Hilal und Hiluja, die weit vor uns gingen, einzuholen.

Es traf sich günstig, daß der Weg, den die beiden eingeschlagen hatten, ganz in der Nähe unsrer Dampfjacht vorbeiführte. Wir richteten unsre Schritte so ein, daß wir, als wir uns hart hinter dem Rücken der beiden befanden, gar nicht mehr weit bis zur Landungsbrücke zu gehn hatten.

Hilal, der uns kommen hörte, drehte sich um und runzelte die Stirn, da er uns sofort als die erkannte, die dem Zweikampf zugesehn hatten.

„Was wollt ihr von uns?" fragte er finster. „Seid ihr uns vielleicht nachgeschickt worden, um uns zu belauern?"

„Du irrst. Wir sind dir vielmehr nachgegangen, um dir zu sagen, wie sehr wir dich bewundern."

„Ich brauche eure Bewunderung nicht. Laßt mich in Ruh'!"

„Sche rarihb — sonderbar! Hilal, der ‚Sohn des Blitzes‘ scheint sehr unhöflich geworden zu sein, seit ich ihn zum letztenmal sah."

„Du willst mich schon einmal gesehn haben? Wo?"

„Denk an das Grab in der Wüste!"

„Das Grab in der Wüste? Ich verstehe dich nicht."

„Und an die verschütteten Gewehre!"

„Maschallah!"

„An Falehd, den Riesen!"

„Bisihr — ist es möglich?"

„Und an unsern Ritt zum Duar der Beni Suef!"

„Di eh di — was höre ich? Du sagst ‚unsern‘ Ritt! So wärest du also dabeigewesen! Dann könntest du aber niemand anderer sein als — als — —"

300

Ich schob die Kapuze meines Haïk zurück und meinte lachend:

„— als Kara Ben Nemsi? Ich höre mit Vergnügen, daß du dich noch an unsre damaligen Erlebnisse erinnerst."

„Hast du mich ganz vergessen?" fiel hier Halef ein. „Ich hoffe, daß in einem Winkel deines Gedächtnisses noch ein Gedanke übrig ist an mich, den Freund und Begleiter meines Sihdi, und daß du meinen Namen noch kennst — Hadschi Halef Omar Ben Hadschi Abul Abbas Ibn Hadschi Dawuhd al Gossarah!"

Der ‚Sohn des Blitzes' stand starr und ohne Bewegung da. Auch Hiluja, die sich jetzt wohlweislich verhüllt hatte, war keines Wortes fähig.

„Ich sehe, daß wir uns geirrt haben — ihr kennt uns doch nicht!" scherzte ich, als sie noch immer wie Bildsäulen verharrten.

„Ja Allah, ia nabi, ia suruhr — o Allah, o Prophet, o Freude!" brach jetzt Hilal fast schreiend los. „Filjakza walla filmanahm — ist's ein Traum? Ich kann es fast nicht glauben. Allah hat den größten Wunsch meines Lebens erfüllt; denn er hat mir die Gnade gewährt, das Angesicht des größten Wohltäters unsres Stamms noch einmal zu schauen!"

Dieser Ausbruch der Freude war so ungekünstelt, daß ich davon tief gerührt wurde.

Ich reichte beiden die Hand; Hilal zog sie an seine Lippen.

„Auch meine Seele ist von Freude erfüllt, euch wiedersehn zu dürfen," sagte ich. „Ihr habt euch einen Platz in meinem Herzen erobert."

„Min kan bisaddak — wer hätte das gedacht! Effendi, wie kommst du nach Masr?"

„Davon später, wenn wir mehr Zeit haben. Für jetzt nur so viel: wir waren von Anfang an Zeugen deines Streits mit den Arnauten. Und wir glaubten schon, dir zu Hilfe eilen zu müssen."

„Ich danke dir. Aber wie du erkannt hast, war deine Unterstützung nicht nötig."

„Ja. Du hast dich hervorragend verhalten."

„Oh, Effendi, ich verdiene dein Lob nicht. Ich habe die ganze Zeit, während ich vor diesen Männern stand, an dich gedacht."

„An mich?" fragte ich erstaunt.

„Ja, an dich. Ich stellte mir vor, wie du dich in dieser Lage benommen hättest, und danach handelte ich dann. Oh, Effendi, uns kam es erst nach deinem Weggang richtig zum Bewußtsein, was du uns, was du dem Stamm geworden warst. Seitdem bist du in allem mein Vorbild, dem ich nachzueifern mich bemühte."

„Das ist alles schön und gut," lächelte ich. „Aber heut hat dich die Vorsicht verlassen, als du Hiluja unverschleiert durch die Straßen führtest."

„Du hast recht, und ich verdiene deinen Tadel. Aber ein wenig bist du auch selber daran schuld."

„Ich? Wieso?"

„Effendi, du hast es vermieden, über deinen Glauben zu uns zu sprechen, aber manchmal hast du doch ein Wort fallenlassen, das mich nachdenklich machte. Du sagtest einmal, daß nicht nur Männer, sondern auch die Frauen eine Seele hätten. Wir brauchten nur in ihr Antlitz zu blicken, so hätten wir den Beweis. Ich dachte oft an dieses Wort, wenn ich in die Augen der Gebieterin meines Herzens schaute, die ich nur dir verdanke. Und ich war schließlich selber davon überzeugt, daß meine Hiluja eine Seele hat, gradsogut wie ich."

„Und? Nun?"

„Und als ich gestern nach Masr kam, weil ich als Scheik der Beni Suef eine Angelegenheit mit dem Khedive zu ordnen hatte, erinnerte ich mich an deine Worte, da ich die Frauen alle mit verhülltem Antlitz einhergehn sah. Und ein tiefer Ingrimm erfaßte mich. Warum sollte sich die Seele meines Weibes hinter einem Schleier verbergen? War diese Seele so häßlich, daß sie den Abscheu der Vorübergehenden erwecken mußte? Wäre es nicht vielmehr eine Beleidigung für sie gewesen, wenn ich ihr geboten hätte, ihr Antlitz, das mich täglich mit neuer Wonne erfüllt, zu verstecken, wie man ein häßliches Gurha[1] verbirgt, das Gestank verbreitet?"

Ich schwieg, da ich ihm natürlich recht geben mußte, und er fuhr fort:

„Deswegen machte ich selber ihr den Vorschlag, den Schleier zu entfernen."

[1] Geschwür

302

„Das war edel gedacht, aber nicht klug gehandelt. Du hättest —"

„Ich weiß, was du sagen willst. Ich hätte auf die Verhältnisse Rücksicht nehmen müssen."

„Du sagst es. Die Sitten dieses Landes sind anders als die der Wüste, wo die Frauen meistens unverhüllt gehn."

„Ich habe es leider zu spät erkannt."

„Reden wir nicht mehr davon! Darf ich fragen, wo ihr wohnt?"

„Der Khedive hat uns eingeladen, in seinem Palast zu bleiben; wir konnten es ihm nicht abschlagen. Er wollte uns auch für unsern Ausgang Sänften zur Verfügung stellen, aber wir lehnten ab. Die freien Kinder der Wüste sehnen sich nach Luft und Sonne."

„Seid ihr für den Abend frei?"

„Ja. Warum?"

„Ich lade euch ein, meine Gäste zu sein."

„Wo wohnst du?"

„Ganz in der Nähe. Ich bin mit einem Schiff gekommen, das einem Engländer gehört. Er wird sich freuen, euch kennenzulernen. Darf ich euch zu ihm führen?"

„Wir bitten dich darum."

„So kommt!"

Wir geleiteten die beiden die wenigen Schritte bis zur Landungsbrücke und hinüber auf das Deck der Jacht.

Dort saß Lord Lindsay hinter dem Wetterschirm des Kajüteneingangs. Er hatte uns kommen sehn und blickte uns erwartungsvoll entgegen.

Ich stellte ihm meine Gäste vor und gab ihm die nötigen Aufklärungen, die ich einstweilen freilich aufs Notwendigste beschränken mußte. Viel Zeit hatte ich nicht, denn es verstand sich von selbst, daß ich Hilal an den See Chiyam begleitete.

Ich traute den Arnauten nicht und hatte sie im Verdacht, daß sie aus Rache nicht ehrlich gegen ihn handeln würden.

Bis an den Birket el Chiyam war es eine gute Stunde. Ich eröffnete Hilal mein Vorhaben, ihn zu begleiten; Halef schien nur darauf gewartet zu haben, denn er erklärte sofort, daß er seinen Sihdi nicht verlassen werde.

Hilal sträubte sich einige Zeit dagegen, weil er fürchtete, es könnte ihm als Angst ausgelegt werden, wenn er jemand an den Ort der Verabredung mitbringe. Als ich ihm aber erklärte, daß wir ihm folgen würden, wenn er unsere Begleitung ablehne, gab er nach.

Lord Lindsay merkte, daß etwas im Gang war, obgleich er unsre Worte nicht verstehn konnte; er wandte sich an mich.

„Master, wolltet Ihr wohl die Güte haben zu bemerken, daß ich auch da bin? Ich sitze nun schon eine halbe Stunde so steif und regungslos wie da drüben die Sphinx; bin aber dadurch um keinen Deut klüger geworden. Was ist denn eigentlich los?"

Ich gab ihm eine kurze Erklärung.

„Was? Arnauten? See? Gefahr? Ich gehe auch mit. Well!"

„Das wird nicht ratsam sein", lachte ich.

„Warum nicht?"

„In diesem Aufzug!"

„Aufzug? Ihr meint: Anzug? Kann ich darin etwa niemand retten?"

„Verzeiht! Wir wissen noch gar nicht, was wir zu tun haben. Vielleicht ist es notwendig, daß wir uns für Eingeborne ausgeben müssen — — —"

„Dann bin ich eben auch eingeboren! Gebt mich meinetwegen für einen Eskimo oder Tungusen aus! Ist mir alles gleich! Aber ich will auch mitretten! Well!"

Der Lord war nur nach langer Mühe zu bewegen, auf seinen Wunsch zu verzichten; doch nahm er mir die Sache so übel, daß er aufstand und in seine Kajüte eilte. Ich konnte ihm aber nicht helfen; er hätte uns eher geschadet als genützt.

Ich übergab Hiluja der Obhut des Kapitäns; dann brachen wir auf.

Um über den Nil zu kommen, hatten wir ein gutes Stück aufwärts zu wandern. Dann überschritten wir die Brücke und wandten uns nach Nordwesten, durch Mais- und Baumwollfelder.

Von links grüßten die Pyramiden herüber, nach rechts schweifte der Blick über endlose Durrha-, Baumwoll-, Mais- und Gerstenfelder.

Natürlich war ich nun begierig, von Hilal etwas über die Beni Sallah zu hören.

„Kif hal es Sallah — was machen die Beni Sallah?" begann ich mit meiner Erkundigung.

304

„Nischkur Allah — wir danken Gott! Hallet elbarake — der Segen ist durch dein Kommen bei uns eingekehrt."

„Kif hal achak — ist dein Bruder gesund?"

„Sihhethu tajjib — es geht ihm ausgezeichnet."

„Und ist er mit der Gebieterin seines Zeltes noch immer zufrieden?"

„Wie kannst du fragen, Effendi? Sie ist das Glück seines Lebens."

„Und du? Und Hiluja?" forschte ich weiter.

„O Allah! Wir zwei sind die glücklichsten Menschen auf der Welt!"

„Das will ich auch hoffen", lachte ich. „Es hat Mühe genug gekostet, euch sowie Tarik und Badija zusammenzubringen."

„Oh, Effendi, wir wissen es und werden es nie, nie vergessen. Wenn du uns doch begleiten könntest! Wallah! Billah! Tillah! Wäre das eine Freude für den ganzen Stamm!"

„Ich glaube es dir. Aber es ist unmöglich."

„Du würdest Augen machen", versicherte er eifrig.

„Wieso?"

„Du würdest unsre Oase gar nicht wiedererkennen."

„Ich verstehe dich nicht. Steht die Ruine nicht mehr oder — —"

„Nein, das nicht. Aber wir haben die Fläche unsres Weidelands verdoppelt."

„Wie war das möglich? Woher hattet ihr das Wasser? Der einzige Teich hätte doch nicht dazu gereicht."

„Du hast recht. Aber wir haben mehrere Brunnen bohren lassen, die uns so viel Wasser liefern, daß wir das nächste Jahr darangehn können, unsre Wiesen und Felder abermals zu vermehren."

„Brunnen bohren?" fragte ich verwundert. „Das kostet doch Geld, viel Geld."

„Wir hatten es", sagte Hilal stolz.

„Woher? Habt ihr einen Teil eurer Herden verkauft oder gar eure kostbaren Pferde weggegeben?"

„Maschallah! Was fällt dir ein! Wir haben das Geld bekommen."

„Von wem?" fragte ich; mir drängte sich eine Ahnung auf.

„Von den beiden fremden Sendlingen."

„Aha, ich verstehe! Ihr habt ein Lösegeld von ihnen erhalten?"

„Tamahm — so ist es. Wir bekamen von jedem vierhunderttausend Piaster[1]."

„Und sie haben es euch willig gegeben?"

„Du sagst es. Wir haben keinen Piaster verlangt. Aber wir hielten sie in so strengem Gewahrsam, daß sie uns nach kurzer Zeit die Summe von selber anboten. Natürlich haben wir nicht ‚nein' gesagt."

„Das fehlte grad noch! Der kleine Aderlaß hat ihnen nicht geschadet."

„Uns dagegen war er von unberechenbarem Nutzen. Wir sind schon jetzt imstand, doppelt soviel Weidetiere aufzustellen wie zu der Zeit, da du bei uns weiltest. Ja, die Möglichkeiten, die sich uns durch den Brunnen erschlossen haben, sind so bedeutend, daß Tarik den Beni Suef einen großen Teil der erbeuteten Kamele und Pferde zurückgegeben hat."

„Das war sehr klug von ihm."

„Ja, denn dadurch hat er sich die bisherigen Feinde verpflichtet und zu Freunden gemacht. Sie haben sich jetzt mit der Tatsache ausgesöhnt, daß ihnen ein Ben Sallah als Scheik aufgezwungen worden ist."

„Tarik hat sich also als Scheik vortrefflich gemacht, wie es scheint."

„O Effendi, die Beni Sallah lieben ihn wie einen Vater, trotz seiner Jugend. Wenn du doch mit mir zu ihm kommen könntest!"

„Ich sagte dir schon, das ist ausgeschlossen. Aber du kannst ihm und der frühern Khanum berichten, daß ich mich über ihr Glück herzlich freue."

Was ich gehört hatte und dann von Hilal auf dem langen Weg zu dem Birket el Chiyam noch erfuhr, erfüllte mich tatsächlich mit großer Genugtuung.

Ich war nur verhältnismäßig kurze Zeit bei dem Stamm gewesen, und doch hatte ich einen größern Einfluß auf die Beni Sallah ausgeübt, als ich selber geglaubt hatte. Die Wirkung dieses Einflusses hatte sich nach meinem Gehn nicht verflüchtigt, sondern eher gefestigt; das hatte ich aus den im Mund

[1] Hunderttausend Frank

eines Mohammedaners merkwürdig klingenden Äußerungen geschlossen, als ich ihm Vorhaltungen wegen der Unvorsichtigkeit machte, daß er Hiluja in einer Stadt wie Kairo unverhüllt gehn ließ.

Ich konnte auf Tarik und Hilal, die ich von Anfang an ein wenig „bemuttert" hatte, stolz sein.

Die lebhafte Unterhaltung war schuld, daß wir zu unserm Weg länger brauchten, als wir vorausgesetzt hatten.

Als wir den Birket erreichten, waren wir nicht die ersten; die Arnauten befanden sich schon an Ort und Stelle und schienen ungeduldig auf Hilal gewartet zu haben.

Der Birket el Chiyam verdiente gegenwärtig den Namen See freilich nicht; er lag vollständig trocken. Während der Zeit der Nilüberschwemmung bildet er ein nicht unbedeutendes Wasserbecken, tritt aber der Strom in seine Ufer zurück, so hört der Zufluß auf und das Wasser verdunstet, so daß der flache Grund des Sees mehrere Monate des Jahres hindurch nur einige wenige Lachen zeigt.

Dennoch gab es an seinem Rand einen Pflanzenwuchs, der jetzt freilich ruhte, zur Regenzeit indes schnell und üppig aufwuchert. Er bestand aus trockenem und mannshoch aufgeschossenem Schilf.

Die Arnauten schienen wütend zu sein, daß Hilal nicht allein gekommen war. Sie steckten die Köpfe zusammen; dann trat der Onbaschi auf mich zu.

„Was habt ihr hier zu suchen? Geht eures Wegs!"

„Unser Weg führt uns grad bis hierher. Wir werden also bleiben."

Der Onbaschi maß mich mit einem zornigen Blick und trat zu den Seinigen. Sie flüsterten einige Sekunden miteinander.

Dann wandte sich der Unteroffizier wieder an mich.

„Wer seid ihr?"

„Das ist von keiner Bedeutung. Übrigens wirst du uns von Nachmittag her noch kennen. Wir legen euch nichts in den Weg, wenn es sich um einen ehrlichen Zweikampf handelt. Dem jedoch, der unehrlich handelt, werde ich eine Kugel in den Kopf jagen."

„Oho, du redest, als ob du der Pascha selber wärst."

„Ich rede so, wie es mir gefällt. Wenn Hilal mit euch

kämpfen will, so ist das seine Sache, und ich werde ihn keineswegs daran hindern, aber ehrlich soll der Kampf sein, das verlange ich."

„Wir brauchen es nicht zu dulden, daß wir von Unberufenen gestört werden — —"

„Wir stören euch ja nicht."

„Das würde ich euch auch nicht raten! Unsre Angelegenheit geht euch nichts an! Wir fechten sie unter uns aus. Ihr mögt meinetwegen zusehn. Das ist aber auch alles, was wir erlauben. Wollt ihr euch mehr gestatten, so werden unsre Gewehre sprechen."

„Und die unsrigen mit!"

Die Arnauten standen eng beisammen; ihre Augen funkelten wild zu mir und meinem Begleiter herüber. Da sie sich in der Mehrzahl befanden, wollten sie sich eine Einmischung nicht gefallen lassen; aber sie sahen unsre Waffen und mußten sich sagen, daß wir ihnen überlegen waren. Deshalb mochte es ihnen geraten erscheinen, von Feindseligkeiten abzustehn.

Ich bemerkte, daß nicht alle Arnauten anwesend waren. Einer fehlte.

Das fiel auch dem Onbaschi auf.

„Wo bleibt denn nur Achmed? Wir können nicht länger warten."

„Er ging noch zum Tabakverkäufer und wird bald nachkommen", wurde ihm erwidert.

Der Onbaschi beruhigte sich und musterte die Umgebung. Dann fragte er den Beduinen:

„Wie viele Schritt Entfernung wünschst du?"

„Soviel ihr haben wollt, einen oder fünfzig", klang die stolze Antwort.

„Einen Schritt nur? Das wäre dein sicheres Verderben."

„Versucht es! — Was ist dort drüben für ein Hügel?"

„Ein Grab."

Am Rand des Sees, ganz in seiner Nähe, befand sich eine kleine Bodenerhöhung und an einer Stelle dieser Böschung eine Steinplatte.

Ich ging mit Hilal hin.

Die Platte trug eine ziemlich verwitterte Inschrift; ich entzifferte mit einiger Mühe:

„Hier ruht James Burton, Esq. aus Leeds.
Gestorben im April 1816 an einem Schlangenbiß."
Hilal hob die Hand zur Stirn.

In der Wüste gibt es keine Gottesäcker. Die ganze Sahara ist ein einziger großer Kirchhof. Der Araber wird da begraben, wo er stirbt. Aber der Ort, wo ein Toter der Auferstehung entgegenharrt, ist dem Bewohner der Wüste heilig.

„Es ist nur ein Engländer", erklärte der Onbaschi, als er das Zeichen der Ehrfurcht bemerkte, das Hilal machte.

„Hat ein Engländer nicht auch eine Seele?" fragte Hilal ernst. „Gibt es für ihn nicht auch eine Auferstehung und ein Gericht? Allah möge seine Seele gnädig über es Ssireth, die Brücke des Todes, geleitet haben!"

„Er war ein Ungläubiger und ist in seinen Sünden dahingefahren", erwiderte der Arnaut verächtlich. „Man hört ihn des Nachts hier am Ufer des Sees heulen. Er brüllt vor Angst, daß er in die Dschehennah wandern muß. Ich möchte hier nicht in der Nähe sein, wenn es finster ist. Darum laßt uns eilen! Ich denke, daß wir uns aus einer Entfernung von vierzig Schritt schießen. Wer will es anders?"

Keiner hatte etwas einzuwenden.

„Wo stellen sich die Kämpfenden auf?"

„Nehmen wir dieses Grab in die Mitte", schlug einer der Arnauten vor, wie mir schien in einer auffallend hastigen Art. „Zwanzig Schritte vorwärts mag sich der Araber aufstellen, und zwanzig Schritte rückwärts der von uns, der mit Schießen an der Reihe ist. Du, Onbaschi, bist nicht unter den Kämpfenden, du magst das Zeichen geben. Wenn du bis drei zählst, schießen beide gleichzeitig ihre Gewehre ab."

„Ja, so mag es sein", stimmte Hilal bei. „Zuvor aber wollen wir nach der Sitte der Wüste den jamihn el kital ablegen."

„Den Schwur des Kampfes?" fragte der Onbaschi. „Was ist das?"

„Jeder Kämpfende hat zu schwören, daß der Kampf ehrlich sein und den Sieger nicht eine tückische Rache treffen soll. Seid ihr dazu bereit?"

„Ja", entgegnete der Onbaschi im Namen aller.

„Eigentlich hat der Scheik oder Imam diesen Schwur abzunehmen. Da aber kein solcher zugegen ist, müssen wir uns an den Toten wenden."

„An den? Wie meinst du das?"

„Ein Grab ist eine ehrwürdige Stätte, selbst wenn es den Leib eines Ungläubigen birgt. Ein Schwur am Grab hat die Gültigkeit wie ein Eid in der Moschee. Tretet also her und leget eure rechten Hände an die Tür dieses Grabes! Ich werde euch dann die Worte des Eides vorsprechen."

„Was fällt dir ein? Eines solchen Schwurs bedarf es bei uns nicht."

„Wenn ihr es nicht tut, so muß ich annehmen, daß ihr auf eine Hinterlist sinnt. Und in diesem Fall gehe ich fort, ohne mit euch gekämpft zu haben."

„Oho!" rief einer der Arnauten. „Du hast uns beleidigt und unsern Tschausch gelähmt. Das werden wir rächen, und du wirst auf alle Fälle gezwungen sein, mit uns zu kämpfen."

„Ich werde tun, was mir gefällt. Wollt ihr den Schwur leisten?"

„Ja, sie werden ihn leisten", antwortete der Onbaschi. „Auch ich verlange, daß der Kampf ehrlich sei. Legt also eure Hände an den Stein!"

Das kam, wie ich zu bemerken glaubte, einigen der Arnauten keineswegs gelegen.

Dem Mohammedaner ist ein Schwur eine heilige Sache. Zudem faßte sie ein Grauen vor diesem Grab, worin eine Seele steckte, die des Nachts umherirren mußte. Dennoch gehorchten sie dem Gebot ihres Vorgesetzten und traten eng zusammen, um die Platte mit ihren Händen zu berühren.

Auch der Araber legte seine Hand an das Grab.

„Seid ihr jetzt bereit, mir den Eid nachzusprechen?"

„Ja", erwiderten alle.

„So sagt, wie ich: Im Namen Gottes, des Allbarmherzigen! Wir schwören hier an diesem Grab, daß wir auf keinerlei Hinterlist sinnen und daß der Sieger diesen Ort verlassen kann, ohne eine Heimtücke befürchten zu müssen. Wer diesen Schwur nicht hält, den mag der Geist dieses Grabes fassen und festhalten, daß er keine Ruhe findet weder bei Tag noch bei Nacht! Das schwören wir zu Allah, dem Allgerechten."

Alle sprachen diese Worte in den Pausen, die Hilal machte, nach; es war ihnen anzusehn, daß ihnen keineswegs lächerlich zumute war; denn der Abend begann seine ersten Schatten über die einsame Gegend zu werfen; in kurzer Zeit mußte es dunkel sein. Es mochte ihnen unheimlich werden.

Dennoch sagte einer, als der Schwur abgelegt worden war:

„Was will der Geist eines Engländers, der vor so vielen Jahren starb, wissen von dem, was hier geschieht? Ich muß lachen, wenn ich mir denke, daß er herauskäme, um einen von uns zu packen. Fangen wir lieber endlich an!"

„Ja", meinte der Onbaschi. „Gebt Würfel her! Wer am höchsten wirft, hat den ersten Schuß."

Es wurde gewürfelt.

Einer warf siebzehn.

Er nahm seine Flinte und zählte zwanzig Schritt nach rückwärts ab; auch Hilal ergriff sein Gewehr und ging zwanzig Schritt vorwärts, dann drehte er sich um.

Nun standen sich die beiden Kämpfenden so gegenüber, daß das Grab genau in der Mitte lag.

Die Arnauten traten zurück, um aus der Schußlinie zu kommen, ich dagegen nahm mit Halef zu beiden Seiten Hilals in einigen Schritten Entfernung Aufstellung.

„Aufgepaßt!" rief jetzt der Onbaschi. „Ich werde zählen. Bei drei wird geschossen. Wahid — itnehn — eins — zwei — "

Hilal hatte sein Gewehr erhoben. Der Kolben lag an seiner Wange. Sein Gegner tat das gleiche; es war ein Augenblick höchster Spannung. In der nächsten Sekunde mußten die Schüsse fallen.

Aber bevor noch der Onbaschi das verhängnisvolle talaht — drei aussprechen konnte, ereignete sich etwas, woran niemand gedacht hatte.

Es fiel ein Schuß, aber nicht aus der Flinte eines der Kämpfenden, sondern aus dem Grab.

Im gleichen Augenblick wurde von innen der Stein umgeworfen und ein Mann flog heraus, wie aus dem Lauf einer Kanone geschossen. Vor Entsetzen brüllte er aus vollem Hals.

Er war der Arnaut, dessen Fehlen mir aufgefallen war.

„Alle Teufel!" rief der Onbaschi erschrocken. „Du, Achmed, du da drin! Was schreist du?"

Der Mann stürzte mitten unter seine Kameraden und jammerte:

„Allah il Allah, we Mohammed rassuhl Allah!"

„Was ist denn los? Was ist denn da drinnen?" fragte der Onbaschi; er hielt den Schreienden fest und schüttelte ihn.

„Er! Der Geist!"

„Wessen Geist!"

„Des Engländers. "

„Du bist verrückt!"

„Ja, er ist drinnen! Er hat mich gepackt! Dieser Araber hat ja bei seinem Schwur gesagt, daß uns der Geist packen soll, wenn wir hinterlistig — o Allah, da kommt er!"

Wirklich, in diesem Augenblick schob sich der Geist des Engländers aus dem Loch.

Zuerst kam ein grauer Zylinderhut, dann ein graugewürfelter Schlips, dann folgte ein graugewürfelter Rock und endlich eine graugewürfelte Hose — bis mein guter Master Fowlingbull[1] in Lebensgröße vor uns stand.

Das heißt, er war es nur für uns, nämlich für Hilal, Halef und mich, die den Lord kannten. Für die Arnauten dagegen war er — ein Gespenst!

„Oh Mohammed! Oh Allah!" brüllten die entsetzten Helden.

Der Engländer streckte seine langen Arme aus und schnellte sich mit zwei Sprüngen mitten in den Haufen hinein.

„Der Geist! Das Gespenst! Fort! Rettet euch! Allah bewahre uns vor dem neunmal geschwänzten Scheitan!"

So rief, schrie und brüllte es aus allen Kehlen.

Die Arnauten warfen die Flinten von sich und rannten aus Leibeskräften davon, Lindsay immer hinter ihnen drein; auch er brüllte in allen möglichen Tonarten, so laut er nur konnte.

Meine zwei Begleiter und ich waren nicht wenig erstaunt, den Lord, den wir auf der Jacht glaubten, hier aus dem Gemäuer kriechen zu sehn. Es war uns indessen nicht schwer, den Zusammenhang zu erraten.

Als wir die tapfern Arnauten davonrasen sahn und den Engländer mit einem wahren Elefantentrompeten hinterdrein, da konnten wir uns nicht mehr halten; wir brachen in ein herzliches Lachen aus.

---

[1] Geflügelter Stier — Lindsay hatte beim Beginn unserer Bekanntschaft die Leidenschaft, unbedingt einen „Fowlingbull" ausgraben zu wollen

Nach einiger Zeit kehrte der Lord mit langen Schritten von der Verfolgung der Fliehenden zurück. Er wedelte schon von weitem mit den Armen, und sein ganzes Gesicht lachte vor Vergnügen, als er vor uns stand.

„Feines Abenteuer, nicht? Einfach unbezahlbar! Viel Geld wert! Großartiger Spaß, well!"

Das klang so überwältigend, daß wir abermals zu lachen begannen.

„Wir waren sehr erstaunt, Euch hier zu sehn", sagte ich endlich, als der Lachreiz überwunden war. „Wie kommt Ihr denn hierher?"

„Wie? Natürlich auf meinen Beinen."

„Ihr solltet doch an Bord bleiben!"

„Sollte, ich aber wollte nicht! Bin Lord Lindsay, verstanden? Machte mich also auf die Beine. Hatte mir vorher auf dem Schiff eine Karte geben lassen. Bin mit Boot über den Nil und dann gradwegs hierher. Yes."

„Welche Unvorsichtigkeit!"

„Unvorsichtigkeit! War der klügste Gedanke, den Lord David Lindsay jemals gehabt hat!"

„Nun, da es in dieser Weise abgelaufen ist, well. Aber Euer Leben stand auf dem Spiel."

„No. Ganz und gar nicht! Nicht das meinige, sondern das dieses ehrenwerten arabischen Misters hing an einem Haar. Sollte erschossen werden. Verstanden?"

„Das wissen wir. Deshalb forderte man ihn ja."

„Nonsense! So meine ich nicht. Sollte meuchlings erschossen werden."

„Das verstehe ich nicht."

„Habt Ihr denn den Schuß aus dem Loch nicht gehört?"

„O doch!"

„Well, dieser Schuß galt Hilal. Der Arnaut war in dem Loch versteckt, um ihn aus dem Versteck heraus zu ermorden."

„Also wirklich! Habe ich es mir doch gedacht, daß diese Kerle eine Schlechtigkeit planten."

„Well, vermutete es auch, als der verdammte Bursche den Lauf seines Gewehres zum Loch hinaussteckte und auf Hilal zielte."

„Wie seid Ihr denn hineingelangt?"

„Gekrochen. Oder glaubt ihr vielleicht, daß ich in einem Abteil erster Klasse hineingedampft bin?"

„Unsinn! Aber wie seid Ihr denn auf den Gedanken gekommen, Euch in diesem Grab bei dem Arnauten zu verstecken?"

„Bei dem Arnauten? Ist Lord Lindsay nicht eingefallen! War eher drinnen als er. Yes."

„Das kann ich mir denken."

„Ging hierher, um dem Scheik einen Dienst zu erweisen. Wollte unbedingt bei der Rettung dabeisein. Bin daher so schnell gerannt, wie in meinem Leben noch nie, und fand glücklich den Ort."

„War von den Arnauten noch keiner da?"

„No. War allein! Sehr sogar! Suchte mir ein Versteck. Wollte mich in dem Schilf verbergen, war aber scharf wie ein Messer."

„Dann fandet Ihr das Grab?"

„Yes. Die Platte war nicht klein, aber dünn. Hatte sie bald entfernt. Bin dann hineingekrochen, ohne Mister Burton aus Leeds um Erlaubnis zu fragen. War übrigens ausgegangen, wie es schien, denn seine Gebeine waren nicht mehr zu finden."

„Konntet Ihr denn beobachten, was im Freien vorging?"

„Sehr gut sogar! Großartige Aussicht! An der Steinplatte fehlt eine Ecke, so daß ich hindurchblicken konnte."

„Und dann?"

„Dann kamen drei Arnauten und blieben vor dem Grab stehn. Sagten etwas, was ich nicht verstand, und nahmen die Platte weg. Einer huschte zu mir herein, konnte mich aber nicht bemerken; war ganz nach hinten gekrochen."

„War denn die Höhle so tief?"

„Sehr tief! Ganz außerordentlich tief! — Mußte mich sehr still verhalten und hörte lange Zeit nichts. Vernahm endlich Eure Stimme und dachte mir, daß der Zweikampf nun wohl beginnen würde."

„Ich bewundere Eure Geduld und Eure Ausdauer, Mylord!"

„Habt auch allen Grund dazu! — Well, ich sah in dem schwachen Lichtschimmer, der durch das Loch in der Platte drang, wie der Arnaut vor mir seine Flinte ergriff und durch die Öffnung streckte."

„Und dann errietet Ihr wohl seine Absicht?"

„Yes. Bin nicht auf den Kopf gefallen; sagte mir, daß er eine

Schlechtigkeit im Sinn habe, sonst hätte er sich nicht versteckt."

„Aber, Sir, Ihr habt Euch doch auch versteckt!"

„Schweigt!" fuhr er mich an. „Bin David Lindsay und begehe keine Schlechtigkeiten. — Rückte also dem Mann leise näher. Da hörte ich draußen die Worte ‚wahid — itnehn‘. Verstehe zwar nicht arabisch, weiß aber doch, daß es soviel bedeutet wie ‚eins — zwei‘. Konnte mir also denken, daß nun ‚drei‘ kommen würde."

„Da wollte der Mensch schießen?"

„Yes. Wo stand Hilal?"

„Zwanzig Schritte nach dort."

„Und sein Gegner?"

„In gleicher Entfernung zurück."

„Well, so ist alles klar. Aus dem Grab heraus war der Mister Araber noch einmal so sicher zu treffen wie von dort her. Die Schüsse sollten zu gleicher Zeit fallen; man hätte also nicht gewußt, daß die tödliche Kugel aus dem Grab gekommen war. Das mußte verhindert werden. Packte also den Menschen, ohne mich lange zu besinnen, am Genick und gab ihm einen Klaps. Yes."

„Das habt Ihr ausgezeichnet gemacht."

„Danke sehr! Kann Euch gar nicht sagen, wie wohl mir dieses Wort aus Eurem Mund tut."

„Was geschah dann?"

„Der Mann erschrak so, daß er losdrückte, aber die Kugel ging fehl. Dann ließ er das Gewehr fallen, stieß den Stein um und sauste hinaus. Well, war ein großartiger Spaß!"

„Und dann kamt Ihr?"

„Yes. Aber nicht so schnell! Mußte erst sehn, wie die Verhältnisse lagen. Aber als ich Euch erblickte, fuhr ich mitten in die Schurken hinein."

„Das war köstlich!"

„Yes. Feines Abenteuer! Würde auf der Stelle tausend Pfund bezahlen, wenn man es verlangte."

„Das wird kein Mensch von Euch verlangen", lachte ich. „Ihr habt auch so Eure Schuldigkeit getan."

„Well! Wenn Ihr es sagt, muß es wahr sein. — Ich glaube, die Schurken haben mich für den Geist des Engländers gehalten, der da drinnen gelegen hat."

„Zweifellos! Das hat wunderbar gepaßt."

„Ihr seht also, daß man Hilal erschossen hätte, wenn Lord David Lindsay nicht gewesen wäre?"

Ich reichte ihm die Hand.

„Ich bitte Euch alle ‚Unvorsichtigkeit' ab. Ihr habt so gehandelt, wie nur ein besonnener Mann handeln kann."

Da zuckte es wie Rührung über die Züge des Lords.

„Also ist David Lindsay doch kein ganz unebener Kerl?"

„Was fällt Euch ein? Ihr habt Euch heut sogar als sehr brauchbar und vielseitig bewiesen. Ihr seid Engländer, Gespenst und Schutzengel zu gleicher Zeit gewesen."

„Schön, daß Ihr das einseht! Merkt es Euch und nehmt es Euch zu Herzen! Well!"

Natürlich hatte Hilal kein Wort dieser auf englisch geführten Unterhaltung verstanden, und ich fand es jetzt für nötig, ihn aufzuklären.

Der Beduine hörte mir ruhig zu.

„So habe ich diesem Engländer mein Leben zu verdanken", sagte er dann.

Er reichte Lindsay die Hand. Doch was er sagte, verstand der Lord nicht, und ich mußte den Dolmetscher machen.

Dann holte Lindsay seine Sachen aus dem Grab, und erst jetzt sah ich, daß er sich mit zwei doppelläufigen Gewehren, zwei Revolvern, zwei Pistolen, einem Regenschirm und einem Fernrohr für das Unternehmen ausgerüstet hatte.

Ich dankte Gott, daß nicht ich es war, der diese Sachen zu tragen gehabt hatte.

Wir ließen die Gewehre der Arnauten liegen; die Leute würden morgen schon selber kommen und nach den vermißten Sachen forschen.

Dann wurde der Heimweg in ausgelassener Stimmung angetreten. Der Lord sprühte vor Laune und erging sich in den ehrenrührigsten Ausdrücken gegen die schuftigen Arnauten.

Wenn ich über die Sache ernstlich nachdachte, so mußte ich wenigstens den Onbaschi von dem Vorwurf der Treulosigkeit ausschließen. Er hatte sicherlich nichts von dem geplanten Meuchelmord gewußt; wenigstens gewann ich diesen Eindruck. Ich war der Ansicht, daß der Plan nur von den dreien ausging, die der Lord beobachtete; die übrigen hatten wohl von dem Anschlag nichts geahnt.

Daß die Freude Hilujas groß war, als sie ihren Hilal unversehrt wiedersah, bedarf wohl keiner Erwähnung.

Der junge Scheik wollte mich unbedingt am nächsten Tag zum Khedive schleppen, um mich als den Mann vorzustellen, dem die Beni Sallah ihre gegenwärtige Machtstellung zu verdanken hatten; ich winkte aber entschieden ab.

Das war indes gar nicht nach dem Geschmack meines Halef, der natürlich gern vor dem Vizekönig sein Licht hätte leuchten lassen. Ich mußte eine Reihe von Vorwürfen und „liebevollen Ermahnungen" in Kauf nehmen. Wenn es auf ihn angekommen wäre, so hätte er sich keinen Augenblick besonnen, selbst wenn es sich um einen Empfang beim Großherrn in eigner Person gehandelt hätte.

Es ist nicht mehr viel zu erzählen.

Wir verlebten mit Hilal und Hiluja zusammen einen vergnügten Abend auf dem Schiff.

Die Angelegenheit des Lords hatte sich wider Erwarten schnell abgewickelt, so daß wir schon am andern Tag Kairo verlassen konnten.

Hilal hätte mich am liebsten mit sich zu den Beni Sallah genommen, aber ich konnte ihm nicht helfen — es mußte geschieden sein.

Am nächsten Morgen dampfte unsre Jacht aus dem Hafen von Bulak.

Noch lange sahen wir die schlanken Gestalten der beiden Wüstenkinder, die uns ernst und unbeweglich nachblickten. Ich wußte, daß sie mich nicht vergessen würden, wie auch ich sie nicht vergaß.

Die Fahrt nach Jaffa im Heiligen Land war kurz und ohne besondres Erlebnis.

In Jaffa bestiegen wir zum erstenmal wieder unsre Pferde, und ich genoß das Vergnügen eines kurzen Ritts auf meinem Rih. Es war für lange Zeit das letzte Mal. Nur allzubald tauchten die Mauern Jerusalems vor uns auf.

In der Heiligen Stadt blieben wir acht Tage, die viel zu schnell vergingen.

Brauche ich zu sagen, daß mir der Abschied von meinem Rih naheging?

Noch mehr natürlich die Trennung von meinem Halef, der

mir trotz seiner Eigenheiten ans Herz gewachsen war. Er war mir schon längst nicht mehr Diener, sondern Freund geworden, der treueste und aufopferndste Freund, den ich je besessen habe, Winnetou, den Häuptling der Apatschen, ausgenommen, mit dem ich in einem noch höhern Sinn verbunden gewesen bin.

Schließlich nahte der Augenblick der Trennung.

Omar Ben Sadek hatte seinen von den Aladschy erbeuteten Schecken bestiegen und Halef meinen Rih. Es war noch früh am Morgen, nicht nachmittags nach dem Asr, wie man annehmen möchte, da es bei den Mohammedanern Sitte ist, um diese Zeit eine Reise anzutreten.

Aber Halef nahm es in dieser Beziehung schon längst nicht mehr so genau. Sein ewig wiederholtes: „Ich werde dich doch noch bekehren, du magst wollen oder nicht" war immer seltener geworden und schließlich ganz verstummt.

Und als er mir jetzt, fast weinend, oben auf der Höhe des Ölbergs die Hand drückte, da rang sich, wie die Sonne durch die Wolken, unwiderstehlich und doch scheinbar widerstrebend, das etwas wirr klingende Geständnis von seinen Lippen:

„Sihdi, ich kann nicht viele Worte machen. Heut nicht! Ich bin recht dumm gewesen, daß ich dich unter allen Umständen zu meinem Glauben bekehren wollte, denn deine Lehre ist viel besser als die meine. Allah und dem Propheten sei es gedankt, daß sie mich mit dir zusammenführten, denn ich bin durch dich sehr glücklich geworden. Der Prophet möge es dir einst mit dem siebenten Himmel lohnen!"

S. von Salmuth Kelly

Karl May wurde am 25. Februar 1842 in Hohenstein-Ernstthal geboren und ist in ärmlichsten Verhältnissen aufgewachsen. Nach trauriger Kindheit und Jugend wandte er sich ursprünglich dem Lehrerberuf zu. Als Redakteur verschiedener Zeitschriften begann er ungefähr ab 1875 die Schriftstellerlaufbahn, und zwar zunächst mit kleineren Humoresken und Kurzgeschichten. Bald jedoch kam sein einzigartiges Talent zur vollen Entfaltung, als er mit den „Reiseerzählungen" seinen späteren Weltruhm begründete und sich eine nach Millionen zählende Lesergemeinde schuf. Seit Ende des vorigen Jahrhunderts gilt er als der wohl bedeutendste deutsche Volksschriftsteller. Die spannungsreiche Form seiner Erzählkunst, ein hohes Maß an fachlichem Wissen und eine überzeugend vertretene Weltanschauung verbanden sich überaus glücklich in seinen Schriften. Auch heute begeistern die blühende Phantasie und der liebenswürdige Humor des Schriftstellers in unverändertem Maß seine jungen und alten Leser. Karl May starb am 30. März 1912 in Radebeul bei Dresden. Seine Werke wurden in mehr als fünfundzwanzig Kultursprachen übersetzt. Allein von der deutschen Originalausgabe sind bis 1983, also 70 Jahre nach Gründung des Karl-May-Verlags, über 65 Millionen Bände gedruckt worden.

KARL MAYS GESAMMELTE WERKE

Jeder Band in grünem Ganzleinen mit Goldprägung und farbigem Deckelbild

KARL · MAY · VERLAG · BAMBERG